노인복지론

Social Welfare for the Elderly

유용식 · 권오균 · 김나영 공저

학지사

머리말

오래 사는 것, 즉 장수(長壽)는 동서고금을 막론하고 인간의 한결같은 소원 중 하나이고 축복으로 인식되어 왔다. 그러나 장수의 축복은 누구에게나 행복한 삶을 보장해 주지는 못하고 있다. 우리나라는 급속한 산업화와 경제성장 속에서 인구의 도시집중화가 나타나고, 가족 형태가 변화되었으며, 전통문화가 사라지고 선진국의 영향을 받아 새로운 문화가 형성되고 있다.

또한 인구의 고령화와 함께 노인들의 생활환경이 급격하게 변화하고 있다. 정치, 경제, 사회, 문화, 교육, 의료, 보건, 복지 등 각 분야에서 급격한 변화가 일어나고 있다. 이러한 급격한 사회변화 속에서 고령인구가 증가하고 있어 노인들의 사회적응과 생활대책이 커다란 사회적 이슈로 대두되고 있다.

이러한 새로운 노인문제와 사회적 위험의 지속적인 등장은 노인복지의 패러다임을 변화시키고 새로운 노인복지정책의 개발과 시행, 새로운 유형의 노인복지 관련 기관의 등장 등을 초래하여 노인복지를 공부하는 학생이나 노인복지 실천현장 전문가들에게 새로운 과제를 안겨 주고 있다. 특히 저자들은 국가의 노인복지 정책 및 서비스에 대한 지식과 이해만으로는 노인복지를 이해하기 쉽지 않을 것이라는 생각으로 고령사회에서 노인들의 삶의 질 향상을 위한 체계적인 교과서의 필요성을 절감하고 용기를 내어 이 책을 쓰게 되었다.

이 책이 노인복지의 입문서이자 개론서의 성격을 가지고 있기 때문에 저자들이 책을 쓰면서 고려했던 사항은 다음과 같다. 첫째, 노인복지에 처음 입문하는 사람들을 위해 쉽고 흥미롭게 저술하고자 하였다. 둘째, 노인복지에 관한 새로운 이슈를 포괄하여 이 책을 통해 노인복지 전반에 대한 윤곽을 그릴 수 있도록 노력하였다. 셋째, 노인복지 실천에 초점을 두어 현장 중심적인 책이 되도록 노력하였다. 넷째, 모든 통계자료는 최대한 현 시점에서 가까운 최근 자료를 구하려고 노력하였다.

따라서 이 책은 노인복지 및 사회복지학을 전공하는 학생뿐만 아니라 융합 학문적 시대에 맞추어 노인과 관련된 의료, 보건, 고령친화산업 등 관련 분야에 종사하는 분들도 쉽게 이해할 수 있도록 집필하였다.

이 책의 내용은 총 3부 13장으로 구성되어 있다. 제1부 인구고령화와 노인의 이해에서는 제1장 인구고령화와 노인문제, 제2장 노인과 노화에 대해 다루었다. 제2부 노인복지의 실제에서는 제3장 노인소득보장, 제4장 노인건강보장, 제5장 노인주거보장, 제6장 노인복지서비스, 제7장 노인상담과 사례관리에 대해 다루었다. 제3부 노인과 관련한 주요 이슈에서는 제8장 노인과 치매, 제9장 노인과 여가, 제10장 노인과 성, 제11장 노인과 죽음, 제12장 노인학대, 제13장 고령친화산업에 대해 다루었다. 또한 이 책의 이해를 돕기 위해 학지사 홈페이지에 「고령친화사업 진흥법」「고령친화사업 진흥법 시행령」「기초연금법」「노인장기요양보험법」「주거급여법」「치매관리법」의 법령 내용을 제공하니 참고하기 바란다.

이 책이 나오기까지 여러모로 도움을 주신 학지사 김진환 사장님과 직원 여러분에게 감사의 마음을 전한다. 막상 책이 발간된다고 하니 아쉬운 부분과 부족한 부분이 있음을 부인할 수 없다. 나름대로 많은 고민과 노력이 투여된 책이지만 저자들이 미처 깨닫지 못한 미흡한 부분이 있을 것이므로 이에 대한 독자들의 충고를 기대하면서 더 좋고 유용한 책이 되기 위해 수정 · 보완하는 등 지속적인 노력을 할 것을 약속드린다.

2020년 3월

저자 일동

차례

제2부 노인복지의 실제

제 1 부

인구고령화와 노인의 이해

제1장

인구고령화와 노인문제

학습 목표

1. 노인을 정의 내리는 다양한 기준을 이해한다.
2. 인구고령화와 관련된 노인문제를 이해한다.
3. 고령사회에 대한 대응으로서 노인복지정책의 방향을 이해한다.

통계청(2018b)의 「2018 고령자 통계」에 따르면, 우리나라 65세 이상 고령자는 738만 1,000명으로 외국인을 포함한 전체 인구의 14.3%로 나타나 65세 이상 고령자 비중이 처음으로 14%를 넘었다.[1] 연일 각종 매체에서는 역사적으로 유례없이 빠르게 진행 중인 한국의 **인구고령화** 속도와 고령사회에 대한 대책 관련 기사들이 이어지고 있다. 전 세계에서 가장 빠르게 고령화가 진행되고 있는 우리에게 과연 인구고령화는 핵폭탄처럼 위험한 무기가 될까 아니면 또 다른 기회이자 자원이 될까? 이 장에서는 본격적으로 노인복지에 대해 논하기 전에 먼저 노인에 대한 개념을 이해하고, 인구고령화 현상을 구체적으로 살펴본 후 인구고령화가 가져올 수 있는 다양한 사회변화를 고찰해 봄으로써 노인복지가 나아가야 할 방향을 제시해 보고자 한다.

1. 노인의 개념

우리는 **노인**(老人)을 어떻게 규정하고 있을까? 국립국어원(2018)에서는 노인을 "나이가 들어 늙은 사람"으로 정의하고 있고, Merriam Webster(2015) 사전에서는 '늙은(old)'이라는 표현을 "여러 해를 살아온: 젊지 않은(having lived for many years: not young)"으로 설명하고 있다. 동서를 막론하고 노인에 대한 정의에는 '연령'과 '여러 해'라는 표현이 공통분모를 이룬다. 즉, 우리는 보통 연령을 가지고 노인을 정의하고, 노인과 관련된 주요 정책(예: 고령자인재은행, 임금피크제지원금, 국민연금, 노인일자리사업 등)의 대상자 선정기준에도 연령을 적용한다. 그러나 노인의 개념에는 이러한 **생활연령**(역연령) 외에도 **생물학적 연령**, **심리적 연령**, **사회적 연령**과 개인의 지각에 따른 정의가 있다(정옥분, 김동배, 정순화, 손화희, 2016).

1) UN은 65세 이상 인구가 전체 인구에서 차지하는 비율이 7% 이상이면 고령화사회(Aging Society), 14% 이상이면 고령사회(Aged Society), 20% 이상이면 초고령사회(Super-Aged Society)로 구분한다.

1) 생활연령에 기초한 정의

생활연령(역연령, chronological age)이란 달력에 의한 나이를 의미한다(정옥분 외, 2016). 즉, 시간의 흐름에 따라 물리적 · 기계적으로 측정되는 달력상의 나이인 역연령을 의미한다(정상양, 김옥희, 엄기욱, 이경남, 박차상, 2012). 우리나라에서는 전통적으로 60세가 되면 회갑이라 하여 사회적으로 노인이라 인식하였고, 가족들이 회갑을 축하해 주었다. 그러나 최근에 와서는 회갑연을 과거처럼 특별한 가족 행사로 여기지 않는 분위기이다. 이는 사회적으로 노인으로 인식하는 연령이 점차 높아지고 있기 때문이다. 실제 「2017년도 노인실태조사」(보건복지부, 2017)에 따르면, 노인이 생각하는 노인을 규정하는 연령기준을 '69세 이하'로 응답한 노인이 13.8%, '70~74세'는 59.4%, '75~79세'는 14.8%, '80세 이상'은 12.1%로, 평균 71.4세로 나타났다([그림 1-1] 참조). 또한 대한노인회에서도 노인 기준연령을 연차적으로 70세로 올리자는 제안을 하였다. 그러나 제5기 저출산 · 고령사회위원회에서는 노인기준이 연금을 비롯한 여러 사회정책과 연결되어 있으므로 만 70세로 올리는 방안을 중장기 과제로 미룬 상태이다(경향신문, 2018. 10. 3.). 이처럼 생활연령에 따른 노인의 정의는 발달의 개인차나 사회문화적 환경의 영향들을 반영하는 기준으로 보기 어렵다.

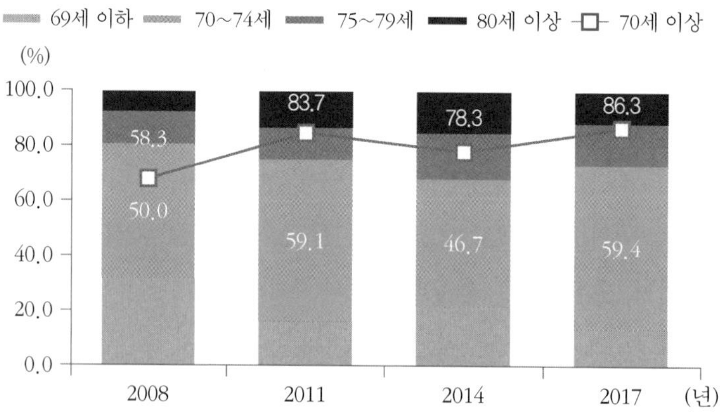

[그림 1-1] 노인 집단의 노인 연령 인식 변화

출처: 저출산 · 고령사회위원회(2018)에서 발췌.

2) 생물학적 연령에 기초한 정의

아이들에게 할머니 또는 할아버지의 모습을 흉내 내라고 하면 얼굴을 찡그려 주름을 만들고, 등을 굽히며 지팡이를 사용하는 모습을 취하곤 한다. 우리는 보통 외모를 통해 노인에 대한 1차적 이미지를 형성하게 되는데, 이것이 바로 생물학적 연령(biological age)이다. 즉, 생물학적 연령은 신체적 외모나 운동 능력, 지적 능력 등이 그 기준이 될 수 있다(정옥분 외, 2016).

최근 전 세계적으로 안티에이징 관련 시장이 늘어 가고 있다. 사회적 메시지는 반복적으로 우리에게 노화는 매력적이지 않으며, 모든 비용을 지불해서라도 피하고 막아야 할 것으로 말하고 있고, 우리는 아무 생각 없이 이러한 메시지를 그대로 수용하고 있는 것이 현실이다. 실제 Yun과 Lachman(2006)은 한국인이 미국인보다 외모를 포함해 노화에 대한 두려움을 더 많이 가지고 있다고 하였는데, 1990년대 이후 한국 사회에서 뷰티산업의 급격한 성장과 관련 분야의 소비 증가가 이를 뒷받침해 준다. 국제미용성형협회에 따르면, 2014년 한국에서 실시된 성형수술 건수는 약 44만 건으로 세계 3위를 차지하였다. 특히 여성과 저연령의 경우, 성형수술 경험과 관심도가 높은 점은 주목할 만한 사실이다. 한국 사회가 유난히 생물학적 연령에 따른 노인에 대한 정의에 민감한 점을 주목해 볼 필요가 있다.

사실 생물학적 노화는 문화나 개인차 등 여러 다양한 과정의 산물이며, 신체기관의 노화도 동일한 비율로 진행되지는 않는다. 예를 들어, 어떤 사람은 50대의 피부를 가졌다 할지라도 40대의 심장과 근육을 가질 수 있다. 또한 지적 능력도 영역별로 차이를 보이는데, 수학적 문제해결 능력은 나이가 들면서 점차 감소하는 반면, 언어적 능력은 비교적 일정하게 유지된다(정옥분 외, 2016). 따라서 외모지상주의가 아닌 평소의 식습관, 운동 등의 일상적인 생활습관들을 통해 생물학적 연령을 건강하고 젊게 유지할 수 있다.

3) 심리적 연령에 기초한 정의

한 개인의 심리적 성숙도를 나타내는 심리적 연령(psychological age)은 환경에 대한 적응, 스트레스에 대한 대처, 타인과의 관계 형성 능력 그리고 자신의 삶을 독립적이고 주체적으로 이끌고 나가는 능력 등을 통해 확인할 수 있다. 우리 사회에 등장한 '마마보이' '캥거루족'[2] 등은 이러한 심리적 연령을 나타낸다고 볼 수 있다. 다음 기사에서도 확인할 수 있듯이 캥거루족은 우리나라뿐 아니라 전 세계적으로 증가하고 있는 추세이다. 이러한 현상은 세계적인 경제위기와 저성장으로 인한 일자리 부족 등에서 그 원인을 찾을 수 있다. 그러나 일반적으로 부모로부터 분리되지 못하고 의존적인 상태를 유지하는 사람들의 경우 심리적 연령은 낮게 평가된다(정옥분 외, 2016).

'품 안의 자식' 아닌 내보내고 싶은 '캥거루족'

대학 졸업 후에도 자립할 수 없어 부모와 동거하며 경제적 지원을 받는 '캥거루족'이 증가하면서 부모세대의 노후 불안요소로 자리 잡고 있다. 지난달 미국 뉴욕주의 한 부부가 8년이 넘도록 무직상태로 집에 얹혀사는 30대 아들을 상대로 '집에서 나가 달라'며 소송을 걸어 화제가 됐다. 뉴욕주 북부 카밀러스에 사는 마크 로톤도와 아내 크리스티나는 지난 2월부터 아들 마이클에게 다섯 차례 편지를 보내 '이사비용 1,100달러(한화 약 120만원)를 지원하겠다' '2주 안에 집에서 나가 달라' '노력하면 일자리를 구할 수 있을 것'이라며 아들에게 독립할 것을 요구하였다. 그러나 아들은 부모의 집에서 나갈 생각을 하지 않았다. 이에 부모는 '아들에게 퇴거 명령을 내려 달라'며 소송을 제기했고 법원은 부모의 손을 들어 줬다.

미국의 조사기관 퓨리서치센터의 보고서에 따르면, 2016년 기준 미국의 25~29세 성인 중 33%가 부모 또는 조부모와 함께 사는 것으로 나타났다. 이는 1980년의 13%보다 약 3배 가까이 증가한 수치이다. 미국에서는 '트윅스터(twixter, 졸업 후 경제적으로 독립하지 못해 부모 집에 얹혀사는 세대)', 영국에서는 '키퍼스(kippers, 부모의 퇴직연금을 축내는 사람)', 독일에서는 '네스트호커(nesthocker, 집에 눌러앉아 사는 사람)', 일본에서는 '기생독신(寄生獨身)' 등으로 불리는 캥거루족은 전 세계적으로 증가하고 있다.

한국도 예외는 아니다. 한국노동패널 자료에 따르면, 20~34세 청년의 56.8%가 부모와 함께 살고 있으며 직장인 2명 중 1명은 부모로부터 금전적 지원을 받고 있는 것으로 나타났다. 또 지난달 11일 아르바이트 중개사이트 알바몬이 20~30대 미혼 남녀 806명

2) 학교를 졸업해 자립할 나이가 되었는데도 부모에게 경제적으로 기대어 사는 젊은이들을 일컫는 용어이다. 유사시 부모라는 단단한 방어막 속으로 숨어 버린다는 뜻으로 '자라족'이라고도 한다(한경 경제용어사전).

을 대상으로 조사한 결과에 따르면, 응답자의 76.1%가 현재 부모와 함께 사는 것으로 조사됐다. 연령별로는 20대 78.3%, 30대 66.4%로 나타났으며, 취업준비생 79.0%, 학생 76.4%, 직장인 69.5%로 집계돼 취업 여부에 따른 차이를 보이기도 하였다. 응답자들은 부모와 함께 사는 이유로 ▲월세, 생활비 부담 등 경제적 이유(66.9%) ▲부모가 독립을 허락하지 않아서(12.1%) ▲학교·직장 등 통근에 문제가 없어서(9.8%) ▲특별한 이유가 없으면 가족과 함께 살아야 한다고 생각해서(7.3%) ▲혼자 살면 외로워서(1.8%) 등을 꼽았다. 또 적절한 독립 시기는 ▲취업 이후 48.8% ▲결혼 이후 26.4% ▲20세 이후 19.1%로 나타났다. '취업 이후'가 적절한 독립 시기라는 응답이 가장 높았으나 취업 시기가 늦어지면서 부모 세대의 부담은 갈수록 증가하고 있다. 통계청의 청년실업률 조사에 따르면, 올해 1/4분기 청년실업률은 10%를 기록하였다. 그러나 취업준비생은 이 통계에 포함되지 않아 이들을 포함한다면 훨씬 많은 수의 청년이 잠재적 실업상태에 있을 것으로 예상된다.

출처: 투데이신문(2018. 7. 7.)에서 발췌.

Erikson(1963)은 **심리사회적** 발달 모형에서 자아통합감 대 절망감의 개념을 통해 노년기의 심리적 측면을 제시한 학자이다. 그는 인생주기의 마지막 단계인 노년기의 과업으로 자아통합감을 제시하였는데, **자아통합감**은 자신의 과거와 현재 그리고 미래를 바라보고 수용하며 후세대 사람들에 대한 깊은 배려를 통해 세상을 사는 것으로, 노인의 심리적 안정과 적응에 필수적인 발달과업이다(김민희, 민경환, 2010). 그는 또한 인간 발달의 마지막 단계에서 절망이라는 위기를 극복함으로써 가지게 되는 덕목으로 **지혜**를 제시하였다. 지혜로운 노인들은 죽음이 가까워졌다는 것, 신체적 감퇴를 받아들임과 동시에 경험의 통합을 이룰 수 있고, 사물의 본질을 이해하므로 사회적 · 신체적 조건의 한계에도 만족할 수 있고, 삶의 부정적인 측면도 받아들일 수 있다(김민희, 민경환, 2010; Blazer, 1991). 이러한 배경에서 노년기 삶의 긍정적 측면과 성공적 노화를 예측하는 핵심 자질로 지혜가 주목을 받고 있다.

4) 사회적 연령에 기초한 정의

사회적 연령(social age)은 각 개인의 연령에서 사회적으로 수행해야 할 역할에 대한 것으로, 사회적 기대 또는 규범을 반영하는 나이를 의미한다. 흔히 말하는 결혼 적령기, 은퇴 적령기 등의 '적령기'라는 개념이 바로 이러한 사회적 연령을 의미한

2017년 기준 전 세계 60세 이상 노인의 수는 9억 6,200만 명인데, 2050년에는 그 수가 2배(21억 명), 그리고 2100년에는 3배(31억 명)로 더 증가할 것으로 예상하고 있다(United Nations, 2017[3]).

우리나라의 경우도 저출산 고령화의 문제가 매우 심각한 상황이므로 한국의 고령화 현상과 이에 영향을 미치는 요인들 그리고 인구고령화로 인해 야기되는 사회 변화들을 살펴보고자 한다.

1) 인구고령화의 주요 요인

보건의료기술이 발달하고, 건강에 대한 관심과 건강 관련 서비스가 증가하고, 영양, 안전, 위생환경 개선 등과 같은 생활수준 전반의 향상은 기대수명 증가와 노인 인구의 절대 수 증가를 가져왔다(권중돈, 2016). 실제 〈표 1-1〉과 [그림 1-3]에 제시된 2017년 생명표(통계청, 2018a) 자료에 따르면, 1970년 평균 62.3세였던 기대수명은 2017년 기준 82.7세로 나타나 지난 40여 년간 기대수명이 20.4세 증가하였고, 2017년 기준으로 남자 79.7세, 여자 85.7세의 기대수명을 가지고 있다. 그리고 남녀 간 기대수명의 차이는 1980년 8.5세 이후 점차 감소하는 추세를 보이고 있다. 또한 우리나라 남자의 기대수명(79.7세)은 OECD 평균(78.0세)보다 1.7세, 여자의 기대수

표 1-1 성별 기대수명(출생 시 기대여명) 추이(1970~2017년) (단위: 세)

구분	1970년	1980년	1990년	1997년	2000년	2007년	2010년	2016년	2017년	증감	
										'07 대비	'16 대비
남녀 전체	62.3	66.1	71.7	74.7	76.0	79.2	80.2	82.4	82.7	3.5	0.3
남자(A)	58.7	61.9	67.5	70.7	72.3	75.9	76.8	79.3	79.7	3.8	0.4
여자(B)	65.8	70.4	75.9	78.7	79.7	82.5	83.6	85.4	85.7	3.3	0.3
차이(B−A)	7.1	8.5	8.4	8.0	7.3	6.6	6.8	6.1	6.0	−0.6	−0.1

출처: 통계청(2018a)에서 발췌.

3) UN 경제사회부에서 발간하는 「2017년 세계인구전망 개정안」은 글로벌 인구동향과 향후 전망에 대한 종합적 검토를 제공함으로써 새롭고 지속 가능한 개발 목표를 위한 정책을 만들어 가는 데 기초자료를 제공한다.

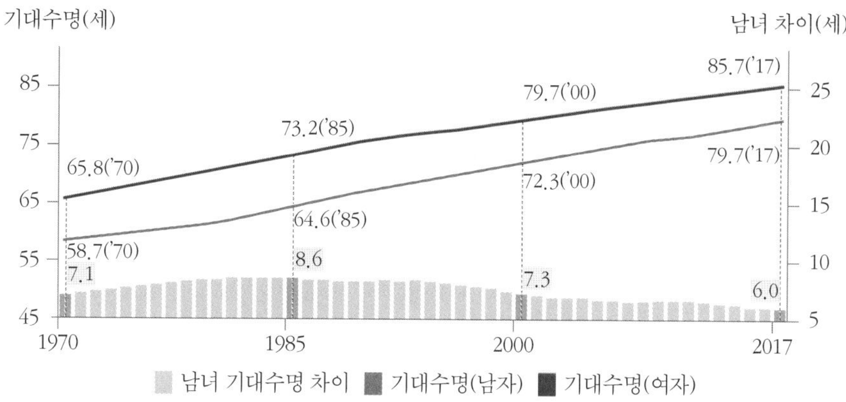

[그림 1-3] 성별 기대수명 및 남녀 기대수명의 차이(1970~2017년)

출처: 통계청(2018a)에서 발췌.

명(85.7세)은 OECD 평균(83.3세)보다 2.4세 높은 것으로 확인되었다.

기대수명의 증가와 함께 저출산은 노인인구의 상대적 비율을 높이는 또 다른 요인이 되고 있다. 산업화와 도시화는 핵가족화, 여성의 사회활동 참여 증가를 가져왔고, 이는 저출산으로 이어졌다. 특히 우리나라는 1960년대 경제개발정책과 맞물려 1965년부터 본격적으로 가족계획이 도입되었는데, 이후 세계의 합계출산율이 1970~1975년 4.44명에서 2010~2015년 2.50명으로 1.9명(−43.7%) 감소[4)]한 데 반

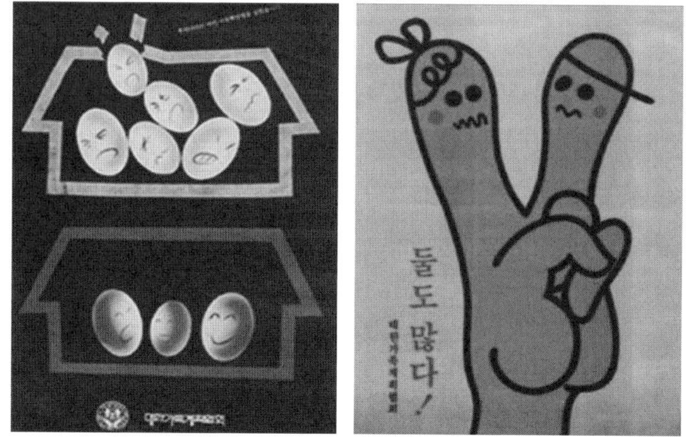

[그림 1-4] 1960~1970년대 대한가족계획협회(현 인구보건복지협회)에서 만든 인구정책 포스터

4) 2010~2015년 합계출산율이 가장 높은 대륙은 아프리카(4.68명)이며, 가장 낮은 대륙은 유럽(1.58명)이다.

표 1-2 세계와 한국의 합계출산율(연평균) (단위: 명, %)

구분	1970~1975년 (A)	2010~2015년[주1)] (B)	증감 (C=B-A)	감소율 (C/A*100)
세계	4.44	2.50	-1.9	-43.7
아프리카	6.66	4.68	-2.0	-29.8
아시아	4.99	2.19	-2.8	-56.2
유럽	2.17	1.58	-0.6	-27.2
라틴아메리카	5.02	2.18	-2.8	-56.6
북아메리카	2.01	1.94	-0.1	-3.5
오세아니아	3.23	2.40	-0.8	-25.8
한국[주2)]	4.21	1.23	-3.0	-70.7
북한	4.00	2.00	-2.0	-50.1

주1: 2010~2015년 자료는 UN 추계치임.
주2: 출생통계(kosis.kr), 한국의 합계출산율은 각각 1970~1975년과 2010~2015년 합계출산율의 평균임.
출처: 통계청(2015).

해 같은 시기 우리나라의 경우, 4.21명에서 1.23명으로 3.0명(-70.7%)이나 감소하는 큰 변화를 겪게 되었다(〈표 1-2〉 참조).

이처럼 다양한 요인이 한국의 인구고령화를 가져왔는데, 여기서 우리가 주목해야 할 점은 바로 우리 사회의 인구고령화 속도이다. UN에서는 전체 인구에서 65세 이상

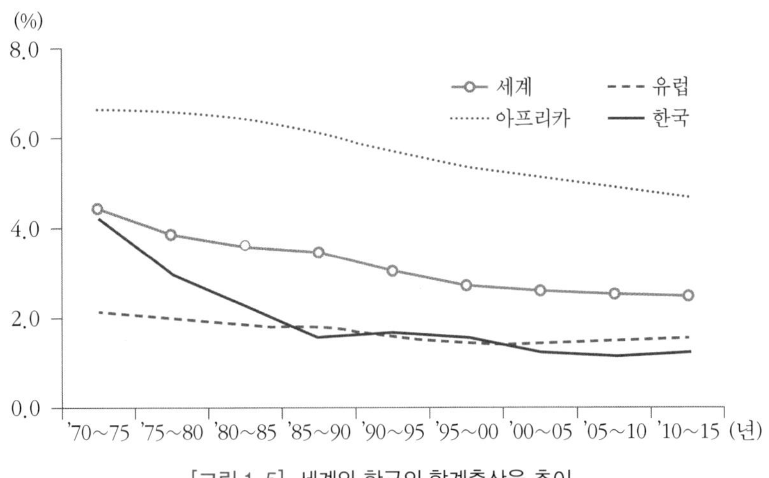

[그림 1-5] 세계와 한국의 합계출산율 추이

출처: 통계청(2015).

표 1-3 노인인구 증가 속도에 관한 국제비교 (단위: 년)

국가	도달연도			소요연수	
	7%	14%	20%	7 → 14%	14 → 20%
대한민국	2000	2017	2026	17	9
일본	1970	1994	2006	24	12
프랑스	1864	1979	2019	115	40
미국	1942	2014	2030	72	16
스웨덴	1887	1972	2012	85	40

출처: 일본 국립사회보장 · 인구문제연구소(2003); 통계청(2012. 2.).

인구가 차지하는 비율이 7% 이상 14% 미만에 해당하면 **고령화사회**(Aging Society), 14% 이상 20% 미만을 차지하면 **고령사회**(Aged Society), 20%를 넘을 경우에는 **초고령사회**(Super-Aged Society)라고 한다. 〈표 1-3〉에 나타난 노인인구 증가 속도에 대한 국제비교표를 보면, 일본과 프랑스 등 고령국가에 비해 우리나라의 고령화 진행 속도가 가장 빠르다. 프랑스의 경우 고령화사회에서 초고령사회로 진행되는 데 154년이 걸렸고, 일본의 경우 35년이 걸린 데 반해 우리는 26년이 소요될 것으로 추계된다. 이처럼 빠른 고령화 속도는 우리 사회가 인구고령화라는 사회적 변화에 대한 대비를 하는 데 있어 큰 어려움이 되고 있다. OECD도 우리 사회의 급격한 인구구조 변화는 낮은 노동생산성, 장시간의 근로관행, 높은 노인빈곤율 및 부족한 사회안전망 등과 결합해 세대 간 형평성 논란 등 다양한 사회경제적 문제를 야기할 수 있다고 경고하였다(아주경제, 2018. 11. 5.).

2) 인구고령화로 인한 사회변화

기대수명의 증가와 저출산은 우리 사회에 인구고령화를 가져오고 있고, 베이비붐 세대[5]의 은퇴가 시작되면서 향후 고령화 속도는 더욱 빨라질 것으로 예견되고 있

5) 베이비붐(baby boom) 세대란 제2차 세계 대전이 끝난 1946년 이후부터 1965년 사이에 출생한 사람들로, 2억 6천여만 명의 미국 인구 중 29%를 차지하는 미국 사회의 신주도층이다. 제2차 세계 대전 기간 동안 떨어져 있던 부부들이 전쟁이 끝나자 다시 만나 미뤘던 결혼을 한꺼번에 한 덕분에 태어난 이들 베이

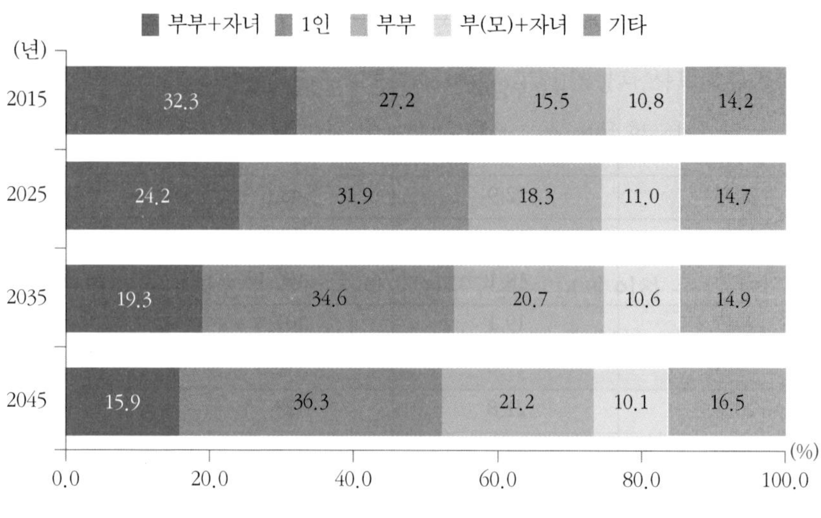

[그림 1-7] 주요 가구 유형별 구성비(2015~2045년)

출처: 통계청(2017).

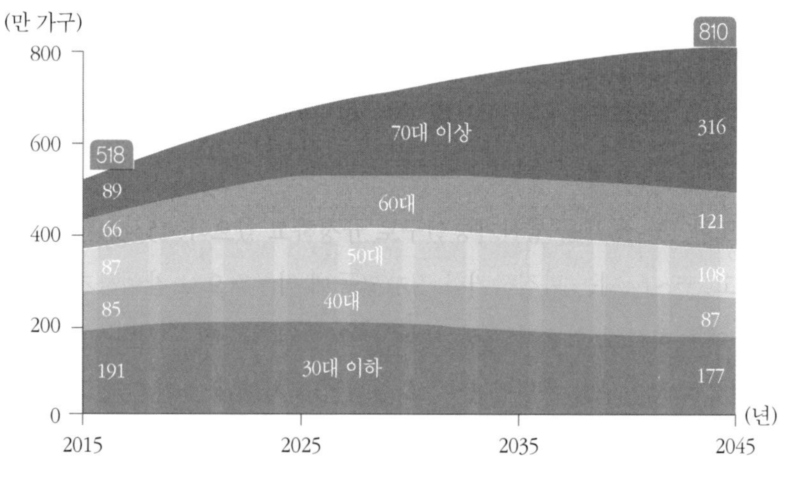

[그림 1-8] 1인 가구 연령별 규모(2015~2045년)

출처: 통계청(2017).

하여 2045년에는 2.1명까지 감소할 것으로 예상되는데, 특히 2015년 기준 1인 가구가 27.2%로 가장 높고 2인 26.1%, 3인 21.5%, 4인 18.8%의 순으로 나타나 1인 가구의 비중이 제일 높은 상황이다. 2045년에는 1인 가구 비중이 36.3%, 2인 가구도 35%까지 증가하는데([그림 1-7] 참조), 65세 이상 1인 가구 및 부부가구는 2015년에 비해 각각 3.1배, 2.6배가 증가하여([그림 1-8] 참조) 1인 가구 중 고령자 가구가 차지하는

표 1-5 연도별 노인(65세 이상)의 가족 및 친구·이웃 유무(율)의 변화(2008~2017년) (단위: %)

구분	2008년	2011년	2014년	2017년
생존자녀[주1)]	98.2	99.1	97.7	97.1
생존손자녀[주1)]	95.4	95.4	90.8	91.3
형제 · 자매[주1)]	80.2	82.2	82.8	84.7
가까운 친인척[주2)]	56.2	54.4	53.1	46.2
친한 친구 · 이웃[주2)]	72.6	75.2	62.7	57.1

주1: 본인 응답과 대리 응답을 모두 포함한 결과임.
주2: 본인 응답만 포함한 결과임.
출처: 보건복지부(2017).

비중이 2015년 19.3%에서 2045년 47.7%로 급속하게 증가할 것으로 예상되고 있다.

전통적으로 우리나라는 가족부양의식이 강하여 노인복지시설의 활성화가 더디었다. 그러나 최근 가족부양에 대한 의식이 많이 변하고 있다. 노인 스스로도 노년기에 자녀와 동거하는 것에 찬성하는 비율이 2008년 32.5%에서 2017년에는 15.2%로 큰 폭으로 낮아졌다. 또한 심리적 가까움을 반영하는 것으로, 가까운 친인척이 있다고 응답한 비율은 2008년 56.2%에서 2017년에는 46.2%로 10%가 낮아져 노인 대부분이 친인척이 있기는 하지만 그중 약 절반 정도만이 그들에게 친근감을 느끼고 있는 것으로 나타났다. 친한 친구 · 이웃의 경우도 2008년 72.6%에서 2017년에는 57.1% 로 낮아졌다(보건복지부, 2017; 〈표 1-5〉 참조).

이처럼 노인들의 1인 가구 증가와 가까운 친인척 및 이웃, 친구와의 교류가 줄어드는 현상은 노인 고독과 빈곤 그리고 자살 등의 노인문제와 연동될 수 있으므로 소득이 낮고 빈곤상태에 처해 있는 고령 저소득층 1인 가구에 우선적으로 경제적 지원을 하는 등 복지정책을 확대할 필요가 있다.

(3) 지역 간 불균형문제

지역별 노인인구 구성을 보면, 농촌 지역의 고령화 속도는 도시 지역보다 훨씬 빠르게 진행되고 있다. 농촌 지역의 65세 이상 인구 비율은 2000년 14.7%에서 2010년 20.6%로 증가하였고, 2010년 기준으로 전국 읍 · 면의 81.7%가 초고령사회로 접어든 상황이다. 젊은 층의 인구 유출로 인한 농촌 지역의 인구수 감소는 이러한 고령인구 비율을 높이고 있다. 군 지역의 경우 2012년 기준 사망자 수는 평균 555.8명,

출생자 수는 평균 436.1명이었던 반면, 시 지역의 출생자 수는 평균 3,123.3명, 사망자 수는 평균 1,536.2명으로 도시와 농촌의 상황이 뚜렷하게 대비된다(성주인, 엄진영, 박유진, 정규형, 2014).

이러한 인구고령화의 지역 간 불균형은 농촌마을의 과소화·공동화 문제와 함께 농촌마을 거주 가구 중 상당수는 고령·독거 가구여서 취약계층에 대한 복지 수요 증가를 가져오고 있다. 노인인구의 절대 수는 도시 지역이 많지만 농촌 지역 지자체의 재정자립도가 매우 낮고, 지역 노인복지체계가 잘 구축되지 않은 상황에서 농촌 지역의 노인문제는 더욱 심각해질 것으로 예측된다(권중돈, 2016).

다음은 우리보다 앞서 인구고령화와 농촌 공동화 현상을 겪은 일본의 사례이다. 지역 간 불균형문제에 대한 새로운 아이디어를 함께 나눠 보자.

농촌 인구의 공동화 현상이 심각하다. 오지마을에는 하루가 다르게 빈집과 폐교가 늘어난다. 젊은이들은 떠나고 새우등진 노인네들만 남아 유모차에 의지해서 살아간다. 외국인 노동자들이 아니면 사래 긴 밭에 씨앗을 박거나 과수원의 풋과일을 솎아 낼 엄두조차 못한다. 소멸을 앞두고 있다는 지방자치단체의 이름이 가시지 않고 우리들 주위를 유령처럼 떠돌아다닌다.

가까운 이웃인 일본은 인구 노령화와 농촌 공동화를 먼저 겪고 있는 나라이다. 그런데 그들은 농촌의 재생 프로젝트를 통해 지난날의 활기를 되찾고 있다. 우선 일본의 외딴섬인 나오시마의 경우를 사례로 들 수 있다. 이 섬은 구리제련소의 폐기물로 가득해서 버려진 곳이었다. 그러나 1989년부터 시작된 재생 프로젝트를 통해 예술가들의 손길이 닿기 시작하였다. 마을 곳곳에 유명 작가들의 작품이 전시되었다. 안도 다다오의 설계, 되살린 전통 가옥, 세계적인 작가의 조형물을 이 섬 곳곳에서 목격할 수 있게 되었다. 그 결과, 나오시마는 죽기 전에 가 보고 싶은 세계 7대 명소로 선정되기도 하였다. 이 섬이 거둔 눈부신 성과는 문화가 분산되어야 경제가 분산된다는 놀라운 가르침이다. 일본의 또 다른 오지마을인 에치코 쓰마리 지역에서는 3년마다 한 번씩 대지의 예술제가 열린다. 하찮은 흙도 모아서 다듬으면 훌륭한 전시품이 된다는 것을 이 예술제는 보여 준다. 2015년의 예술제에는 50만 명이 넘는 관광객이 이 오지 마을에 모여들었다. 더불어 약 50억 엔의 경제 효과도 거두었다. 일본의 오지에 숨어 있는 작은 마을 곳곳에는 갖가지 문학관과 박물관이 문을 열고 있어 지역 경제를 되살리고 있다.

……〈중략〉……

이런 성과들을 거두려면 먼저 지역 주민들이 개인적인 이익에 집착한다든지, 문화 예술에 대한 배타적 혹은 냉소적인 반응이 지속된다면 농촌 재생은 불가능하다. …… 문화가 분산됨으로써 경제가 분산된다는 결과는 제주도를 비롯해서 일본 오지 섬의 재생 프로젝트에서 분명하게 드러났다. "없는 소매를 흔들 수는 없다." 일본인들 사이에 회자되는 속담이다.

출처: 매일신문(2018. 10. 10.).

(4) 신노년의 출현

「2017년도 노인실태조사」(보건복지부, 2017)에서는 지난 10년간 노인에게 일어난 주요 변화 가운데 앞으로도 그 변화가 지속될 것으로 예상되는 것으로 교육수준, 가구형태 그리고 사회적 관계를 꼽았다. 이 중 노인가구 형태 및 변화나 사회적 관계의 변화는 앞서 제시하였으므로, 여기서는 교육수준에 초점을 두어 제시하고자 한다.

약 20년 전만 해도 노인의 36.7%가 글자를 읽을 수 없었던 데 반해 현재 노인 4명 중 1명은 고등학교 이상의 학력을 가지고 있다. 이러한 노인의 교육수준은 계속 높아져 노인이 전체 인구의 20%를 넘게 되는 2025년에는 노인 중 절반이 고등학교 이상의 학력을 가질 것으로 전망된다(정경희 외, 2016). 따라서 고학력 노인의 증대와 그들의 높아진 기대수준과 자율성의 강조, 라이프 스타일의 변화 등에 적극적으로 대응하기 위해 기존의 일방적인 서비스 제공자의 시각에서 벗어나 노인이 자율적으로 서비스를 개발하고 참여해 가는 참여적 접근을 강화하면서 서비스 질의 향상을 도모해 가는 노력이 필요하다. 이와 관련하여 서울 50+ 서부캠퍼스의 남경아 관장은 '한국형 앙코르커리어의 특징'을 제시하면서 기존의 일자리 알선 방식은 지양하고, 당사자들의 경험과 역량에 기초한 '당사자 운동'을 권장하였다. 즉, 과거의 공급자 중심의 노인복지서비스가 아닌 이제는 베이비부머 스스로 '내 삶에서 무엇이 중요하며, 어떻게 살아가는 것이 의미 있는 삶인가?'에 대한 깊은 고민과 성찰을 바탕으로 함께 성장해 가는 공동체를 만들어 갈 수 있도록 지원하는 방향을 모색할 필요가 있다는 것이다. 이처럼 신노년 문화를 향유하는 베이비붐 세대는 합리적인 사고방식과 미래지향적인 생활의식을 갖고 있으며, 노년기를 개성적인 자기실현의 시기로 인식하면서 경제적으로는 여유로운 삶, 사회적으로는 참여적인 삶을 추구한다(김동배, 2015).

이처럼 노인들의 다양한 사회참여 욕구에 적절히 대응하기 위해서는 민간 영역에서의 관심이 요구되며, 이와 동시에 공공 영역에서는 사회참여활동이 활발하지 않은 취약한 노인을 공적인 개입의 최우선 집단으로 설정하여 다양한 지원을 강화해 가야 할 것이다(보건복지부, 2017).

얼마 전 TV에서 소개된 인터넷 스타 여용기 님의 이야기이다. 남포동의 닉 우스터(이탈리아의 패셔니스타이면서 패션디렉터. 60대의 나이와 작은 키에도 불구하고 자신에게 잘 어울리는 옷차림을 해서 패션계에서는 옷 잘 입는 걸로 세계적인 명망이 있는 사람)라고 불릴 만큼 옷 잘 입는 할아버지로 유명한 그는 대한민국 대표 꽃할배이다.

나이를 뛰어넘는 다양한 스타일의 옷을 입고 그 사진을 올리는 그는 4만 4,000명이 넘는 인스타그램 팔로워를 보유하고 있다 그의 본업은 양복점 마스터 테일러(재단사)로, 옷만 잘 입는 것이 아니라 잘 만들기로도 소문나 있다. 19세부터 양복을 만들기 시작해 실력을 인정받았지만 기성복 시대에 밀려 양복점을 접어야 했다. 그 후 17년 만에 다시 옷을 만들기 시작했지만 사람들은 여전히 양복점을 찾지 않았다. 사람들 대부분이 기존의 양복과 전혀 다른 옷을 입고 있었기 때문이다.

세상이 많이 변했다는 것을 알게 된 그는 자신의 고집부터 버렸다. 그리고 길거리의 젊은 사람들이 어떤 옷을 입고 다니는지를 살폈고, 젊은 사람들이 즐겨 읽는 잡지도 찾아보았다. 또한 옷 시장의 흐름을 살펴보고 새로운 옷은 직접 입어 보았다. 이렇게 고집을 버리고 새롭게 변화한 그는 젊은 감각의 맞춤 정장을 선보이는 편집숍에서 일하고 있다.

여용기 님은 일상에서도 단정하고 감각적인 옷을 입는다. 언제나 옷에 구김이 가지 않도록 매무새를 다듬는 게 습관이 되었다. '내가 옷을 만드니까 더욱 옷을 잘 입어야 한다.'라는 철학을 가지고 있는 그는 멋진 옷을 입으려면 몸매 관리 역시 중요하다고 강조한다. 그래서 매일 아침 2시간씩 등산을 한다.

이렇게 자기 일을 즐기며 자기관리에도 철저한 그는 "오빠와 아저씨는 한 끗 차이"라고 말한다.

출처: 이덕주(2018)에서 재인용.

3. 노인문제와 노인복지

우리는 노인복지에 대한 이해에 앞서 노인을 어떻게 정의 내릴 수 있는지 살펴보고, 인구고령화의 원인과 그 영향 요인들을 살펴보았다. 응용학문으로서 사회복지학은 사회변화와 그에 따른 제반 사회문제를 단순히 이해하는 데 그치는 것이 아니라 그 해결 방안을 도출해 나간다는 점에서 여타 다른 순수 사회과학과 차별화된다. 사회복지학의 한 분야인 노인복지학도 이러한 응용학문으로서 이해할 필요가 있다. 즉, 노인복지학은 현대사회의 다양한 변화와 노인문제를 고찰하고 그에 대한 실천적 · 정책적 대안을 다루는 학문이라 할 수 있다. 또한 노인문제는 개인적 차원을 넘어 국가정책적 차원까지 고려해야 하므로 이를 위해서는 노화에 대한 신체적 · 심리적 · 사회적 · 기능적 측면의 다각적 이해를 바탕으로 해야 한다. 따라서 노인복지학은 인간의 노화를 연구하는 노년학의 한 분야이기도 하다. 노년학은 노화에 대한 다차원적 이해를 다루기 때문에 의학, 생물학, 보건학, 인류학, 심리학, 경제학, 사회학, 사회복지학 등 여러 학문의 관점과 방법론을 필요로 하는 종합학문이다.

종합해 보면, 노인복지학은 인간의 노화 현상에 대한 연구를 총망라하는 노년학에 대한 연구결과를 기초로 하여 사회복지 정책과 서비스를 통해 노화에 따른 제반 문제를 지원해 줌으로써 노년기의 성공적 적응을 도모하고 삶의 질을 향상시키는 것에 목표를 둔 학문 분야이다(정옥분 외, 2016).

이상의 노인복지학에 대한 이해를 바탕으로 우리 사회가 당면한 인구고령화와 노인문제 해결을 위한 국가적 차원의 노인복지정책의 방향에 대해 살펴보고자 한다. 정부는 저출산 · 고령사회 문제에 대응하기 위해 2005년 「저출산 · 고령사회기본법」을 제정하였으며, '저출산 · 고령사회위원회'를 설치하였다. 이후 제1차 저출산 · 고령사회기본계획(2006~2010년)과 제2차 저출산 · 고령사회기본계획(2011~2015년)을 수립하여 추진하였으나, 세계 최저수준의 출산율과 급격한 고령화 속도로 볼 때 정책적 대응이 여전이 미흡하다는 평가이다. 이에 인구구조 변화에 대응한 국가발전 전략이라는 근본적 문제의식을 강화하고, 단기적 성과 추구가 아닌 한 세대를 바라보는 장기적 정책적 시야를 가져야 한다는 인식하에 제3차 저출산 · 고령사회기본

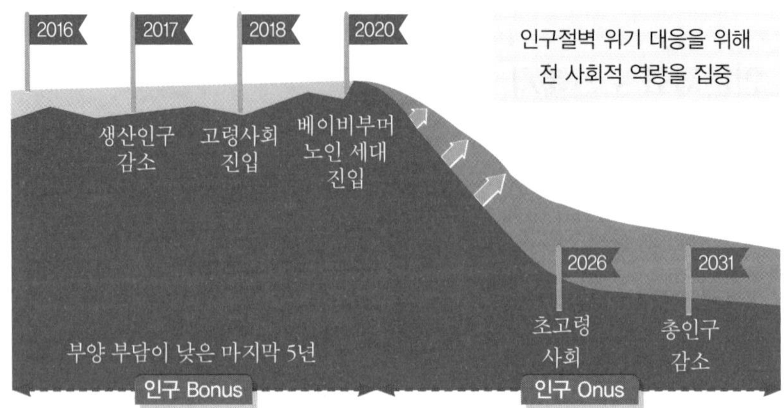

[그림 1-9] 인구보너스기에서 인구오너스기로의 이행

출처: 저출산 · 고령사회위원회(2015)에서 발췌.

계획(2016~2020년)을 수립하게 되었다. 제3차 기본계획이 추진되는 시기는 생산가능인구 감소와 고령사회 진입 등으로 이전의 풍부한 인적자원을 통해 성장을 이루었던 인구보너스기가 끝나고, 인구가 성장에 부담이 되는 인구오너스기로 이행되는 기간이므로 인구절벽 위기에 대응하기 위한 마지막 골든타임으로서 매우 중요한 의미를 지니는 시기이다([그림 1-9] 참조).

따라서 제3차 기본계획은 '모든 세대가 함께 행복한 지속발전사회 구현'이라는 비전하에 '아이와 함께 행복한 사회' '생산적이고 활기찬 고령사회'를 목표로 2020년까지 합계출산율 1.5명 달성, 노인빈곤율 39%까지 감축을 제시하였다. 특별히 생산적이고 활기찬 고령사회 구축을 위한 추진전략으로는 노후소득보장 강화, 활기차고 안전한 노후 실현, 여성과 중 · 고령자 및 외국 인력 활용 확대, 고령친화경제로의 도약을 제시하였다([그림 1-10] 참조). 이상의 추진전략들을 통해 인구보너스기에서 인구오너스기로 이행하는 현 시점에서 촘촘한 노인복지체계 구축과 서비스를 통해 우리나라 노인의 삶의 질이 개선되고, 노후가 행복한 대한민국이 되기를 고대한다.

비전

모든 세대가 함께 행복한 지속발전사회 구현

목표

아이와 함께 행복한 사회	생산적이고 활기찬 고령사회
합계출산율: ('14) 1.21명 → ('20) 1.5명	노인빈곤율: ('14) 49.6% → ('20) 39%

추진 전략

청년 일자리 · 주거대책 강화	노후소득보장 강화
▶ 청년고용 활성화 ▶ 신혼부부 맞춤형 주거지원 강화	▶ 1인 1국민연금을 위한 사각지대 해소 ▶ 주택연금 등의 활성화로 노후보장수준 제고
난임 등 출생에 대한 사회책임 실현	**활기차고 안전한 노후 실현**
▶ 임신 · 출산에 대한 의료적 지원 확대 ▶ 포용적 가족형태 인식 확산	▶ 간병 · 치매 · 호스피스 등 의료 · 돌봄 강화 ▶ 고령자 교통 · 생활안전 환경 조성
맞춤형 돌봄 확대 · 교육 개혁	**여성, 중 · 고령자, 외국 인력 활용 확대**
▶ 맞춤형 보육 · 돌봄 확대 ▶ 자녀와 부모가 행복한 교육개혁	▶ 여성 · 고령친화 고용 시스템 전환 ▶ 사회통합적 외국인력 활용
일 · 가정 양립 사각지대 해소	**고령친화경제로의 도약**
▶ 양성이 평등한 일 · 가정 양립 ▶ 중소기업 · 비정규직도 아이 키우기 좋은 환경	▶ 분야별 인구 다운사이징 대비 ▶ 고령친화산업의 발전 생태계 조성

실행 기반

▶ 민간-지역-정부 협력으로 전 사회적 대응체계 강화
▶ 저출산 극복을 위한 인식 · 문화 개선 대대적 확산
▶ 지속적인 실행력 확보를 위한 추진 인프라 확립

[그림 1-10] 제3차 저출산 · 고령사회기본계획 비전 및 목표

출처: 저출산 · 고령사회위원회(2015)에서 발췌.

••• 학습과제

1. 자신이 몇 세 정도 되면 노인이 될 것이라 생각하는지 그리고 그 이유는 무엇인지 동료들과 이야기 나누시오.
2. 인구고령화로 야기되는 다양한 사회변화에 대해 이야기하시오.
3. 노인복지학은 무엇을 다루는 학문인지에 대해 이야기하시오.

참고문헌

국립국어원(2018). 표준국어대사전.

경향신문(2018. 10. 3.). 노인 연령 기준 '만 65세' 당분간 그대로 유지.

권중돈(2016). 노인복지론(6판). 서울: 학지사.

김동배(2015). 제3의 인생 설계, 신노년문화. 경기: 소야.

김민희, 민경환(2010). 지혜의 연령차와 중노년기 심리적 적응과의 상관. 한국노년학, 30(3), 947-971.

매일신문(2018. 10. 10.). [새론새평] 농촌오지, 소멸에서 부활하기.

보건복지부(2017). 2017년도 노인실태조사.

보건복지부(2018). 2018년 노인보건복지사업안내.

보건복지부, 한국보건사회연구원(2017). 통계로 보는 사회보장 2017.

성주인, 엄진영, 박유진, 정규형(2014). 농촌의 중장기 인구 변화에 대응한 지역 활성화 과제. 세종: 한국보건사회연구원.

아주경제(2018. 11. 5.). 국제사회도 주목하는 한국 고령화…일자리 등 대책 절실.

양옥남, 김혜경. 박화옥, 정순둘(2016). 노인복지론. 경기: 공동체.

유성호, 김형수, 모선희, 윤경아(2015). 현대 노인복지론(5판). 서울: 학지사.

이덕주(2018). 지금이 내 인생의 골든타임: 나이 초월 열정 가득 골드 세대 이야기. 서울: 초록비책공방.

일본 국립사회보장 · 인구문제연구소(2003). 인구통계자료집.

저출산 · 고령사회위원회(2015). 2016-2020 제3차 저출산 · 고령사회 기본계획(브릿지 플랜 2020).

저출산 · 고령사회위원회(2018). 저출산고령화포럼 9차 자료.

정경희, 오미애, 오영희, 이윤경, 황남희, 이선희(2016). 2017년도 노인실태조사를 위한 사전연구. 세종: 보건복지부, 한국보건사회연구원.

정상양, 김옥희, 엄기욱, 이경남, 박차상(2012). 한국노인복지론(4판). 서울: 학지사.

정옥분, 김동배, 정순화, 손화희(2016). 노인복지론(2판). 서울: 학지사.

통계청(2012. 2.). 장래인구추계.

통계청(2015). 세계와 한국의 인구 현황 및 전망.

통계청(2016). 장래인구추계.

통계청(2017). 장래가구추계.

통계청(2018a). 2017년 생명표 보도자료.

통계청(2018b). 2018 고령자 통계.

투데이신문(2018. 7. 7.). '품 안의 자식' 아닌 내보내고 싶은 '캥거루족'.

Blazer, D. (1991). Spirituality and aging well. *Generations*, *15*(1), 61-65.

Chonody, J., & Teater, B. (2017). *Social work practice with older adults: An actively aging framework for practice*. CA: SAGE Publications.

Erikson, E. H. (1963). *Childhood and society* (2nd ed.). New York: Norton

Merriam Webster. (2015). https://www.merriam-webster.com/dictionary/advanced%20 in%20age%2Fyears

Teater, B., & Chonody, J. (2017). Stereotypes and attitudes toward older people among children transitioning from middle childhood into adolescence: Time matters. *Gerontology & Geriatrics Education*, *38*(2), 204-218.

United Nations. (2017). *World population prospects 2017*.

Yun, R. J., & Lachman, M. E. (2006). Perceptions of aging in two cultures: Korean and American views on old age. *Journal of Cross-Cultural Gerontology*, *21*(1-2), 55-70.

매일경제용어사전(2020. 2. 12.). https://terms.naver.com/entry.nhn?docId=4692&cid=43659&categoryId=43659에서 다운로드.

한경 경제용어사전 dic.hankyung.com/apps/economy.view?seq=9492

제 2 장

노인과 노화

학습 목표

1. 노화의 생물학적 측면을 이해한다.
2. 노화의 심리적 측면을 이해한다.
3. 노화의 사회적 측면을 이해한다.

"그리스 신화에 등장하는 티토노스(Tithonos)는 매우 잘생긴 남성으로 트로이의 왕 라오메돈(Laomedon)의 아들이다. 그는 새벽의 여신 에오스(Eos)와 사랑에 빠지게 되는데, 에오스는 제우스를 찾아가 인간 티토노스가 죽지 않기를 간청한다. 에오스의 간청으로 티토노스는 불멸의 삶을 살게 된다. 그러나 에오스는 제우스에게 티토노스가 죽지 않기만을 청했지, 늙지 않는 삶까지는 부탁하지 않았다. 결국 시간이 지날수록 티토노스는 늙어 가고, 에오스는 늙은 티토노스를 방 안에 가두어 두지만, 쇠약해진 티토노스는 끊임없이 중얼거리며 온 방을 휘젓고 다닌다. 결국 에오스는 정신이 이상해진 티토노스를 견디지 못하고 매미로 만들어 버린다." 80대의 노학자인 Lowis Wolpert가 쓴 책『당신 참 좋아 보이네요!: 80대 노학자가 쓴 긍정적 나이 듦에 대한 인생 보고서(You're Looking Very Well: The Surprising Nature of Getting Old)』(2011)는 이 그리스 신화로 시작한다. 사랑하는 이의 영원한 삶을 간절히 원했던 여신 에오스도 상대가 늙어 가고 변해 가는 것을 받아들이지 못했다는 이야기이다.

우리 모두는 태어나 성장하고 발달하며 죽음에 이르는 인생의 여정을 살아간다. 많은 사람이 성장만을 발달로 인식하지만, 노년기의 쇠퇴도 인간발달의 중요한 과정이다. 이 장에서는 지금까지 '발달은 곧 성장'이라고 생각한 기존의 편협한 시각에서 벗어나 노년기의 발달, 즉 노화(aging)의 생물학적 · 심리학적 · 사회학적 측면을 살펴보고자 한다. 과연 노년기의 발달이 쇠퇴만을 담고 있는지, 아니면 또 다른 영역의 새로운 변화와 성장이 있는지 이 장을 통해 찾아가 보도록 하자.

1. 노화의 생물학적 측면

1) 생물학적 노화

늙는다는 것은 누구에게나 일어나는 삶의 과정으로, 노인을 잘 이해하기 위해서는 노화에 대한 객관적 이해가 선행되어야 한다. 노화를 인간의 출생부터 사망까지 전 생애에 걸쳐 진행되는 신체적 또는 생리적인 부정적 변화과정으로 정의한 학자

(Hampton, 1991)도 있고, 노화는 인간의 생존 가능성을 감소시키고 죽음을 통해 정상적인 노화과정이 종결된다고 본 학자(Schulz & Salthouse, 1999)도 있다(김종일, 최혜지, 2006). 그러나 생물학적 노화는 세월의 흐름에 따라 우리 신체에서 일어나는 정상적인 변화과정으로, 그 과정은 점진적이며 모든 생명체에서 일어나는 보편적인 현상이다(정옥분, 김동배, 정순화, 손화희, 2016).

일반적으로 사람들은 노화라고 하면 일단 부정적인 생각에 사로잡혀 있다. 왜냐하면 마트나 길에서 평범하게 만나는 노인들에 대해서는 아무 생각 없이 스쳐 지나가면서도, 휠체어를 타거나 거동이 불편한 노인을 보면 우리의 시선이 그 노인에게 머무르고, '그래, 노인이 되면 모두가 아픈 거야.'라고 생각하기 쉽기 때문이다. 그런데 65세 이상 노인을 대상으로 한 연구에서 자신의 건강상태에 대해 보통 이상으로 좋게 응답한 노인이 전체 응답자의 약 60%로 나타난 것(보건복지부, 2017)을 볼 때, 노화를 질병과 동일한 개념으로 보거나 부정적으로만 봐서는 안 된다는 점을 기억해야 한다. 물론 노화와 함께 질병의 발병률과 신체기능의 저하가 일어나는 것까지 부정할 수는 없지만, 개인에 따라 노화를 어떻게 바라보고 적응하느냐에 따라 노년기 삶의 질이 달라진다는 점에 주목하자.

Wolpert(2011)는 오스트리아와 독일에서 진행된 한 연구를 소개한다. 다양한 연령대의 응답자(21,000명)를 대상으로 세대별로 느끼는 행복감을 조사하였는데, 실험결과는 놀라웠다. 20대는 삶에 대한 근심과 걱정이 비교적 적으며 미래에 대한 희망을 가지고 있었다. 반면에 40대는 가족부양에 대한 부담으로 만족감이 최저로 나왔다. 65세는 지금 현재에 자족하면서 다시 행복해지며, 80세는 삶을 즐길 수 있는 여유가 생겨 만족도가 최고로 나왔다. 그리고 그는 "할 수 있는 한 이 행복을 즐겨라. 만약 지금 당신이 인생의 만족도가 바닥을 치고 있는 40대이고, 느끼는 감정은 가족에 대한 책임감과 경제적 압박 같은 절망감뿐이라면? 다행이다. 당신에게는 행복해질 일만 남은 것이니 말이다."라고 이야기한다. 어떠한가? 나이 듦이, 노화가 무조건 부정적인 것이라는 우리의 색안경을 이제는 조금 벗어야 하지 않을까?

2) 생물학적 노화의 주요 이론

노화의 원인을 찾고자 하는 인간의 노력은 고대부터 꾸준히 계속되어 왔다. 당시 사람들은 영원불멸에 대한 기대로 노화나 죽음도 극복이 가능하다고 믿었는데, 이집트 피라미드나 진시황의 무덤은 이러한 믿음을 반영한다. 노화의 원인에 대한 최초의 명시적 이론은 그리스·로마 의학과 히포크라테스 이론에서 찾아볼 수 있다. 히포크라테스는 생명체의 필수요소가 열이며 모든 사람에게는 고정된 양의 열이 있다고 믿었다. 그는 이것을 '**생득적 열**'이라 명명하였는데, 이 물질은 인간이 살아가는 동안 소모되며 노화는 생득적 열이 감소함으로써 일어나는 자연스러운 결과라고 하였다(김종일, 최혜지, 2006; Grant, 1963).

[그림 2-1] 히포크라테스
(Hippocrates, B.C. 460~377)

이후에도 노화의 원인을 규명하기 위한 연구가 꾸준히 계속되었는데 그중 대표적인 것이 노화예정론과 마멸이론이다(정옥분 외, 2016; Papalia, Olds, & Feldman, 1989). 먼저, **노화예정론**은 모든 유기체는 정상적인 발달과정에 따라 노화가 진행되도록 프로그램화되어 있다는 주장으로, 이 이론을 주장하는 사람들은 각 종마다 고유한 노화 유형이 있고 고유의 평균예상수명을 가지고 있으므로 이러한 과정은 예정되고 타고난 것이라고 하였다. Hayflick(1974, 1985, 2003)은 여러 종류의 동물을 연구한 결과, 정상적인 세포가 분열하는 횟수에는 한계가 있고, 인간 세포의 경우 50회 정도 분열한다고 하였다. 그의 주장에 따르면 인간은 120~125년 정도의 수명을 가질 것으로 예상된다. 그러나 여러 가지 다른 요인, 예를 들어 성별, 조상의 평균수명과 다른 환경적 요인들의 영향으로 인간 수명에 차이가 발생한다고 보았다(정옥분 외, 2016).

다음으로, **마멸이론**은 인간의 신체를 기계에 비유하여 오래 사용할수록 닳아서 손상되고 기능이 떨어진다는 주장이다. 세포는 노화될수록 손상된 부분을 치유하거나 대체하는 능력이 떨어지는데, 마멸이론에서는 신진대사의 화학적 부산물과 같은 해로운 물질의 축적과 내외적 스트레스가 마멸과정을 촉진시킨다고 하였다(정옥분 외, 2016). [그림 2-2]는 마멸이론을 잘 설명해 주는 예이다.

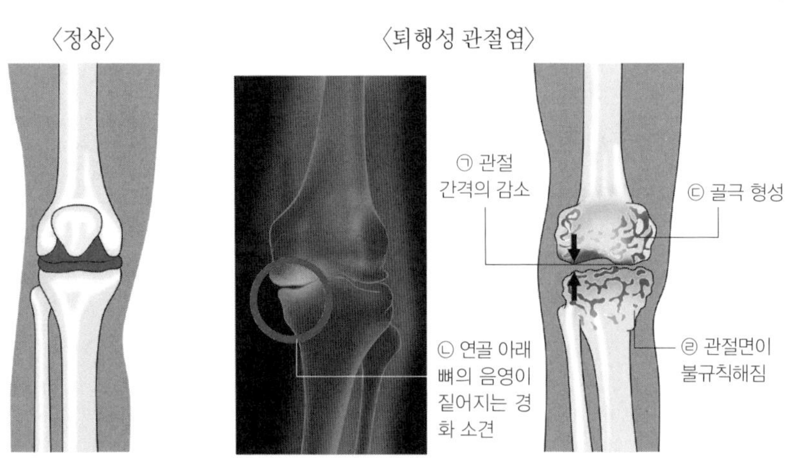

[그림 2-2] 퇴행성 관절염의 방사선 사진

출처: 국가건강정보포털 의학정보 홈페이지에서 발췌.

이 외에도 신진대사율이 높은 동물일수록 수명이 짧다는 사실을 토대로 한 **신진대사이론**, 설치류의 열량제한 실험결과를 토대로 열량제한이 수명을 연장한다고 본 **열량제한이론**, 활성산소가 유기체를 손상시킴으로써 노화가 진행된다고 보는 **활성산소이론**, 외부 공격에 대한 면역체계기능의 저하로 노화가 가속된다고 본 **면역이론** 등이 있다. 최근에는 **텔로미어**(telomere)를 노화와 수명을 결정짓는 요인으로 보고 텔로미어의 길이를 통해 노화와 수명을 예측하는 이론이 등장하였다. 텔로미어란 염색체 양 끝에 달린 DNA를 말하는 것으로, 마치 모자처럼 염색체를 감싸고 있어서 세포가 분열할 때 염색체의 중요한 정보가 소실되는 것을 막아 주는 역할을 한다. 그런데 세포분열이 진행될수록 텔로미어의 길이는 짧아지게 되고 결국 노화가 더 빨리 진행된다는 것이다. 다음은 세포 노화의 시계라 불리는 텔로미어에 대한 기사 중 일부를 발췌한 내용이다. 건강한 신체를 유지하는 데 필수적인 텔로미어에 대해 알아보고, 텔로미어를 연구한 학자가 제시한 건강유지방법도 실천해 보자.

늙는다는 건 두려운 일이다. 우리가 죽어 가고 있음을 눈앞에 직접 현시하기 때문이다. 애써 모른 척 외면하고 싶어도 각자의 신체에 아로새겨지는 세월의 얼룩은 지울 수가 없다. 탱탱하고 윤기 있던 피부는 아래로 자꾸만 처져 가고, 없던 새치마저 머리 구석구석 제 세를 불린다.

안 가던 병원에 가는 일이 잦아지고, 멀고 가까운 누군가의 부고 소식 또한 빈번해진다. 하지만 이 모든 사실에 절망할 것까진 없다. 진실로 "두려워할 건 늙음이나 죽음이 아니라 녹슨 삶"(법정 스님)이기 때문이다. 대문호 괴테도 이런 말을 남기지 않았나. "살아 있는 동안 건강하게 지낼 수 있도록 끊임없이 우리 생활을 가꿔야 한다." 이제부터 소개할 책 『늙지 않는 비밀: 노벨의학상이 밝힌 더 젊게 오래 사는 텔로미어 효과(The Telomere Effect: A Revolutionary Approach to Living Younger, Healthier, Longer)』(2018)는 우리의 유한한 삶을 보다 건강하게, 또 오래 지속하게 안내하는 일종의 이정표이다.

Elizabeth Blackburn과 Elissa Epel의 책 『늙지 않는 비밀: 노벨의학상이 밝힌 더 젊게 오래 사는 텔로미어 효과』(2018)의 표지

늦게 늙는 사람이 있고 일찍 늙는 사람이 있다. 아직 한창 젊은데 온종일 '피곤하다'며 울상 짓는 사람이 있고, 인생의 황혼녘에 다다랐지만 활기 넘치는 정력적인 사람도 있다. 그 이유가 뭘까. 왜 사람은 늙는 속도가 제각각일까. '늙지 않는 비밀'은 '텔로미어'의 길이 차 때문이라 말한다. 텔로미어는 세포 속 염색체의 양 끝에서 염색체의 손상을 막아 주는 덮개이다. 이것의 길이가 줄수록 건강수명도 준다.

이 책의 저자 Elizabeth Blackburn은 노화를 결정짓는 이 텔로미어를 발견해 2009년 노벨생리의학상을 받았다. 또 텔로미어 길이가 주는 것을 막는 효소 '텔로머라아제'를 추가로 발견해 노화의 수수께끼를 풀었다고 평가받는다. 텔로머라아제를 늘리면 '질병수명 최소화, 건강수명 최대화'가 가능하다는 것이다.

Blackburn은 "당신의 세포는 당신 생각에 귀 기울이고 있다."라고 강조한다. 평소 마음가짐이 텔로미어의 길이와 직결되어 있다는 소리이다. 예컨대, 타인을 적대하고 비관주의에 절어 산다면 텔로미어의 길이는 급속도로 준다. 반면에 명상과 마음 수련으로 감정의 찌꺼기를 그때그때 걸러 낸다면 건강수명은 길어진다.

텔로미어 연장법은 새겨 둘 만하다. 음식은 일단 지방이 적고 단백질이 풍부할수록 좋다. 체중 관리도 중요한데 무엇보다 핵심은 '뱃살'이다. 전체 체중보다 복부지방 비율을 줄여야 한다. 개구리처럼 배가 볼록 튀어나온 사람일수록 노화가 빨라지기 때문이다. 잠은 반드시 7시간 이상 자야 하고, 일주일에 세 번씩 45분간 유산소 운동 또한 필수이다.

출처: 매일경제(2018. 3. 2.).

3) 노화로 인한 생물학적 변화

생물학적 노화는 외적 요인에 의해 촉진되기도 하지만, 유전적 요인, 세포기능의 저하, 면역체계의 문제, 생체기능에 대한 통제력 저하 등과 같은 내적 요인에 의해 주로 유발된다. 따라서 생물학적 노화를 외적 변화와 내적 변화로 구분하여 살펴보고자 한다.

(1) 외적 변화

① 피부

얼굴에 주름이 생기고 검버섯이나 기미가 생기는 것은 가장 흔한 노화 현상 중 하나이다. 주름의 원인은 수분 손실, 피부 탄력에 영향을 주는 콜라겐의 파괴 그리고 자외선 노출에 의한 손상 등이 있다. 이 중 피부 노화의 70% 이상은 햇빛에 노출되면서 진행된 '**광노화**'로, 자외선은 피부 표피와 진피 모두를 노화시킨다. 즉, 나이가 들어도 세포층의 수는 변하지 않지만, 피부 바깥층의 두께는 점점 얇아진다. 햇빛에 노출된 부분에서 색소침착이 일어나고 검버섯이나 기미가 생겨 피부를 칙칙하게 만든다.

피부를 건조하지 않게 도와주는 유분은 남성의 경우 80세가 지나 감소하지만 여성은 폐경기 이후 줄어들기 시작한다. 유분이 줄어들면 피부는 건조해지고 가려워지므로 충분한 보습제 사용을 권한다. 또한 유분의 감소로 열을 보호하고 쿠션 역할을 하는 지방세포가 점점 얇아져 체온 유지 능력이 떨어진다. 체온 유지 능력은 땀샘 위축과도 연관이 있는데, 땀샘의 위축은 땀의 생성을 줄어들게 해 체온을 떨어뜨리는 기능을 마비시킨다. 그 결과, 노인들의 경우 피부가 과열되는 현상도 빈번해진다. 대부분 노화로 인한 피부의 변화는 생명에 지장을 줄 정도로 위협적이지는 않지만, 젊음을 선호하며 안티에이징(anti-aging)을 부르짖는 오늘의 우리 문화는 노인들을 심리사회적으로 위축되게 한다.

인생사진관 프로젝트에 참여한 모녀와 부부의 현재 모습과 30년 후의 모습(삼성생명 제공)

최근 한 보험사가 고객의 30년 후 모습을 보여 주는 '인생사진관' 광고 영상을 유튜브에 올렸다. 이 영상은 2주 만에 400만 뷰를 훌쩍 넘겼다. 영상은 친구 같은 모녀, 결혼을 앞둔 예비 부부, 우여곡절 끝에 결혼한 5년 차 부부, 어릴 적부터 함께 자라 온 친구들까지 다양한 사람이 인생사진관을 방문하는 장면으로 시작된다. 모두 실제 커플, 모녀, 친구 관계이다. 전문 분장사의 손길을 통해 30년 후의 모습으로 변신해 사진을 찍은 이들은 예기치 못했던 감정을 내비치며 눈물을 보였다.

부부는 훌쩍 늙어 버린 서로를 바라보며 "너무 속상해서 못 보겠어. …… 왜 이렇게 늙었어."라며 말을 잇지 못한 채로 하염없이 울었다. 늙은 엄마를 보는 딸은 마음이 아픈 듯 웃으면서 눈물을 흘렸다. 이 영상이 뜨거운 공감을 얻는 것은 우리가 놓치고 사는 인생의 소중함을 일깨워 줬기 때문이 아닐까. 우리는 시간의 속도를 거스를 수 없다. 인생의 가장 큰 실수는 '나는 늙지 않을 것'이라고 생각하는 것. 또 그 사실을 노인이 된 후에 깨닫는 것이다.

출처: 국민일보(2018. 11. 9.).

② 모발

노화와 관련된 외적 변화에서 눈에 띄는 변화 중 하나가 흰 머리카락이다. 어느 날 거울 속에 비친 자신의 머리에 흰 머리카락이 있는 것을 발견하는 순간 우리는 나이 듦에 대해 여러 가지 생각을 하게 된다.

모발을 건강하고 아름답게 유지하는 데에는 영양이 중요한 역할을 하는데, 모발의 색깔은 모발 뿌리 세포가 가지고 있는 멜라닌의 영향을 받는다. 즉, 멜라닌 색소가 줄어들면 흰 머리카락이 생겨난다.

모발의 색깔과 함께 중년기 이후에는 모발이 가늘어지기 시작하고, 모발의 성장도 느려져 모발 교체 시기가 점점 오래 걸린다. 모발은 생장기, 퇴행기, 휴지기, 성장기의 주기를 거치는데, 모발의 휴지기는 중년기에 더 길어지게 되어 모발이 감소하게 된다.

특히 남성들은 모발 감소로 인한 영향이 여성보다 더 큰 것으로 알려져 있다. 모발 감소는 유전적 요인이 큰 것으로 알려져 있는데, 여성은 훨씬 늦은 나이에 모발 손실을 경험하며 손실 자체도 남성보다 약하다.

③ 신장

사람의 신장은 30대 이후 감소하기 시작하는데, 남성의 경우 30대에서 50대 사이에 약 1.27cm가 감소하며 50대와 70대 사이에는 1.90cm가 감소한다. 남성 신장의 감소는 중력에 의한 것으로, 근육이 약화되고 척추 뼈가 파괴되고 눌리기 때문이다.

여성은 남성보다 더 큰 폭의 감소가 일어나는데, 25세에서 75세 사이에 최대 5cm까지 감소한다. 여성의 신장이 감소하는 주된 이유는 폐경기 이후 뼈 관련 질환이 발생할 가능성이 높은 데 기인한다(김종일, 최혜지, 2006; Schulz & Salthouse, 1999). 특히 여성은 폐경기 이후 에스트로겐 분비가 저하되고 신체활동이 줄어들면서 뼈의 손실이 더욱 증가하는 경향이 있다.

(2) 내적 변화

① 신체 구성 성분

생물학적 노화의 내적 변화는 앞서 제시한 외적 변화와 달리 신체 내부에서 진행되어 눈에 보이지 않는 퇴행성 변화이다. 이러한 내적 변화 중 먼저 신체 구성 성분을 살펴보면, 노화와 함께 체내 지방의 비중은 증가하는 한편 수분과 근육의 부피는

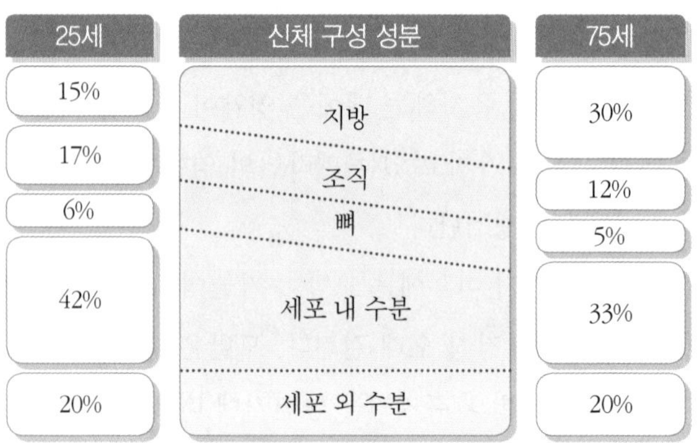

[그림 2-3] 노화로 인한 신체 구성 성분의 변화

출처: Goldman (1970): 김종일, 최혜지(2006)에서 재인용.

감소한다. [그림 2-3]은 노화에 따른 신체 구성 성분의 변화를 나타낸 것이다.

② 뇌와 신경 계통

성인기 동안 뇌에서는 뇌 무게 감소, 뇌수의 회백질 감소, 수지상돌기(가지돌기) 밀도 감소, 신경세포의 자극전달 속도 감소 등의 변화가 일어나는데, 그중 가장 핵심적인 것은 수지상돌기의 밀도 감소이다(정옥분 외, 2016). 왜냐하면 수지상돌기의 밀도 감소는 뇌 무게와 뇌신경세포의 밀도 감소 및 신경세포의 자극전달 속도 감소에 영향을 주기 때문이다. 이러한 뇌 수축 현상은 영장류를 포함한 모든 동물 중에서 사람에게만 있는 유일한 현상으로, 미국 조지워싱턴 대학교 연구진은 인간이 더 오래 살기 때문에 노화 관련 질병에 더 취약하다고 밝혔다. 보통 80세에는 원래 뇌 무게의 15%가 줄어드는데, 알츠하이머 환자의 경우 뇌 수축 현상은 더욱 심하게 나타난다(Wolpert, 2011).

우리의 뇌는 뉴런 간 신경세포들의 자극전달을 중재하는 신경전달물질을 필요로 하는데, 아세틸콜린과 도파민 같은 이러한 신경전달물질도 나이가 들면서 감소한다. 또한 신경단위인 뉴런의 수도 감소한다. 감소하는 뉴런이 대체될 수는 없지만 다행히 우리의 뇌는 회복력이 있어 뇌기능은 매우 적게 손실된다(정옥분 외, 2016).

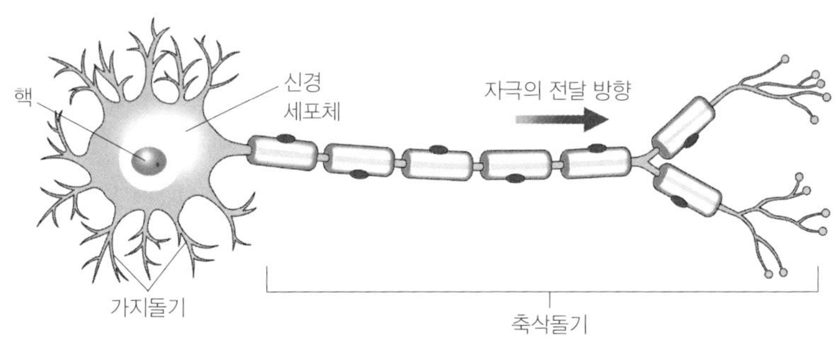

[그림 2-4] 뉴런의 구조

출처: 네이버 지식백과 '비상학습백과 중학교 과학 ②-뉴런'.

③ 심혈관 계통

노화와 함께 심장조직이 굳어지고 탄력성은 감소하며 심박력과 혈액의 양도 감소한다. 30세에 100%의 심장기능을 가진다면 50세에는 80%, 80세에는 70%로 감소한다(정옥분 외, 2016). 즉, 연령에 따라 심장의 효율성이 전반적으로 낮아진다고 볼 수 있다. 그러나 질병이나 심장의 다른 추가적 변형이 없는 이상 다른 신체조직의 쇠퇴와 기초대사율의 저하 등에 따라 심장기능에 대한 신체적 요구 자체가 감소하므로 이러한 변화를 적절하게 볼 수도 있다(김종일, 최혜지, 2006). 노년기에는 콜레스테롤의 축적으로 인한 **동맥경화**로 혈압이 높아지게 되는데, 눈에 보이는 증상이 없기 때문에 평소 건강한 식습관과 생활습관을 유지하는 것이 매우 중요하다.

④ 호흡기 계통

연령이 증가하면 호흡기 계통의 효율성이 감소한다. 즉, 최대 호흡량, 폐 용량, 기본적 산소 소모량이 모두 감소하는데, 30대의 폐가 6.8*l*의 공기를 담을 수 있는 데 반해 70대에는 3.42*l*로 그 용량이 감소한다(최성재, 장인협, 2003). 따라서 노인은 젊은이보다 호흡기 질환에 노출될 확률이 더 높다. 노년기에 호흡기 계통의 효율성을 유지하기 위해서는 규칙적인 운동이 필요하다.

⑤ 소화기 계통

연령이 증가하면서 소화액 생성이 줄어들고 **연동운동**도 감소한다. 연동운동은 소화기의 내용물을 아래쪽으로 밀어 주는 수축운동으로, 신진대사 및 배설작용과 관련되어 건강에 매우 중요하다. 노인은 보통 젊은 사람보다 5배 정도 변비가 자주 발생한다. 이는 식사량 부족, 운동 부족 그리고 수분 섭취 부족 등의 원인과 여러 질환에 따른 약들이 변비를 일으키는 것이다. 따라서 주 3회 30분 이상 걷기, 줄넘기, 수영 등의 유산소 운동과 복부마사지를 통해 장운동을 촉진하고, 적절한 양의 섬유질과 수분 섭취를 꾸준히 실천해야 한다.

⑥ 근골격 계통

뼈는 근육과 함께 몸을 지지하고 안정감 있게 하며 모양을 잡아 준다. 또한 주요 내부 장기를 보호하고 움직임과 이동을 자유롭게 한다. 앞서 연령이 증가하면서 신장이 감소한다고 하였는데, 이는 내적 변화 중 근골격 계통의 영향과 밀접한 관련이 있다. 「2017년도 노인실태조사」(보건복지부, 2017)에 따르면, 65세 이상 노인들의 만성질환 종류별 유병률(최근 3개월 이상 지속되고 의사의 진단을 받은 경우)은 고혈압 유병률이 59%로 가장 많고, 그다음이 **골관절염** 및 **류머티즘 관절염**으로 33.1%가 응답하였다. 특히 남성의 경우 골관절염 및 류머티즘 관절염이 17%인 데 반해 여성의 경우 45%에 달하는 것으로 나타났다. 여성은 임신과 출산, 하이힐 착용 등으로 인해 골관절염에 노출될 확률이 높은 것으로 알려져 있다. 보통 50대 여성은 3명 중 1명이, 60대 여성은 2명 중 1명이 골관절염으로 고생한다. 또한 폐경기를 지난 여성에게 많이 나타나는 질환으로 골다공증이 있다. **골다공증**은 노화에 의해 자연적으로 발생하는 1차성 골다공증과 여러 질환 및 약물 등으로 인해 발생하는 2차성 골다공증으로 분류되는데, 이 중 1차성 골다공증에는 폐경 후 골다공증과 노인성 골다공증이 있다. 우리 몸의 뼈는 초기 성년기까지 일생 중에서 뼈가 가장 튼튼해지면서 '최대 골량'을 이룬다. 최대 골량에 이른 후에는 연령이 증가함에 따라 골량이 점차 줄어들게 되고, 여성의 경우 폐경에 의한 여성 호르몬 감소는 급격한 골량의 감소를 초래한다. 따라서 폐경이 되면 5~10년 내에 급격하게 뼈가 약해진다. 남성은 골다공증의 발생이 훨씬 적지만, 나이가 증가함에 따라 장에서 칼슘 섭취가 적어지고 뼈 생성도 감소하기 때문에 골다공증이 발생하기도 한다(국가건강정보포털 의학정보 홈페이지, 2018. 9. 10. 인출; [그림 2-5] 참조).

골다공증은 손목, 척추, 대퇴골 골절과 같은 골절 증상으로 인해 확인되는 경우가 많고, 한번 골다공증에 의한 골절이 발생하면 재골절 위험이 2~10배 증가한다. 따

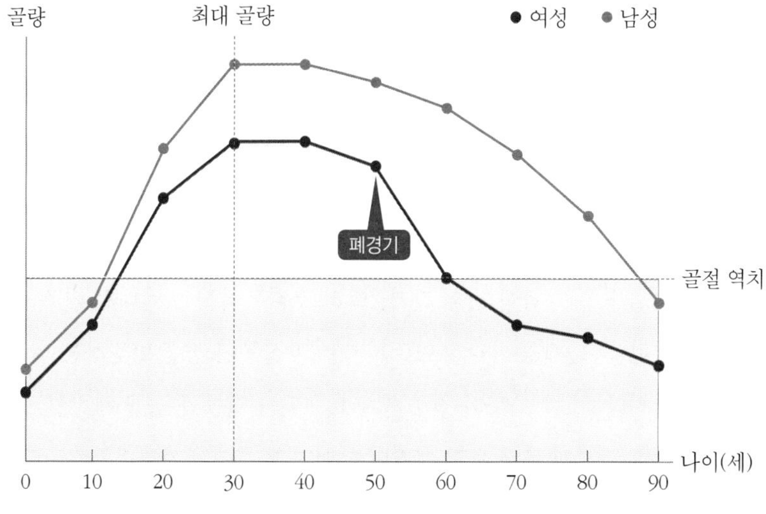

[그림 2-5] 최대 골량의 형성과 나이에 따른 골량의 감소

출처: 국가건강정보포털 의학정보 홈페이지(2018. 9. 10. 인출).

라서 적절한 조치를 취해 골다공증을 예방하는 것이 매우 중요하다. 먼저, 50세 미만 성인은 하루 1,000mg, 50세 이상 성인은 하루 1,200mg의 칼슘을 섭취할 것을 권장한다. 칼슘이 풍부한 음식으로는 우유 및 유제품, 뼈째 먹는 생선과 해조류, 두류, 달래 · 근대 · 무청 등의 채소류가 있다. 다음으로, 비타민 D는 장에서 칼슘 흡수를 높이고 뼈의 무기질 침작을 돕는 데 중요한 역할을 하므로 햇볕을 잘 쬐고, 대구간유, 연어, 고등어 등의 음식을 섭취하는 것이 필요하다. 운동도 새로운 뼈의 자극에 효과가 있는 것으로 보인다. 젊은 사람은 운동을 통해 유전적으로 결정된 최대 골량을 확보할 수 있고, 성인의 경우 운동은 골량의 감소를 막는다. 뼈의 강도를 높이는 데는 걷기, 달리기, 자전거와 같이 체중을 싣는 운동(체중부하운동)이 도움이 된다. 이 외에도 금연과 낙상을 예방할 수 있는 환경 개선 등이 필요하다.

2. 노화의 심리학적 측면

1) 심리적 노화

심리적 노화는 개인의 감각 및 지각의 변화, 기억, 문제해결 등의 인지 능력의 변화, 자아와 성격의 변화 등을 포함하는 개념으로, 생물학적 노화처럼 쇠퇴나 상실의 개념으로 정의되지 않고 퇴행, 유지, 성숙의 의미를 모두 포함하는 개념이다. 즉, 생물학적 노화와 관련된 심리적 기능은 연령이 증가함에 따라 퇴행적 발달이 나타나지만, 경험과 관련된 심리적 기능이나 발달은 그대로 유지되거나 오히려 성숙하는 특성을 가지고 있다(권중돈, 2016; Atchley, 2003).

> "나이를 먹을수록 경험이 쌓여 간다. 그리고 젊은이들은 절대로 가질 수 없는 지혜를 갖게 된다. 문제를 다각적으로 바라보고 잘못된 점을 발견하는 데 탁월한 능력을 갖게 된다. 또한 고도의 집중력이 요구되는 일을 손쉽게 해결할 수 있다. 문제해결 능력, 일에 대한 전문적 지식이 나이가 들수록 증가한다는 것은 이미 많은 실험과 조사를 통해 입증된 사실이다."
>
> —Wolpert (2011)—

2) 심리적 노화의 주요 이론

다음은 노화와 관련된 심리학 이론으로 Erikson(1968, 1978, 1982)의 **심리사회적 발달이론**, Peck(1968)의 **발달과업이론**, Levinson(1978, 1984, 1986, 1990), Jung(1961)과 같은 성격의 단계 모델과 성격의 특성 이론을 살펴보고자 한다.

(1) 성격의 단계 모델

단계 모델은 전 생애를 통해 연령과 관련된 발달단계를 묘사한 것으로, Erikson의 심리사회적 발달이론이 대표적이다. Freud는 사춘기가 되면 성격이 고정된다고 본 데 반해 Erikson은 성격이 일생을 통해 성장하고 변한다고 보았다. 단계 모델에는 Erikson 외에도 Peck, Levinson 그리고 Jung의 이론이 있다(정옥분 외, 2016).

Erikson은 성격의 발달단계를 영아기에서 노년기까지 8단계로 구분하였는데, 마지막 단계인 노년기는 '자아통합감 대 절망감'의 단계로, 이 단계에서는 죽음 앞에서 자신의 삶을 돌아보게 된다고 하였다. 이때 자신의 삶에 대한 후회와 씁쓸함이 크고 삶에 대한 실망감을 타인의 탓으로 돌리게 되고 결국 되돌릴 수 없는 인생에 대한 후회를 가지는 사람은 죽음에 대한 불안과 함께 절망감을 가지게 된다. 하지만 자신의 과거 및 현재를 돌아보며 스스로 잘 살아왔노라 수용하고 만족스럽게 여기는 사람은 다가올 죽음도 인정하고 수용하는 자세를 갖게 되는데, 이때 자아통합감이 생긴다. 이 단계에서 발달하는 미덕이 지혜이다. 지혜는 노년기의 지적인 힘일 뿐 아니라 중요한 심리적 차원으로, 삶과 죽음을 있는 그대로 수용하고 자신과 자신의 부모, 자신의 인생의 불완전함을 인정하는 것을 의미한다. 그러나 소크라테스는 "지혜로운 노년이라는 것은 없다."라고 하였고, "지혜를 가져오는 것은 흰머리가 아니다."라는 표현은 지혜로운 노년을 맞이한다는 것이 얼마나 어려운지를 말해 준다(김민희, 민경환, 2010).

Peck(1968)은 Erikson의 '자아통합감 대 절망감'을 노년기의 주요 발달과업으로 인정하면서, Erikson의 7단계(생산성 대 침체성)와 8단계를 통합하여 7단계 인간발달이론을 제시하였다. 또한 그는 중년기 이후의 발달과업으로 '자아분화 대 직업역할 몰두' '신체초월 대 신체몰두' '자아초월 대 자아몰두'의 세 가지를 제시하였다.

먼저, 자아가 잘 분화된 경우는 자아의 지지기반을 직업역할 이외의 다른 여러 역할에 나누어 두는 데 반해 자아분화가 약한 경우는 거의 전적으로 자아의 지지기반을 직업역할에 둔다. 다음으로, 이 시기는 신체적 기능 감소라는 생물학적 노화 현상을 잘 이해하고 적응해 감으로써 생활의 만족을 얻을 수도 있지만 이를 극복하지 못하면 심리적으로도, 사회적으로도 어려움을 겪게 된다. 끝으로, 자신의 죽음을 인정하고 수용하며 죽음 이상의 세계와 연결하는 자아초월을 이루어야 한다고 하였다.

Levinson(1978, 1984, 1986, 1990)은 노년기를 '노년 전환기(60~65세)'와 '노년기(65세 이상)'로 구분하였다. 그는 중년기를 끝내고 노년을 준비하는 60대 초반을 중요한 인생의 전환점으로 보았으며, 이 시기의 사람들은 개인차가 있지만 한두 가지 질병에 걸릴 확률이 높고 이러한 변화는 노화와 죽음에 대한 생각을 강화시킨다고 하였다. 노년기는 인생의 주 무대에서 물러나게 되는 큰 상실이 있지만, 존엄과 안정 속에서 은퇴하는 것이 중요하다. 이 과정을 성공적으로 수행한 사람들은 은퇴 후에 가치 있는 일에 종사하게 된다. 인생의 마지막 단계에서 노인들은 죽음을 의식하게 된다. 그리고 자아에 대한 깊은 통찰과 인생의 의미를 정리하게 되는데, Levinson은 이것을 삶의 끝에서 하는 '다리 위에서의 조망'이라고 하였다. 이는 Erikson의 자아통합감과 비슷한데, 자신을 알고 사랑하며 또 자신을 버릴 준비를 하는 것이다(정옥분 외, 2016).

성격이 전 일생을 거쳐 변화해 간다는 것은 Jung(1961)의 정신분석적 모델에서도 나타난다. Jung의 성격이론에서는 의식과 자아발달의 단계를 강조한다. Jung은 인간이 발달단계를 거치는 동안 자아가 외적인 세계에 초점을 두는 외향성에서 개인의 내면세계에 초점을 두는 내향성으로 이동한다고 주장하였다. 그는 생의 마지막 단계에 있는 노인은 본능적으로 내면세계와 사후세계의 의미를 찾는 데 집중하게 된다고 하였다. 또한 내세에 대해 아무런 그림도 가지고 있지 않는 사람들은 죽음을 건전하게 대면할 수 없다고 믿으며, 노인은 자신의 내적 세계에 관심을 집중해야 할 의무가 있다고 하였다(김종일, 최혜지, 2006).

(2) 성격의 특성 이론

Reichard, Livson과 Peterson(1962)은 55~84세 사이의 남성 87명을 대상으로 한 연구에서 '성숙형' '흔들의자형' '무장방어형' '분노형' '자학형'의 다섯 가지 성격 유형을 확인하였다. 성숙형은 자신의 장점과 약점을 모두 인정하고 지나 온 세월을 긍정적으로 수용한다. 스스로를 현실적으로 직시하고 노화도 받아들인다. 이 유형의 노인은 대부분 행복한 유년기와 성년기를 보내고 결혼생활도 행복한 편으로 가장 이상적인 유형이다. 흔들의자형은 평생을 짊어져 온 무거운 짐을 내려놓고, 복잡한 인간관계와 사회활동에서 벗어나 조용한 시간을 가지는 것을 선호한다. 이 유형의 노인들은 매우 수동적이고 의존적이며 직업만족도가 낮고 야망이 없다. 무장방어형은 늙어 감에 대한 두려움으로 사회 활동과 기능을 계속 이어 가는 노인을 말한다. 이들은 활동을 통해 노년기의 신체적 기능 저하를 거부하고, 자녀로부터 독립적인 모습을 보이며 자립을 추구한다. 다른 유형보다 젊음에 대한 부러움이 크고 죽음을 두려워한다. 분노형은 자신이 원하는 삶을 살아오지 못한 것에 대한 후회와 비통이 큰 노인으로, 좌절이나 실패를 모두 타인 또는 환경의 탓으로 돌리는 유형이다. 이 유형의 노인들은 사물을 흑백논리로 지나치게 단순화하고 불확실한 것을 견디지 못한다. 자신이 늙어 감을 인정하지 않고 젊음을 부러워하는 동시에 비판하기도 한다. 무의식적인 자기비하가 강하고 죽음에 대한 두려움도 큰 것이 분노형의 특징이다(정옥분 외, 2016).

3) 노화로 인한 심리적 변화

(1) 감각 및 지각의 변화

우리는 시각을 통해 다양한 정보를 보고 이용한다. 그러나 시력은 40세 전후로 떨어지기 시작하고, 수정체가 탄력성을 잃으면서 노안이 오게 된다. 30세 이후 눈의 렌즈 모양은 평평해져서 근시의 원인이 되는데, 60세 이후 눈의 렌즈가 다시 오목한 모양으로 변하면서 노인은 가까이에 있는 사물이나 글씨를 보기 어려운 원시를 갖게 된다. 또한 노인은 어두움에 대한 적응력과 색채지각, 공간 지각 등이 감소하므로 밝은 조명을 필요로 한다. 우리나라 사람의 3대 실명질환으로 백내장, 녹내장, 황반변성이 있는데, 이러한 눈질환은 시력 저하의 직접적 원인이 된다. 백내장은 수정체에 섬유질이 증가하여 빛의 경로가 왜곡되거나 차단될 때 생기는 질환으로, 그 원인이 노화 외에도 강한 자외선과 전자파 노출, 음주, 흡연 등으로 다양하여 최근 발병 시기가 빨라지고 있다. 녹내장은 눈에서 받아들인 시각정보를 뇌로 전달하는 데 있어 중요한 역할을 하는 시신경 및 신경섬유층이 손상돼 시야가 점점 좁아지

다가 시력을 잃게 되는 질환이다. 40대 이상에서 4%의 유병률이 있으며, 현대 의학으로도 완벽한 치료가 불가능하므로 정기적인 안과 검진을 통해 조기에 발견하는 것이 매우 중요하다. **황반변성**은 물체를 선명하게 보이게 하는 망막 중심의 황반이 점차 변성하면서 발생하는 질환이다. 유전적 요인이 크지만, 노화와 고지방 · 고열량 식사, 스트레스 등의 영향으로도 발병하며, 특히 흡연자는 비흡연자에 비해 황반변성에 걸릴 가능성이 3배나 높은 것으로 나타났다(Wolpert, 2011). 눈 건강을 위해서는 선글라스 착용을 통해 자외선을 차단하고, 장시간 작업 시에는 충분한 휴식을 취하며, 정기적인 안과 검진과 녹황색 야채 같은 항산화 성분이 많은 식품을 꾸준히 섭취할 것을 추천한다.

50대 이후부터 높은 진동수의 고음을 듣는 데 어려움이 있고 목소리를 구별하는 능력이 감소하기 시작하는데, 이것을 **노인성 난청**이라고 한다. 65~74세인 미국 노인의 3분의 1이 청력에 문제가 있고, 85세가 지나면 노인의 절반은 청력을 잃는다. 우리의 귀 내부에는 감각수용세포인 유모세포가 있는데, 이 유모세포가 외부 음파를 뇌로 전달해 신경신호로 변환시켜 주기 때문에 소리를 들을 수 있다. 청력 손실은 유모세포가 손상되거나 파괴되었을 때 일어나는데, 한번 손상된 유모세포는 다시 자라지 않아 청력이 손실될 가능성이 크다(Wolpert, 2011).

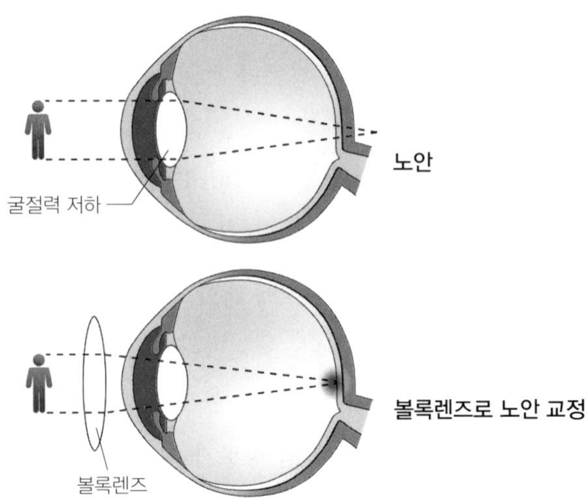

[그림 2-6] 노안과 노안 교정의 비교

출처: 네이버 지식백과 '서울대학교병원 의학정보-노안'.

감각기능 가운데 미각, 촉각, 후각 기능 또한 건강을 유지하는 데 매우 중요한 요소이다. 미각의 경우 달고 짠맛에 길들여지면 점점 강하고 자극적인 맛을 찾게 되는데, 이것을 '기능적 미각장애'라고 한다. 미각이 균형을 잃으면 설탕과 소금 섭취가 늘게 되고, 이것이 고혈압, 당뇨, 비만 같은 만성질환을 일으키는 악순환이 이어지게 된다. 면역력이 약한 미숙아를 위한 '캥거루 케어'에서 알 수 있듯이 촉각을 통해 경험하는 정서적 안정은 건강에 중요한 역할을 한다. 촉각은 45세경까지 증가하다가 그 이후부터는 감소하는 경향이 있다. 한편, 최근에 주목받고 있는 감각이 바로 후각이다. 우리는 싱그러운 꽃향기나 숲 향기를 맡으면 몸과 마음이 상쾌해지는 것을 경험한다. 후각신경은 본능을 관장하는 뇌의 편도핵과 연결되는데, 감정을 담당하는 편도체와 기억을 저장하는 변연계가 후각 바로 옆에 위치해 있다. 따라서 우리는 구수한 집밥 냄새를 맡으면 어릴 적 시골집의 풍경이 떠오르게 되는 것이다. 최근에는 이러한 후각 상실과 뇌질환의 상관관계를 분석하는 연구가 다양하게 이루어지고 있다.

(2) 인지변화

> "나는 어김없이 매일 새벽 5시에 일어나 한 시간씩 산책을 한다. 젊을 때부터 꾸준히 해 오던 습관이다. 새벽의 산책길은 나에게 많은 사색과 영감을 준다. 며칠 전에도 산책을 하기 위해 일어나 시계를 봤는데 세상에! 시계 바늘이 8시를 가리키고 있었다. 나는 너무 놀라서 부엌으로 달려가 아침을 준비하고 있는 아내에게 왜 깨우지 않았느냐며 책망을 했다. 그랬더니 아내는 '오늘 당신은 어김없이 5시에 일어나 산책을 다녀왔어요. 정말 기억이 나지 않나요?'라고 말했다. 아내의 말을 듣는 순간, 오늘 아침 산책을 다녀온 뒤에 조금 더 자기 위해 침대에 누웠던 기억이 떠올랐다."
>
> —Wolpert (2011)—

80대 노학자의 경험처럼 노년기 인지변화에서 가장 심각한 것이 기억력 감퇴이다. 기억에는 정보의 부호화, 저장 그리고 인출의 세 과정으로 이루어져 단 몇 초간 유지되는 감각기억, 상대방이 알려 준 전화번호를 기억하여 휴대 전화에 저장할 때

사용되는 단기기억 그리고 짧게는 몇 분 그리고 길게는 수십 년간 지속되는 장기기억이 있다. 우리는 장기기억에 저장되었을 때 학습이 이루어졌다고 말한다. 노년기에는 감각기억과 단기기억은 떨어지지만 오래된 옛 기억, 즉 장기기억은 노화와 관계없이 일정한 수준을 유지한다.

기억력과 함께 노년기 인지변화와 관련하여 관심을 가지는 영역이 바로 지능이다. 과연 노년기에는 지능에 있어 어떠한 변화가 일어날까? Horn(1982)과 Cattell(1965)은 지능을 **유동성 지능**(fluid intelligence)과 **결정성 지능**(crystallized intelligence)의 두 가지로 구분하였다. 유동성 지능은 '타고난 지능(native intelligence)'으로 추상적 추론, 공간지각력, 새로운 정보를 처리하는 능력을 의미한다. 이에 반해 결정성 지능은 '훈련된 능력(excercised intelligence)'으로 어휘력, 일반상식, 단어연상, 사회적 상황이나 갈등에 대한 대처 등을 의미한다. Schaie와 Baltes(1977)는 유동성 지능은 나이가 들면서 쇠퇴하지만 결정성 지능은 노년기에도 유지되거나 증가하기도 한다고 하였다. 즉, 지혜와 같은 새로운 능력이 나타난다는 것이다(정옥분 외, 2016). 이처럼 노년기의 지능은 모든 지적 능력에서 일정한 패턴이 있는 것이 아니라 개인에 따른 차이가 크며, 문화 · 환경적 영향을 많이 받는 영역이다. 우리나라의 백세인 연구의 대가 박상철 교수도 100세 노인의 공통된 특징 중 하나로 배우고 익히려는 자세에 대해 이야기했는데, 노년기에도 꾸준히 성장할 수 있는 결정성 지능이 있다는 것은 매우 희망적이다.

(3) 성격변화

성격은 타고난 소질에 후천적으로 경험하는 다양한 환경과의 상호작용을 통해 형성되는 것으로 한 개인을 특징짓는 조직화되고 차별화된 행동 유형이다. 성인기 이후 성격은 거의 변하지 않고 안정적이라는 주장과 상당한 정도로 변화한다는 주장이 공존한다. 특히 노년기에 겪게 되게 되는 신체적 · 정신적 기능 감소, 역할상실, 배우자 및 친구와의 사별 등은 노년기 성격변화에 영향을 줄 수 있다. 노년기 성격변화에 대해 구체적으로 살펴보면 다음과 같다.

먼저, 연령 증가에 따라 우울성향이 증가한다. 이는 다양한 영역의 상실에 대한 경험에서 기인하는 것으로, 불면증, 감정적 무감각, 강박관념, 분노, 체중 감소 등의 증상으로도 나타난다. 다음으로, 노화가 진행되면서 내향성과 수동성이 증가하는 경향이 있다. 즉, 외부로 향했던 심리적 에너지가 자신의 내면으로 돌려지고, 이는 자신의 생각과 사고로 사물을 판단하는 경향을 키운다. 또한 문제해결에 있어 수동적인 모습을 보이며, 새로운 분야에 대한 도전을 주저하게 된다. 그리고 자신에게 익숙한 삶의 태도나 습관들을 계속 유지하려고 하는 경직성이 늘어나고, 매사에 조심성이 증가하여 '정답을 말하기'보다는 '오답을 말하지 않기'에 더 신경을 쓰게 되어 설문조사에서도 '무응답' 또는 '모르겠다'에 답하는 경향이 있다. 노년기에는 성호르몬의 영향으로 양성성도 증가하는데, 남성이 여성화되고 여성이 남성적 특성을 보이기 시작한다. 평소 가부장적이고 권위적이던 남성들이 나이가 들어 가면서 드라마를 보며 눈물을 훔치고 가정 일을 돌보는 등의 모습을 보이는 것과 부드럽고 가정적이던 여성들이 다양한 사회활동에 적극적으로 참여하는 모습을 보이는 것이 그 예이다. 또한 이외에도 노인들은 자신의 삶을 돌아보고 회상하며 해결하지 못한 갈등을 찾아 새로운 의미로 해결하고자 하는 과정을 통해 노년기에 자아통합감을 이루고자 한다. 그리고 자신이 오랫동안 사용해 왔던 물건들에 대한 애착심이 더욱 커지고, 다양한 형태의 유산을 남기고자 하는 경향과 지나온 시간보다 앞으로 남은 날을 계산하기 시작하는 시간전망의 변화도 경험한다. 이러한 노년기의 성격변화를 잘 이해한다면 노인들을 위한 서비스를 제공함에 있어 노인들을 이해하는 데 많은 도움이 될 것이다.

3. 노화의 사회적 측면

1) 사회학적 노화

Wolpert가 영국의 한 방송인을 만났는데, 10년 전부터 『가디언(Guardian)』에 「겨우 일흔일 뿐」이라는 칼럼을 써 온 그녀는 다음과 같이 이야기하였다.

"내 나이가 일흔 살이 되었을 때 무언가를 새로 시작해야겠다는 생각이 들었어요. 그때 칼럼을 쓰는 일이 들어왔어요. 나는 칼럼에 더 이상 하이힐을 신지 못하는 노인 여성이 사회에서 어떻게 소외감을 느끼는지에 대해 썼어요. 여성들은 나이가 들면 보기 민망할 정도로 촌스러운 옷을 입어요. 나는 그녀들이 낡은 옷을 벗어 던지고 새로운 인생을 살기를 원해요. 하지만 남편과 자식이 모두 곁을 떠나고, 연금만으로 생활하기에는 넉넉하지 않아요. 또한 친구들이 세상을 뜬다는 것도 받아들이기 힘든 현실이지요. 하지만 나는 이제부터 젊은 친구들을 사귈 거예요. 새로운 우정은 노년의 축복이라고 생각해요. 나는 아흔 살이 넘어서도 친구를 사귀는 걸 멈추지 않을 거예요. 일도 꾸준히 하고 여행도 다닐 거예요. 또 잠든 뒤에 영원히 눈을 뜨지 못하는 상황을 대비해서 미리 유언장을 작성해 놨어요."

—Wolpert (2011)—

인간은 움직이는 유기체로서 생물학적 존재이면서 동시에 무언가 지각하고 판단하고 배우며 성장하는 심리적 존재일 뿐 아니라 다른 사람들과 상호작용하는 사회적 존재이다. 따라서 인간의 노화에 대한 이해도 이러한 생물학적 · 심리적 그리고 사회적 관점의 노화를 모두 이해하는 것이 필요하다. 앞서 살펴본 80대 여성 방송인의 사례는 노인이 되어도 새로운 역할, 관계 그리고 새로운 일들을 통해 성공적으로 노화를 이루어 갈 수 있음을 보여 준다.

사회적 노화는 노화에 따른 사회적 상황의 변화로 사회적 관계 및 사회적 역할의 변화가 일어나는 것을 말하며, 은퇴, 배우자 및 친구와의 사별, 자녀의 독립 등의 영향으로 경험하게 되는 노년기의 사회적 변화를 의미한다.

2) 사회학적 노화의 주요 이론

(1) 분리이론

분리이론(disengagement theory)에서는 미국 캔자스시티에 거주하는 50~90세의 노인 279명을 대상으로 Cumming과 Henry(1961)가 실시한 연구를 바탕으로 노년기에는 사회적 교류 및 활동 범위가 줄어드는 정상적이고 불가피한 변화를 겪게 된다고 하였다. 그리고 노인이 사회로부터 분리되는 것은 노인 자신과 사회 모두에게 긍정적이라고 보았다. 즉, 노인이 사회로부터 분리됨으로써 더 유능한 젊은이가 일할 기회를 얻게 되고, 노인은 일에서 해방된 편안한 상태에서 궁극적인 분리(죽음)를 준비할 기회를 가질 수 있다는 것이다.

사회로부터의 분리(은퇴)는 개인이 먼저 선택할 수도 있고 사회제도에 의해 이루어질 수도 있는데, 전자를 개인적 분리라 하고 후자를 사회적 분리라고 한다. 개인적 분리의 경우 자신이 스스로 원하여 일어나는 것으로, 개인적 분리를 한 이들은 보다 높은 삶의 만족감을 가지게 된다. 이에 반해 사회적 분리는 더 유능한 젊은이들로 교체하는 것이 더욱 기능적이라고 보는 기능주의적 관점을 반영한 것으로 정년퇴직제도가 여기에 해당된다(최성재, 장인협, 2010). 그러나 분리이론은 실제 많은 노인이 은퇴 후에도 사회적으로 활발하게 활동하고 있으며, 개인의 성격이나 사회적 지위에 따라 은퇴 후의 활동 영역이 다양해질 수 있다는 점을 간과하고 있으며, 미국이 아닌 다른 나라의 노인들은 또 다른 사회경제적 여건으로 인해 은퇴가 곧 빈곤이라는 새로운 문제에 직면할 수도 있다는 차이를 간과하였다는 점에서 비판을 받았다.

(2) 활동이론

Havighurt, Neugarten과 Tobins(1968)는 분리이론과 상반되는 **활동이론**(activity theory)을 제시하였다. 이들은 노인의 경우 불가피한 건강상의 변화를 제외하고는 중년기와 다름없는 사회적 욕구를 가지고 있기 때문에 사회적 분리가 기능적이라는 주장에 반대하였다. 그리고 사회활동에 대한 참여가 높을수록 생활만족도가 높고, 긍정적 자아개념을 가지게 된다고 하였다.

따라서 노년기에는 상실한 다양한 역할을 대신할 수 있는 새로운 역할을 찾는 것이 중요하며, 이러한 과정들은 노년기의 삶의 만족도를 높여 준다고 하였다. 활동이론은 자기 주변 인물들의 반영적 평가에 의해 자신을 평가한다는 상징적 상호작용이론에 근거를 두고 있다. 즉, 노인을 사회로부터 분리시켜야 한다는 관점은 노인 스스로에게 자신이 쓸모없는 사람이라는 부정적 인식을 심어 주게 되는데, 이것이 노년기 적응에 부정적 영향을 미친다는 것이다. 오히려 다양한 사회활동에 참여함으로써 긍정적 자아개념을 형성하는 것이 성공적 노화에 도움이 된다고 보았다. 그러나 활동이론은 노화로 인한 기능의 저하를 부인할 수는 없으며, 모든 노인이 노년기에 새로운 역할을 통해 적극적인 사회활동을 지속하고 싶어 하는가에는 개인차가 있다는 점을 간과하고 있다. 즉, 노후활동참여와 생활만족도 간에는 활동 유형(공식적 · 비공식적)에 따라 그리고 노인 개인의 성격이나 처한 상황(건강상태와 경제적 상황 등)에 따라 다른 결과가 나타날 수 있다(임재옥 외, 2017).

(3) 연속이론

연속이론(continuity theory)은 젊을 때 활동적이던 사람은 나이가 들어도 활동적인 생활을 유지하고, 젊을 때 수동적이던 사람은 나이가 들어도 수동적으로 살아가는 것처럼 개인은 연령의 변화에 구애 없이 일관성 있는 행동을 유지하며 환경에 적응해 가려고 노력한다는 입장이다. 이 이론에 따르면, 결국 인간은 나이와 함께 과거 자신의 모습을 더욱 고수하게 되며, 중심적 성격은 더욱 두드러지게 되고, 중심 가치는 더욱 공고해진다(김종일, 최혜지, 2006).

연속이론은 합리적이긴 하지만, 개인차의 문제를 지나치게 강조함으로써 노화문제에 있어 사회적 역할을 간과했다는 점에서 비판을 받았다.

(4) 현대화이론

현대화이론(modernization theory)은 Cowgill과 Holmes(1972)가 주창한 이론으로, 산업화 이전 사회에서는 노인이 절대적 지위를 가졌으나 산업화와 현대화의 결과로 나타난 과학기술의 발전은 노인의 지식과 지혜를 무가치한 것으로 만들었고, 이에 따라 노인의 지위도 낮아지게 되었다는 주장이다.

현대화의 네 가지 요인인 보건 · 의료기술의 발전, 생산기술의 발전, 도시화, 교육의 대중화 등이 노인의 지위를 약화시켰고, 결과적으로 이것이 노인문제의 직간접적 원인이 되었다는 관점이다. 즉, 보건 · 의료기술의 발전은 평균수명의 증가를 가져왔지만 길어진 노년기에 대한 대비가 부족한 경우 빈곤, 여가 등의 문제가 발생하며, 생산기술의 발전은 노인들의 경쟁력을 떨어뜨려 조기 퇴직을 야기한다는 것이다. 또한 도시화는 세대 간 거리를 멀게 하고 사회적 상호작용을 약화시켜 노인 소외의 문제를 가져오며, 교육의 대중화는 자녀 세대가 더 많은 교육을 받게됨으로써 세대 간 교육격차를 발생시켜 노인의 지위 하락과 소외를 가져오게 된다는 것이다(임재옥 외, 2017).

현대화이론은 현대사회의 노인문제를 사회변화의 맥락에서 설명하였다는 점에서 설득력이 있지만, 산업사회에서 노인의 지위는 낮았으나 후기산업사회에서는 노인인구 증가와 노인 특성의 변화로 오히려 노인의 지위가 향상되고 있다는 점, 노인 집단 간에도 문화, 인종, 성, 사회계층에 따라 노인의 지위가 동일하지 않고 그들이 경험하는 것도 다양할 수 있다는 점을 간과했다는 점에서 비판을 받았다.

(5) 연령계층이론

연령계층이론(age stratification theory)은 Riley와 Foner(1968)가 주장한 이론으로, 노화의 문제는 개인의 문제를 넘어 사회적 연령계층의 문제로 보아야 한다는 관점이다. 즉, 동일한 연령계층에 속한 사람들은 비슷한 시대적 경험을 공유하기 때문에 이들 간에는 공통의 가치관과 태도가 형성된다는 것이다(정옥분 외, 2016). 이처럼 같은 시대에 태어난 같은 연령대의 사람들을 동시대 출생 집단(cohort, 코호트)이라고 하며, 코호트마다 각기 다른 사고나 행동의 차이가 가능하다. 예를 들어, 현재 한국의 노인 세대는 전쟁 후 폐허가 된 나라에서 경제를 일구어 냈고, 자신을 희생하면서 부모 세대와 자녀 세대를 부양하며 키웠으나, 정작 자신들은 노후를 준비하지 못한 채 빈곤과 고독의 문제로 얼룩진 노년기를 맞이하고 있다. 하지만 지금의 젊은 세대가 노인 세대가 되면 그들의 모습은 어떠할까? 그들은 각자의 개성과 삶의 다양성을 추구하며 지금의 노인 세대와는 다른 특성을 가질 것이다. 신체적으로 더 활동적이고 건강하며, 은퇴와 여가에 대해 더 긍정적이고, 노년기를 더욱 여유롭게 즐기고자 할 것이다. 따라서 연령계층이론은 하나의 이론으로 모든 세대의 노년기 문제를 설명할 수 없다는 점을 강조함으로써 지금까지 노화를 발달적 관점에서 설명하려던 시각에서 벗어나 사회적 경험의 차이라는 보다 넓은 시각에서 조망하고 있다는 점에서 긍정적 평가를 받는다. 그러나 연령계층이론도 여전히 개인차의 문제를 간과하고 있다는 점에서 비판의 여지가 있다.

(6) 교환이론

교환이론(exchange theory)은 Homans(1961)에 의해 최초로 등장한 이론으로, 인간은 합리적이고 이윤추구적인 동물이므로 최소의 비용으로 최대의 보상을 추구하는 방향으로 행동한다는 것이다. 이러한 상호작용은 '호혜성(reciprocity)'에 의해 이루어지는데, 이 과정에서 가능한 한 동등한 관계를 유지하고자 하나 어느 한편의 교환자원이 다른 편보다 많을 때는 균형이 무너져 전자가 권력을 가지게 되고 후자는 의존적이 된다(김수영, 모선희, 원영희, 최희경, 2009).

교환이론을 노인 세대와 젊은 세대에 적용해 보면, 현대사회에서 노인은 상대적으로 낮은 소득과 교육수준 그리고 신체적 기능의 약화로 젊은 세대에 비해 교환자원이 부족하고, 젊은 세대 입장에서는 노인과의 상호작용을 통해 얻는 보상보다는 비용이 더 커지므로 노인과의 교환관계를 점차 단절하고자 한다는 것이다. 이러한 관계는 결국 노인의 사회활동참여 기회를 감소시키고 노인들의 의존성을 키우게 하여 노인문제를 초래한다. 따라서 노인은 새로운 지식과 기술을 익히고, 소득보장과 노인복지서비스 등을 통한 새로운 교환자원을 구축하고, 동료 집단과의 연합, 더 나아가 소유한 교환자원의 질을 더욱 높이고자 하는 균형화 전략을 도모해야 한다(최성재, 장인협, 2010; Johnson, 1981).

그러나 교환이론은 인간이 늘 보상을 우선으로 행동하지는 않는다는 점과 노년기 교환가치의 상실이 모든 능력의 저하를 의미하는 것은 아니라는 점에서 비판을 받는다. 즉, 노인은 자원이 제한되어 있음에도 불구하고 환경에 적응해 가는 동시에 환경에 영향을 미치는 두 가지 과정을 동시에 진행해 나간다.

3) 노화로 인한 사회적 변화

(1) 사회화와 연령규범

사회화는 일생을 통해 자신이 속한 사회의 가치, 규범, 지식 및 역할 등을 익히고 기존 사회체계에 통합되는 과정을 말한다. 일반적으로 우리 사회는 어린이나 젊은이의 사회화에 대한 관심은 높은 데 반해 노인의 사회화에는 큰 관심이 없는 게 현실이다. 노년기 사회화에 대한 무관심은 노년기 개인에게 요구되는 새로운 지식, 기술, 가치 그리고 역할에 대한 명확한 기준의 부재를 가져왔고, 이러한 노년기 연령규범의 부재는 노인들을 혼란에 빠뜨리고 있다. 특히 노인에게 기대되는 역할과 행동을 적절히 준비하고 학습하는 선행적 사회화(anticipatory socialization) 과정 없이 노년기가 시작되어 이러한 혼란은 더욱 가중되고 있다.

우리나라 남성의 평균 퇴직 연령이 51세인 현 상황에서 노년기 사회화 교육과 연령규범에 대한 논의가 부족한 점은 매우 안타까운 현실이다. 그러나 최근 서울시가 '서울시50플러스재단'을 설립하여 50 플러스 세대들의 목소리를 통해 그들 스스로 인생 후반부를 준비해 나갈 수 있도록 지원해 주는 장을 마련한 것은 매우 고무적인 일이다. 재단사업 중 당사자가 직접 자신의 문제를 연구해 가는 '당사자 연구'에 참여한 분의 글은 우리에게 시사하는 바가 매우 크다.

> "당사자 연구를 하면서 느낀 놀라운 사실은 높은 수준의 성과보다는 구심점을 찾지 못하는 50세대들에게 당사자의 문제를 스스로 찾아가도록 하는 과정 자체에 더 큰 의미가 있다는 것을 알게 되었다는 것이다."
>
> -서울시50플러스재단(2018. 11. 1.).-

(2) 노년기 역할의 변화

역할은 개인이 집단이나 사회와 관계를 맺는 중요한 수단이다. 개인은 역할을 통해 사회에 참여하고, 이에 따라 개인의 사회적 가치가 인정되며, 이는 또한 자아정체감을 유지하는 기반이 된다. 이런 의미에서 역할은 사회적 측면에서 가장 핵심적인 요소이다(최성재, 장인협, 2010).

노년기에는 역할변화가 확연하게 일어나는데, 그중 가장 대표적인 것이 바로 직장에서의 은퇴이다. 은퇴로 인한 수입 감소는 사회와 가정에서의 권위를 떨어뜨리고, 의존성을 증가시키며, 더 나아가 소외와 고립을 가져온다.

노인의 역할에 대해서는 Rosow(1974)의 제도적 역할, 희박한 역할, 비공식적 역할, 무역할로 나누어 살펴보고자 한다. 먼저, 제도적 역할은 특정 지위에 부여된 실질적 역할을 의미한다. 예를 들어, 복지관의 사회복지사는 사회복지사로서 부여된 지위가 있고, 사회복지사로서 이용자의 삶의 질 향상을 위한 다양한 프로그램의 기획과 실행 그리고 평가의 역할이 부여된다. 그런데 노년기에 접어들면 이러한 제도적 역할이 확연하게 줄어든다.

희박한 역할은 지위는 있는데 역할이 유명무실한 경우이다. 예를 들어, 명예회원, 고문처럼 지위는 있으나 실질적 역할이 없거나 적은 경우가 이에 해당된다. 노인에게 부여되는 많은 역할이 이러한 희박한 역할이다.

비공식적 역할이란 어떤 공식적인 지위는 없지만 역할만 있는 형태이다. 예를 들어, 회의 때마다 분위기 메이커 역할을 하는 사람의 경우 특별한 공식적 지위는 없지만 회의에 참석하는 사람들이 모두 그를 분위기 메이커로 인식한다. 이러한 비공식적 역할도 나이가 들어 감에 따라 감소한다.

끝으로, 무역할은 지위도 역할도 없는 상태로, 때때로 이상한 행동을 보이는 이러한 행동은 역할행동으로 보기 어렵다(임재옥 외, 2017).

••• 학습과제

1. 노인과 노화와 관련된 다큐, 영화 또는 책 등을 읽고 나서 우리가 이 장에서 배운 노화에 대한 내용들을 적용 · 설명하고 자신의 소감을 이야기하시오.
2. 노년기 인지변화의 주요 특징을 설명하시오.
3. 사회학적 노화의 주요 이론을 설명하시오.

참고문헌

국민일보(2018. 11. 9.). [이지현의 두글자 발견: 시간] 시간, 지배당하지 말고 화해하라.

권중돈(2016). **노인복지론(6판)**. 서울: 학지사.

김민희, 민경환(2010). 지혜의 연령차와 중노년기 심리적 적응과의 상관. **한국노년학, 30(3)**, 947-971.

김수영, 모선희, 원영희, 최희경(2009). **노년사회학: 노인, 노인복지, 노년, 노년사회**. 서울: 학지사.

김종일, 최혜지(2006). **쉽게 쓴 노인복지론**. 서울: 청목출판사.

매일경제(2018. 3. 2.). 노화 늦추는 '텔로미어' 의 비밀.

보건복지부(2017). **2017년도 노인실태조사**.

보건복지부, 한국보건사회연구원(2017). **통계로 보는 사회보장 2017**.

서울시50플러스재단(2018. 11. 1.). **[50+리포트] 12호-⑨ 진지한 여가로 제2의 성장을 꿈꾸다**. https://www.50plus.or.kr/org/detail.do?id=2608340

양옥남, 김혜경, 박화옥, 정순둘(2016). **노인복지론**. 경기: 공동체.

이덕주(2018). **지금이 내 인생의 골든타임: 나이 초월 열정 가득 골드 세대 이야기**. 서울: 초록비책공방.

임재옥, 서연숙, 송노원, 송혜자, 이승준, 정태명, 조수동, 한승협(2017). **노인복지론(개정판)**. 경기: 양서원.

저출산 · 고령사회위원회(2015). **2016-2020 제3차 저출산 · 고령사회 기본계획(브릿지 플랜 2020)**.

정옥분, 김동배, 정순화, 손화희(2016). **노인복지론(2판)**. 서울: 학지사.

최성재, 장인협(2003). **노인복지학**. 서울: 서울대학교출판부.

최성재, 장인협(2010). **고령화사회의 노인복지학**. 서울: 서울대학교출판문화원.

통계청(2018). **2018 고령자 통계**.

Atchley, R. C. (2003). *Social forces and aging: An introduction to social gerontology* (10th ed.). Belmont, CA: Wordsworth.

Blazer, D. (1991). Spirituality and aging well. *Generations*, *15*(1), 61-65.

Cattell, R. B. (1965). *The scientific analysis of personality*. Baltimore, MD: Penguin.

Chonody, J., & Teater, B. (2017). *Social work practice with older adults: An actively aging framework for practice*. CA: SAGE Publications.

Cowgill, D. O., & Holmes, L. D. (Eds.) (1972). *Aging and modernization*. New York: Appleton-Century-Crofts.

Cumming, E., & Henry, W. E. (1961). *Growing old: The process of disengagement*. New York: Basic Book.

Grant, R. (1963). Concepts of aging: An historical review. *Perspectives in Biology and Medicine*, *6*(4), 443-478.

Erikson, E. H. (1968). Life cycle. D. L. Sills & R. K. Merton (Eds.), *International encyclopedia of the social science 9* (pp. 286-292). New York: The Free Press.

Erikson, E. H. (Ed.) (1978). *Adulthood*. New York: Norton.

Erikson, E. H. (1982). *The life cycle completed: A review*. New York: Norton.

Hampton, J. (1991). *The biology of human aging*. Dubuque, IA: Wm C. Brown Publisher.

Havighurt R. J., Neugarten, B. L., & Tobins, S. S. (1968). Disenegagement pattern of aging. In B. L. Neugarten (Ed.), *Middle age & aging* (pp. 67-71). Chicago, IL: Univ. of Chicago Press.

Hayflick, L. (1974). The strategy of senescence. *The Gerontologist*, *14*(1), 37-45.

Hayflick, L. (1985). Theories of biological aging. *Experimental Gerontology*, *20*, 149-159.

Hayflick, L. (2003). Living forever and dying in the attempt. *Experimental Gerontology*, *38*, 1231-1241.

Homans, G. (1961). *Social behavior: Its elementary forms*. New York: Harcourt Brace.

Horn, J. L. (1982). The theory of fluid and crystallized intelligence in relation to concepts of cognitive psychology and aging in adulthood. In F. I. M. Craik & S. Trehub (Eds.), *Advances in the study of communication and affect: Volume 8: Aging and cognitive processes* (pp. 237-278). New York: Plenum.

Johnson, D. P. (1981). *Sociology theory: Classical founders and contemporary perpectives*. New York: John Wiley & Sons.

Jung, C. G. (1961). *Memories, dreams, reflections*. New York: Pantheon.

Levinson, D. J. (1978). *The season of a man's life*. New York: Knopf.

Levinson, D. J. (1984). The career is in the life structure, the life structure is in the career: An adult development perspective. In M. B. Arthur, L. Bailyn, D. J. Levinson, & H. A. Shepard (Eds.), *Working with careers* (pp. 49-74). New York: Columbia University School of Business.

Levinson, D. J. (1986). A conception of adult development. *American Psychologist*, *41*, 3-13.

Levinson, D. J. (1990). A theory of life structure development in adulthood. In C. N. Alexander & E. J. Langer (Eds.), *Higher stages of human development: Perspectives on adult growth* (pp. 35-53). New York: Oxford University Press.

Papalia, D. E., Olds, S. W., & Feldman, R. D. (1989). *Human development* (4th ed.). New York: McGraw-Hill.

Peck, R. C. (1968). Psychological development in the second half of life. In B. L. Neugarten (Ed.), *Middle age & aging* (pp. 88-92). Chicago, IL: Univ. of Chicago Press.

Reichard, S., Livson, F., & Peterson, P. (1962). *Aging and personality: A study of 87 older men*. New York: Wiley.

Riley, M. W., & Foner, A. (1968). *Aging and society, Vol. 1*. New York: Russell Sage.

Rosow, I. (1974). *Socialization to old age*. Berkeley, CA: University of California Press.

Schaie, K. W., & Baltes, P. B. (1977). Some faith helps to see the forest: A final comment on the Horn and Donaldson myth of the Baltes-Schaie position on adult intelligence. *American Psychologist*, *32*(12), 1118-1120.

Schulz, R., & Salthouse, T. (1999). *Adult development and aging: Myths and emerging realities* (3rd ed.). Upper Saddle River, NJ: Prentice Hall.

Teater, B., & Chonody, J. (2017). Stereotypes and attitudes toward older people among children transitioning from middle childhood into adolescence: Time matters. *Gerontology & Geriatrics Education*, *38*(2), 204-218.

Wolpert, L. (2011). **당신 참 좋아 보이네요!: 80대 노학자가 쓴 긍정적 나이 듦에 대한 인생 보고서** (*You're looking very well: The surprising nature of getting old*). (김민영 역). 서울: 알키. (원저는 2011년에 출판).

국가건강정보포털 의학정보 홈페이지 http://health.cdc.go.kr/health/HealthInfoArea

네이버 지식백과 '비상학습백과 중학교 과학 ②-뉴런' https://terms.naver.com/entry.nhn?docId=3379489&cid=47339&categoryId=47339

네이버 지식백과 '서울대학교병원 의학정보-노안' https://terms.naver.com/entry.nhn?docId=927136&cid=51007&categoryId=51007

제 2 부

노인복지의 실제

제 3 장

노인소득보장

학습 목표

1. 노인소득보장의 개념을 이해한다.
2. 노인소득보장정책을 이해한다.
3. 노인고용정책을 이해한다.

1. 노인소득보장의 이해

1) 노인소득보장의 개념

현대사회에서 인간다운 최소한의 생활을 영위하기 위해서는 의식주, 건강보호 및 문화적 욕구를 기본적으로 충족할 수 있는 소득이 필요하다. 노인은 다양한 복지 욕구를 충족해야 하지만 그중에서 노년기에 가장 중요한 욕구는 **소득보장**이라 생각한다. 인간다운 생활을 영위할 수 있게 하는 소득의 보장은 의식주라는 기본 욕구, 질병의 예방과 치료 관련 건강보호의 욕구, 여가와 관련된 문화적 욕구의 충족에도 직간접적인 영향을 미친다.

노인의 소득보장은 노인에게 빈곤문제가 발생하는 것을 예방하거나 또는 이를 해결하기 위한 **사회보장제도**의 일부로서 국가의 직접적인 소득이전정책을 통하여 노인 개개인에게 최저한도 이상의 소득을 보장해 주려는 정책이다. 즉, 적절한 소득보장을 국가가 정책적으로 지원함으로써 사회의 안정적 토대를 마련하고 국가경제를 활성화시켜 노인 전체의 삶을 윤택하게 하기 위한 거시적 차원의 정책이라 할 수 있다(정옥분, 김동배, 정순화, 손화희, 2016).

또한 소득보장정책은 **공적연금**, **공적부조** 등과 같은 국가의 직접적 이전소득 프로그램과 **기업연금**과 **개인연금** 등을 통하여 최저한도 이상의 소득을 보장하고자 하는 사회적 노력을 의미한다(최해경, 2016).

Neugarten, Havighurst와 Tobin(1961)에 따르면, 삶에 대한 사기와 만족감 등은 은퇴한 노인보다 현재 일을 하고 소득이 있는 노인에게서 더 높게 나타났다. 이는 직장인들이 은퇴자들보다 대부분 사회경제적 지위가 더 높고 건강과 사회적 관계가 더 좋다는 사실 때문이기도 하다. 이와 같이 노인에게 있어 소득의 지속성은 젊은이들 못지않게 중요한 의미를 지니고 있다.

최근 **평균수명**의 연장으로 노년기가 연장됨에 따라 은퇴가 아닌 재고용에 대한 사회적 인식과 더불어 계속 일하기를 원하는 노인들이 증가하고 있다. 노년기에 일을 통한 소득보장은 생계유지라는 목적 외에도 사회적 관계 증진, 건강유지, 여가선용 등 많은 긍정적인 면을 가지고 있다(유용식, 2016). 이처럼 노인에게 있어 소득은 삶의 질을 보장하는 기본적 조건이며, 나아가서는 자존심을 유지하게 해 줌으로써 성공적인 노년의 삶을 가능하도록 한다. 따라서 정부 또는 민간 차원에서 이러한 노인소득보장정책을 적극적으로 추진하여야 한다.

2) 노인소득보장의 필요성

노인의 소득보장은 노인빈곤에 대한 사회적 · 국가적 차원의 대책으로서, 노인이 빈곤상태에 노출되지 않도록 최소한의 정기적인 소득을 확보해 주는 활동이다. 우리나라가 본격적인 고령화사회로 접어듦에 따라 노인들의 빈곤문제가 새로운 화두로 떠오르고 있다. 현대 산업사회에서 노인들이 빈곤하게 되는 원인으로는 생물적인 노화, 노동 시장에서의 경쟁력 상실, 정년퇴직이라는 인위적이고 사회적인 제도, 노년기 이전의 소득이 불충분함에 따른 노후준비 부족 등이 있다. 이를 구체적으로 살펴보면 다음과 같다.

첫째, 생물적인 노화이다. 생물적인 노화는 누구에게나 보편적으로 나타나는 현상이다. 현대 산업자본주의사회에서 생물학적 노화는 직업에서의 은퇴를 의미한다. 은퇴는 수입의 상실로 이어진다.

둘째, 노동 시장에서의 경쟁력 상실이다. 현대사회가 새로운 지식과 기술을 요구함에 따라 노인들은 청년층에 비해 노동 경쟁력이 뒤떨어지는데, 이는 곧 노동 시장에서의 경쟁력 저하, 재취업 기회 박탈, 저임금 및 수입의 중단으로 이어진다.

셋째, 정년퇴직제도이다. 산업사회에서는 능력의 개인차 또는 노화의 개인차를 무시하고 일정한 연령에 이르면 본인의 의사와 관계없이 강제로 직업활동을 그만두게 하는 정년퇴직제도가 보편화되어 있어 노인의 수입이 감소되거나 단절된다.

넷째, 노후준비의 부족이다. 노인들은 미래사회에 대한 예측 불확실 및 자식들의 양육과 교육 등으로 인해 노후준비가 불충분하거나 되어 있지 않은 경우가 대부분이다. 국가에서는 연금제도를 통해 노후의 소득보장을 지원하고 있지만 매우 미흡한 실정이다.

이처럼 노인빈곤의 원인은 개인적인 성격 결함 또는 도덕적 결함에 의한 것이라기보다는 생물적 · 사회적인 요인이 더 크기 때문에 사회적 · 국가적 차원에서의 노인소득보장정책이 필요하다(이은희, 박양숙, 2017).

2. 노인소득보장정책

노년기에는 피할 수 없는 생물적 노화와 사회적으로 가해진 제약 등으로 인해 수입이 크게 줄어들거나 중단되어 최소한의 경제적 수입을 확보하지 못하는 경우가 대부분이다. 이러한 문제를 해결하기 위하여 국가가 사회의 연대책임 정신을 발휘하여 최저한의 수입을 보장해 주는 다양한 소득보장제도를 시행하고 있다. 우리나라에서 시행하고 있는 소득보장정책을 살펴보면 다음과 같다.

1) 공적연금

공적연금은 국가 또는 공익단체가 보험운영 주체가 되어 노동자가 일정 기간 이상 일을 하면서 고용주 및 국가와 공동 부담하거나 고용주와 공동 부담하여 납입한 보험료에 따라 일정 연령에 도달했을 때 정기적 연금으로 지급하거나 지급사유가 발생했을 때마다 지급해 주는 제도이다.

공적연금의 특징을 살펴보면 다음과 같다.

첫째, 자신의 기여로 얻어진 권리이므로 연금의 수급과 관련하여 수치심, 치욕감 또는 오명을 전혀 느낄 수 없다.

둘째, 재정은 소득의 일정률의 납입으로 이루어지므로 소득이전에 따른 소득재분배의 효과가 가장 크다.

셋째, 국가의 입장에서 비용을 가장 적게 들이고 가장 효과적으로 소득보장을 할 수 있는 방법이므로 가장 바람직한 소득보장의 방법이다.

넷째, 일정 기간 이상의 노동과 더불어 노동 수입이 있는 자에게만 적용되고 자영업자에게는 임의 적용되는 경우가 있으므로 공적연금은 그 적용에 한계가 있다.

우리나라의 공적연금은 1960년에 도입된 **공무원연금**을 시작으로 **군인연금**(1963), **산업재해보상보험**(1963), **사립학교교직원연금**(1975), **국민연금**(1988) 등이 있다. 이 가운데 특수직역에 속하는 공무원연금, 군인연금, 사립학교교직원연금은 시행기간이 모두 40년을 경과하였기 때문에 **노령연금**으로서 어느 정도 기능을 하고 있다고 볼 수 있다. 그러나 국민의 대다수가 속해 있는 국민연금은 1988년부터 시행되어 2008년부터 연금급여가 시작되었고, 급여 액수가 적어서 노령연금으로서의 기능이 미흡한 실정이다.

(1) 국민연금

국민연금제도는 '나' 혼자서 대비하기 어려운 생활의 위험을 모든 국민이 사회적으로 연대하여 공동으로 대처하는 '우리'를 위한 제도로서, 소득이 있을 때 일정액의 보험료를 납부하도록 하고 일정한 사유(노령, 장애, 사망)로 소득이 줄어들거나 없어졌을 때 연금을 지급하여 최소한의 소득을 보장해 주는 **사회보장제도**이다.

국민연금은 1973년 말에 「국민복지연금법」이 제정되어 1974년부터 실시될 예정이었으나, 당시의 경제적 위기와 정치 · 사회적 여건의 미비로 시행이 유보되었다가 1956년 말에 「국민복지연금법」이 폐지되고, 「국민연금법」으로 입법화되면서 1988년부터 제도가 시행되었다.

매월 지급되는 연금급여로는 **노령연금**, **장애연금**, **유족연금**이 있다. 노령연금은 노

표 3-1 국민연금의 형태별 급여자격요건

형태	급여요건
노령연금	• 가입기간 10년 이상, 60세에 도달한 자
장애연금	• 가입 중에 발생한 질병 또는 부상으로 완치 후에도 신체 또는 정신상 장애가 있는 자
유족연금	• 노령연금 수급권자가 사망한 경우 • 장애등급 2급 이상인 장애연금 수급권자가 사망한 경우 • 가입기간이 10년 이상인 가입자 또는 가입자였던 자가 사망한 경우 • 연금보험료를 낸 기간이 가입대상 기간의 1/3 이상인 가입자 또는 가입자였던 자가 사망한 경우 • 사망일 5년 전부터 사망일까지의 기간 중 연금보험료를 낸 기간이 3년 이상인 가입자 또는 가입자였던 자가 사망한 경우
반환일시금	• 가입기간 10년 미만인 사람이 지급연령(60~65세)이 된 경우 • 가입자 또는 가입자였던 자가 사망하였으나 유족연금에 해당되지 않는 경우 • 국적을 상실하거나 국외에 이주한 경우 • 1999. 4. 1. 전의 퇴직연금 등 수급권자가 사업장가입자 또는 지역가입자 자격을 상실한 경우

출처: 국민연금공단(2019).

후소득보장을 위한 급여로 국민연금의 기초가 되는 급여이다. 장애연금은 장애로 인한 소득 감소에 대비한 급여이며, 유족연금은 가입자의 사망으로 인한 유족의 생계보호를 위한 급여이다. 일시금 급여로는 반환일시금과 사망일시금이 있다. 반환일시금은 연금을 받지 못하거나 더 이상 가입할 수 없는 경우 청산적 성격으로 지급하는 급여이고, 사망일시금은 유족연금 및 반환일시금을 받지 못할 경우 장제부조적 · 보상적 성격으로 지급하는 급여이다(국민연금공단, 2019; 〈표 3-1〉 참조).

(2) 특수직역 연금제도

특수직역 연금제도로는 공무원연금, 군인연금, 사립학교교직원연금제도가 있고 보험료 및 급여율에서 일반 국민을 대상으로 하는 국민연금제도와 차이가 있다. 이를 구체적으로 살펴보면 다음과 같다.

① 공무원연금

공무원연금제도는 공적연금제도로 우리나라에서 제일 먼저 실시되었으며, 1960년에 제정된 「공무원연금법」에 따라 실시되고 있다. 이후 이 제도는 40여 회의 법령개정을 통해 보완되었다. 급여의 수급방법에서도 연금 또는 일시금 방법을 선택적으로 택할 수 있도록 되어 있어 수급권자의 선택권이 비교적 넓다. 연금 비용은 공무원의 기여금과 국가 또는 지방자치단체의 부담금 및 공탁운영을 위한 보조금으로 충당되며, 가입기간이 33년을 초과한 사람은 기여금을 납부하지 않도록 되어 있다.

공무원연금의 급여대상은 「국가공무원법」 「지방공무원법」 및 「교육공무원법」에 따라 공무원 및 대통령이 정하는 국가 또는 지방자치단체의 기타 직원이며, 군인과 선거를 통하여 취임하는 공무원은 제외대상이다. 연금 비용은 기여제 방식으로 공무원과 국가 또는 지방자치단체가 공동으로 부담한다. 2019년 현재 공무원은 매월 기준 소득월액의 9%를 기여금으로 납부하고 국가 또는 지방자치단체가 9%를 부담금으로 납부한다.

공무원연금은 근로 또는 사업 소득이 있는 경우 연금을 제외한 월평균 소득이 지급정지 기준금액을 초과했을 때 그 초과금액의 크기에 따라 연금의 1/2 범위 내에서 연금의 일부를 감액하여 지급하게 되어 있다.

표 3-2 공무원연금 급여종류

구분		급여
단기급여		공무상 요양비
		재해 부조금
		사망 조의금
장기급여	퇴직급여	퇴직연금
		퇴직연금 일시금
		퇴직연금 공제일시금
		퇴직일시금
	장해급여	장해연금
		상해보상금
	유족급여	유족연금
		유족연금 부가금
		유족연금 특별부가금
		유족연금 일시금
		유족일시금

출처: 공무원연금공단 홈페이지.

② 군인연금

군인연금제도는 1963년에 제정된 「군인연금법」에 따라 실시되고 있다. 이 제도의 목적은 군인 본인과 그 가족의 생활안정과 복리 향상에 기여하는 것으로, 원칙적으로 기여금을 납부하는 부사관, 준사관, 장교에 적용된다. 정상 전역인 경우 20년 이상 복무자(19년 6개월 이상 20년 미만으로 복무한 사람도 포함)는 퇴역연금, 퇴역연금공제 일시금, 퇴역연금 일시금 가운데 선택할 수 있고, 19년 6개월 미만 복무자는 퇴직일시금을 받는다.

군인연금도 공무원연금, 사립학교교직원연금과 마찬가지로 근로 또는 사업 소득이 있는 경우 연금을 제외한 월평균 소득이 지급정지 기준금액을 초과했을 때 그 초과금액의 크기에 따라 연금의 1/2 범위 내에서 연금의 일부를 감액하여 지급하게 되어 있다. 군인연금의 비용은 군인의 기여금, 국가의 부담금 및 그 이자로 충당하고 있다. 군인연금은 1973년 이미 재원이 모두 바닥났을 정도로 재정 상황이 심각한 상태이다(최해경, 2016).

③ 사립학교교직원연금

사립학교교직원연금제도의 적용 대상자는 「사립학교법」 제3조에서 규정하는 각급 학교에 근무하는 교직원, 기타 교육부 장관이 지정하는 사립학교의 교직원이다. 부담률 및 급여의 수급요건과 종류, 급여수준은 「공무원연금법」이 준용되므로 공무원연금과 동일하다. 사립학교교직원연금도 공무원연금과 마찬가지로 근로 또는 사업 소득이 있는 경우 연금을 제외한 월평균 소득이 지급정지 기준금액을 초과했을 때 그 초과금액의 크기에 따라 연금의 1/2 범위 내에서 연금의 일부를 감액하여 지급하게 되어 있다. 연금 비용은 교직원의 개인부담금, 학교법인 부담금, 국가부담금 및 운영수익금으로 충당한다(최해경, 2016). 사립학교교직원연금은 1973년에 제정된 「사립학교교원연금법」에 따라 1975년부터 교원에 적용되었고, 2000년부터는 사무직원에게까지 확대 실시되었다.

표 3-3 65세 이상 공적연금 수급자 수 및 수급률(2012~2017년) (단위: 명, %)

구분	2012년	2013년	2014년	2015년	2016년	2017년
국민연금	1,835,624 (31.2)	2,067,085 (33.7)	2,267,567 (34.8)	2,467,059 (36.4)	2,670,979 (38.2)	2,936,683 (39.9)
공무원연금	188,006 (3.2)	206,163 (3.4)	222,325 (3.4)	240,041 (3.5)	255,197 (3.6)	279,524 (3.8)
사립학교 교직원연금	27,087 (0.4)	32,092 (0.5)	34,894 (0.5)	35,608 (0.5)	41,736 (0.6)	45,951 (0.6)
계	2,050,717 (34.8)	2,305,340 (37.6)	2,524,786 (38.7)	2,742,708 (40.4)	2,967,912 (42.4)	3,262,158 (44.3)

출처: 보건복지부, 한국보건사회연구원(2018), p. 237.

2) 공적부조

공적부조는 국가가 빈곤문제를 해결하기 위해 실시한 시책으로, 우리나라에서는 「사회보장기본법」 제3조에서 공적부조를 "국가 및 지방자치단체의 책임하에 생활 유지 능력이 없거나 생활이 어려운 국민의 최저생활을 보장하고 자립을 지원하는 제도"라고 규정하고 있다. 즉, 개개의 생활 빈곤자를 대상으로 자산조사를 실시해 공적인 부담으로서 보조적으로 급부하는 것으로, 국가가 국민이 국민으로서 인간다운 최저한의 생활을 유지할 수 있도록 보장해 주는 방법이며 현대국가의 기본적인 의무와 책임이 되는 것이다.

(1) 국민기초생활보장제도

국민기초생활보장제도의 목적은 생활이 어려운 사람에게 필요한 급여를 행하여 최저생활을 보장하고 자립을 유도하는 데 있다. 국민기초생활보장제도는 공적부조 방법에 따른 **소득보장제도**이며, 모든 국민에게 최저생계유지를 국민의 사회적 권리로 확보해 준다는 의미에서 기존의 「**생활보호법**」을 「**국민기초생활보장법**」으로 개정하여 2000년 10월부터 실시하게 되었다.

국민기초생활보장의 급여는 기본적으로 연령에 관계없이 개인이나 가족이 스스로 최저생계를 유지할 수 없는 국민이라면 누구나 수급할 수 있다. 따라서 65세 이상 노인 노동자는 국민의 일부이므로 전체적 조건에 해당되면 국민기초생활보장 수급이 가능하다. 2015년에는 맞춤형 급여체계로 개편하여 급여별 선정기준 다층화 및 상대빈곤선을 도입하였다. 급여의 수준은 건강하고 문화적인 최저생활을 유지할 수 있는 정도가 되도록 하고, 급여의 기준은 수급자의 연령, 가구 규모, 거주지역, 기타 생활여건 등을 고려하여 급여종류별로 결정하도록 하고 있다.

맞춤형 급여란 **기초생활수급자**의 가구여건에 맞는 지원을 위하여 **생계급여**, **의료급여**, **주거급여**, **교육급여** 등 급여별로 선정기준을 다르게 하는 것이다(〈표 3-4〉 참조). 기존에는 가구소득이 최저생계비 이하인 경우에만 생계, 의료, 주거, 교육 급여 등 모든 급여를 지원하였고, 가구 소득이나 부양의무 기준을 초과하면 모든 지원이 중

표 3-4 맞춤형 급여체계 내용

급여종류	선정기준	최저보장수준	담당부처
생계급여	기준 중위소득 30%	중위소득 30%	보건복지부
의료급여	기준 중위소득 40%	필수의료서비스의 낮은 본인부담률(현물급여)	보건복지부
주거급여	기준 중위소득 44%	지역별 기준임대료	국토교통부
교육급여	기준 중위소득 50%	수업료, 교과서대 등(현물급여)	교육부

출처: 보건복지부(2019b)에서 재구성.

단되었다. 그러나 맞춤형 급여 개편을 통해 소득이 증가하여 기준을 초과하더라도 수급자의 상황에 맞춰 필요한 급여는 계속 지원할 수 있도록 하였다.

이처럼 맞춤형 급여체계는 기존 '최저생계비' 대신 '중위소득'이라는 개념을 도입해 급여별로 선정기준 등을 달리 정한다. 중위소득은 모든 가구를 소득별 순서대로 줄을 세웠을 때 중간에 위치한 가구의 소득을 말한다. 보건복지부는 급여기준 등에 활용하기 위해 중앙생활보장위원회의 심의 · 의결을 거쳐 매년 기준 중위소득을 고시한다.

국민기초생활보장제도 수급자격은 수급받고자 하는 당사자 측(본인, 친척, 이웃)이 신청을 하여야 하며(신청주의 원칙), 당사자가 제도를 잘 모르거나 신청절차를 취할 수 없는 경우 본인의 허락을 얻어 사회복지전담공무원이 대신 신청할 수도 있다(직권신청). 그러나 신청하지 않으면 급여가 이루어질 수 없다. 수급자격은 신청을 전제로 하고 있으며, 읍 · 면 · 동사무소에 신청하면 사회복지전담공무원이 신청자의 가정을 방문하여 자산조사를 실시하고 14일 이내에 수급 여부를 통지하도록 되어 있다.

표 3-5 기초생활보장수급자 현황 (단위: 가구, 명)

구분	계		일반수급자		시설수급자
	가구*	인원	가구	인원	인원
2015년	1,014,177	1,646,363	1,014,177	1,554,484	91,879
2016년	1,035,435	1,630,614	1,035,435	1,539,539	91,075
2017년	1,032,996	1,581,646	1,032,996	1,491,650	89,996
2018년	1,165,175	1,743,690	1,165,175	1,653,781	89,909

* 가구 총계는 시설수급자를 제외한 일반수급자 가구 수임.
출처: 보건복지부(2019a), p. 31.

국민기초생활보장 급여종류는 생계급여, 의료급여, 자활급여, 교육급여, 해산급여, 주거급여, 장제급여 등이 있다. 급여종류에 따른 내용은 〈표 3-6〉과 같다.

표 3-6 국민기초생활보장 급여종류 및 내용

급여종류	내용	
생계급여	수급자에게 의복, 음식물 및 연료비와 그 밖에 일상생활에 기본적으로 필요한 금품을 지급하여 그 생계를 유지하게 하는 급여	가구별 생계급여 선정기준액에서 소득인정액을 뺀 금액을 현금으로 지원
의료급여	수급자에게 건강한 생활을 유지하는 데 필요한 각종 검사 및 치료 등을 지급하는 급여	「의료급여법」에 의한 본인부담 지원
자활급여	수급자의 자활을 돕기 위하여 자활에 필요한 금품의 지급 또는 대여, 자활에 필요한 근로 능력의 향상 및 기능습득의 지원, 취업알선 등 정보의 제공, 자활을 위한 근로기회의 제공, 자활에 필요한 시설 및 장비의 대여, 창업교육, 기능훈련 및 기술·경영 지도 등 창업 지원, 자활에 필요한 자산형성 지원, 그 밖에 대통령령으로 정하는 자활을 위한 각종 지원 등의 급여를 실시하는 것	자활근로, 희망·내일키움통장 등 지원
교육급여	수급자에게 입학금, 수업료, 학용품비, 그 밖의 수급품을 지급하는 것으로 하되, 학교의 종류·범위 등에 관하여 필요한 사항은 대통령령으로 정함	고등학생 수업료·입학금 교과서대 전액(단, 초중고생은 부교재비 41.2천원/인, 중고생은 학용품비 54.1천원/인)
해산급여	수급자에게 조산(助産), 분만 전과 분만 후에 필요한 조치와 보호 등의 급여를 실시하는 것	출생 영아 1인당 600천 원
주거급여	수급자에게 주거안정에 필요한 임차료, 유지·수선비, 그 밖에 대통령령으로 정하는 수급품을 지급하는 급여	임차가구는 실제 전월세 비용(월 임차료+보증금 환산액), 자가가구는 주택의 노후도에 따른 종합적 수리 지원
장제급여	「국민기초생활보장법」 제7조 제1항 제1호부터 제3호까지의 급여 중 하나 이상의 급여를 받는 수급자가 사망한 경우 사체의 검안(檢案)·운반·화장 또는 매장, 그 밖의 장제 조치를 하는 급여	수급자 사망 시 750천 원

출처: 보건복지부(2019b).

(2) 기초연금제도

기초연금제도는 1991년에 시행된 노령수당제도를 근간으로 하여 1998년 경로연금제도로 변경되었다가 2008년 기초노령연금제도를 거쳐 2014년에 기초연금제도(2014년에 「기초연금법」 제정 및 시행)로 전환되었다(양옥남, 김혜경, 박화옥, 정순둘, 2016).

기초연금제도는 노인들에게 안정적인 소득기반을 제공함으로써 노인의 생활안정을 지원하고 복지를 증진함을 목적으로 한다. 1988년부터 국민연금제도가 시행되었지만, 제도가 시행된 지 오래되지 않아 국민연금에 가입하지 못한 사람들이 많고, 가입을 했더라도 그 기간이 짧아 충분한 연금을 받지 못하는 사람들도 많았다. 따라서 노인들의 편안한 노후생활을 도와주고 연금 혜택을 공평하게 나누어 주기 위하여 기초연금을 지급하고 있다.

또한 지금의 청년들과 미래 세대는 더 많이, 더 오래 국민연금에 가입할 수 있어 앞으로 더 많은 국민연금과 기초연금을 합하여 안정적인 연금 혜택을 누리게 될 것이다. 그리고 국민연금제도가 성숙함에 따라 자동적으로 **기초연금**이 조정되므로 미래의 재정부담도 줄어들게 된다. 현재의 심각한 노인빈곤문제를 해결하면서 미래세대의 부담을 덜어 주고 노후에 안정된 혜택을 누릴 수 있도록 기초연금제도를 도입하게 되었다(보건복지부, 2018).

기초연금은 만 65세 이상인 자 중 100분의 70에 해당되도록 매해 **선정기준액**을 정하고 있다. 2018년 선정기준액은 **노인단독가구**는 1,310,000원, 노인부부가구는 2,096,000원이다. 그러나 공무원연금, 사립학교교직원연금, 군인연금, 별정우체국연금 수급권자 및 그 배우자는 원칙적으로 기초연금 수급대상에서 제외된다. 재정 비용은 지방자치단체의 노인인구 비율과 재정여건 등을 고려하여 100분의 40~90 이

표 3-7 유형별 기초연금수급자 현황

('17년 12월 말 기준, 단위: 명)

수급자 유형	계	전액수급자			감액수급자
		소계	단독 · 부부 1인	부부 2인	
무연금자	3,117,187 (64.0%)	3,029,258 (62.2%)	1,781,991 (36.6%)	1,247,267 (25.6%)	87,929 (1.8%)
국민연금 수급권자	1,751,389 (36.0%)	1,383,301 (28.4%)	860,600 (17.7%)	522,701 (10.7%)	368,088 (7.6%)
계	4,868,576 (100%)	4,412,559 (90.6%)	2,642,591 (54.3%)	1,769,968 (36.4%)	456,017 (9.4%)

출처: 보건복지부(2018), p. 564.

하의 범위에서 국가가 지원하며, 잔여분은 광역지방자치단체(시 · 도)와 기초지방자치단체(시 · 군 · 구)가 분담한다.

3) 간접지원제도

(1) 경로우대제도

경로우대제도는 노인들에게 공적연금, 공적부조와 같이 직접적인 현금급여를 제공하지는 않지만 노인복지 증진과 경로효친사상을 앙양하기 위하여 공영 및 민영 서비스에 대한 이용요금의 면제 및 할인 혜택을 통하여 간접적으로 소득을 보장해 주는 제도이다(유성호, 김형수, 모선희, 윤경아, 2015).

경로우대제도는 1980년 5월 8일 어버이날을 기해 70세 이상 노인에 대하여 철도, 지하철, 고궁, 능원, 목욕, 이발, 시외버스, 사찰 등 8개 업종에서 50% 할인을 해 주

표 3-8 경로우대제도 내용

구분	경로우대제도 내용	
공영	철도	통근열차: 운임의 50% 할인
		무궁화호: 운임의 30% 할인
		새마을열차 및 고속철도(KTX): 운임의 30% 할인(단, 공휴일 제외)
		수도권철도, 도시철도: 운임의 100% 할인
	고궁, 능원, 국공립 박물관, 국공립 공원, 국공립 미술관	운임 또는 입장료 100% 할인
	국공립 국악원	입장료 50% 이상 할인
민영	국내항공기	운임의 10% 할인
	국내여객선	운임의 20% 할인
	타 경로우대업종 (목욕, 이발 등)	지역에 따라 자율적으로 실시
기타	지방자치단체는 지역사회 내 복지 수요 및 공급과 복지 대상자들의 욕구 등을 고려하여 노인들의 노후의 생활안정, 효행장려 등 복지서비스 제공이 필요한 경우 조례, 규칙 등을 제정하여 지원(「노인복지법」 제4조)	

출처: 보건복지부(2019d)-II, p. 288.

는 것으로 시작하였다. 1982년에는 수혜대상을 65세 이상 노인으로 확대하고 우대 업종도 박물관, 국공립 공원, 극장, 여객선박, 시내버스 등 5개 업종을 추가하여 국공립 공원과 버스는 무료로 이용하도록 하고 기타 시설은 50% 할인을 해 주었다. 1984년부터는 지하철 이용료를 무료화하였으며, 당시「노인복지법」에서는 "국가 또는 지방자치단체는 노인의 일상생활에 관련되는 사업을 경영하는 자에게 65세 이상의 자에 대해 할인우대를 하도록 권유할 수 있다."라고 규정하였다. 또한 2004년 10월부터는 새마을호 열차 및 고속열차 이용요금에 대하여 공휴일을 제외한 주중에 30%를 할인해 주고 있다(박석돈, 박순미, 이경희, 2018; 〈표 3-8〉 참조).

(2) 세제감면제도

세제감면제도는 대체로 노인봉양의식 제고를 위한 부양가족에 대한 간접적 소득보장방법이라 할 수 있다. 60세(여 55세) 이상 노부모와 동거 또는 노부모를 부양하거나 동거하지 않더라도 의료보험증에 부양자로 기입된 것과 같이 노부모를 부양한다는 것이 입증된 자녀가 받을 수 있는 혜택으로 상속세 공제, 양도소득세 면제, 소득세 공제, 주택자금 할증 지원, 주택분양 우선권, 노인봉양수당 지급 등이 있다. 이를 구체적으로 살펴보면 다음과 같다(박석돈 외, 2018).

첫째, 상속세 공제이다. 상속세 공제제도는 상속받은 자 중 노부모를 부양하는 자에 대해 상속세를 덜어 주는 제도이다. 남녀 구분 없이 60세 이상의 노인을 부양하는 경우에 노인 1인당 상속분 중 3,000만 원에 해당하는 금액을 상속세 과세가액에서 공제해 준다(「상속세 및 증여세법」 제20조 제1항 제3호). 상속개시일(사망일)로부터 6개월 이내에 주소지 관할 세무서에 신고하면 된다.

둘째, 양도소득세 면제이다. 아들·딸이 부모를, 며느리가 시부모를, 사위가 장인·장모를 모시고자 세대를 합친 경우로서, 아버지가 60세 이상이거나 어머니가 55세 이상인 부양가족이 공제대상이다. 면제요건으로는 매매하는 집에 3년 이상 살았으며, 세대를 합친 후 2년 이내에 집을 매매하는 경우, 부모와 자녀가 각각 주택을 소유하고 따로 살다가 세대를 합친 경우여야 한다.

셋째, 소득세 공제이다. 부양가족공제(「소득세법」 제50조)인 경우 본인 및 배우자의 60세 이상 직계존속(직계존속이 재혼한 경우에는 그 배우자로서 대통령령으로 정하는 사람을 포함한다)에게 제공되는 소득세 공제이다. 연간 1인당 150만 원을 곱하여 계산한 금액을 그 거주자의 해당 과세기간의 종합소득금액에서 공제받을 수 있다.

넷째, 생계형저축 비과세(「조세특례제한법」 제88조 제2항)이다. 60세 이상 노인 1인당 3,000만 원 이하의 생계형 저축에 대해서는 이자소득 또는 배당소득에 대해서는 소득세를 부과하지 아니한다. 65세 이상 노인의 6,000만 원 이하 세금우대종합저축 10% 분리과세 및 주민세를 면제받을 수 있다.

그 밖에도 부모 부양자에 대해 주택분양 우선권 및 임대주택 우선 공급을 실시하고, 공무원이 노부모를 봉양할 경우에 노인 1인당 월 2만 원의 노부모 봉양수당이 지급되고 있지만 전반적으로 이러한 혜택들의 수준이 낮아 실질적인 소득보장기능을 수행하지 못하고 있다.

4) 사적소득보장제도

(1) 기업연금

기업연금제도란 근로자들의 노후생활을 안정시키기 위해 기업이 지급하는 퇴직연금제도를 말한다(「근로기준법」 제34조, 「근로자퇴직급여보장법」). 근로자의 노후보장을 위해 기업이 단독으로 혹은 근로자와 공동으로 조성한 돈을 금융기관에 위탁운영해 근로자가 퇴직할 때 연금이나 일시불로 지급하는 제도이다.

이 제도를 도입할 경우 기업은 직원들이 퇴직했을때 일시에 퇴직금을 지급해야 하는 자금 부담을 덜 수 있고, 근로자는 회사가 도산하더라도 금융기관으로부터 안전하게 퇴직금을 지급받을 수 있어서 기업과 근로자 서로에게 유익한 제도라 할 수 있다.

기업연금은 공적연금의 한계를 보충하는 형태로부터 시작되었다. 기업 측에서 생각할 때 이 제도는 고령으로 능률이 저하된 종업원에게 일정의 수익을 공여함으로써 원만하게 퇴직하게 하고 이것이 종업원 집단의 근로 의욕을 향상시켜 기업의 활력을 유지하기 위한 방책으로 볼 수 있다. 우리나라가 기업연금제도를 도입한 것도 국민연금이 노후생활보장으로 충분하지 못하므로 이를 보완하기 위해서라고 볼 수 있다.

기업연금제도의 운용방법에는 확정기여형과 확정급여형 그리고 개인형 퇴직연금제도가 있다. 확정기여형은 사용자의 부담을 사전에 확정하고 근로자의 연금은 적립금의 운용수익에 따라 변동하는 형태이다. 이에 반하여 확정급여형은 근로자가 받게 될 연금급여를 미리 확정하고, 사용자의 부담금은 적립금의 운용결과에 따라 변동되는 형태이다. 단, 근로자는 확정기여형제도와 확정급여형제도 중 하나에만 가입할 수 있어 근로자의 퇴직연금제도에 대한 다양한 수요를 반영하지 못한다는 문제점이 제기되어, 2011년에 두 제도를 혼합하여 퇴직급여제도를 설정할 수 있도록 개인형 퇴직연금제도를 신설하였다.

개인형 퇴직연금제도는 퇴직급여제도의 일시금을 수령한 사람, 확정급여형 또는 확정기여형 퇴직연금제도의 가입자로서 자기의 부담으로 개인형 퇴직연금제도를 추가로 설정하려는 사람 또는 자영업자 등 안정적인 노후소득 확보가 필요한 사람에게 적용되는 보험이다. 다만, 이 제도는 「근로자퇴직급여 보장법」 제24조 제2항에 의거해 대통령령이 정하는 한도를 초과하여 부담금을 납입할 수는 없다(박석돈 외, 2018).

(2) 개인연금저축제도

개인연금저축제도(personal annuity saving)는 인구의 고령화가 급속하게 진행됨에 따라 공적 노후소득보장제도가 이에 대한 대비를 미처 하지 못한 가운데 개인이 스스로 자신의 노후소득보장을 위한 대비를 할 수 있도록 국가가 지원하는 노후소득보장제도의 하나로 마련된 연금제도이다. 국민연금제도 및 기업의 퇴직금제도(기업연금) 등 공적연금제도의 미비점을 보완하여 실질적인 노후생활을 보장할 수 있도록 하기 위해서 1994년부터 실시되었다.

개인연금의 가입자격은 공적연금 가입자를 포함한 만 18세 이상의 모든 국민이며, 저축기간은 최소한 10년 이상이다. 연금은 평균 퇴직연령인 만 55세 이후부터 5년 이상의 기간에 걸쳐 매월 지급된다. 또한 취급기관에 따라 확정기한부연금 또는 종신연금 형태로 지급된다(박석돈 외, 2018).

(3) 주택연금

주택연금(역모기지, reverse mortgage)은 주거안정과 현금 유동성 간의 상쇄관계를 해결할 수 있는 노인복지를 위한 주택정책의 하나로, 미국 · 일본 · 유럽의 일부 국가에서 활용되고 있는 것을 착안하여 만들어진 제도이다.

주택연금이란 집을 소유하고 있지만 소득이 부족한 노인들이 평생 또는 일정 기간 동안 안정적인 수입을 얻을 수 있도록 집을 담보로 맡기고, 자기 집에 살면서 매달 국가가 보증하는 연금을 받는 제도이다. 이 제도는 국가가 보증하므로 안정성이 확보되며, 부부가 사망 후 정산을 해서 연금수령액보다 집값이 많으면 차액을 상속자에게 돌려주고 부족하더라도 상속자에게 청구하지 않는다. 즉, 주택연금은 연금을 받는 집에서 가입자와 배우자가 평생 동안 살 수 있고, 부부 중 한 사람이 사망한 이후에도 연금 감액이 없이 100% 같은 금액을 받을 수 있기에 소득보장에 큰 보탬이 된다.

주택연금 가입절차를 살펴보면 다음과 같다. 신청인이 한국주택금융공사를 방문하여 보증상담을 받고 '보증신청'을 한다. 한국주택금융공사는 신청인의 자격요건과 담보주택의 가격평가 등을 심사하고, 보증약정 체결과 저당권 설정의 과정을 거쳐 금융기관에 '보증서 발급'을 한다. 신청인이 금융기관에 대출거래약정을 체결한 후 금융기관에서 '주택연금대출(대출실행)'을 실행하면 된다. 주택연금 취급은 시중은행과 지방은행 등의 금융기관에서 하고 있다.

월지급금 지급방식은 두 가지가 있다.

첫째, 종신방식은 월지급금을 사망 시까지 지급받는 방식으로, 여기에는 다시 네 가지 방식이 있다. 종신지급방식은 인출한도 설정 없이 월지급금을 평생 지급받는 방식이다. 종신혼합방식은 일정 금액을 인출한도로 설정하고 나머지는 월지급금으로 평생 지급받는 방식이다. 확정기간 혼합방식은 수시 인출한도 설정 후 나머지 부분을 월지급금으로 일정 기간 동안만 지급받는 방식이다. 사전가입방식은 일시 인출금을 이용하여 주택담보대출을 상환하고 나머지는 월지급금으로 받는 방식이다.

둘째, 월지급금 지급 유형(종신방식)에는 네 가지 방식이 있다. 정책형은 월지급금을 평생 동안 일정한 금액으로 고정하는 방식, (정률)증가형은 처음에 적게 받다가 12개월마다 3%씩 증가하는 방식, (정률)감소형은 처음에 많이 받다가 12개월마다 3%씩 감소하는 방식, 전후후박형은 초기 10년간은 정액형보다 많이 받다가 11년째부터는 초기 월지급금의 70% 수준으로 받는 방식이다. 이용기간 중 지급방식(종신지급, 종신혼합) 간의 변경은 가능하지만, 월지급금 지급 유형(정액형, 증가형, 감소형, 전후후박형) 간의 변경은 불가능하다(조추용, 김양이, 윤은경, 2015).

주택연금은 한국주택금융공사가 주택연금보증을 실시(2007)하면서 지속적으로 보

표 3-9 주택연금 보증 건수 및 보증공급액 (단위: 건, 억 원)

구분	2007년	2008년	2009년	2010년	2011년	2012년	2013년	2014년	2015년	2016년	2017년
보증 건수	515	695	1,124	2,016	2,936	5,013	5,296	5,039	6,486	10,309	10,386
보증 공급액	6,025	8,633	17,474	30,361	41,000	69,006	62,950	55,293	71,392	107,728	106,969

주: 보증공급액은 가입자에게 100세까지 공급될 예상보증공급액(월지급금+개별인출금+대출이자+보증료)임.
출처: 보건복지부, 한국보건사회연구원(2018), p. 387.

증 건수가 증가하고 있다. 지난 10년간 주택연금 성장 현황을 보면, 신규 보증 건수는 2007년 515건에서 2017년 10,386건으로 20배 이상 증가하였으며, 신규 보증 공급액은 2007년 6,025억 원에서 2017년 10조 6,969억 원으로 17.8배 증가하였다(〈표 3-9〉 참조). 급격한 고령화나 주택 시장 등 인구사회환경의 변화에 따라 주택의 범위, 대상 주택 가격 등이 달라지는데, 현재 주택연금에 가입하기 위해서는 주택소유자 또는 배우자가 만 60세 이상, 부부기준으로 1주택 소유자 혹은 보유주택 합산 가격이 9억 원 이하인 다주택자(상기 외 2주택자는 3년 이내 1주택 처분 조건으로 가입)에 해당되어야 한다. 2007년 이후부터 2017년 말까지 누적 보증 건수는 4만 3,099건, 누적 보증공급액은 50조 4,324억 원(연간 연금 보증해지건 반영)에 달한다(보건복지부, 한국보건사회연구원, 2017).

(4) 농지연금

농지연금이란 만 65세 이상 고령농업인이 소유한 농지를 담보로 노후생활 안정자금을 매월 연금 형식으로 지급받는 제도이다. 농지자산을 유동화하여 노후생활자금이 부족한 고령농업인의 노후생활안정 지원을 해 줌으로써 농촌사회의 사회안전망을 확충 및 유지하는 것을 목적으로 한다. 법적으로는 한국농어촌공사 및 「농지관리기금법」 제10조 및 제24조 제5항(농지를 담보로 한 농업인의 노후생활안정지원사업 등)에 근거한다.

신청자격에서 연령은 민법상 연령을 말하며, 주민등록상 생년월일을 기준으로 계산하여 적용하고, 「농지법」에 따른 농업인은 동법 제2조 제2호에 따른 농업인을 말한다. 농지연금 신청일 기준으로부터 과거 5년 이상 영농경력 조건을 갖추어야 하고, 영농경력은 신청일 직전 계속 연속적일 필요는 없으며 전체 영농기간 중 합산 5년 이상이면 된다. 소유농지는 신청인의 총 소유농지가 3만m^2 이하이며, 지목이 전, 답, 과수원으로 실제 영농에 이용 중인 농지를 말한다.

농지연금의 장점은 농지연금을 받던 농업인이 사망하였을 때 배우자가 이를 승계하면 배우자 사망 시까지 계속해서 농지연금을 받을 수 있다는 것이다. 연금을 받으면서 담보농지를 직접 경작하거나 임대할 수 있어 연금 이외의 추가 소득을 얻을 수 있다. 또한 정부예산을 재원으로 하며 정부에서 직접 시행하기 때문에 안정적으로 연금을 지급받을 수 있다. 연금채무 상환 시 담보 농지 처분으로 상환하며, 남은 금액이 있으면 상속인에게 돌려주고 부족하더라도 더 이상 청구하지 않는다.

지급방식은 가입자(배우자) 사망 시까지 매월 일정한 금액을 지급하는 종신형 방식과 가입자가 선택한 일정 기간 동안 매월 일정한 금액을 지급하는 기간형 방식이 있다. 기간형으로 선택 시 매월 받는 월지급금은 종신형보다 많을 수 있다(조추용 외, 2015).

(5) 퇴직연금

퇴직연금제도는 「근로기준법」에 따라 퇴직금을 설정해야 하는 기업(사업주)이 근로자의 노후소득보장과 노후생활안정을 위해 근로자 재직기간 중 사용자가 퇴직금 지급재원을 외부의 금융기관에 적립하고, 이를 사용자(기업) 또는 근로자와의 계약에 따라 운용해 근로자 퇴직 시 연금 또는 일시금으로 지급하도록 하는 기업복지제도이다. 그러나 퇴직연금제도는 법정 퇴직금제도와 달리 노사합의에 의해 자율적으로 도입하는 제도로 강제성은 없다.

2005년 12월 「근로자퇴직급여 보장법」이 시행됨으로써 우리나라에 퇴직연금이 도입되었다. 퇴직연금(근로자 퇴직급여)는 「근로기준법」상의 퇴직금 규정(1961년 도입)을 흡수·통합한 것인 동시에 퇴직금을 사외에 적립하여 연금화한 것이다. 그리고 퇴직연금을 의무 연금화하면 기업에 지나친 부담을 준다 하여 기존의 퇴직금제도와 신설 퇴직연금 중 하나를 선택하게 하였다. 또한 그동안 퇴직금제도의 적용에서 제외되었던 5인 미만 근로자 사업장에 대해 퇴직연금제도를 신규로 확대·적용하였다.

퇴직연금제도의 종류를 살펴보면 다음과 같다(〈표 3-10〉 참조).

표 3-10 퇴직금, 확정급여형, 확정기여형의 비교

구분	퇴직금	확정급여형(DB)	확정기여형(DC)
적립방법 및 수급권 보장	사내적립, 불안정	부분 사외적립(80% 이상), 부분 보장	전액 사외적립(연간 임금 총액의 1/12), 완전보장
급여형태	일시금	일시금 또는 연금	
적립금 운용주체	–	사용자	근로자
급여수준	연간 30일분의 평균임금×근속연수		운용결과에 따라 변동
적합기업 및 근로자	도산 위험이 없고 임금 상승률이 높은 사업장	임금상승률이 높은 사업장, 관리 능력이 있는 기업	연봉제, 체불 위험이 있는 기업, 직장이동이 빈번한 근로자

출처: 고용노동부(2016).

첫째, **확정급여형 퇴직연금**(Defined Benefit: DB)이다. 이 연금은 근로자가 받을 퇴직급여(퇴직금과 동일, 근속기간 1년에 대해 30일분 평균임금)가 확정된 제도이다. 사용자는 매년 부담금을 금융기관에 사외적립하여 운용하며, 퇴직 시 근로자는 사전에 확정된 급여수준만큼의 연금 또는 일시금을 수령하는 제도이다.

둘째, **확정기여형 퇴직연금**(Defined Contribution: DC)이다. 이 연금은 사용자가 납입할 부담금(연간 임금총액의 1/12)이 확정된 제도이다. 사용자는 금융기관에 개설한 근로자 개별 계좌에 부담금을 불입하고 근로자는 자기 책임하에 적립금을 운용하여, 퇴직 시 연금 또는 일시금으로 수령(급여수준은 운용성과에 따라 변동)하는 제도이다. 여기서 근로자의 추가납입이 가능하며, 개인연금과 합산하여 연간 700만 원까지 세액공제(12~15%) 혜택을 받을 수 있다.

셋째, **개인형 퇴직연금**(Individual Retirement Pension: IRP)이다. 이 연금은 이직 시 수령한 퇴직급여를 적립 · 축적하여 노후소득재원으로 활용할 수 있도록 한 것이다. 퇴직연금 가입 근로자의 이직 시 퇴직급여를 가입자의 IRP 계정으로 의무 이전하고, 연금 수령 시점까지 적립된 퇴직급여를 과세 이연 혜택을 받으며 운영하다가 일시금 또는 연금으로 수령하는 제도이다.

세 가지 퇴직연금 중 확정급여형(DB) 연금이 가장 많이 선호되고 있다. 이러한 퇴직연금제도는 초기 가입을 확산하기 위해 금융기관을 활용하는 계약형제도로 도입 · 성장하였으나, 노사의 참여가 저조하고 전문성 부족으로 인해 사업자에 대한 의존도가 높아 근로자의 목소리가 반영되기 어렵다는 문제점뿐만 아니라 대기업 가입자는 많으나 30인 이하 사업장 가입률은 매우 낮아 격차가 심하게 나타난다는 점 등의 문제점을 야기하였다.

이에 2016년 8월 고용노동부는 기금형 퇴직연금제도 도입을 위한 「근로자퇴직급여 보장법」을 개정하여 근로자와 사용자는 사업장 상황에 맞도록 기존 계약형제도와 새로운 기금형제도 중 하나를 선택할 수 있게 되었다(한국임상사회사업학회, 2017).

3. 노인고용정책

인간에게 주어지는 가장 중요한 역할이라는 점을 고려했을 때, 일은 삶의 만족에 중요한 기제이다(이소정, 2013). 다양한 사회자원 중에서 노인의 일은 노후생활에 있어 매우 중요한 사회적 자원이다. 노인에게 일은 생계유지나 경제적 수단을 넘어서 새로운 자아실현의 수단이며, 삶의 환경을 변화시키는 행위이자 삶의 의미를 고취시키는 매개체가 되기도 한다(장형석, 2001). 또한 노인에게 자아실현 및 사회참여 기회를 제공한다는 점에서도 의미가 크다.

노인에게 일을 할 수 있는 기회를 주는 것은 고령화 시대를 맞아 급증하고 있는 노인의 개인적 · 경제적 안정과 사회적 문제인 국가의 생산성 증대, 사회적 부담의 경감 등 여러 면에서 중요한 의미를 갖는다(유용식, 2015). 우리나라에서 시행하고 있는 노인고용정책을 구체적으로 살펴보면 다음과 같다.

1) 노인일자리사업 지원

(1) 노인일자리사업의 목적

노인일자리사업은 노인이 활기차고 건강한 노후생활을 영위할 수 있도록 다양한 일자리 · 사회활동을 지원하여 노인복지 향상에 기여할 목적으로 시행하고 있다. 또한 2004년부터 보충적 소득보장, 노동참여 기회 보장, 사회참여 확대 등을 목적으로, 노인의 능력과 적성에 맞는 일자리를 창출하고 이를 제공함으로써 노인복지

향상과 나아가 사회적 부담의 경감, 국가 경쟁력 강화를 추구하고자 이 사업을 시행하고 있다(보건복지부, 2019e).

(2) 노인일자리사업의 추진체계

노인일자리사업의 추진체계를 살펴보면 다음과 같다. 중앙부처에서는 보건복지부가 정책결정 및 예산 지원(국고)을 하고, 한국노인인력개발원이 사업 추진 지원을 총괄하며 신규사업 개발 및 표준화된 사업 전국 보급, 교육 · 훈련 · 조사연구 · 경영 지원 · 사업평가 등의 업무를 수행한다. 기초자치단체는 지역 내 사업총괄 및 예산 지원(지방비)을 하고, 한국노인인력개발원 지역본부에서 지역특화 모델사업 개발 · 보급, 인적자원 개발, 노인사회활동 활성화 대회 개최 · 지원, 정보화를 통한 인력풀 구축, 지역자원 조사 및 연계 활용 등의 업무를 수행한다. 사업 수행기관으로 선정된 노인복지시설들은 참여노인의 모집 · 등록 · 선발 · 교육 · 현장 투입 등 일자리 관련 제반 업무를 수행한다.

(3) 노인일자리 및 사회활동 지원사업 내용

노인일자리 및 사회활동 지원사업 내용은 〈표 3-11〉과 같다. 노인사회활동에서 공익활동은 노인이 자기만족과 성취감 향상, 지역사회 공익 증진을 위해 자발적으로 참여하는 봉사활동으로, 노노케어, 취약계층 지원, 공공시설 봉사, 경륜전수활동 등이 있다. 노인일자리사업에서 시장형 사업단은 노인에게 적합한 업종 중 소규모 매장 및 전문 직종 사업단 등을 공동으로 운영하여 일자리를 창출하는 사업으로, 일정 기간 사업비 또는 참여자 인건비 일부를 보충 지원하고 추가 사업 수익으로 연중 운영하며 이러한 노인일자리로는 공동작업형, 제조판매형, 서비스제공형 등이 있다. 또한 인력파견형 사업단은 수요처의 요구에 의해서 일정 교육을 수료하거나 관련된 업무 능력이 있는 자를 해당 수요처로 연계하여 근무기간에 대한 일정 임금을 지급받을 수 있는 일자리로, 관리사무종사자, 공공/전문직종사자, 서비스종사자, 판매종사자, 농림어업숙련종사자, 기능원 및 관련 기능종사자, 생산 · 제조단순노무직 등이 있다(보건복지부, 2019e).

표 3-11 노인일자리 및 사회활동 지원사업 내용

구분		유형	주요 내용	예산 지원	활동 성격
노인 사회 활동	공익활동		노인이 자기만족과 성취감 향상 및 지역사회 공익 증진을 위해 참여하는 활동	자치단체 경상보조	봉사
	재능나눔활동		재능을 보유한 노인이 자기만족과 성취감 향상, 지역사회 공익 증진을 위해 자발적으로 참여하는 봉사 성격의 각종 활동	민간 경상보조	
노인 일자리	사회서비스형		취약계층 지원시설 및 돌봄시설 등 사회적 도움이 필요한 영역에 노인인력을 활용하여 필요한 서비스를 제공하는 일자리	자치단체 경상보조	근로
	시장형 (취 · 창업)	시장형 사업단	참여자 인건비를 일부 보충 지원하고 추가 사업 소득으로 연중 운영하는 노인일자리	자치단체 경상보조	
		인력 파견형 사업단	수요처의 요구에 의해서 일정 교육을 수료하거나 관련된 업무 능력이 있는 자를 해당 수요처로 연계하여 근무시간에 대한 일정 임금을 지급받을 수 있는 일자리	자치단체 경상보조	
		시니어 인턴십	만 60세 이상의 노인에게 일할 기회를 제공함으로써 노인의 직업 능력 강화 및 재취업 기회를 촉진	민간 경상보조	
		고령자 친화 기업	고령자가 경쟁력을 가질 수 있는 적합한 직종에서 다수의 고령자를 고용하는 기업 설립 지원	민간 경상보조	
		기업 연계형	기업이 적합한 노인일자리를 창출하고 유지하는 데 필요한 직무모델 개발, 설비 구입 및 설치, 4대 보험료 등 간접비용을 지원	민간 경상보조	

출처: 보건복지부(2019e), p. 4.

표 3-12 노인일자리사업 실적

(단위: 백만 원, 개)

구분		2014년	2015년	2016년	2017년	2018년
예산		305,190	358,063	403,486	523,193	634,932
목표		310	370	419	467	510
실적	전체	336	386	430	496	–
	공공 분야	269	305	291	360	372
	민간 분야	37	40	99	92	86
	재능나눔	31	41	40	45	52
실적/목표		108	104	103	106	–
민간 분야/전체		11.0	10.4	23.0	18.5	16.9

출처: 보건복지부(2018), p. 517.

2) 시니어클럽 운영

(1) 시니어클럽 운영의 목적

시니어클럽 운영은 노인일자리 전담기관 운영을 통해 노인의 사회적 경험 및 지식을 활용할 수 있는 다양한 노인 적합형 일자리를 개발하고 이에 참여할 수 있는 여건을 조성하여 노인의 삶의 질 향상을 도모하는 데 그 목적이 있다. 시니어클럽은 지역사회 내에서 일정한 시설과 전문인력을 갖추고 지역의 자원을 활용하여 노인일자리를 창출 · 제공하는 노인일자리 전담기관이다(보건복지부, 2019e).

(2) 시니어클럽 운영원칙 및 중점 추진 방향

시니어클럽 운영원칙은 노인들의 개별적 고유성과 존엄성이 최대한 보장되도록 운영하고, 노인복지시설로서 일정한 규모의 시설과 인력을 확보하고 지역사회 자원을 활용하여 노인들에 대한 상담, 교육, 훈련, 일자리 창출 등의 서비스를 제공하는 데 있다. 중점 추진 방향은 「노인복지법」 제23조의 2, 「노인복지법 시행령」 제17조의 3 제3항의 지역노인일자리 전담기관으로서의 역량강화, 지방자치단체는 민간 분야 노인일자리 및 사회활동 지원사업(시장형 사업단, 인력파견형 사업단)의 전문성 확보를 위하여 시니어클럽 확충을 적극 추진하고, 주로 민간 분야 노인일자리 및 사회활동 지원사업 활성화에 선도적 역할을 강화하는 방향을 가지고 있다.

3) 대한노인회 취업지원센터

대한노인회 취업지원센터는 「노인복지법」 제23조(노인사회참여 지원)에 근거하여 보건복지부의 재정 지원을 받아 대한노인회가 지역사회 구직희망 노인의 취업상담 · 알선 등을 통하여 노인의 소득보장 및 사회참여 기회 확대를 목적으로 운영하고 있다.

1981년 '노인인력은행'으로 처음 시작되었으나 1997년에 노인취업알선센터, 2004년에는 노인취업지원센터로 확대 개편되었고, 2009년부터 취업지원센터로 명칭이 재변경되어 2019년 현재 전국에 194개 취업지원센터가 운영되고 있다.

취업지원센터는 구직희망 노인의 취업상담 · 알선, 취업, 사후관리 서비스, 노인

표 3-13 취업지원센터 취업실적 (단위: 명)

구분	2015년	2016년	2017년	2018년
목표 수(계)	22,500	23,000	23,500	24,000
취업 수(계)	22,785	25,264	27,025	27,912

출처: 대한노인회 홈페이지.

취업정보 네트워크 구축 및 취업 지원 관련 기관과의 긴밀한 협조체계 구축 등을 통해 일자리를 제공하는데, 경비 관련 업무, 청소 관련 업무, 현장관리직 업무, 생산작업 업무, 농어촌 인력 업무 순으로 주로 단순노무직종에 취업하는 것으로 나타났다.

4) 고령자 인재은행

「고용상 연령차별금지 및 고령자고용촉진에 관한 법률」 제11조에 의하여 1993년부터 고용노동부가 55세 이상 고령자의 고용촉진을 위하여 운영하고 있는 제도이다. 고령자 인재은행은 고령화사회로 접어들면서 고령인력의 경제활동 참여 비중이 증대됨에 따라 고령자의 고용촉진 및 취업 기회 확대를 위해 민간의 무료직업소개사업을 수행하는 비영리법인 또는 공익단체를 고령자 인재은행으로 지정하여 고령자 고용안정 및 인력수급 활성화에 기여하고자 하는 것이 목적이다.

고용노동부는 무료 직업소개사업을 하는 비영리법인이나 공익단체 가운데 고령자의 직업지도와 취업알선 등에 필요한 전문 인력과 시설을 갖춘 단체를 고령자 인재은행으로 지정하여 운영하고 있다. 2019년 현재 고용노동부에서는 YWCA, 여성인력개발센터, 사회복지관, 노인복지관, 대한은퇴자협회 등 전국 45여 개 기관을 고령자 인재은행으로 지정하여 운영하고 있다. 고령자 인재은행에 대한 재정 지원은 전년도 운영실적에 따라 사업운영비를 차등 지원하고 있다. 특히 고령자 인재은행 가운데 운영성과가 높은 기관은 2009년부터 취업알선과 직업·진로상담 이외에 직업소양교육, 심층상담, 창업스쿨, 사회적 일자리 개척 동아리 등 종합서비스를 제공하는 '고령자 종합인재은행'으로 확대 개편하였으며, 점진적으로 확대를 추진 중이다(유성호 외, 2015).

고령자 인재은행은 취업정보를 구직 신청자에게 제공하고 구인자를 개척하는 취업정보센터로서, 고령자에 대한 구인, 구직 및 구직등록, 직업지도, 취업알선, 취업 희망 고령자에 대한 직업상담 등을 시행하고 있다. 고령자 인재은행을 통해 취업하는 업종은 주로 건물관리, 주차·주유원, 아기 돌보기 등 대부분 단순노무직에 집중되어 있으며, 근무기간은 3개월 내지 1년 미만으로 짧은 편이다(박석돈 외, 2018).

5) 노인취업알선센터

노인취업알선센터는 고령자 고용촉진사업의 일환으로 노인인력을 필요로 하는 해당 지역 기업체에 장단기 취업을 알선하는 역할을 하고 있다. 보건복지부가 지원하고 대한노인회 산하 각 시·도연합회 및 지회에서 운영하며, 취업알선 및 무료상담을 제공하고 있다.

정부는 운영의 내실화를 도모하고자 현재 1개소당 1백만 원 미만의 운영비를 지원하고 있지만, 실제로 담당자가 구인처를 개발하고 노인취업을 활성화하기에는 인력이나 비용 면에서 매우 부족하여 실효성이 적은 것으로 나타나고 있다. 그 외에도 구인처의 적절성이나 취업직종의 편중성, 취업교육의 내실성 부족 등이 문제점으로 지적되고 있다(박석돈 외, 2018).

6) 노인공동작업장

노인공동작업장은 특별한 기술훈련을 하지 않고도 저소득층 노인의 적성과 능력에 따라 작업을 수행함으로써 여가선용 및 소득 증진의 기회를 제공할 목적으로 1986년부터 설치·운영되고 있으며, 2019년 현재 전국적으로 약 600여 개소가 운영되어 있다.

설립주체는 보건복지부이며, 주로 작업장 설치가 가능한 공업단지나 경로당 또는 노인복지시설을 활용하여 지역적 특성 및 노인의 적성과 능력에 적합한 직종을 선정·운영하여 발생된 이익금을 노인들에게 배당하고 있다. 노인적성 공동작업 직종으로는 액세서리(구슬) 끼기, 옷감 정리, 포장상자 접기, 제품 포장 정리, 봉제 완구 제작, 봉투 제작 등으로 단순작업이 주를 이루고 있다.

노인공동작업장은 지역 업체와의 유기적인 연계가 부족하고 노인에게 알맞은 일거리를 확보하기가 어려워 작업장을 통해 얻은 소득이 매우 낮아서 노후소득에 별로 도움을 주지 못하고 있다. 따라서 지역사회와의 연계를 확대하여 직종의 다양성과 일감의 지속적인 확보를 통해 참여노인의 실질적인 소득을 보장할 수 있는 전략을 강구할 필요가 있다(유성호 외, 2015).

4. 노인소득보장정책의 과제

1) 공적연금제도의 강화

공적연금제도를 강화하기 위해서는 연금재정의 안정화와 연금 지급방식의 전환이 필요하다. 공적연금제도는 국민경제에 큰 영향을 미칠 정도로 규모가 큰 장기적 제도이다. 따라서 연금 기금의 안정성을 확보하고 국민적 신뢰를 확보하는 것이 무엇보다도 중요하다. 국민연금제도는 2008년 이후 수급자 수와 지출의 현저한 증가가 이루어지고 있다. 현재대로라면 2040~2050년경에 기금 고갈이 불가피할 것으로 나타나 기금 확충과 효율적인 운영 방안에 대한 대책이 시급하다.

또한 현행 공적연금제도는 모두 일시금제도를 인정하고 있다. 그런데 인플레이션으로 인한 실질 가치의 하락과 연금제도에 대한 불신, 퇴직 후 재취업의 경우 연금 감액지급 등의 제한 조치 및 사회적 불안, 부동산이나 증권 등에 대한 투기 분위기 때문에 전반적으로 연금방식보다는 일시금을 선호하는 경향이 있었다. 그러나 조사연구에 따르면 일시금 수령자의 경우 대부분 원금을 탕진하고 생활고에 시달리면서 일시금 수령을 후회하는 경우가 많다. 따라서 노후생활안정을 도모하는 연금제도의 본래 목적을 달성하기 위해서는 일시금방식보다는 연금방식으로 전환되도록 해야 할 것이다(박석돈 외, 2018).

2) 국민기초생활보장제도의 개선

국민기초생활보장제도나 기초연금제도 같은 공적부조의 한계를 극복할 수 있는 방안을 모색하여야 한다. 특히 국민기초생활보장제도의 경우 급여를 받지 못하는 차상위 계층을 보다 구체적으로 보호할 수 있는 제도적 보완이 무엇보다 필요하다. 또한 국민기초생활보장제도와 국민연금제도 모두에서 자격요건을 충족시키지 못하는 계층은 공적부조의 사각지대에 놓여 있다. 따라서 국민기초생활보장제도의 수급기준을 완화하고 적극적인 홍보와 주민관리를 통해 사각지대에 놓인 노인들에게 가능한 최대한의 도움을 줄 수 있도록 하여야 한다(정옥분 외, 2016). 그리고 현재 기초생활보장수급자를 선정하는 기준은 가구 소득인정액이다. '소득평가액'은 가구주뿐만 아니라 가구원이 번 근로소득, 사업소득에 재산소득(임대료, 이자 등)과 이전소득 등을 합친 '소득평가액'에 재산을 소득으로 환산한 '재산의 소득환산액'을 합친 금액이다. 이러한 소득평가액의 모호한 기준으로 인하여 수급자에서 탈락하는 노인이 발생하지 않도록 객관적이고 형평성 있는 소득평가액의 개선이 필요하며, 국민기초생활급여를 현실적으로 도움이 될 수 있는 수준으로 향상시켜야 할 것이다.

3) 사적 소득보장의 장려

사적인 소득보장제도이지만 공적인 노후보장제도가 미비하였던 관계로 실제적으로는 가장 중요한 노후소득보장의 기능을 수행했던 것이 퇴직금제도이다. 그러나 평생직장이라는 관념이 사라지고 정년 이전에 직장을 떠나는 경우가 많아진 요즘엔 퇴직금제도가 노후소득보장기능을 수행하기 어려워졌다. 이를 해결하기 위해 현행 퇴직금제도를 기업연금제도로 전환해 가는 것과 개인연금제도를 간접적으로 지원하여 개인의 노후생활 준비 능력을 향상시킴으로써 장래의 생활불안에 대비하게 하고 공적부조의 대상자를 장기적으로 줄이는 효과를 보게 하는 방안이 떠오르고 있다. 이런 조치들은 선진국에서는 일반화된 것으로, 우리나라는 2008년부터 공적연금 대상자를 제외한 일반 근로자를 대상으로 퇴직연금제도를 도입하였다. 이 제도는 근로자의 퇴직금을 민간금융기관에 투자함으로써 근로자의 노후소득을 보장하기 위한 한 방법으로 장려되고 있다. 이를 위해서는 국가와 민간금융기간, 개인이 함께 노력해야 할 것이다(이은희, 박양숙, 2017).

4) 노인고용정책의 활성화

노인고용정책 활성화를 위한 과제를 살펴보면 다음과 같다.

첫째, 정년제도의 연장이 필요하다. 정년 연장은 이미 세계적인 추세로 선진국에서도 정년 제한이 없어지거나 또는 연장되고 있다. 우리나라도 앞으로 경제구조가 정보서비스산업 위주로 급속히 재편되고 건강한 고학력 노령인구가 급증할 것이다. 따라서 정년 연령을 65세 혹은 그 이상으로 연장하는 것이 바람직하다.

둘째, 노인고용정책의 효과성 증진을 위해 개별화된 맞춤형 일자리 창출이 필요하다. 이를 위해 노인의 욕구와 특성을 반영하고 은퇴 전 직업과 연관되거나 축적된 경험을 활용할 수 있는 일자리 개발이 필요하다. 이러한 맞춤형 일자리는 노인의 자긍심을 높이고, 노인 고용정책의 기능과 생산 능력을 향상시킬 수 있기 때문에 그만큼 효과성이 높게 나타날 것이다.

셋째, 노인들의 재취업을 위한 다양한 정책 및 프로그램이 필요하다. 노인고용정책의 궁극적 효과는 노인들의 사회 재취업과 소득보장이다. 따라서 노인고용정책 자체에만 치중하지 말고 궁극적인 효과를 위해 노인에 대한 인식 개선과 수요처 확보, 적합 직종 개발, 노인인력의 가치 인정, 안정적인 일자리 확보, 취업을 위한 교육·훈련, 사후관리, 전담인력의 확대 등을 위한 정책 및 프로그램이 마련되어야 할 것이다.

••• 학습과제

1. 노인소득보장정책의 종류와 그 특징에 대해 이야기하시오.
2. 노인소득보장정책을 직접 · 간접 소득보장방법으로 구분하여 장단점을 이야기하시오.
3. 노인고용정책의 종류를 살펴보고 문제점과 발전 방향에 대해 이야기하시오.

참고문헌

고용노동부(2016). 기금형 퇴직연금제도 도입 입법예고 보도자료.

국민연금공단(2019). 2019년 알기 쉬운 국민연금 사업장 실무안내.

박석돈, 박순미, 이경희(2018). 노인복지론(3판). 경기: 양성원.

보건복지부(2018). 2018 주요업무 참고자료.

보건복지부(2019a). 2018 국민기초생활보장수급자 현황.

보건복지부(2019b). 2019 국민기초생활보장사업안내.

보건복지부(2019c). 2019 기초연금 사업안내.

보건복지부(2019d). 2019년 노인보건복지사업안내(I, II).

보건복지부(2019e). 2019 노인일자리 및 사회활동 지원사업 운영안내.

보건복지부, 한국보건사회연구원(2017). 통계로 보는 사회보장 2017.

보건복지부, 한국보건사회연구원(2018). 통계로 보는 사회보장 2018.

양옥남, 김혜경, 박화옥, 정순둘(2016). 노인복지론. 경기: 공동체.

유성호, 김형수, 모선희, 윤경아(2015). 현대 노인복지론(5판). 서울: 학지사.

유용식(2015). 노인근로자의 인권침해 실태에 관한 사례연구. 노인복지연구, 66, 37-54.

유용식(2016). 노인일자리 사업 참여노인의 사회적 관계에 영향을 미치는 요인: 자아존중감과 직무만족을 중심으로. 한국콘텐츠학회논문지, 16(7), 231-241.

이소정(2013). 노인일자리사업 참여가 노인의 사회관계에 미치는 효과 분석. 노인복지연구, 59, 331-354.

이은희, 박양숙(2017). 새로 쓴 노인복지론. 서울: 학지사.

장형석(2001). 직무만족과 일의 의미 정도에 따른 삶의 목적감의 차이. *Journal of Student Guidance Research*, *33*(1), 137-158.

정옥분, 김동배, 정순화, 손화희(2016). 노인복지론(2판). 서울: 학지사.

조추용, 김양이, 윤은경(2015). 노인복지론. 서울: 창지사.

최해경(2016). 노인복지론. 서울: 학지사.

한국임상사회사업학회(2017). 노인복지론. 경기: 양서원.

Neugarten, B., Havighurst, R., & Tobin, S. (1961). The measurement of life satisfaction. *Journal of Gerontology*, *16*(2), 134-143.

공무원연금공단 홈페이지 https://www.geps.or.kr

대한노인회 홈페이지 http://www.koreapeople.co.kr

제 4 장

노인건강보장

학습 목표

1. 노인건강보장의 필요성과 그 개념을 이해한다.
2. 노인건강보장을 위한 주요 제도를 이해한다.
3. 우리나라 노인건강보장제도의 과제를 이해한다.

1. 노인건강보장의 이해

인류는 오래전부터 건강한 장수를 꿈꾸며 다양한 분야에서 연구를 이어 오고 있다. **세계보건기구**(World Health Organization: WHO)는 **건강**을 단순히 질병이나 질환이 없는 상태가 아닌 신체적 · 정신적 · 사회적으로 완전히 안녕한 상태로 정의하고, 전 세계 어느 지역에 속한 누구든지 가능한 최고 수준의 건강상태에 도달할 것을 목적으로 한다(Better health for everyone, everywhere).

과거에는 건강을 사적인 문제로 여겼지만, **복지국가**가 출현한 후 건강유지의 책임이 개인뿐 아니라 사회에도 있다는 새로운 인식의 전환이 일어났다(김종일, 최혜지, 2006). 즉, 질병은 개인적 · 생물적 요인뿐 아니라 사회적 요인에 의해서도 발생할 수 있고, 질병이 개인과 가족 차원의 문제에서 그치는 것이 아니라 의료비 지출 등 사회적 차원에도 영향을 준다는 것이다.

무엇보다 평균 기대여명의 증가로 늘어나는 노년기를 더욱 활기차게 보내기 위해서는 건강이 우선되어야 한다. 그러나 노년기는 노화에 따른 건강관리뿐 아니라 복합적이고 만성적인 노인성 질환에 노출될 가능성이 커서 일생 중 가장 많은 건강 문제가 발생하는 시기이고, 대다수 노인이 별도의 소득활동에 종사하지 않고 연금과 같은 최소한의 수입에 의존해서 살아가기 때문에 의료비 부담은 곧 빈곤으로 이어질 수 있다. 더구나 치매 · 중풍 등으로 인한 장기요양이 요청되는 상황에서는 경제적 부담과 함께 가족 구성원 간 부양 부담과 갈등이 증폭된다. 따라서 국민의 건강권 보호를 위해 요구되는 보건의료서비스를 국가나 사회가 제도적으로 보장해 주는 공적서비스로서 노인건강보장이 필요하다.

일반적으로 **건강보장**(heath security)은 **의료보장**(medical security)보다 적극적이고 넓은 개념이다. 의료보장은 의료서비스에 대한 접근권을 중심으로 설명하는 데 반해 건강보장은 결과(outcome)로서의 일정한 건강상태와 건강수준의 획득 또는 유지를 위한 사회의 집합적 노력을 의미한다(김종일, 최혜지, 2006). 즉, 국민이 경험할 수 있는 질병, 부상, 출산, 사망 등 생활상의 위험을 미리 예방 및 분산하고, 발생한 질병을 치료하여 국민이 신체적 · 심리적 및 사회적으로 보다 건강한 생활을 할 수 있도록 국가가 개입하여 보장해 주는 제도가 건강보장제도이다(권중돈, 2016; 이인재, 류진석, 권문일, 김진구, 1999).

각국의 건강보장제도는 나라마다 고유한 전통과 문화가 담긴 역사적 산물로서 그 유형을 분류하는 게 쉽지 않지만, 일반적으로 **사회보험**(Social Health Insurance: SHI), **국민건강보험**(National Health Insurance: NHI), **국민보건서비스**(National Health Service: NHS)의 세 가지로 제시된다(국민건강보험공단 홈페이지).

사회보험(SHI)은 국가가 기본적으로 의료보장에 대한 책임을 지지만, 의료비에 대한 국민의 자기 책임을 일정 부분 인정하는 체계이다. 정부기관이 아닌 보험자가 보험료를 통해 재원을 마련하여 의료를 보장하는 방식으로, 정부에 대해 상대적으로 자율성을 지닌 기구를 통한 자치적 운영을 근간으로 하며 의료공급자가 국민과 보험자 사이에서 보험급여를 대행하는 방식이다. 독일의 비스마르크(Otto Eduard Leopold von Bismarck)가 창시하여 비스마르크 방식이라고 하며, 독일과 프랑스 등이 사회보험방식으로 의료보장을 제공하는 대표적인 국가이다.

국민건강보험(NHI)은 사회보험과 마찬가지로 사회연대성을 기반으로 보험의 원리를 도입한 의료보장체계이지만 다수의 보험자를 통해 운영되는 전통적인 사회보험방식과 달리 단일한 보험자가 국가 전체의 건강보험을 관리·운영한다. 이러한 NHI 방식의 의료보장체계를 채택한 대표적인 국가는 우리나라와 대만이다.

국민보건서비스(NHS)는 국민의 의료문제는 국가가 모두 책임져야 한다는 관점에서 정부가 일반조세로 재원을 마련하고 모든 국민에게 무상으로 의료를 제공하여 국가가 직접적으로 의료를 관장하는 방식이다. 이 경우 의료기관의 상당 부분이 사회화 내지 국유화되어 있으며, 영국의 베버리지(William Henry Beveridge)가 제안한 이래 영국, 스웨덴, 이탈리아 등의 유럽에 확산되었다.

우리나라는 국민건강보험방식을 채택하고 있으며, 경제적인 어려움으로 건강보험에 가입하기 어려운 사람들에게는 공적부조방식의 의료급여를 제공하고 있다. 따라서 이 장에서는 노인건강보장과 관련하여 국민건강보험제도와 의료급여제도 그리고 노인건강지원사업에 대해 살펴보고, 2007년부터 시행되어 온 노인장기요양보험제도에 대해 살펴보고자 한다.

2. 노인건강보장체계

1) 국민건강보험제도

국민건강보험은 질병, 부상으로 인해 발생하는 고액의 진료비가 가계에 과도한 부담이 되는 것을 방지하기 위하여 국민들이 평소에 보험료를 내고 보험자인 국민건강보험공단이 이를 관리 · 운영하다가 필요시 보험급여를 제공함으로써 국민 상호 간 위험을 분담하고 필요한 의료서비스를 받을 수 있도록 하는 사회보장제도이다 (국민건강보험공단 홈페이지).

국민건강보험은 피보험 대상자 모두에게 필요한 기본적 의료를 적정수준까지 보장함으로써 그들의 의료문제를 해결하고 누구에게나 균등하게 적정수준의 급여를 제공한다는 '의료보장기능'과 사회보험으로서 건강에 대한 사회 공동의 책임을 강조하여 비용(보험료)은 소득과 능력에 따라 부담하고 가입자 모두에게 균등한 급여를 제공함으로써 사회적 연대를 강화하고 사회통합을 이루는 '사회연대기능' 그리고 각 개인의 경제적 능력에 따른 일정한 부담으로 재원을 조성하고 개별 부담과 관계없이 필요에 따라 균등한 급여를 제공하여 질병의 치료 부담을 경감시키는 '소득재분배기능'을 수행한다.

1977년 500인 이상 사업장 근로자에 대한 의료보험이 최초로 시행되었고, 1979년 공무원 및 사립학교 교직원 의료보험, 1988년 농어촌 지역으로 의료보험이 확대되었으며, 1989년에 이르러 전 국민 의료보험이 실현되었다. 이후 2000년 국민의료보험관리공단과 직장의료보험조합이 통합되어 현재의 국민건강보험제도에 이르렀다. 건강보험제도의 주요 내용은 다음과 같다.

(1) 적용대상

건강보험은 직장가입자와 지역가입자로 적용대상을 구분하는데, 직장가입자는 사업장의 근로자 및 사용자와 공무원 및 교직원 그리고 그 피부양자로 구성되고, 지역가입자는 직장가입자를 제외한 자를 대상으로 한다. 건강보험 대상자 중 피부양자는 직장가입자에 의하여 주로 생계를 유지하는 자로서 보수 또는 소득이 없는 자를 의미하며, 직장가입자의 배우자, 직계존속(배우자의 직계존속 포함), 직계비속(배우자의 직계비속 포함) 및 그 배우자, 형제 · 자매를 포함한다. 2018년 2월 기준으로 전체 인구의 97.1%가 건강보험의 대상이고, 나머지 2.9%는 의료급여의 대상이다.

(2) 급여형태

건강보험은 가입자 및 피부양자의 질병과 부상에 대한 예방, 진단, 치료, 재활, 출산, 사망 및 건강증진에 대하여 법령이 정하는 바에 따라 현물 또는 현금의 형태로 서비스를 제공한다. **현물급여**로는 요양급여와 건강검진이 있는데, **요양급여**는 가입자 및 피부양자의 질병 또는 부상에 대한 예방과 치료의 제반 서비스를 의미한다. 우리가 평소 병원을 이용해 받는 일반적인 의료서비스가 여기에 해당된다. 다음으로, 건강검진은 질병의 조기 발견을 위해 생애주기별 건강검진체계를 구축하여 평생 건강관리체계의 기반이 되고 있다. [그림 4-1]은 연령별 일반건강검진 종합판정 구성 비율에 대한 내용이다. 이 그림에서 연령이 높을수록 유질환자 비율이 크게 높아지는 것을 확인할 수 있다.

현금급여에는 요양비, 장애인보장구, 본인부담액 상한제, 임신 · 출산 진료비 지원 등이 있다. 요양비는 요양기관 이외의 장소에서 출산한 가입자 및 피부양자를 대상으로 지원하는 출산비 외에 산소치료기기 대여료, 당뇨병 환자 소모성 재료 구입비 등에 대한 현금급여를 말한다. 장애인보장구 급여제도는 「장애인복지법」에 의해 등

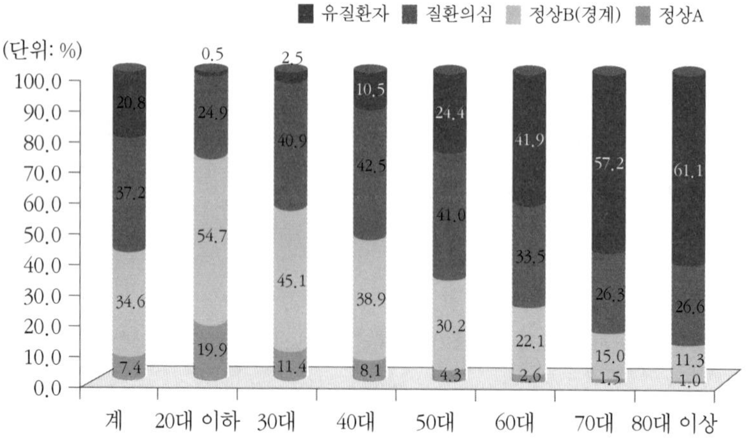

[그림 4-1] 연령별 일반건강검진(1차) 종합판정 구성 비율 비교

출처: 국민건강보험공단(2017).

록된 장애인인 가입자 및 피부양자가 장애인보장구를 구입할 때 구입 금액의 일부를 지원하는 제도이고, 본인부담액 상한제는 과도한 의료비로 인한 가계 부담을 덜기 위해 환자가 부담한 건강보험 본인부담금이 개인별 상한액을 초과하는 경우 그 초과금액을 환자에게 돌려주는 제도이다. 임신·출산 진료비 지원은 임신 및 출산과 관련된 진료비를 전자바우처(국민행복카드)로 일부 지원하는 제도로, 임신 1회당 50만 원(다태아 임산부는 90만 원)이 지원된다.

(3) 재원

건강보험의 재원은 피보험자의 보험료, 국민건강증진기금의 지원금, 국가 보조금, 기타 수입금으로 이루어진다. 이 중 피보험자의 보험료는 직장가입자의 경우 보수월액[1]의 6.24%(2018년 기준)로 직장과 가입자 본인이 각각 50%씩 분담한다. 공직자의 경우 일반 공무원과 국·공립학교 교직원은 고용주인 정부와 본인이 각각 반씩 부담하고, 사립학교 교직원은 가입자 본인 50%, 학교 법인 30%, 정부 20%로 분담한다. 지역가입자는 소득, 재산(자동차 포함), 성별 및 연령 등을 고려하여 보험료를 부과하는데, 이 중 35%는 국고에서 지원하고 15%는 건강증진기금에서 지원한다.

우리나라는 세계에서 가장 빠른 고령화 속도로 다양한 사회변화를 예견하고 있는데, 그중 하나가 노인의료비 증가이다. 「2017 지역별 의료이용 통계연보」(국민건강보험공단, 2018)에 따르면, 전남 고흥군은 2017년 연평균 진료비가 281만 원으로 전국 평균 159만 원 대비 122만 원이 높았다. 뒤이어 경남 의령군(278만 원), 전북 부안군(277만 원)의 순이었다. 연평균 진료비 상위 지역을 살펴보면 공통적으로 65세 이상 인구 비율이 30%를 넘거나 근접(최고 38%, 전국 평균 13.9%)하는 등 노인 비율이 높은 것을 확인할 수 있다([그림 4-2] 참조).

이와 관련하여 국민건강보험공단 보도자료(2015)에 따르면, 65세 이상 노인의료비(2014년 건강보험 총진료비 54조 4천억, 노인진료비 19조 8천억으로 36.5%)의 연평균 증가율은 10.8%이고, 노인의료비 중 사회적 부담을 주고 있는 질병군은 신생물(11.4%), 당뇨 및 대사장애(3.1%), 고혈압 및 심장질환(8.9%), 근골격 계통(14.5%)

1) 직장가입자가 당해연도에 받은 보수총액을 근무 월수로 나눈 금액이다.

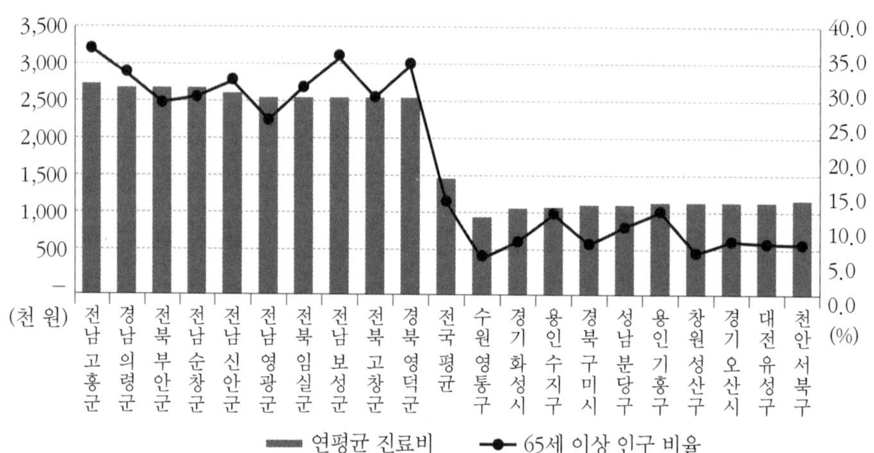

[그림 4-2] 월평균 진료비(진료인원 1인당) 상 · 하위 시 · 군 · 구 TOP 10

출처: 국민건강보험공단(2018).

이 37.9%를 차지하고 있다. 한편, 알려지지 않은 질병군으로 정신 및 행동 장애(11.3%), 신경 계통의 질환(5.5%)이 16.8%이며, 여기에 순환 계통의 뇌질환(8.8%)을 더하면 25.6%를 차지한다. 따라서 이들 질병의 예방과 대처에 대한 정책적 관심과 실천을 통해 급증하는 노인의료비에 대한 선제적 대응이 요구된다.

(4) 관리 · 운영

보건복지부는 건강보험 관련 제도와 정책을 결정하고, 이 정책을 국민건강보험공단이 집행한다. 즉, 공단은 대상자 자격관리, 보험료 징수, 진료비 지원 및 환수 등의 업무를 담당한다. 또한 병 · 의원이 청구한 진료비의 적정 여부를 심사하는 건강보험심사평가원이 있으며, 보험료와 수가를 결정하는 건강보험정책심의위원회가 있다.

2) 의료급여제도

국민기초생활보장 대상자는 자동적으로 의료급여의 대상자가 된다. 의료급여는 2001년 의료보호를 대체한 것으로 국민기초생활보장수급권자뿐 아니라 국가유공자, 인간문화재, 이재민, 의상자 및 의사자 유족, 귀순북한동포 등 국가가 무상으로 의료서비스를 제공해야 할 만한 사유가 있는 사람도 대상으로 하고 있다는 점에서 국가건강보장제도라 할 수 있다. 하지만 대상자 대다수가 기초생활보장제도의 생계보장 대상자(1종)와 자활보호 대상자(2종)란 점에서 실질적으로는 공공부조에 속한다.

의료급여는 1961년 제정된 「생활보호법」에서 시작되어 1977년 「의료보호법」의 제정 등 관련 법규 보완 후 1979년부터 적극적으로 의료급여사업이 실시되었고, 2001년 전면적 개편을 통해 지금의 「의료급여법」이 시행되고 있다.

(1) 적용대상

의료급여 대상자는 매년 보건복지부 장관이 책정기준을 각 시·도지사에게 전달하여 세대를 기준으로 소득이 없거나 일정한 소득이 있어도 생계유지가 곤란한 저소득층 및 다른 법률에 의한 의료급여가 필요하다고 요청한 자 중 보건복지부 장관이 인정한 자이다.

의료급여 대상자는 1종과 2종으로 나누어지는데, 1종은 「국민기초생활보장법」에 의한 수급권자 가운데 근로 능력이 없는 자만으로 구성된 세대 또는 보장시설에서 급여를 받고 있는 자, 이재민, 의사상자, 국가유공자, 무형문화재보호자, 북한이탈

표 4-1 의료급여 수급권자 1인당 급여 지급 현황 (단위: 일, 천 원, %)

구분			2014년	2015년	2016년	2017년	2018년	('17 대비 '18) 증가율
1인당 연평균	입·내원일수	전체	76.3	76.0	78.0	79.6	81.0	1.8
		65세 미만(A)	63.9	63.8	65.3	66.9	68.4	2.2
		65세 이상(B)	**102.5**	**101.2**	**103.8**	**104.1**	**104.4**	**0.3**
		(B/A)	(1.60)	(1.59)	(1.59)	(1.55)	(1.53)	
	급여비	전체	3,827	4,008	4,337	4,655	5,112	9.8
		65세 미만(A)	3,091	3,233	3,453	3,689	4,048	9.7
		65세 이상(B)	**5,384**	**5,618**	**6,135**	**6,516**	**7,083**	**8.7**
		(B/A)	(1.74)	(1.74)	(1.78)	(1.77)	(1.75)	

* 1인당 입·내원일수 및 급여비 = (입·내원일수 및 급여비) ÷ 연평균 수급권자 수

출처: 국민건강보험공단(2019).

주민, 입양아동 및 희소질환자 등이며, 2종은 「국민기초생활보장법」에 의한 수급권자 중 1종에 해당하지 않는 자(근로 능력이 있는 세대)이다.

국민건강보험공단(2019)의 「2018 의료급여 통계연보」에 따르면, 의료급여 수급권자 수는 1,485천 명으로 전년 대비 0.1%가 증가하였고, 이 가운데 1종 수급권자가 1,082천 명(72.9%), 2종 수급권자가 403천 명으로 전체 건강보장인구의 약 2.8%에 해당한다. 이 가운데 65세 이상 의료급여 수급권자는 전체의 32.9%로 건강보험에서의 노인인구 비율 12.7%보다 더 높다. 65세 이상 수급권자 급여비는 3조 7,101억 원으로 1인당 평균 708만 원으로 나왔다. 이는 전년도보다 8.7%가 증가한 수치이다(〈표 4-1〉 참조).

(2) 급여형태

수급권자의 질병, 부상, 출산 등에 대한 의료급여 내용은 진찰 · 검사, 약제 · 치료재료의 지급, 처치 · 수술과 그 밖의 치료, 예방 · 재활, 입원, 간호, 이송과 그 밖의 의료 목적 달성을 위한 조치들이 이에 해당한다.

(3) 재원

의료급여제도는 공공부조의 일환이므로 일반 조세로 재정을 충당해야 하나, 각 시 · 도별 의료급여기금에서 필요 경비를 부담하고 있다. 이 기금은 국가 보조금, 지방자치단체 출연금, 기타 수익금 등으로 충당하고 국가와 지방자치단체는 기금운영에 필요한 충분한 예산을 확보하여야 한다.

(4) 전달체계

수급권자가 의료급여를 받고자 할 때는 응급, 분만, 결핵 등의 경우를 제외하고는 1차 의료급여기관에 의료급여를 신청해야 한다. 1차 의료급여기관이 진찰한 후 또는 진찰 중 2차 의료급여기관의 진료가 필요하다고 판단한 경우와 2차 의료급여기관이 3차 의료급여기관의 진료가 필요하다고 판단한 경우, 수급권자는 의료급여의뢰서를 발급받아 상급의료급여기관에서 진료를 받을 수 있다.

3) 노인건강지원사업

「국민건강보험법」과 의료급여 외에도 「저출산 · 고령사회기본법」「노인복지법」 및 「의료법」에 근거하여 다양한 노인건강지원사업이 이루어지고 있다. 먼저, 문재인 정부의 핵심 국정과제 중 하나인 '치매국가책임제'의 일환으로 전국 256개 보건소에 '치매안심센터'가 개소되어 치매 초기상담 및 조기검진, 1:1 사례관리, 치매단기쉼터 및 치매카페 운영, 관련 서비스 안내 및 제공기관 연계를 통해 인지기능 저하 대상자를 선별하여 진단검사를 실시하고, 상담 후 대상자 등록, 욕구 파악, 치매어르신 및 가족 맞춤형 서비스 제공계획을 수립하고 있다. 또한 치매 어르신 및 가족들이 안심하고 지낼 수 있도록 전담 코디네이터를 1:1로 매칭하여 필요한 서비스를 연계하고 있다. 향후 운동, 식사법 등의 보급을 통해 치매 위험 요인을 방지하는 치매 예방사업도 강화할 예정이다.

치매는 조기에 발견하여 지속적으로 치료 · 관리하면 증상을 호전시킬 수 있고, 증상 악화를 예방하여 노년기 삶의 질을 높일 수 있다. 또한 국가적 차원에서는 사회경제적 비용을 절감할 수 있는 효과가 있다. 실제 중증 치매환자는 경도 치매환자에 비하여 약 7배의 경제적 부담이 발생하고, 치매 초기에 약물치료를 진행하면 8년 후 요양시설 입소율이 70%나 감소한다는 통계결과(보건복지부, 2018)를 볼 때 치매의 조기 발견 및 개입이 매우 중요하다는 점을 확인할 수 있다. 이를 위해 정부에서는 '치

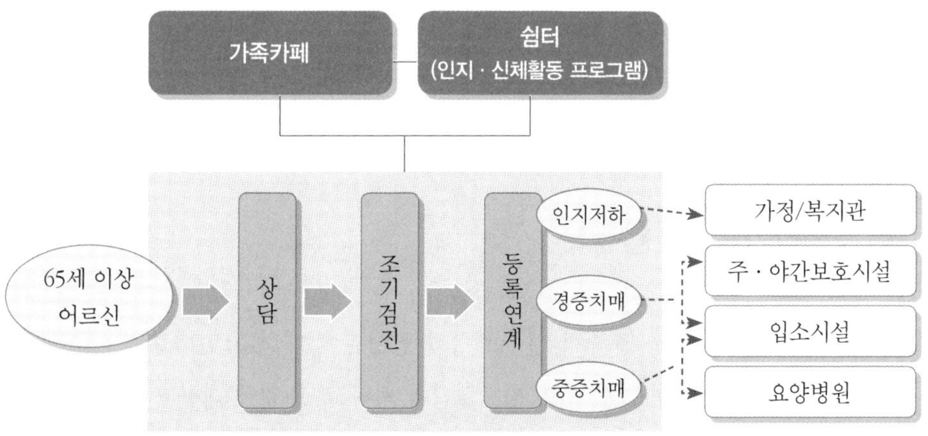

[그림 4-3] 치매안심센터 업무 흐름도

출처: 보건복지부(2018).

매치료관리비 지원사업'을 실시하고 있는데, 이 사업은 치매치료제를 복용 중인 치매환자를 대상으로 치매치료관리비 보험급여분 중 본인부담금을 월 3만 원(연 36만 원) 상한 내에서 실비 지원하는 방식이다.

「치매관리법」 시행(2012. 2. 5.) 및 국가치매관리종합계획 수립 · 시행(2012. 7. 이후)에 따라 국가치매관리정책을 지역 실정에 맞게 확대하고 보급할 필요가 늘고 있다. 지역 내 치매 치료 및 돌봄 기관에 대한 서비스 기술 지원 및 종사자 인력에 대한 교육 · 훈련을 수행할 인프라가 절실한 상황에서 정부는 광역시 · 도별로 역량 있는 병원 등에 '광역치매센터 구축'을 통해 지역사회 치매관리사업의 내실 있는 추진을 위한 기반을 확보하고, 지역 내 치매관리서비스 기획 및 자원조사, 전문 인력 육성, 인식 개선을 위한 홍보, 연구기능 강화 등을 수행하고자 한다. 현재 서울대학교병원을 포함하여 전국에 17개의 치매광역센터가 개설되어 있다.

2003년부터 시행 중인 '노인실명예방사업'은 저소득층 노인 등에 대한 정밀 안검진을 통해 안질환을 조기 발견하고 적기에 치료함으로써 노인들의 실명을 예방하고, 일상생활이 가능한 시력을 유지시키고자 하는 사업이다. 이 사업은 노인 개안수술비 지원을 통해 노인 및 가족의 의료비 부담을 경감시키고, 안검진 및 수술 대상의 단계적 확대로 노인건강을 체계적으로 보장하고자 하는 사업이다. 2017년에는 11,311명이 안검진을 받았으며, 5,581안의 수술이 이루어졌고, 7,379명이 저시력예방교육에 참여하였다(보건복지부, 2018).

이 외에도 무릎관절증으로 지속적인 통증에 시달리지만 경제적 이유로 수술을 받지 못하는 노인들의 고통을 경감하고 삶의 질을 개선하기 위해 '노인 무릎인공관절수술 지원사업'과 질병의 조기 발견 및 치료로 건강 유지 및 증진을 도모하기 위한 '노인 건강진단사업' '노인 구강증진서비스' '노인 무료급식 지원사업' 등이 있다.

4) 노인장기요양보험제도

우리 사회가 겪고 있는 압축적 인구고령화 현상은 막대한 노인의료비 지출을 가져와 건강보험 재정 건전성을 위협하는 요인이 되었고, 노인에 대한 가족의 부양 부담은 노인돌봄서비스에 대한 사회적 차원의 개입이 필요하다는 인식을 가져왔다. 이러한 사회적 상황과 요구들은 지난 2008년 7월 1일 제5대 사회보험이라 불리는 노인장기요양보험제도의 도입을 가져왔다.

노인장기요양보험제도는 "고령이나 노인성 질병 등의 사유로 일상생활을 혼자서 수행하기 어려운 노인 등에게 신체활동 또는 가사활동 지원 등의 장기요양급여를 제공하여 노후의 건강증진 및 생활안정을 도모하고 그 가족의 부담을 덜어 줌으로써 국민의 삶의 질을 향상하도록 함을 목적으로 한다"(「노인장기요양보험법」 제1조). 그런데 질병을 가진 노인의 경우 건강보험의 대상인지 노인장기요양보험의 대상인지가 모호해질 수 있다. 노인장기요양보험제도의 개념을 명확히 이해하기 위해서는 반드시 건강보험과의 차이점을 잘 이해해야 한다. 건강보험은 치매 · 중풍 등 질환의 진단, 입원 및 외래 치료, 재활치료 등을 목적으로 주로 병 · 의원 및 약국에서 제공하는 의료서비스를 급여대상으로 한다. 그리고 그 법적 근거는 「의료법」에 있다. 하지만 노인장기요양보험은 앞서 살펴본 바와 같이 노인성 질환으로 인해 혼자 힘으로 일상생활을 영위하기 어려운 대상자에게 요양시설이나 재가장기요양기관을 통해 신체활동 또는 가사활동 지원을 제공하는 제도로 「노인복지법」에 근거를 두고 있다. 한마디로 건강보험이 노인의 질병을 치료(cure)하는 데 목적이 있다면, 장기요양보험은 장기간의 보호가 필요한 노인을 케어(care)하는 데 목적이 있는 것이다(원석조, 2014).

(1) 적용대상

장기요양보험의 급여 대상자가 되기 위해서는 다음의 절차가 필요하다. 먼저, 장기요양보험가입자 및 그 피부양자, 의료급여 수급권자 중 만 65세 이상 또는 만 65세 미만으로 노인성 질병을 가진 자 또는 그 대리인이 장기요양인정신청서를 건강보험공단에 제출한다. 이후 공단 직원(소정의 교육을 이수한 간호사 또는 사회복지사)이 대상자를 직접 방문하여 기본적 일상생활활동(ADL), 수단적 일상생활활동(IADL), 인지기능, 행동변화, 간호처치, 재활 영역의 각 항목을 포함하여 신청인의 기능상태와 질병 및 증상, 환경상태, 서비스 욕구 등 12개 영역의 90개 항목을 종합적으로 조사하고, 이 중 52개 항목으로 요양인정점수를 산정한다. 그 결과에 대해 최종적으로 장기요양등급판정위원회에서 수급자 선정 여부를 결정한다. **장기요양등급판정위원회**는 장기요양인정 및 등급판정을 위한 심의기구로 시 · 군 · 구별로 설치하고, 위원은 15인 이내로 구성한다. 위원은 의료인, 사회복지사, 공무원, 법학 또는 장기요양에 대한 학식과 경험이 풍부한 자 중에서 시장 · 군수 · 구청장이 추천하는 자로

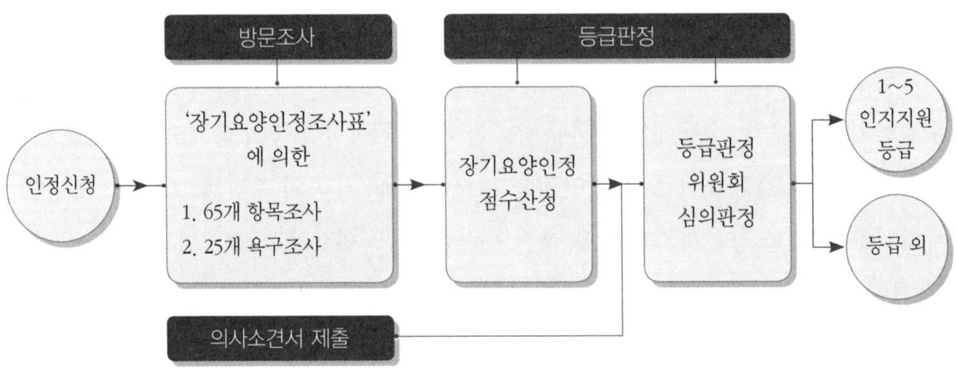

[그림 4-4] 등급판정절차

출처: 국민건강보험공단 노인장기요양 홈페이지(2019. 11. 1. 인출).

구성된다. 등급판정은 '건강이 매우 안 좋다' '큰 병에 걸렸다' 등과 같은 주관적인 개념이 아닌 '심신의 기능상태에 따라 일상생활에서 도움(장기요양)이 얼마나 필요한가?'를 지표화한 장기요양인정점수를 기준으로 한다. 등급판정위원회의 판정 결과 장기요양인정점수가 95점 이상인 자는 장기요양 1등급, 75점 이상 95점 미만인 자는 2등급, 60점 이상 75점 미만인 자는 3등급, 51점 이상 60점 미만인 자는 4등급,

표 4-2 등급판정기준

장기요양등급	심신의 기능상태
1등급	심신의 기능상태장애로 일상생활에서 전적으로 다른 사람의 도움이 필요한 자로서 장기요양인정점수가 95점 이상인 자
2등급	심신의 기능상태장애로 일상생활에서 상당 부분 다른 사람의 도움이 필요한 자로서 장기요양인정점수가 75점 이상 95점 미만인 자
3등급	심신의 기능상태장애로 일상생활에서 부분적으로 다른 사람의 도움이 필요한 자로서 장기요양인정점수가 60점 이상 75점 미만인 자
4등급	심신의 기능상태장애로 일상생활에서 일정 부분 다른 사람의 도움이 필요한 자로서 장기요양인정점수가 51점 이상 60점 미만인 자
5등급	치매환자로서(「노인장기요양보험법 시행령」 제2조에 따른 노인성 질병으로 한정) 장기요양인정점수가 45점 이상 51점 미만인 자
인지지원등급	치매환자로서(「노인장기요양보험법 시행령」 제2조에 따른 노인성 질병으로 한정) 장기요양인정점수가 45점 미만인 자

출처: 국민건강보험공단 노인장기요양 홈페이지(2019. 11. 1. 인출).

45점 이상 51점 미만의 치매환자는 5등급, 45점 미만인 자 중 치매환자는 인지지원 등급에 속한다(〈표 4-2〉 참조).

(2) 급여형태

장기요양인정을 받은 대상자는 장기요양인정서에 적힌 '장기요양등급' '장기요양 인정 유효기간'과 '급여 종류 및 내용'에 따라 적절한 장기요양기관을 선택하여 급여 계약을 체결하고 이후 장기요양급여를 이용할 수 있다. 대상자는 재가급여(방문요양, 방문목욕, 방문간호, 주·야간보호, 단기보호 등), 시설급여, 특별현금급여 등의 서비스를 이용할 수 있다.

① 재가급여

재가장기요양기관에서 제공하는 **재가급여** 중 '**방문요양**'은 장기요양요원이 수급자의 가정 등을 방문하여 신체활동 및 가사활동 등을 지원하는 장기요양급여이고, '**인지활동형 방문요양**'은 장기요양 5등급 수급자에게 인지자극활동과 잔존기능 유지 및 향상을 위한 사회활동훈련을 제공하는 급여로, 기존의 방문요양과 달리 빨래, 식사 준비 등의 가사 지원은 제공할 수 없으나, 잔존기능 유지 및 향상을 위한 사회활동 훈련을 제공하는 방법으로서 수급자와 함께 옷 개기, 요리하기 등은 가능하다. '방문간호'는 의사, 한의사 또는 치과의사의 지시에 따라 간호사, 간호조무사 또는 치위생사가 수급자의 가정 등을 방문하여 간호, 진료의 보조, 요양에 관한 상담 또는 구강위생 등을 제공하는 급여이다. 다음으로, '**주·야간보호**'는 수급자를 하루 중 일정한 시간 동안 장기요양기관에서 보호하며 목욕, 식사, 기본간호, 치매관리, 응급서비스 등과 같이 심신기능의 유지 및 향상을 위한 교육·훈련 등을 제공하는 급여이고, '**단기보호**'는 수급자를 월 15일 이내의 기간 동안 장기요양기관에서 보호하며 신체활동 지원, 심신기능의 유지 및 향상을 위한 교육·훈련 등을 제공하는 장기요양급여이다. 이 외에도 장기요양요원이 목욕설비를 갖춘 차량을 이용해 수급자의 가정을 방문하여 목욕을 제공하는 '방문목욕'급여, '기타 재가급여'로 수급자의 일상생활 또는 신체활동 지원에 필요한 용구로서 보건복지부 장관이 정하여 고시하는 것을 제공하거나 대여하여 노인장기요양보험 대상자의 편의를 도모하고자 지원하는 장기요양급여가 있다.

② 시설급여

시설급여에는 치매·중풍 등의 노인성 질환으로 심신에 상당한 장애가 발생하여 도움을 필요로 하는 자를 입소시켜 급식, 요양과 그 밖에 일상생활에 필요한 편의를 제공하는 시설로 '**노인요양시설**'이 있고, 가정과 같은 주거여건과 급식, 요양 및 그 밖에 일상생활에 필요한 편의를 제공하는 시설로 '**노인요양공동생활시설**'이 있다. 노인요양시설과 노인요양공동생활시설은 입소자 인원에 따라 구분되며, 〈표 4-3〉과 〈표 4-4〉에 제시된 바와 같이 시설별로 입소 인원에 대한 시설기준과 인력배치기준에 차이가 있다.

표 4-3 노인요양시설기준

<table>
<tr><th colspan="2">구분 시설별</th><th>침실</th><th>사무실</th><th>요양보호시설</th><th>자원봉사자실</th><th>의료 및 간호사실</th><th>물리(작업)치료실</th><th>프로그램실</th><th>식당 및 조리실</th><th>비상재해대비시설</th><th>화장실</th><th>세면장 및 목욕실</th><th>세탁장 및 세탁물건조장</th></tr>
<tr><td rowspan="2">노인요양시설</td><td>입소자 30명 이상</td><td>○</td><td>○</td><td>○</td><td>○</td><td>○</td><td>○</td><td>○</td><td>○</td><td>○</td><td>○</td><td>○</td><td>○</td></tr>
<tr><td>입소자 30명 미만 10명 이상</td><td>○</td><td colspan="3">○</td><td>○</td><td>○</td><td>○</td><td>○</td><td>○</td><td>○</td><td colspan="2">○</td></tr>
</table>

출처: 국민건강보험공단 노인장기요양보험 홈페이지(2019. 11. 1. 인출).

표 4-4 노인요양시설 인력배치기준

<table>
<tr><th colspan="2">구분 시설별</th><th>시설장</th><th>사무국장</th><th>사회복지사</th><th>의사(한의사 포함) 또는 촉탁의사</th><th>간호사 또는 간호조무사</th><th>물리치료사 또는 직업치료사</th><th>요양보호사</th><th>사무원</th><th>영양사</th><th>조리원</th><th>위생원</th><th>관리인</th></tr>
<tr><td rowspan="2">노인요양시설</td><td>입소자 30명 이상</td><td>1명</td><td>1명(*)</td><td>1명(*)</td><td>1명 이상</td><td>입소자 25명당 1명</td><td>1명(*)</td><td>입소자 2.5명당 1명 (치매전담실 2명당 1명)</td><td>필요수</td><td>1명(1회 급식 인원이 50명 이상인 경우)</td><td>필요수</td><td>필요수</td><td>필요수</td></tr>
<tr><td>입소자 30명 미만 10명 이상</td><td>1명</td><td colspan="2">1명</td><td>1명</td><td>1명</td><td>필요수</td><td>입소자 2.5명당 1명</td><td></td><td></td><td>필요수</td><td>필요수</td><td></td></tr>
</table>

출처: 국민건강보험공단 노인장기요양보험 홈페이지(2019. 11. 1. 인출).

③ 복지용구급여

복지용구급여란 심신기능이 저하되어 일상생활을 영위하는 데 지장이 있는 노인장기요양보험 대상자에게 일상생활 또는 신체활동 지원에 필요한 용구로서 보건복지부 장관이 정하여 고시하는 것을 구입하거나 대여해 주는 서비스로, 급여방식은 구입방식과 대여방식으로 구분된다. '구입방식'은 〈표 4-5〉에 제시된 구입품목 9종에 대해 제품별 수가에서 본인부담금을 부담하고 구입하여 사용하는 방식이고, '대여방식'은 〈표 4-5〉에 제시된 대여품목 8종을 일정 기간 대여하여 사용하는 것으로 제품별 대여수가에서 본인부담금을 부담하고 사용하는 방식이다.

표 4-5 급여품목

구분	구입품목(9종)	대여품목(8종)
품목명	• 이동변기 • 목욕의자 • 성인용 보행기 • 안전손잡이 • 미끄럼 방지용품(미끄럼 방지매트, 미끄럼 방지액, 미끄럼 방지양말) • 간이변기(간이 대변기 · 소변기) • 지팡이 • 욕창예방 방석 • 자세변환용구	• 수동휠체어 • 전동침대 • 수동침대 • 욕창예방 매트리스 • 이동욕조 • 목욕리프트 • 배회감지기 • 경사로

출처: 국민건강보험공단 노인장기요양보험 홈페이지(2019. 11. 1. 인출).

④ 특별현금급여

특별현금급여는 수급자가 섬 · 벽지에 거주하거나 천재지변, 신체 · 정신 또는 성격 등의 사유로 장기요양급여를 지정된 시설에서 받지 못하고 그 가족 등으로부터 방문요양에 상당하는 장기요양급여를 받을 때 지급하는 현금급여로, 가족요양비는 수급자에게 매월 15만 원이 지급된다.

(3) 재원

장기요양급여의 재원은 장기요양보험료, 국가 지원, 본인일부부담금으로 이루어진다. 노인장기요양보험 가입자는 국민건강보험 가입자와 동일하며, 장기요양보험료는 건강보험료와 통합 징수한다. 장기요양보험료율은 보건복지부 장관 소속 장기요양위원회의 심의를 거쳐 대통령령으로 명시하는데, 2019년 장기요양보험료율은 건강보험료의 8.51%로 결정되었다. 2018년 기준 장기요양보험료는 건강보험료액의 7.38%로, 세대별 월평균 보험료는 7,788원이다.

국가는 장기요양보험료 예상수입액의 20% 상당을 부담해야 하며, 의료급여 수급권자의 장기요양급여 비용, 의사소견서 발급 비용, 방문간호지시서 발급 비용 중 공단이 부담하여야 할 비용 및 관리운영비의 전액을 국가와 지방자치단체가 부담해야 한다.

장기요양급여에는 본인일부부담이 있는데, 시설급여 이용 시는 장기요양급여 비용의 20%를, 재가급여 이용 시는 15%를 본인이 부담해야 한다. 이때 의료급여 수급권자 등 저소득층은 각각 50%씩 경감되며, 국민기초생활수급권자는 본인부담금이 없다.

재가급여의 경우 월 한도액을 살펴보면 1등급의 경우 월 한도액은 1,456,400원, 2등급은 1,294,600원, 3등급은 1,240,700원, 4등급은 1,142,400원, 5등급은 980,800원, 인지지원등급은 551,800원이다. 즉, 각 등급별 월 한도액 내에서 재가급여(복지용구는 별도)를 이용할 수 있다. 시설급여의 월 한도액은 급여에 소요되는 장기요양기관의 각종 비용과 운영 현황을 고려하여 등급별로 보건복지부 장관이 정하여 고시한 1일당 급여 비용에 월간일수를 곱하여 산정한다(〈표 4-6〉 참조). 예를 들어, 노인요양시설의 경우 1등급의 1일당 급여 비용은 69,150원이므로 이 금액에 월간일수를 곱한 값이 월 한도액이 된다.

표 4-6 시설급여기관의 1일당 비용

분류	등급	1일당 급여 비용(원)
노인요양시설	1등급	69,150
	2등급	64,170
	3~5등급	59,170
노인요양공동생활가정	1등급	60,590
	2등급	56,220
	3~5등급	51,820

출처: 국민건강보험공단 노인장기요양보험 홈페이지(2019. 11. 1. 인출).

(4) 관리 · 운영

장기요양보험사업은 보건복지부 장관이 관장하고, 이 사업의 보험자는 국민건강보험공단이다. 즉, 보건복지부는 국가의 사회보장정책에 따라 이 제도에 관한 정책의 입안과 서비스 기준 등 제도 시행에 필요한 총괄적 권한과 책임뿐만 아니라 제도 시행에 필요한 재정의 일부를 부담하고 있다. 자문기구인 장기요양등급판정위원회는 장기보험료율, 가족요양비, 특례요양비 및 요양병원간병비의 지급기준, 재가 및 시설급여 비용 등을 심의한다. 지방자치단체도 요양시설의 인프라 구축에 대한 책임이나 지도 · 감독, 지역단위 세부실행계획 수립 그리고 국가와 함께 의료급여 수급권자의 요양급여 비용 중 공단이 부담해야 할 비용과 관리운영비의 전액을 분담하도록 되어 있다(임재옥 외, 2017). [그림 4-5]는 장기요양보험제도 운영에 있어 운영주체인 공단과 지자체 그리고 장기요양기관과 수급권자 등의 역할분담을 나타낸 것이다.

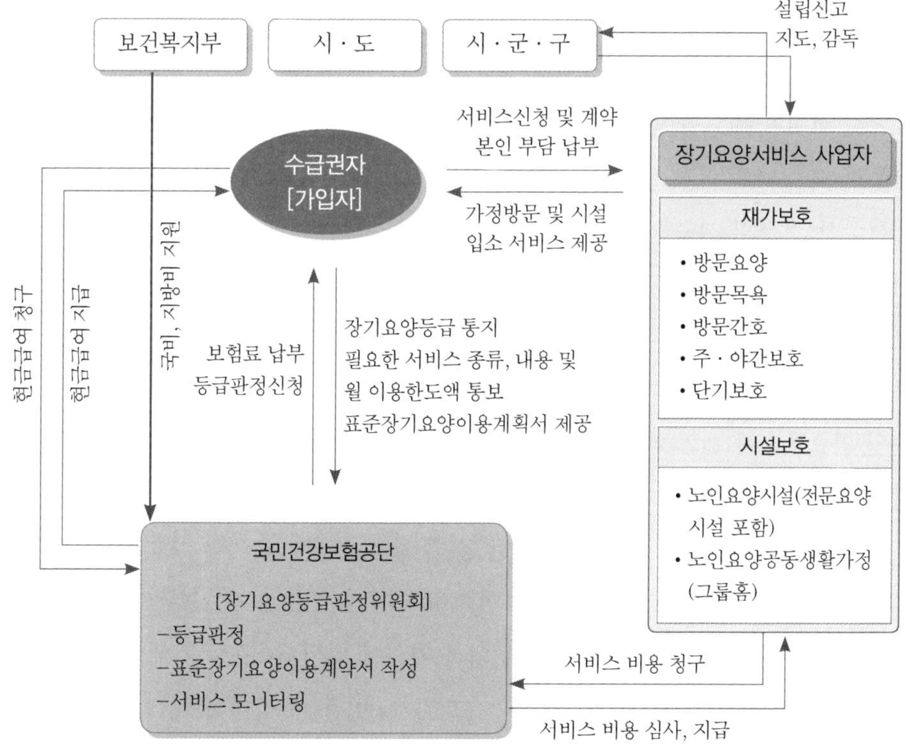

[그림 4-5] 국민건강보험공단과 지자체의 역할분담

출처: 보건복지부(2019).

3. 노인건강보장정책의 과제

지금까지 노인건강보장에 대해 사회보험으로서 국민건강보험, 공공부조 성격의 의료급여제도와 노인건강지원사업 그리고 노인장기요양보험제도에 대해 살펴보았다. 이러한 노인건강보장제도의 과제들을 제시하면 다음과 같다.

첫째, 인구고령화로 인한 노인의료비 증가의 문제이다. 이는 노인인구 증가, 장기요양에 대한 수요 증가, 의료서비스 이용 등 노인의 질병이나 의료 이용과 관련된 특성에도 그 원인이 있으나, 건강보험 수가체계 변화와 인상, 고비용 치료기기 도입 등과 같은 병원 비용 증가에도 상당한 원인이 있다. 따라서 건강검진 및 예방사업의 강화, 노인환자의 본인부담금 축소, 경미한 질병에도 입원하는 사회적 입원 방지, 건강보험 비급여 항목 축소 등과 같은 건강보험 수가체계 개선과 의료기관의 시설설비 비용 및 서비스 질에 대한 적극적인 지도 · 감독 강화가 필요하다(권중돈, 2016).

둘째, 노인들의 건강보장서비스 이용 접근성에 대한 부분이다. 현재 보건의료기관의 경우는 상당수가 도시 지역에 집중되어 있어 농어촌의 경우 보건의료기관 부족으로 적절한 치료를 받지 못하는 실정이다(권중돈, 2016). 반면에 장기요양기관의 경우는 대도시 그리고 도심 지역의 높은 지가와 님비 현상으로 인해, 농어촌 또는 도서산간 지역의 경우는 대상자 확보의 어려움 등으로 인해 장기요양시설 확충이 어려운 상황이다(임재옥 외, 2017). 이러한 노인건강보장서비스 이용의 접근성 문제는 공공보건의료체계 및 공공장기요양기관의 설립과 운영을 통해 해결할 수 있는 부분이다. 이와 관련하여 변재관(2002)은 노인의 기초의료보장을 확대하고 적정수준의 의료보호를 제공하며 공공보건의료체계를 강화하기 위해 무엇보다 정부의 역할을 강조하였다.

셋째, 노인 및 노인성 질환에 대한 예방 및 교육을 통해 환자뿐 아니라 가족과 지역사회가 함께 노인건강보장에 대한 인식을 새롭게 할 필요가 있다. 얼마 전 한 일간지에 네덜란드 치매마을 '호흐벡'에 대한 기사가 나왔다. 중증 치매환자 169명이 23개의 가정을 꾸려 거주하는 이곳은 슈퍼마켓, 미용실, 극장 등이 일반 동네처럼 구성되어 있다. 170명의 직원과 그에 준하는 자원봉사자들이 함께하는 이 마을처럼 나와 우리 가족 그리고 우리 지역사회가 노인과 노화에 대해 열린 마음으로 함께할 때 지속 가능한 노인건강보장제도가 뿌리내리게 될 것이다.

넷째, 노인장기요양보험제도와 관련된 부분으로, 많은 연구자가 장기요양서비스의 최일선에 있는 요양보호사의 역량과 자질이 요양서비스의 질을 결정하는 데 중요한 역할을 한다는 점을 강조한 바 있다. 그러나 그간 제도 안정화와 함께 서비스 보편화, 권리로서의 서비스 이용, 가족의 부양 부담 감소 등의 성과가 있었음에도 불구하고 요양보호사 교육과 자질에 대한 부분은 여전히 개선되어야 할 영역으로 남아 있다(김나영, 2016). 이를 위해 요양보호사 처우 개선뿐 아니라 이들의 전문성 제고를 위한 교육과정 및 훈련 프로그램의 개발과 적용에 대한 요구가 더욱 요청된다.

다섯째, WHO에서도 고령화사회에 접어든 국가에서의 노인보건정책은 적극적 노화와 건강한 노화를 기본 방향으로 설정할 것을 제안한 바와 같이 노인건강보장은 단순한 의료보장이 아닌 삶의 질 차원에서 접근해야 한다. 따라서 의료보장뿐 아니라 노년기 건강교육, 생활체육, 사회참여 등을 고려한 **적극적 노년**(active aging)의 개념을 노인건강보장 영역에 폭넓게 반영해야 한다(김종일, 최혜지, 2006).

••• 학습과제

1. 건강보장과 의료보장의 개념을 설명하시오.
2. 우리나라의 노인건강보장과 관련된 주요 제도를 제시하고 그에 대해 설명하시오.
3. 영화 〈식코(Sicko)〉를 보고 각국의 건강보장제도에 대해 토론하시오.

참고문헌

국민건강보험공단(2017). 2016 건강검진 통계연보.

국민건강보험공단(2018). 2017 지역별 의료이용 통계연보.

국민건강보험공단(2019). 2018 의료급여 통계연보.

국민건강보험공단 보도자료(2015). 노인의료비 관련 심포지엄 개최(http://www.nhis.or.kr/menu/retriveMenuSet.xx?menuId=D4000에서 인출).

권중돈(2016). 노인복지론(6판). 서울: 학지사.

김나영(2016). 휴먼서비스조직 돌봄서비스제공자의 심리적 임파워먼트 척도개발 및 타당화 연구: 요양보호사를 중심으로. 한국노년학, 36(1), 57-78.

김종일, 최혜지(2006). 쉽게 쓴 노인복지론. 서울: 청목출판사.

변재관(2002). 고령화와 의료 · 복지정책방향: 21세기 노인복지정책의 전망과 과제. 한국사회보장학회 학술대회 자료집, 163-178.

보건복지부(2017). 2017년도 노인실태조사.

보건복지부(2018). 2018년 노인보건복지사업안내.

보건복지부(2019). 2019년 노인보건복지사업안내(I, II).

원석조(2014). 사회복지정책론(5판). 경기: 공동체.

이인재, 류진석, 권문일, 김진구(1999). 사회보장론(3판). 서울: 나남출판.

임재옥, 서연숙, 송노원, 송혜자, 이승준, 정태명, 조수동, 한승협(2017). 노인복지론(개정판). 경기: 양서원.

정옥분, 김동배, 정순화, 손화희(2016). 노인복지론(2판). 서울: 학지사.

국민건강보험공단 홈페이지 http://www.nhis.or.kr

국민건강보험공단 노인장기요양보험 홈페이지 http://www.longtermcare.or.kr/npbs/

제 5 장

노인주거보장

학습 목표

1. 노인주거보장의 개념, 필요성, 원리를 이해한다.
2. 노인주거보장의 유형을 이해한다.
3. 우리나라와 외국의 노인주거보장 사례를 이해한다.
4. 우리나라 노인주거보장정책의 현황을 이해한다.

1. 노인주거보장의 이해

1) 노인주거보장의 개념

일상생활을 영위하는 데 있어 흔히 말하는 의식주 중 '주(住)'는 사람이 살아가는 공간을 뜻하며 보통 '집'을 가리킨다. 이와 관련하여 거주, 주택 등의 여러 가지 용어가 사용되기도 한다. 여기서 주거는 사전적인 의미로 일정한 곳에 자리를 잡고 머물러 사는 것을 뜻하며 거주와 같은 말로 분류한다. 학자들마다 정의가 다소 다르기는 하지만, 주거는 '산다'는 기능에 초점이 있으며, 주택은 살아가는 '공간', 즉 건물이 중심이 된다고 정리할 수 있다. 여기에 '대상'으로서의 노인을 적용할 때 '노인주거'와 '노인주택'이 구분될 수 있을 것이다(이상림 외, 2016).

주택은 인간의 기본적인 생존을 위해 필수적인 안전 욕구를 충족시켜 주는 중요한 도구이다. 특히 현대사회에서 주택은 노년기를 행복하게 보낼 수 있는 의미를 내포하고 있으며, 또한 노년기에는 대개의 경우 사회적 관계를 가족 중심으로 영위하는 특징을 보이고 있기 때문에 거주의 문제, 즉 주택문제는 바로 노년기의 행복한 삶을 보장받는 길이 된다(정옥분, 김동배, 정순화, 손화희, 2016).

주택은 인간이 생존을 위해 기본적으로 구비해야 할 물질적 조건이기 때문에 어느 누구에게나 생활주기상의 어느 시기에 있어서나 중요하고 가치 있는 것이지만, 특히 노년기에는 그 의미가 다르고 그 가치는 더욱 크다고 할 수 있다. 노인에게 있어 주택의 의미와 가치는 다음과 같다.

첫째, 노인의 생물적인 생존을 위한 기본적인 수단이며, 노년기 생활의 주요 장소이다. 둘째, 노인에게 가계상의 가장 큰 지출의 대상이 되며 따라서 경제적 보장의 효과가 있다. 셋째, 사회적 지위와 사회적 정체감의 상징이다. 넷째, 개인적인 경험과 추억을 저장하며 사회관계망을 구축하고 유지하는 도구이다. 자신의 주택에서 생활할 수 있다는 것은 자신의 신체적 독립성과 때로는 경제적 독립성을 확인하고 나타내는 것이 된다. 주택은 노인을 포함한 모든 사람에게 사생활의 자유(privacy)를 공간적으로 확보해 줄 수 있다. 또한 노화에 따른 생활기능 저하를 보완하고 수용할 수 있는 물리적 환경을 제공한다.

이처럼 노년기의 주택 및 **주거환경**은 삶의 질을 결정하는 주요 요인이므로 안정되고 노인을 위해 특별히 계획된 질 높은 주거환경을 구축해야 한다. 이 중에서 주거공간의 확보는 주택보장과 관련이 있고, 질 높은 주거환경의 구축은 주거보장과 관련이 있다. 주택보장은 개인이 자신의 독립성을 유지하면서 안전하고 안락한 일상생활의 공간을 확보하고 유지할 수 있도록 주택의 건설과 공급 그리고 이와 관련된 서비스를 통해 지원하는 제반 사회적 노력을 의미한다.

이에 비해 **주거보장**은 **주택보장**을 전제로 그 주택에서 생활하는 노인에게 적합한 주거환경을 조성하기 위한 지원 노력, 즉 노인을 위한 계획 주거를 통해 주택의 복지기능 증진을 위한 노력을 의미한다(김남희, 신기원, 이재풍, 이외승, 이용환, 2014). 즉, 노인이 자신의 독립성을 갖추면서 안전하고 안락한 일상생활을 누릴 수 있는 생활공간을 확보하고 유지할 수 있도록 주택의 건설과 공급 그리고 이와 관련한 서비스를 지원해 주는 활동이다.

2) 노인주거보장의 필요성

주거생활의 안정은 누구에게나 인간의 기본 생활인 의식주에서 가장 큰 비중을 차지하고 있다. 노인주거보장은 주거비 부담을 위해 경제적으로 지원하는 정책과 더불어 주생활의 안정과 정신적 안정을 제공하는 정책이 필요하다. 특히 저소득 노인의 경우 주거에 대한 경제적 부담은 물론 가정해체 및 소외감, 건강 약화 등의 악순환이 우려되며, 따라서 적절한 **노인주거보장**이 필요하다(이해영, 2015).

구체적인 노인주거보장의 필요성은 다음과 같다(이은희, 박양숙, 2017).

첫째, 주택은 인간의 기본적 생존을 위한 물질적 필수품이므로 모든 노인에게 주거 장소가 확보되고 적절한 기준으로 보장되기 위하여 국가의 정책적 개입이 이루어져야 한다.

둘째, 주택은 하나의 생활필수품인 동시에 재산으로서의 가치도 있어 주택 때문에 경제적 불평등이 야기되는 경우가 많으므로 이에 대한 국가적 개입이 필요하다.

셋째, 주택의 구입 비용은 물론 임대 비용은 그 액수가 크기 때문에 일시적으로 준비하기 어려우므로 최소한의 주거를 확보할 수 있도록 하기 위해서는 국가의 적절한 개입이 요청된다.

넷째, 주택의 임대차가 완전히 자유시장적 원칙에 맡겨지면 임대료의 상승, 계약 조건의 불이행 등으로 인해 임차인이 불리해지는 경우가 많으므로 이와 같은 문제의 통제를 위해서도 국가의 개입이 필요하다.

다섯째, 시장경제에 따른 주택의 공급탄력성은 낮고 수요탄력성은 높아 공급이 수요에 응할 수 없어서 주택가격의 상승을 야기할 가능성이 크기에 정부가 개입하여 주택공급을 조정하여야 한다.

여섯째, 주택의 질과 환경은 생활의 제반 영역에 영향을 미치는데, 특히 노인에게 주택의 구조와 환경은 노인의 사회적 · 심리적 욕구를 만족시키고 일상생활에 필요한 활동을 하는 데에도 지대한 영향을 미치므로 이에 대한 정부의 적절한 개입이 필요하다.

일곱째, 자녀와의 별거를 원하는 노인인구의 비율이 크게 증가하고 있고 자녀와 동거하더라도 노인을 보호 · 수발할 수 없는 경우가 많아지고 있어, 노인이 가능하면 독립적으로 생활할 수 있도록 설계된 노인전용 주택의 보급과 관련 서비스의 제공에 국가가 주도적으로 개입하여 수행하여야 한다.

여덟째, 모든 국민에게 최소한의 주거공간을 확보해 주고 주택을 통해 삶의 질을 높이려는 국민의 일반적인 욕구를 충족시켜 주기 위해 주택의 건설과 보급에서 공적 부문과 민간 부문 간의 역할분담이 필요하며, 이를 위해서 국가가 주도적으로 개입하는 것이 바람직하다.

3) 노인주거보장의 원리

노인을 위한 주거보장의 원리는 정주권(계속 거주)의 보장, 최소 거주 면적의 확보, 거주 기회의 평등 보장, 정상화의 실현을 목적으로 한다. 그 내용을 살펴보면 다음과 같다.

(1) 정주권의 보장

노인은 장기간 거주하여 익숙해진 주택에 계속 사는 것이 가장 바람직하지만 경제적 부담 때문에 주택을 축소시켜야 하는 경우에는 자녀, 이웃, 지인과 지속적인 교류가 가능하고 익숙한 생활이 지속될 수 있는 지역사회 내의 주택으로 이주하여 안심하고 지속적으로 노후생활을 영위할 수 있는 권리를 보장해 주어야 한다.

(2) 최저기준의 주거공간 확보

우리나라에서도 최근에는 주택보급률이 100%를 초과하였기 때문에 인간의 자립과 존엄성을 지키기 위한 인권보장의 일환으로서 최저한의 주거공간 확보가 이루어져야 한다.

(3) 거주 기회의 평등 보장

노인 누구라도 어느 곳이든 원하는 지역에 거주할 수 있도록 거주 기회의 평등이 보장되어야 한다. 이 같은 거주 기회의 평등 보장이 노후의 안정된 생활로 이어지게 되는 것이다.

(4) 정상화의 실현

정상화(normalization)란 '건강한 사람도, 장애인도, 젊은이도, 노인도 모두가 함께 살 수 있는 공동체'라는 의미이며, '누구라도 인간의 존엄성을 갖고 생활할 수 있는 권리'를 행사할 수 있는 사회가 정상(normal)인 사회라는 국민적 공통인식을 갖는 것이 정상화의 지향 목표이다(백용운, 2015). 따라서 노인이 생활상의 장애를 극복하고 자립하여 살아갈 수 있도록 주택 및 지역사회 환경의 개선이 필요하며, 이를 통해 노인이 익숙해진 지역사회에서 계속적으로 살아갈 수 있도록 하는 것이 중요하다.

2. 노인주거보장의 유형

1) 반계획 주거

반계획 주거는 기존의 일반적인 주거 유형에 개축이나 증축 등을 하여 노인이 편리하게 거주하도록 한 경우와 노인의 사회적·심리적 특성을 보완하기 위하여 노인이 다른 사람과 함께 거주하는 경우의 주택을 말한다. 이러한 반계획 주거에는 공동사용 주택, 액세서리 주택, 에코 주택, 하숙 주택이 있다(조추용, 김양이, 윤은경, 2015).

(1) 공동사용 주택

공동사용 주택(shared housing)은 2인 이상의 비혈연관계에 있는 개인이 상호 이익을 목적으로 인적 및 재정적 자원을 공동 부담하여 주택을 공동 사용하는 것으로, 각 개인은 자신의 개인 침실을 독립적으로 소유하고, 거실, 부엌, 식당과 같은 영역을 공동으로 사용하는 형태의 주택이다.

[그림 5-1] 서울특별시 금천구의 홀몸어르신 셰어하우스 '보린주택'

출처: 서울주택도시공사 제공.

(2) 액세서리 주택

액세서리 주택(accessory house)은 **부지공유주택**의 개념으로, 현관, 주차장 등은 공동으로 사용하나 침실과 거실 등은 독립적으로 이용하는 주거단위를 말한다. 이 주택은 임대 가능한 부분적인 독립공간을 별도로 마련해 주어야 하므로 한 세대만 살게 되어 있는 구조를 변경하는 경우가 대부분이다. 자녀들이 성장하여 집을 떠나게 되면서 여분의 공간이 생기는 주택이 많아지고, 이러한 주택을 유지하는 데 들어가는 난방비, 세금, 유지관리비 및 기타 생활비가 높아지게 됨에 따라 사용하지 않는 주택자원을 하나의 수입원으로 활용하는 것이다.

(3) 에코 주택

에코 주택(echo house)은 자녀 인접형으로 자녀 세대와 부모 세대가 같은 울타리 내에서 살도록 계획된 가족지향적인 형태의 주택이다. 노인으로 하여금 가족과 가까이 있으면서 독립적으로 살 수 있도록 기존의 주택이 위치한 대지에 노인을 위해 지은, 작고 이동 가능한 일시적인 조립식 주택을 말한다. 즉, 이 주택은 자녀들의 집 옆에 조립식 가건물을 세워 자녀들과의 상호 교류가 가능하도록 함으로써 노인들이 자녀들로부터 신체적 · 정신적 · 심리적 측면의 도움을 받을 수 있도록 한 주택 형태라고 할 수 있다. 이 같은 주택은 노인과 그 가족에게 독립성과 프라이버시, 안전성, 경제성, 거주성을 제공해 준다.

(4) 하숙 주택

하숙 주택(boarding home)은 일반적으로 생활기능이 저하된 저소득 노인이 소규모 단위로 공동생활을 하면서 식사서비스와 일상생활상의 보호서비스를 제공받는 주택이다. 특히 24시간의 보호를 제공해 주는 하숙 주택도 있다.

2) 계획 주거

계획 주거는 처음부터 노인을 위해 특별히 계획하여 노인이 편리하게 거주하도록 한 주택을 말하는 것으로 퇴직노인촌락, 노인집합주택, 3세대 동거형 주택, 요양원이 있다.

(1) 퇴직노인촌락

노인촌락 또는 실버타운으로도 불리는 퇴직노인촌락(retirement community)은 미국과 호주에서는 보편화된 노인주거시설의 집합지역 유형이다. 이 용어는 유료노인복지주택, 유료 양로 및 요양 시설 등 노인의 편의를 도모하기 위한 포괄적인 개념으로 사용되고 있다.

노인들은 노화로 인해 전반적인 신체 · 정신기능이 저하되면서 각종 만성퇴행성 질환을 갖게 마련이므로 노인주거 측면에서 노인들의 질환관리 및 일상생활 보조를 동반하는 특수한 주거시설 개발이 시급한 과제로 부각되었는데, 이에 등장한 것

[그림 5-2] 우리나라의 은퇴자마을-전남 곡성군의 '강빛마을'

출처: 강빛마을 제공.

이 노인촌락이다. 노인촌락은 노인을 위한 의식주 및 문화 시설, 기본 의료시설을 구비한 종합노인주거시설이 집단으로 모여 형성된 지역으로, 자녀로부터 독립된 생활을 영위하는 노인들이 공동생활을 영위하는 광범위한 공간을 의미한다.

이 촌락은 노인을 위해 계획한 주거단위들을 한곳에 모아 놓아 일반 주거 지역과는 다른 노인주거 지역이라는 동질성을 갖도록 계획한 주거단지이다. 여기에는 대개 노인에게 필요한 서비스 시설들이 제공된다. 입주자는 주로 50~70세의 은퇴자나 은퇴 후 활동적인 생활을 추구하는 노인을 대상으로 하며, 편리한 주거환경에서 안정된 노후생활을 영위하는 데 관심이 있는 노인에게 적합한 주거 유형이다.

(2) 노인집합주택

노인집합주택(congregate housing)은 간호서비스를 필요로 하지는 않지만, 완전히 독립적이지도 않은 노인에게 생활을 보호해 주는 서비스 시설을 갖추어 놓고, 시설 접근성이 용이하게 하여 비교적 독립적인 생활을 할 수 있도록 하는 주거 형태를 말한다. 1970년대에 개발된 새로운 노인주거 형태이며 미국과 영국 등에서 많이 활용되고 있다.

주택 소유 형태를 보면 노인전용 아파트, 소유권은 있으나 거주 권리만을 갖는 형태(조합주택)나 주거단위에 대한 완전 소유권을 갖는 형태(콘도미니엄)가 보편적이지만, 최근에는 임대 형태로도 개발되어 다양한 계층에 제공하는 것이 가능해졌다.

(3) 3세대 동거형 주택

3세대 동거형 주택은 노인 세대와 자녀 세대가 한 지붕 아래서 동거하되 세대별로 공간이 분리된 구조의 주택을 건설하여 보급하는 형태로, 서로에게 독립성과 프라이버시, 안전성, 경제성, 거주성을 제공해 준다.

(4) 요양원

요양원(nursing home)은 집중적인 의료서비스를 필요로 하는 노인들을 위한 시설로, 전문적인 간호와 의료서비스가 제공되는 시설이다. 돌보는 방법에는 두 가지가 있는데, 하나는 중간적인 것으로 노인의 일상생활을 도와주는 것이고, 다른 하나는 숙련된 것으로 24시간 연속적으로 간호를 해 주는 것이다.

[그림 5-3] 충청북도의 초정노인요양원과 증평노인전문요양원

3. 노인주거보장의 사례

노인주거보장의 사례를 우리나라와 외국(영국, 미국, 일본, 스웨덴)의 사례를 통해 살펴보고자 한다.

1) 우리나라

우리나라에서 노인을 위한 계획 주거 개념이 처음 도입된 것은 1987년 서울 노원구 상계동에 건축된 상계 19단지 3세대 가족형 아파트이다. 이 아파트는 3세대가 각자의 사생활을 유지하면서 공동생활이 가능하도록 계획되었으며, 수평인거형, 수평동거형, 수직동거형 등의 형태로 각 120호씩 총 360호가 공급되었다.

수평인거형은 노인 세대와 자녀 세대가 출입구와 주방, 화장실을 완전히 분리 사용할 수 있도록 하되, 노인 세대 전용공간으로부터 외부의 출입구를 거치지 않고 자녀 세대 전용공간으로 동선을 연계하는 단위주택 내의 출입구를 설치하여 노인 세대의 부양이나 가사활동의 공동화 등을 위한 수단을 확보하였다.

수평동거형은 하나의 일체형 단위주택에 노인 세대와 자녀 세대의 생활공간을 함께 계획한 형태이다. 노인 세대의 침실에는 별도의 독립식 욕실을 설치하고, 침실 사이에 거실을 둠으로써 각 세대의 프라이버시를 확보하였으며, 나머지 단위주택 내의 공간은 자녀 세대와 공동으로 활용할 수 있도록 계획되어 있다.

수직동거형은 복도로부터의 진 · 출입 층은 자녀 세대가, 단위주택 내의 상층부는 노인 세대가 전용으로 사용할 수 있도록 단위주택 자체를 복층형으로 구성한 사례이다(조추용 외, 2015).

이후 서울특별시 금천구의 보린주택, 경기도 파주시, 전라북도 김제시, 충청북도 청주시, 세종특별시 밀마루 복지마을 등의 일부 지역에 노인전용 주택 및 아파트가 건축되었다. 서울특별시 금천구의 보린주택은 지역공동화의 특성과 서울특별시의 도시재생사업이 결합된 형태이고, 전라북도 김제시의 노인전용 주택은 농림축산식품부 공동생활홈 구축지원사업의 일환으로 사회관계가 취약한 독거노인의 고독사 · 자살 등을 예방하기 위해 농촌의 특성을 고려하여 조성된 맞춤형 지원 공동생활홈 형태이며(보건복지부, 2019b), 세종특별시의 밀마루 복지마을은 신도시에 만들어진 아파트 형태이다. 그런데 그동안 우리나라의 주거보장정책 대부분은 공공임대주택 중 일정 비율을 노인층에 배정하는 방식에 머물러 왔다. 그러나 연령대별 맞춤형 거주서비스의 중요성이 차츰 커지면서 의료 · 여가 등을 결합한 노인만을 위한 임대주택에 대한 욕구가 증가하게 되었다.

정부는 제1차 장기 주택종합계획(2003~2012년)에서 고령화 시대에 대응하고자 노인가구(65세 이상 부부)에 대한 정책적 지원의 필요성을 인식하고, 노인공동생활주택 공급, 무장애화(barrier free)정책 추진, 복지 및 의료 시설과 노인용 주거시설의 연계 강화, 주택자산을 활용한 주거지원방식 도입 등을 하고자 계획하였다. 이후 제2차 장

[그림 5-4] 노인공동생활주택인 충청북도 제천의 사랑의 집

출처: 제천재가노인지원센터 제공.

기 주택종합계획(2013~2022년)에서는 제1차 계획의 한계를 개선함과 동시에 변화하는 환경에 맞추어 주택정책의 패러다임을 전환하고자 하였다. 특히 정부가 2015년 9월에 발표한 '서민 · 중산층 주거안정 강화 방안'을 통해 '공공실버주택'을 공급하기로 하였다. 공공실버주택사업은 거동이 불편한 노인 1인 가구 등에게 맞춤형 서비스를 제공하는 형태이다. 2016년 위례신도시와 2018년 광교신도시 등 전국 11곳에 공공실버주택 총 1,234가구를 공급하였다.

2) 영국

제2차 세계 대전 이후 영국의 지방정부는 저소득 노인을 위해 관리하기 쉬운 난방시설, 인체공학을 고려한 부엌과 세면대, 조명시설이 갖추어지고 휠체어가 드나들 수 있는 넓은 문, 손잡이가 달린 욕실, 넓은 복도 등이 있고 불필요한 계단 따위가 없는 보호주택을 공급하였다.

영국의 대표적인 노인주택은 보호주택(sheltered housing)이라 할 수 있다. 보호주택은 지방정부나 주택조합 같은 공공기관에서 주로 공급하지만, 일부는 민간에서 분양용으로 공급하여 구입, 임대 또는 일부는 구입하고 나머지는 임대하여 입주할 수 있다. 보호주택은 단지마다 차이가 있지만, 대체로 방 1~2개와 주방으로 이루어진 소형주택들이 평균 20~40호 정도로 단지를 이루고 있는 경우가 많다. 각각의 주택에는 핸드레일, 미끄럼 방지 장치 등의 노인 편의시설이 설치되어 있으며, 공공시설로 사교실, 세탁실, 손님맞이방 등이 있다(이영환, 2001).

이러한 노인보호주택은 노인을 위해 특별히 설계된 단독주택의 집합단지라는 공통점이 있지만, 노인들이 받는 서비스의 정도에 따라 몇 가지 유형으로 구분된다(박신영, 2003). 제1범주의 보호주택은 건강하고 활동적인 노인을 위한 주택단지로서 특별한 서비스가 주어지지 않으며, 10~20호 정도로 구성되어 있다. 제2범주의 보호주택은 어느 정도 타인의 원조를 필요로 하는 노인들이 입주하여 생활하는 주택단지로서 관리인 1인이 25~35호 정도의 보호주택을 관리하면서 긴급호출서비스, 지역의료체계와의 연계 등의 서비스를 제공한다. 제2.5범주의 보호주택은 요보호주택(very sheltered housing)이라고도 하며, 허약한 노인을 위한 주택단지로서 다수의 관리인이 긴급호출서비스, 지역의료체계와의 연계, 식사 및 목욕 서비스 등의 케어서비스를 제공한다(박광준, 2004).

3) 미국

미국의 대표적인 노인주택은 퇴직노인촌락(retirement community) 또는 은퇴자 주거단지(continuing care and retirement community: CCRC)라 할 수 있다. 미국은 1980년대부터 노년층을 대상으로 하는 실버산업이 발달하기 시작하면서 기후가 좋고 물가가 저렴한 남부 지역에 퇴직노인촌락 또는 은퇴자 주거단지를 건립하였다. 은퇴자 주거단지는 약 3,000여 개소에 달하며, 노인전용 주택을 중심으로 주변에 질병예방센터, 복지회관, 의료기관, 스포츠 시설, 기타 보호시설 등이 구성되어 있다. 보통 100~500세대가 거주한다. 애리조나주 피닉스에 있는 선 시티(Sun City)가 대표적인 은퇴자 주거단지이다. 선 시티는 약 1,090만 평의 대지에 4만 2,000여 명(2만 6,000세대)이 거주하는 대형 노인복지주택 단지이다. 분양식으로 입주하며, 단독형, 2~3세대 연립형, 콘도미니엄처럼 다양한 형태의 주택이 있다. 또 단지 안에 24시간 응급실을 갖춘 민간종합병원이 있고, 입주자의 문화생활을 돕는 여러 여가 프로그램을 제공한다([그림 5-5] 참조).

버지니아주 알링턴의 도심에 위치하고 있는 '더 제퍼슨(The Jefferson)'은 독립생활주거, 일상생활보조주거, 간호형 양로주거로 구성되어 있어 입주자가 자신의 건강상태에 맞는 거주환경을 선택할 수 있다. 단지 내에서 이주도 가능하다. 수영장,

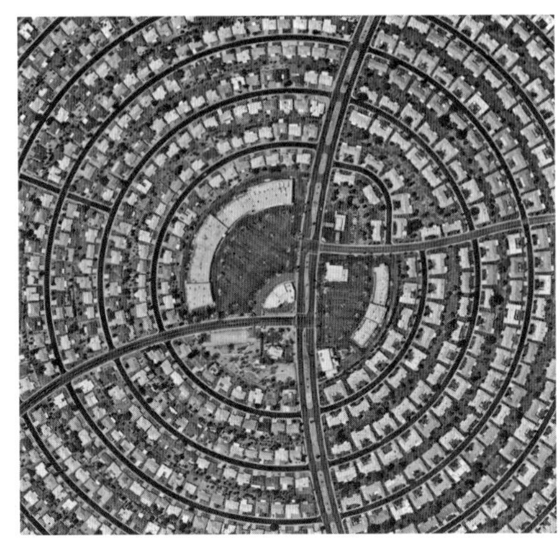

[그림 5-5] 미국의 대표적인 노인 퇴직노인촌락-애리조나주의 선 시티

출처: alexmaclean.com

대강당, 체육관, 동호회실, 도서관, 공예실이 있어 취미 커뮤니티를 만들어 활동할 수 있다. 이와 비슷한 주거단지로는 일리노이주 시카고의 도심에 자리한 '더 클레어(The Clare at Water Tower)', 미주리주 세인트 찰즈의 한적한 교외에 있는 '파크사이드 메도우(Parkside Meadow)' 등이 있다(과학기술인공제회, 2018).

4) 일본

일본은 고령화 속도가 빠르고 고령화율이 높아 1960년대에 「노인복지법」을 제정해 저소득층 노인에게 **공영주택**을 제공하였다. 고령화율이 10%를 넘어선 1980년대부터는 본격적으로 고령층을 위한 주택을 보급하였다. 지방정부에서는 **실버 하우징**(silver housing)을 공급하고, 중앙정부의 특수법인인 **일본주택도시정비공단**은 시니어 하우징(senior housing)을 공급하고 있다.

일본의 서비스형 노인주택은 전국적으로 4,000호 이상이 등록되어 있다. 최근에는 민간기업이 주도적으로 노인복지주택 단지를 보급하고 있다. 입주자에게는 기본적으로 **생활지원서비스**를 제공한다. 단지에 따라 식사 제공, **돌봄**(개호), 가사 지원, 건강증진 등의 서비스를 제공한다.

노인복지주택의 이상을 잘 실현한 곳으로는 요코하마에 있는 '라이프 &시니어 하우스 고호쿠'가 있다. 총 56세대가 거주하는 이곳은 독립형 세대와 돌봄서비스를 받는 개호형 세대로 나뉜다. 이곳에서는 입주자가 노동공동체를 만들어 식사 제공과 청소, 돌봄 활동을 하고 단지 내 문제에 대해서는 함께 의사결정을 하여 해결한다. 이와 더불어 다른 지역의 노인복지공동체와도 교류하며 지역사회에서 의미 있는 기여를 하고자 노력하고 있다.

또한 일본 정부에서 비중을 두고 추진하고 있는 노인주거보장정책의 하나는 노년기의 고독과 외로움을 지역주민과 함께 극복하고자 하는 노력의 일환으로 노인층과 젊은층을 한 공간에서 함께 생활하도록 하는 **복합주거복지시설**이다.

도쿄에 있는 **'닛포리 커뮤니티 하우스'**는 실험적인 복합 노인복지주택단지이다. 이곳은 노인과 젊은 세대가 공동으로 거주한다. 84세대 중에서 시니어하우스가 43세대, 일반 세대가 41세대를 차지한다. 노인에게 편의를 제공함과 동시에 세대를 넘나드는 공동체적 유대를 추구하는 것이다. 이를 통해 노인의 삶의 질을 높이자는 것이

구분	내용
12층	공용 목욕탕
11층	자립(건강노인)시설
10층	
9층	
8층	
7층	
6층	노인요양시설
5층	
4층	
3층	일반 임대주택
2층	
1층	어린이집

[그림 5-6] 일본 닛포리 커뮤니티 하우스 구성

핵심이다. 이곳은 1~12층으로 구성되어 있는데, 1층은 어린이집, 2~3층은 젊은 세대가 이용하는 일반 임대주택, 4~6층은 돌봄이 필요한 노인요양시설, 7~11층은 자립생활이 가능한 건강한 노인들이 거주하며, 12층은 공용 목욕탕으로 사용한다([그림 5-6] 참조).

또한 도쿄에 있는 '헬스타운 니시오 오이'는 케어홈부터 어린이집, 노인복지센터까지 두루 갖춘 복합주거복지시설이다. 원래 초등학교였으나 아이들이 줄어 폐교한 뒤 개·보수를 하여 1층에 어린이집을 위치시킴으로써 아동과 노인이 함께할 수 있는 공간을 만든 것이 가장 큰 특징이다. 이 시설은 가족적인 분위기 속에서 노년기에도 어린 세대와 교류하게 함으로써 노인에게 안정감을 준다. 물론 어린이집이 지닌 강점도 있지만, 이 시설의 진정한 장점은 노인들에게 식사부터 물리치료, 목욕 등 다양한 서비스와 프로그램이 제공된다는 것이다(과학기술인공제회, 2018).

5) 스웨덴

스웨덴에서는 노인에게 돌봄이 필요하게 되어도 가능한 한 자택에서 돌봄을 받을 수 있도록 하기 위해서 대단히 많은 홈헬퍼(home helper)와 수많은 간호사가 배치되어 있다. 또한 재가복지의 기점이 되고 재가복지를 지원하는 주간보호소가 있는, 소위 재가복지 지원형의 중간시설이 주택지에 배치되고 있다.

자택에서의 생활이 곤란하게 되거나 불안한 고령자와 장애인의 경우도 될 수 있는 한 생활시설 입소를 피하고 돌봄을 받을 수 있는 집합주택에 사는 것을 원한다. 정부도 될 수 있는 한 이를 가능하게 하는 정책을 추진하고 있다. 이와 같은 방침에 따라 스웨덴에서는 노인생활시설을 증설하지 않고 가능한 한 자택에서 생활을 할 수 있도록 재가복지 지원시설과 돌봄 지원 시스템을 계속 정비하고 있다.

돌봄이 조금 필요한 경우에는 돌봄을 받을 수 있는 집합주택에 살고 중도에 돌봄이 필요할 경우에는 요양원에 입소하나, 이 요양원도 주택 지역 내에 건축하고 있으며 방에 화장실과 샤워기가 있는 개인실로 하는 등의 주거적 성격을 강화하는 방향으로 나아가고 있다. 즉, 시설이라기보다 간호기능이 강화된 집합주택이라는 느낌이 나도록 하고 있다. 돌봄을 받을 수 있는 집합주택은 물론 주택에 해당하고, 입주자는 집세를 지불한다(단, 입주하고 있는 연금생활자의 대부분은 공적주택수당을 수급하여 이것으로 집세를 지불한다).

돌봄을 받을 수 있는 집합주택의 대부분은 지방자치단체 소유의 회사에 의해 건축되고 있고, 다른 집합주택과 같이 한 해 융자금 이자율이 2.5%인 주택자금을 받아서 건설하고 있다. 공적인 주택융자의 대상이 되는 이상 주택으로서 필요한 기준을 갖추고 있으며, 특히 고령자와 장애인이 이용하기 쉽도록 배려하여 건축하고 있다.

통상 돌봄을 받을 수 있는 집합주택은 주택 내나 인근의 고령자와 장애인이 이용하도록 하고, 동시에 재가복지의 거점기능을 하는 주간보호소를 병설하고 있으며, 레스토랑과 휴게실을 갖추고 있어 수도인 스톡홀름에서는 일반인도 이 시설을 이용하고 있다. 일반주택과의 주요한 차이점은 공동의 레스토랑과 휴게실 등을 갖추고 있다는 점, 긴급통보 시스템을 비치하고 있어 각 입주자의 방과 센터가 연락할 수 있다는 점, 센터에서 의료기관과 홈헬퍼에게 즉시 연락하여 필요에 따라 홈헬퍼와 간호사가 도움을 줄 수 있다는 점, 관리인이 있어 밤에도 간호사가 대기하고 있다는 점이다. 물론 건물과 설비는 고령자와 장애인이 안전하게 이용할 수 있도록 배려한 구조로 건축되고 있다.

스웨덴에서는 종래의 노인생활시설은 1970년대부터 건축하지 않고 있고, 돌봄을 받을 수 있는 집합주택 또한 보다 일반주택에 가까운 그룹홈으로 바꾸며 재가복지의 지원에 힘을 쏟고 있다(조추용 외, 2015).

4. 노인주거보장정책의 현황

우리나라에서 실시하고 있는 노인주거보장정책의 현황을 구체적으로 살펴보면 다음과 같다.

1) 노인주거복지시설정책

(1) 양로시설(유료)

양로시설(유료)은 일반 노인을 대상으로 급식, 주거의 편의 등을 제공할 목적으로 민간사업자가 동 시설을 설치하고, 운영비는 입소 노인의 본인 부담으로 조달하여

[그림 5-7] 유료양로시설인 삼성 노블카운티

출처: 삼성 노블카운티 제공.

운영하는 **노인주거복지시설**이다. 양로시설(유료)은 입소 노인에게 급식, 주거의 편의, 생활지도, 상담 및 안전관리 등 일상생활에 필요한 각종 편의를 제공하여 노후에 편안하고 안정된 생활을 도모한다.

입소 대상자는 60세 이상의 자이며, **입소 대상자**의 배우자는 60세 미만인 때에도 입소가 가능하다. **입소절차**는 당사자 간의 계약에 의하고, 입소 대상자가 계약을 체결할 수 없는 부득이한 사유가 있다고 시장・군수・구청장이 인정하는 때에는 입소 대상자의 배우자 또는 **부양의무자**가 계약 당사자가 될 수 있다(보건복지부, 2019b).

(2) 노인공동생활가정

노인공동생활가정은 입소정원이 5명 이상 9명 이하이고(입소정원 1명당 연면적 15.9m^2 이상의 공간을 확보하여야 한다), **소규모 시설**이며, 운영 및 지원은 양로시설에 준한다. 노인공동생활가정의 시설기준은 침실, 통합사무실, 식당 및 조리실, 비상재해대비시설, 화장실, 통합 세면장 및 샤워실 등으로 구성되어야 한다(보건복지부, 2019b). 노인공동생활가정제도는 지역사회 내에서 노인의 자립과 사회성을 증진하기 위한 제도로서 향후 바람직한 지역사회 내의 보호방식으로 인정받고 있다.

[그림 5-8] 충청북도 제천의 해밀 노인공동생활가정

출처: 제천 재가노인지원센터 제공.

(3) 노인복지주택

노인복지주택은 노인을 대상으로 급식, 주거의 편의 등을 제공할 목적으로 민간사업자가 전액 자부담으로 동 시설을 설치하고, 운영비는 입소 노인의 본인 부담으로 조달하여 운영하는 노인주거복지시설이다.

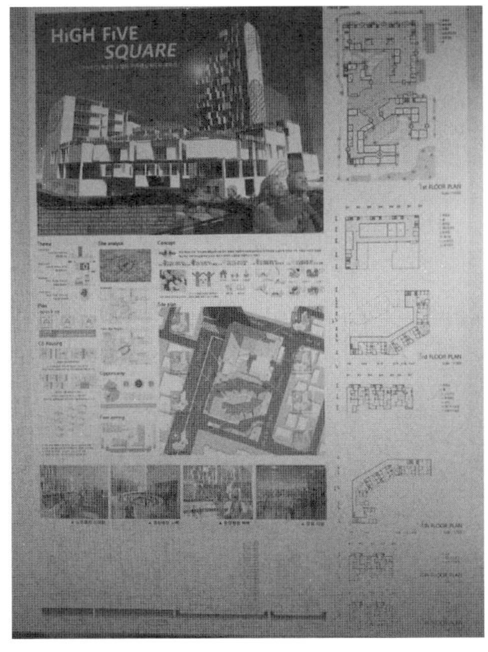

[그림 5-9] 노인복지주택인 High Five Square 설계도

노인복지주택은 단독 취사 등 독립된 주거생활을 하는 데 지장이 없는 60세 이상의 노인(60세 미만의 배우자, 부양을 책임지고 있는 19세 미만의 자녀 · 손자녀도 가능)에게 주거시설을 분양 또는 임대하여 주거의 편의 · 생활지도 · 상담 및 안전관리 등 일상생활에 필요한 각종 편의를 제공함을 목적으로 하는 시설을 말한다(보건복지부, 2019b).

국가 또는 지방자치단체 외의 자가 노인주거복지시설을 설치하고자 하는 경우에는 시장 · 군수 · 구청장에게 신고하여야 한다(「노인복지법」 제33조 제2항). 노인복지주택의 입소 비용은 본인이 전부 부담한다(「노인복지법 시행규칙」 제15조의 2 제4호).

2) 주거급여제도

주거급여란 **국민기초생활보장제도** 내 주거급여의 개편을 통해 소득, 주거 형태, 주거비 부담수준 등을 종합적으로 고려하여 저소득층의 주거비를 지원하는 제도이다(근거법은 「**주거급여법**」 및 「국민기초생활보장법」). 주거급여는 생활이 어려운 사람에게 주거급여를 실시하여 국민의 주거안정과 주거수준 향상에 이바지함을 목적으로 한다(「주거급여법」 제1조).

주거급여제도는 2015년 7월부터 국민기초생활보장제도의 급여개편을 통해 개별급여로 독립하였다. 그동안 국민기초생활보장제도 주거급여가 실시되었다. 이전에도 주거급여가 없었던 것은 아니었으나 금액이 적었고 받을 수 있는 사람도 기초생활수급자로 한정되어 있었다. 2015년 6월 이전의 최저생계비 기준은 **중위소득**의 40%였고, 실제 현금지급기준은 중위소득의 33%였다. 2015년 7월 이후에는 중위소득의 43%까지였고, 2019년 1월 이후에는 중위소득의 44%까지 주거급여를 지급하는 것으로 변경되었다.

변경 전의 기준은 근로 능력이 있어서 소득이 있는 가구는 **현금급여**를 기준으로 부족분을 보충해 주기에 주거급여도 줄어드는 것이었다. 그러나 새롭게 시행되는 주거급여제도는 가구의 소득인정액이 주거급여 이하라면 거주 지역에 따라 정해진 금액을 주는 **정액제**로 한다는 점에서 차이가 있다. 또한 이전의 최저생계비하에서의 기준에 비해 가장 후하게 달라진 점은 근로 능력을 안 본다는 점이다. 따라서 근로 능력자의 근로 여부에 상관없이 가구의 **소득인정액**이 기준 이하이면 주거급여를

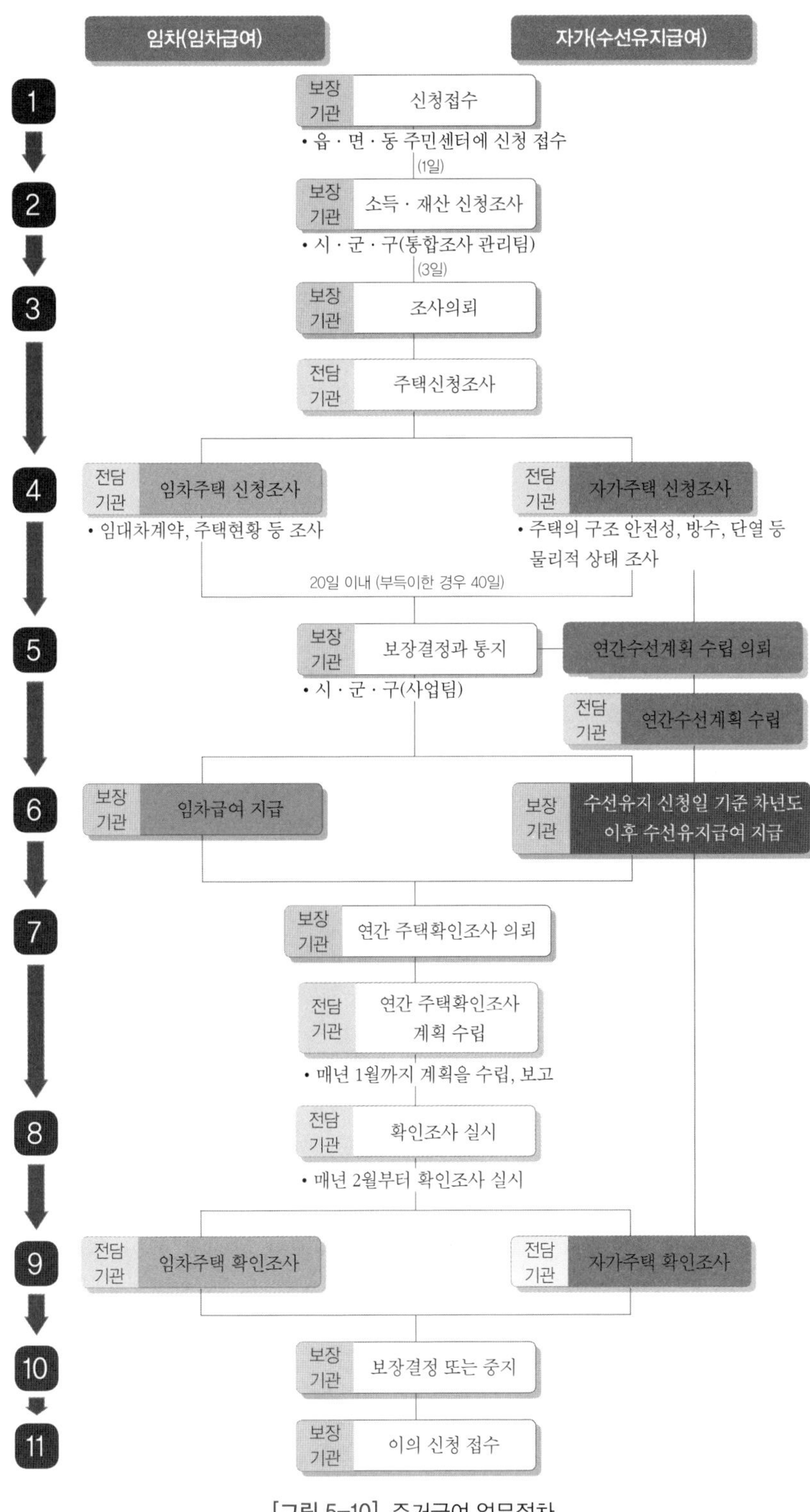

[그림 5-10] 주거급여 업무절차

출처: 국토교통부(2019), p. 3.

표 5-1 2019년 기준 중위소득(기준 44%)

(단위: 원)

구분	1인	2인	3인	4인	5인	6인	7인
2019년 중위소득	1,707,008	2,906,528	3,760,032	4,613,536	5,467,040	6,320,544	7,174,048
주거급여 수급자 선정기준	751,084	1,278,872	1,654,414	2,029,956	2,405,498	2,781,039	3,156,580

* 중위소득: 전체 가구를 소득 순으로 순위를 매긴 다음 중간 순서 가구의 소득수준
* 8인 이상 가구의 주거급여 선정기준: 1인 증가 시마다 7인 가구 기준과 6인 가구 기준의 차이를 7인 가구 기준에 더하여 산정
* 8인 가구 주거급여수급자 선정기준: 3,532,121=3,156,580원(7인 기준)+375,541원(7인 기준-6인 기준)

출처: 국토교통부(2019), p. 51.

지급받을 수 있다(김희성, 이재법, 2018).

지원대상은 소득인정액(소득평가액+재산의 소득환산액)이 중위소득의 43% 이하 이면서 부양의무자 기준을 충족하는 가구(임차가구 · 자가가구)이다. 부양의무자 기준은 부양의무자가 없는 경우 또는 부양의무자가 있어도 부양 능력이 없거나 부양을 받을 수 없는 경우이다. 그러나 2018년 10월부터 주거급여에서 부양의무자 기준이 폐지되었다. 가구 소득인정액과 부양비의 합계액이 기준 중위소득의 44% 이하인 국민이면 누구나 주거급여 수급자가 될 수 있다.

주거급여 지급기준을 보면, 이전에는 어느 지역에 살더라도 수급자가 받는 급여는 모두 같았다. 생계급여는 어느 지역에 살아도 같지만 이제 주거급여는 거주 지역에 따라 4등급으로 나뉘어 1~4급지와 가구원 수에 따라 지급 금액이 달라진다. 최저생계비 기준 때는 중위소득의 33% 이하에만 주거급여를 지급하였지만, 2014년 맞춤형 급여체계로 개편한 후(중위소득 43%)인 2019년부터는 중위소득 44%까지 수혜자가 확대되었다.

임차급여 지급대상은 타인의 주택 등에 거주하면서 임대차 계약 등(전대차 확인서 포함)을 체결하고 이에 따라 실제 임차료를 지불하고 있는 임차가구가 된다. 임차급여 지급기준과 산정방법을 살펴보면 임차급여는 수급자의 실제 임차료를 근거로 지역별 기준 임대료, 가구원 수, 소득인정액에 따라 차등 지급한다(〈표 5-2〉 참조).

자가가구(수선유지급여) 지원기준을 살펴보면 주택 등을 소유하고 그 집에 거주하는 자가가구에는 구조안전 · 설비 · 마감 등 주택의 노후도를 평가(경 · 중 · 대보수

표 5-2 2019년 임차급여의 지급기준: 기준 임대료

(단위: 원)

구분	1급지 (서울)	2급지 (경기 · 인천)	3급지 (광역시, 세종시)	4급지 (그 외 지역)
1인	233,000	201,000	163,000	147,000
2인	267,000	226,000	178,000	161,000
3인	316,000	272,000	213,000	194,000
4인	365,000	317,000	247,000	220,000
5인	377,000	329,000	258,000	229,000
6~7인	441,000	389,000	296,000	267,000
8~9인	485,000	427,000	325,000	293,000
10~11인	533,000	470,000	358,000	323,000

출처: 국토교통부(2019), p. 40.

로 구분하고 수급자의 소득인정액에 따라 차등 지급)하고 종합적인 **주택개량**을 지원한다(〈표 5-3〉 참조). 또한 고령자(만 65세 이상)에 대해서는 주거약자용 **편의시설**(단차 제거, 문 폭 확대 등 장애물 없는 생활환경 조성을 위해 필요한 시설)을 보수 범위별 수선비용 지원 금액 범위 내에서 설치해 준다.

주택의 노후도 평가는 현장실사를 통해 구조안전 · 설비상태 · 마감상태 등 최저주거기준 충족 여부를 기준으로 평가한다. 구조안전은 기초 · 지반침하, 지붕 누수,

표 5-3 수선유지급여 지급기준과 산정방법

구분	경보수	중보수	대보수
지원금액	378만 원	702만 원	1,026만 원
수선주기	3년	5년	7년
수선예시	도배, 장판 등	창호, 단열, 난방공사 등	지붕, 욕실 및 주방 개량 등
소득인정액	• 소득인정액이 생계급여 선정기준 이하인 경우 100% 지원 • 소득인정액이 생계급여 선정기준 초과에서 중위소득 35% 이하인 경우 90% 지원 • 소득인정액이 중위소득의 35% 초과에서 43% 이하인 경우 80% 지원 • 육로로 통행이 불가능한 도서 지역(제주도 본섬 제외)의 경우 위 수선비용을 10% 가산		

출처: 국토교통부(2019), p. 40.

벽체 균열 등을 평가하고, 설비상태는 부엌, 욕실, 창호, 단열, 급수, 오수, 난방, 내선, 조명 등을 평가하며, 마감상태는 벽, 천장, 바닥, 문틀 및 문짝 마감 등을 평가한다.

3) 주택공급정책

(1) 공공임대주택 보급

저소득층을 위한 주거보장정책에 따라 공급되고 있는 공공임대주택은 5년의 임대기간이 종료한 후 분양을 받아 소유권을 이전받을 수 있는 전용면적 83.66m^2 이하의 주택과 분양 전환을 하지 않고 임대로만 거주할 수 있는 주택으로서 2년 단위로 임대차 계약이 갱신되며 50년까지 거주할 수 있는 주택의 두 종류가 있다. 50년 장기임대주택은 이제 더 이상 신규 공급이 없고 퇴거자가 있을 경우에 예비입주자로만 입주가 가능하다.

최초 입주자 모집공고일 현재 65세 이상 직계존속(배우자의 직계존속 포함)을 1년 이상 부양하고 있는 무주택 세대주로서 전용면적 50m^2 미만 주택은 당해 세대의 월평균 소득이 전년도 도시근로자 가구당 월평균 소득의 50% 이하인 자, 또는 전용면적 50~60m^2 이하는 당해 세대의 월평균 소득이 전년도 도시근로자 가구당 월평균 소득의 70% 이하인 자에게 우선 공급하고 있다. 공공임대주택 보급정책은 저소득층을 위한 주거보장정책으로서 1988년부터 건립하여 보급하고 있지만, 국가재정과

[그림 5-11] 경상남도 산청읍의 공공임대주택 조감도

출처: 한국토지주택공사 제공.

국민주택기금을 지원받아 국가 · 지방자치단체 · 한국토지주택공사 또는 지방공사가 건설하는 주택 공급량의 20% 범위 내에서 배정하는 방식이기 때문에 많은 노인이 혜택을 받지는 못하고 있다.

(2) 공공실버주택 보급

공공실버주택은 연령대별 맞춤형 거주서비스의 중요성이 차츰 커지면서 건립된 것으로, 의료 · 여가 등을 결합한 노인만을 위한 임대주택이다. 단지 내에서 복지서비스를 함께 이용할 수 있도록 임대주택 1개 동을 1~2층은 복지시설, 3층 이상은 주거시설로 짓는 복합건축방식이다.

공공실버주택은 기존 임대주택보다 건설단가를 높여 주거동에는 무장애시설과 응급 비상벨 등을 설치하고, 복지동에는 물리치료실, 24시간 케어시설과 텃밭 등을 조성한다. 또 동별로 연간 3억 원가량의 복지동 운영비를 지원해 사회복지사와 간호사 등을 상주시키고 임대주택에 입주한 노인들에게 의료 · 건강관리, 식사 · 목욕 등 일상생활 지원 등의 서비스를 제공한다.

공공실버주택이 주택과 사회복지시설을 결합한 형태로서 노인주거안정이 목적인만큼 영구임대주택으로 공급할 계획이다. 입주대상은 65세 이상 노인이며 생계 · 의료급여 수급자 · 국가유공자 등이 1순위이다. 또 일반 생계 · 의료급여 수급자는 2순위, 도시근로자 평균소득 50% 이하(3인 가구 이하 기준 월소득 237만 원)는 3순

[그림 5-12] 전라남도 광양시의 공공실버주택 조감도

출처: 전라남도 광양시청 제공.

위로 배정된다. 기존 영구임대주택을 공공실버주택으로 리모델링할 경우에는 단지 내 노인 및 장애인에게 우선 공급한다.

4) 금융지원정책

(1) 주택 관련 세제 혜택 및 주택금융제도

주로 주택에 재산세를 감면해 주거나 지불을 연기해 주는 제도이다. 그리고 소득수준에 따라 저소득층 노인에 대한 지원으로 주택 수리 및 개조금의 전부를 지원하거나 저리로 융자해 준다. 또한 동절기의 방한 장치를 위한 특별지원금 제도도 있는데, 난방비 일부 혹은 전부를 지원해 준다.

민영주택자금대출 취급지침에 의하면 노부모 동거가구의 주택 신축 구입 개량의 경우 대출 금액에서 혜택을 주고 있으나, 민영주택자금보다 상대적으로 금리가 낮은 국민주택기금의 지원에 있어서는 노인가구에 대한 특별 지원은 없는 상황이다(박석돈, 박순미, 이경희, 2018).

(2) 주택자산 활용

노인이 현재 소유하고 있는 주택은 재산으로서의 가치가 높지만 주택을 매매하지 않는 주택구입 자금융자의 경우 노인도 일반인과 같이 주택구입자금을 은행에서 융자받을 수 있는데, 노인이기 때문에 특별히 혜택을 받는 제도는 거의 없다.

5. 노인주거보장정책의 과제

1) 노인주거보장정책에 대한 인식변화

노인에 대한 주거보장정책은 대부분 시설 중심의 한정된 정책에 치중되어 있었다. 그러나 이제는 단순히 노인이 편리하게 생활할 수 있는 주택 제공에만 관심을 가져서는 안 된다. 안전하고 편리한 주택 확보는 물론이고, 나아가서는 노인의 주거환경에서도 노인의 특수성을 고려하고, 더 나아가서는 노인뿐만 아니라 모든 연령의 사람이 함께 생활하고 필요한 서비스를 받기에 편리한 주택 구조와 환경을 마련해 주고 그에 대한 접근성을 확보해 주는 것까지 포함하는 노인주거보장정책이 이루어져야 할 것이다.

2) 재가 중심의 노인주거보장정책 확대

노인주거는 일반주택에서 살다가 일상생활에 불편을 느끼거나 보호가 필요하게 되면 보호시설로 가서 돌봄을 받다가 몸이 아파서 치료나 요양이 필요할 경우에는 병원으로 가는 3단계의 방식을 거친다. 그러나 대부분의 노인은 자신이 살던 집과 지역에서 계속해서 살기를 원하고 있다. 고령화를 경험한 선진국은 노인들의 능력 감퇴와 쇠약을 고려하여 노인들이 독립해서 생활할 수 있도록 특수한 설비와 시설을 갖춘 노인주택을 공급하고 있는데, 이를 통해 보호시설에 가야 할 많은 노인이 기존의 생활 거점을 바꾸지 않고 지금까지 생활해 온 가정이나 지역사회에서 계속 거주(aging in place: AIP)하고자 하는 정주(定住)에 대한 욕구를 충족시키는 것을 정책적 방향성으로 지향하고 있다.

우리나라도 2018년에 노인 본인이 살던 집과 지역에서 편안하고 건강한 노후생활을 보낼 수 있도록 하는 지역사회 통합 돌봄 기본계획(커뮤니티 케어)을 발표하고, 2019년부터 선도사업을 시행하고 있다. 따라서 노인들이 노인생활(거주)시설에서 노후생활을 영위하는 것이 아니라 종래의 지역생활공간에서 계속적으로 거주할 수 있도록 재가 목적의 노인주거보장정책이 확대되어야 한다. 노인들이 자신이 살던 가정과 지역에서 계속 거주하게 되면 행복과 삶의 만족도 증진뿐만 아니라 사회경제적 비용을 절감할 수 있는 효과도 기대할 수 있다.

3) 노인주거정책 관련 법규 개정

노인주거보장과 관련해서는 주거정책 관련 법규 개정과 정부부처 간의 유기적 협력체계 구축이 필요하다. 주거정책 관련 법규 문제는 우선 「노인복지법」의 노인주거시설 조항과 「효행 장려 및 지원에 관한 법률」에 선언적으로 규정된 노인주택 관련 규정이 구체화되어야 한다. 또한 「노인복지법」에서 노인복지시설로 분류된 노인복지주택을 「주택법」에서 규정하는 공동주택의 한 유형으로 포함시키는 법 개정이 필요하다. 그 밖에 「주택건설촉진법」에 노인주택 건설에 대한 규정을 삽입하고, 「주택건설기준 등에 관한 규정」에서 노인전용 주택시설의 기준을 마련하며, 「주택공급에 관한 규칙」에 노인 세대 입주의 우선순위를 높이도록 개정할 필요가 있다.

한편, 노인주거 관련 정책은 주무부서인 보건복지부에서 주관해야 하지만 주거 관련 업무는 국토교통부에서 거의 전담하고 있는 실정이다. 노인주거보장정책과 관련해서 국토교통부가 주거급여, 고령자를 위한 주택개조기준 제정, 공공임대주택, 공공실버주택 등을 맡고 있고, 기획재정부는 관련된 정책의 재정을 담당하는 등 여러 부처가 관련되어 있는 실정이다. 따라서 노인주거보장정책의 수립과 집행이 원활하게 이루어질 수 있도록 정부부처 간의 유기적인 협조체계 구축이 마련되어야 할 것이다(최해경, 2016).

4) 주거급여제도의 개선

현재 주거급여는 소득인정액이 중위소득의 44% 이하이면서 부양의무자 기준을 충족하는 가구가 지원대상이다. 그러나 현재의 주거급여가 너무 낮으므로 이를 민간주택 시장에서의 임대료 수준으로 현실화해야 한다. 또한 국민기초생활보장제도의 소득인정액이 지역별 · 가구특성별 차이를 반영하고 있지 못한 실정이다. 따라서 전반적인 주거급여수준의 현실화와 함께 가구 규모 이외에 지역별 주거 비용의 격차, 가구특성별 욕구를 반영하여 주거급여가 차등 지급되어야 할 것이다.

그리고 노인 단독가구의 경우 소득이 낮을 뿐 아니라 주거비가 과도한 경제적 부담을 주는 것이 현실이다. 따라서 노인 단독가구가 스스로 주거환경을 개선하는 것은 곤란하다. 또한 노인들이 본인이 살아왔던 주택을 계속해서 유지하고 관리하는 데에는 많은 경제적 비용과 에너지가 필요하므로 주거환경 개선 유도와 같은 간접적인 지원보다는 개 · 보수 지원과 같은 자가가구 지원을 확대해야 할 것이다. 특히 대부분의 노인에게 경보수 지원은 크게 도움이 되지 않기 때문에 중보수와 대보수를 지원할 수 있도록 확대되어야 할 것이다.

5) 노인주거의 금융 지원 확대

노인주택의 실질적 공급 확대를 위해서는 일정한 기준에 적합한 노인주택의 건설 재원은 정부의 예산, 국민주택기금 등 공공기금에서 자금 조달이 지원되어야 중산층 이하 노인을 위한 양적 공급 활성화를 기대할 수 있다. 반면, 중산층 이상의 노인을 위해서는 부동산 신탁을 이용한 노인주택의 공급 확대를 통해 노인들이 거주할 수 있도록 하는 재정적 지원 방안이 필요하다. 또한 노인주택과 관련된 금융제도로서 노인만의 주거를 위한 새로운 주택저축제도 상품을 개발하여 정부의 재정투자 융자 확대로 노인주택 금융 지원과 직접적인 노인주택자금 규모 증대, 간접적인 저금리 주택자금대출 등을 시행함으로써 노인주택 건설 및 공급을 확대하여야 할 것이다.

6) 노인가구의 특성을 고려한 노인주거정책 수립

노인주거정책은 모든 노인 및 노인가구가 대상이 되는 만큼 소득, 가구, 세대 등에 따른 다양한 계층이 존재하며, 사회가 변화함에 따라 이러한 특성은 유동적으로 바뀌게 된다. 하지만 현재의 노인주거정책은 다양한 계층에 대한 분류나 차별화된 서비스가 존재하지 않는 것이 문제가 되고 있으며, 이러한 획일화된 서비스의 제공은 계층에 따라 불편을 초래할 수 있는 부분이 있고, 또한 효율적인 정책 목표를 달성하기에 어려움이 존재하게 된다. 그러므로 이러한 문제를 해결하기 위해서는 노인가구의 특성을 고려한 노인주거(주택)의 도입이 절실하다.

7) 민간참여 활성화 지원정책 강화

민간노인주택 건설 시 일반주택 건설 비용보다 경비가 많이 소요되므로 노인가구에 대한 부담을 완화하기 위해서라도 건설 비용을 낮출 수 있도록 기존의 공공임대주택에 대한 지원과 마찬가지로 택지, 규제, 조세 등의 지원이 필요하며, 아울러 노인임대주택을 효율적이고 체계적으로 운영할 수 있도록 운영지원 시스템 등이 구축되어야 할 것이다.

또한 국가 · 지방자치단체 · 정부투자기관이 수주 또는 개발한 택지는 노인주택

사업자가 노인주거시설 건설에 사용할 수 있도록 토지 조성원가 이하의 가격을 책정하여 노인주택건설용지로 우선적으로 공급할 수 있도록 해야 한다. 그리고 노인주거시설의 개발은 입지의 선정과 개발, 건설과정에 있어 많은 관련 법규의 규제를 받을 뿐 아니라 개발허가와 형질변경 등 많은 절차상의 복잡한 문제점을 안고 있다. 따라서 노인주거시설에 대해서는 토지의 취득이나 기반시설 조성에 필요한 법적 규제와 절차를 완화하거나 특례를 적용해야 할 것이다. 아울러 노인주택의 취득에 따른 취득세, 등록세, 주거시설 보유에 따른 재산세, 종합토지세 등의 조세감면 혜택 지원도 필요하다.

••• 학습과제

1. 노인주거보장의 필요성에 대해 이야기하시오.
2. 우리나라에 적합한 노인주거보장 유형에 대해 이야기하시오.
3. 우리나라와 외국의 노인주거보장 사례를 살펴보고 개선점에 대해 이야기하시오.
4. 우리나라 노인주거보장정책의 현황을 살펴보고 문제점과 발전 방향에 대해 이야기하시오.

참고문헌

국토교통부(2019). 2019년 주거급여 사업안내.

과학기술인공제회(2018). 국내외 노인복지주택의 사례에서 배운다. 과학기술인공제회 저널 제12권. https://blog.naver.com/happysema/221298836374

김남희, 신기원, 이재풍, 이외승, 이용환(2014). 노인복지론. 서울: 동문사.

김희성(2017). 모든 국민이 상식으로 알아야 할 국민기초생활보장제도. 광주: 광주대학교출판부.

김희성, 이재법(2018). 국민기초생활보장제도. 광주: 복지공동체.

박광준(2004). 고령사회의 노인복지정책: 국제 비교적 관점. 서울: 학현사.

박석돈, 박순미, 이경희(2018). 노인복지론(3판). 경기: 양성원.

박신영(2003). 고령화 시대 노인주거정책. 밝은 노후를 만들어 가는 사람들의 모임 창립 5주년 기념 세미나 자료집.

백용운(2015). 최신재가복지론. 경기: 공동체.

보건복지부(2018). 2018 주요업무 참고자료.

보건복지부(2019a). 2019 국민기초생활보장사업안내.

보건복지부(2019b). 2019년 노인보건복지사업안내(I, II).

보건복지부, 한국보건사회연구원(2018). 통계로 보는 사회보장 2018.

양옥남, 김혜경, 박화옥, 정순둘(2016). 노인복지론. 경기: 공동체.

유성호, 김형수, 모선희, 윤경아(2015). 현대 노인복지론(5판). 서울: 학지사.

이데일리(2016. 2. 25.). [임대주택의 재발견⑥] "노인을 위한 집은 있다"… '공공실버주택'.

이상림, 강은나, 오신휘, 전홍규, 이한나, 박소정, 류승규(2016). 초고령사회 대응 지역친화적 노인주거모델 개발 연구(연구보고서 2016-18). 세종: 한국보건사회연구원.

이영환(2001). 영국의 노인주택정책과 관련법. 노인복지정책연구, 21, 211-258.

이은희, 박양숙(2017). 새로 쓴 노인복지론. 서울: 학지사.

이정헌(2006). 고령화 사회에 따른 부산시 노인주거정책 추진방안 연구. 부산: 부산발전연구원.

이해영(2015). 노인복지론. 서울: 창지사.

정옥분, 김동배, 정순화, 손화희(2016). 노인복지론(2판). 서울: 학지사.

조추용, 김양이, 윤은경(2015). 노인복지론. 서울: 창지사.

최해경(2016). 노인복지론. 서울: 학지사.

한국임상사회사업학회(2017). 노인복지론. 경기: 양서원.

Alex Maclean 홈페이지 alexmaclean.com

제 6 장

노인복지서비스

학습 목표

1. 노인복지서비스의 개념을 이해한다.
2. 노인복지서비스의 원칙을 이해한다.
3. 노인복지서비스의 종류와 내용을 이해한다.

1. 노인복지서비스의 이해

1) 노인복지서비스의 개념

노인복지서비스는 사회서비스의 한 분야로, 학자에 따라서 그리고 시간적으로나 공간적으로 다양하게 이해될 뿐만 아니라 그 적용 대상과 범위도 차이가 있어서 모두가 인정하는 개념을 정의하기는 어렵다.

박미석(2005)에 따르면, 노인복지서비스는 노인들의 건강, 가사, 간병 등 생활에 관련된 당면문제를 해결하기 위한 복지전문가들의 체계적인 서비스 개발과 통합적 복지지원서비스를 의미하는 것으로, 국가에서 정책 및 제도를 활용해서 노인들에게 경제, 의료, 주택, 환경, 복지 서비스 등을 제공함으로써 노인들의 전반적인 생활을 보장해 주는 고령화 대책이다. 또한 고객 맞춤형 서비스의 필요성과 수요자 중심의 서비스 개발, 데이터베이스의 표준화를 통한 서비스이다. 그리고 노인들에게 실질적으로 필요한 소득, 의료, 보건, 여가 등의 서비스를 제공하는 것이다(조석주, 이상묵, 2011).

이처럼 노인복지서비스는 넓은 의미에서 노인복지증진을 위해 사회적으로 지원하는 소득, 의료, 고용, 주거 등과 관련된 제반 서비스로 정의되기도 하고, 좁은 의미에서 지역사회에서 노인의 '대인관계나 사회관계에 있어 최대 능력을 발휘할 수 있도록 도와주는 한편 생활과 건강에서 만족할 만한 수준에 도달할 수 있도록 도와주기 위한 활동과 제도의 조직적인 체계'로 정의되기도 한다(최성재, 장인협, 2010).

한편, 보건복지부는 노인복지서비스를 '정신적 · 신체적인 이유로 일상생활을 독립적으로 수행하기 어려운 노인들과 노인을 부양하고 있는 가정에 필요한 다양한 서비스를 제공함으로써 노인이 가정 및 지역에서 편안하고 건강한 노후생활을 보낼 수 있도록 하는 것과 더불어 노인부양으로 인한 가족 부담을 덜어 주기 위한 사회서비스'라고 정의하고 있다(보건복지부, 2019a).

이상의 노인복지서비스에 대한 개념을 정리해 보면, 노인복지서비스는 사회복지서비스의 한 종류로서 노인들에게 필요한 다양한 복지서비스를 개인에게 적합하도록 제공하는 정부와 민간의 노력이라고 할 수 있다. 또한 지역사회와 노인 대상자 중심의 통합적인 노인복지서비스를 체계적으로 지원하는 것이라고 정리할 수 있다(신승만, 2012).

2) 노인복지서비스의 필요성

노년기에는 소득수준과 건강상태에 따라 욕구 충족의 우선순위는 다르겠지만, 소득 · 의료 · 주거 보장 외에 노인의 심리적 · 사회적 욕구가 다양하게 나타나고 있는데, 이를 충족시켜 주는 것이 노인복지서비스이다. 인간의 삶의 질 향상은 물질적 욕구와 더불어 심리적 · 사회적 욕구가 같이 충족되어야만 가능하기 때문에 노인복지서비스는 노인복지에서 매우 중요하다(한국임상사회사업학회, 2017).

노인인구의 지속적인 증가, 자녀와의 별거를 원하는 노인인구의 증가, 의식의 변화, 여성의 사회진출 확대, 노인들만의 단독가구 증가 등으로 인하여 부양의무자의 노인부양 기피 현상이 나타나면서 사회 전체적으로 가족의 노인부양기능 약화 현상이 두드러지게 되었고, 이에 따라 노인복지서비스의 필요성이 증대되고 있다. 노인복지서비스의 필요성은 다음과 같다.

첫째, 고령인구의 급속한 증가이다. 앞 장에서 언급하였듯이 현대사회의 급격한 고령화 현상으로 인해 노인인구, 특히 65세 이상의 고령노인이 증가하면서 보호를 필요로 하는 노인이 급증하고 있다. 이러한 65세 이상 노인인구의 증가는 요보호 노인들의 증가와 직결된다. 이는 의약기술의 발달 등으로 평균수명은 연장되었으나, 신체적인 노화와 급속히 변화하는 사회에 적응하지 못하는 심리사회적인 문제 등으로 나타나 노인의 건강 악화와 그에 따른 부양문제로 이어지기 때문에 노인복지서비스의 필요성이 증대되고 있다.

둘째, 노년부양비와 노령화지수의 증가이다. 출산율의 저하와 핵가족화의 가속화로 인한 소가족화 현상, 노인 단독가구의 증가와 같은 가족환경의 변화로 가족 내 부양체계의 불안정성이 증가하고 있다. 이와 같은 상황은 〈표 6-1〉에서 보듯이 노년부양비는 1990년에는 7.4%였는데 2018년에는 19.6%로 12.2% 증가하였으며, 노령화지수는 1990년에는 20.0%였는데 2018년에는 110.5%로 90.5% 증가하였다. 이러한 통계결과를 통해 각 가정의 부양 능력이 빠르게 저하되고 있음을 알 수 있다.

셋째, 노인 의료비의 증가이다. 인구고령화로 인해 일상생활을 독립적으로 영위할

표 6-1 노년부양비 및 노령화지수

구분	65세 이상(천 명)	노년부양비(%)	노령화지수(%)
1990년	2,195	7.4	20.0
2000년	3,395	10.1	34.3
2010년	5,366	14.8	67.2
2018년	7,381	19.6	110.5
2020년	8,134	21.8	123.7
2030년	12,955	38.2	212.1

출처: 통계청(2018).

수 없는 **기능장애**를 가진 노인들의 수가 양적으로 증가하고 있다. 우리나라의 경우 기초생활수급 노인들을 중심으로 **시설보호** 및 **재가복지** 서비스를 제공하고 있기 때문에 비수급 빈곤층뿐만 아니라 중상층의 경우에도 공적 **요양보호체계**의 사각지대에 방치되는 노인들이 너무 많다. 인구고령화의 영향으로 노인 의료비는 해마다 증가하고 있다. 65세 이상 노인 한 사람의 의료비 지출이 2030년 760만 원으로, 2015년 357만원의 2배를 웃돌 것으로 예상된다. 개인 의료비 지출이 늘어남과 동시에 노인 인구도 크게 증가하면서 전체 의료비는 15년 동안 3배 이상 늘어난 91조 원을 넘길 전망이다(국민건강보험공단, 2017; 〈표 6-2〉 참조).

표 6-2 노인 의료비 미래예측

구분	65세 이상		70세 이상	
	전체(조 원)	1인당(만 원)	전체(조 원)	1인당(만 원)
2015년	22.2	357	16.9	409
2020년	35.6	459	28.1	544
2025년	58.0	591	47.3	724
2030년	91.3	760	77.2	964

출처: 국민건강보험공단(2017).

2. 노인복지서비스의 원칙

노인복지서비스는 정형화된 원칙을 가지고 있지 않으며, 국가나 지역에 따라 다양한 서비스 원칙 및 내용을 포함하고 있다. 그러나 노인복지서비스 내용 중에서 중복적으로 사용하는 공통된 특징을 찾아서 몇 가지 원칙을 강조하고 있다. Gates(1980)는 서비스 전달체계에 대한 효과성 및 효율성에 대한 목표 달성 여부와 상관없이 노인복지서비스 전달체계에 대한 원칙에 대한 몇 가지 합의점이 있다고 하였다. 노인복지서비스의 원칙은 학자들마다 다양하지만, 이 장에서는 노인복지서비스의 기본 원칙을 전문성, 접근성, 통합성, 책임성, 포괄성, 지속성, 공평성, 적절성, 지역성의 아홉 가지 원칙으로 정리하고자 한다. 각 내용을 살펴보면 다음과 같다.

1) 전문성의 원칙

전문성(professionality)의 원칙은 노인복지서비스가 전문적인 가치와 윤리, 지식과 기술, 경험을 갖춘 노인복지 전문가에 의해 제공되어야 한다는 것이다. 물론 단순 업무나 일부 행정 업무 등은 전문가가 아닌 비전문가가 업무를 수행할 수도 있다. 그러나 노인복지서비스 전달체계 측면에서 노인복지서비스 실천 영역에서는 반드시 전문가들이 업무를 수행하여야 한다는 것이다.

장동일(2008)은 노인복지서비스가 전문적인 지식과 기술을 갖춘 전문가에 의한 서비스 공급을 의미한다고 하였다. 이는 노인복지서비스의 계획, 실천, 평가 등의 핵심 업무는 반드시 전문가가 전담해야 한다는 것이다. 여기서 전문가란 전문 지식과 기술 등의 자격을 객관적으로 인정받은 사람을 말한다. 따라서 노인복지서비스의 기본 원칙 중 전문성의 원칙은 노인들의 욕구를 충족하기 위해 전문적인 교육, 지식, 기술, 경험을 가지고 있는 전문가에 의해 노인복지서비스의 전 과정이 진행되어야 한다는 것이다.

2) 접근성의 원칙

접근성(accessibility)의 원칙은 노인의 신체적 · 정신적 특성을 인식하여 노인에게 적합한 노인복지서비스를 필요한 시간과 장소에서 보다 쉽고 편하게 접근하도록 하는 것이다. Friedlander와 Apte(1980)는 원활한 노인복지서비스 이용을 위해서 접근성은 매우 중요하고, 서비스를 이용하는 노인들이 생활하는 곳에서 너무 멀리 떨어져서는 안 되며, 교통 또한 불편함이 없어야 한다고 하였다.

물론 접근성은 거리적인 접근성도 중요하지만, 심리적인 접근성도 중요하다. 따라서 노인복지서비스를 이용하는 노인의 접근성을 저해하는 물리적 · 심리적 장애요소들을 찾아서 해결할 수 있다면 노인복지서비스의 효과성과 효율성을 더 증진시킬 수 있을 것이다. 다시 말해, 노인복지서비스에 있어 물리적 · 거리적 접근 이외에 심리적 · 정보적 · 제도적 · 법적 · 경제적 서비스 전문가 등의 종합적인 요인 간에 상호작용이 이루어질 때 노인복지서비스의 만족도가 높아질 것이다.

3) 통합성의 원칙

통합성(service integration)의 원칙은 공공 및 민간에서 노인복지서비스를 담당하는 부서 또는 서비스 전달체계를 하나로 단일화하여 노인복지서비스를 제공받는 노인들이 필요한 서비스를 위해 여러 기관을 옮겨 다니는 것이 아니라 한 기관에서 노인들이 원하는 다양한 서비스를 제공받는 것을 의미한다. 즉, 노인의 욕구나 문제는 대부분 복합적이고 상호 연관되어 있기 때문에 제공되는 노인복지서비스도 서로 유기적으로 연결되어 제공되어야 한다는 원칙이다.

또한 노인복지서비스 기관들이 다양한 서비스나 프로그램을 동시에 제공하게 되면 서비스 효과성이 떨어지고, 중복적인 서비스가 이루어져 예산낭비가 발생하기 때문에 효율성 또한 떨어지게 된다. 이러한 예산낭비가 없도록 서비스 제공기관, 사회복지사, 노인복지계획, 예산 분배 등의 통합 조정이 잘 진행될 수 있도록 새로운 노인복지서비스 전달체계가 구축되어야 한다.

4) 책임성의 원칙

책임성(accountability)의 원칙은 노인복지서비스가 노인에게 법적 근거나 규정에 의거하여 적합한 전달체계에 의해 효과적·효율적으로 전달되었는지에 대한 것과 노인복지서비스 전달과정에서 노인의 욕구, 현황, 만족도, 평가 등을 수렴할 수 있는 구조나 체계가 구비되어 있는지를 보는 것이다. 즉, 노인에게 적합한 절차에 의거하여 노인복지서비스가 전달되었는지에 대한 책임성에 관한 원칙이다. 이러한 책임성은 국가나 지방자치단체의 책임, 서비스를 이용하는 노인에 대한 책임, 사회나 지역에 대한 책임, 서비스를 제공하는 전문기관 및 전문가에 대한 책임 등으로 구분할 수 있다.

앞으로 노인복지서비스는 책임성이 더 요구될 것이며, 노인복지서비스를 수행하는 기관에서는 사업의 효과성과 효율성을 제대로 입증하지 못하면 생존하기 어려울 것이다. 이에 보다 효과적·효율적인 기관운영을 위해 행정적·경영적인 부분에서 책임성 있는 운영이 요구된다.

5) 포괄성의 원칙

포괄성(comprehensiveness)의 원칙은 노인 개인이 갖는 다양한 사회복지적 욕구가 전체로 조화될 수 있어야 한다는 것이다. 포괄성에 대하여 Gates(1980)는 지역사회의 노인복지문제와 서비스에 대한 양과 질, 만족도, 전문성 등을 확보하려면 서비스 전달체계가 포괄적이어야 한다고 하였다. 즉, 지역사회의 인적·물적 자원을 기반으로 하여 지역사회 노인들의 욕구나 문제를 해결하기 위해서는 지역주민 및 노인들의 의지와 참여가 중요하다.

노인복지서비스에 대해서는 공공과 민간이 협동하여 체계적인 서비스를 제공하는 포괄적 차원의 시스템이 마련되어야 한다. 이상적인 노인복지서비스가 이루어지려면 노인들의 욕구와 문제를 해결할 수 있도록 다각적인 접근과 서비스 제공이 필요하다. 다시 말해, 노인복지서비스 접근방법에 있어서 서비스 수요자와 공급자 차원의 포괄적인 전달 시스템 및 문제해결방법이 이루어져야 한다.

6) 지속성의 원칙

지속성(continuity)의 원칙은 노인복지서비스가 노인들이 살아 있는 동안에는 변함없이 지속적으로 제공되도록 하는 것이다. 노인복지서비스의 목표를 이루기 위해서는 많은 시간과 노력이 필요하다. 노인문제는 그 특성상 단시간에 해결되기보다는 많은 시간을 투자해야 결실을 볼 수 있는 것들이 많다.

만약 서비스를 제공하는 중간에 서비스 제공자가 바뀌는 경우에도 서비스를 중단하지 말고 지속적으로 서비스가 전달될 수 있도록 하여야 한다. 즉, 노인복지서비스의 궁극적인 목표가 이루어질 때까지 모든 노인복지서비스는 노인의 독립적인 생활이라는 목표를 중심으로 지속적인 서비스를 제공하여야 한다. 따라서 지속성은 포괄성, 통합성, 적절성과도 밀접하게 관련된다고 볼 수 있다.

7) 공평성의 원칙

공평성(equity)의 원칙은 노인복지서비스를 제공받는 모든 노인이 차별 없이 누구나 동일한 형태의 동일한 서비스를 평등하게 제공받도록 하는 것을 의미한다. 서비스 이용자인 노인이 국민기초생활수급자인지 아닌지에 따라 정부 및 지방자치단체 또는 노인복지기관에서는 노인에게 적합한 차별적인 서비스에 대해 신경을 써야 한다. 경제적인 능력이 있는 노인들에게 특별한 서비스를 제공해서는 안 되며, 빈부격차로 인한 차별화된 서비스는 평등에도 위반된다.

모든 노인은 노인복지서비스를 신청할 수 있고 이용할 수 있는 권리를 가지고 있다. 즉, 성별, 신분, 지위, 종교, 연령, 경제력 등에 관계없이 모든 노인은 노인복지서비스를 동등하고 평등하게 제공받아야 한다는 것이다.

8) 적절성의 원칙

적절성(appropriateness)의 원칙은 노인이 원하는 노인복지서비스가 원하는 만큼 충분하게 전달되었는가를 보는 것이다. Friedlander와 Apte(1980)는 노인복지서비스는 그들이 봉사하는 사람들에게 적합한 방법으로 제공되어야 한다고 주장하였다.

적절성의 원칙은 노인복지에 대한 예산과 깊은 관계가 있다. 예산이 부족한 상태에서는 적절성의 원칙을 지키는 것이 어렵기 때문이다. 특히 노인복지서비스에서 공공전달체계는 공급자 위주로 진행하는 경우가 많아서 노인의 욕구를 충분히 고려하여 제공하는 것이 어렵기 때문에 적절성의 원칙이 잘 지켜지지 않는다. 따라서 서비스 전달체계를 구축하는 데 있어서 노인의 입장에서 노인의 다양한 욕구를 충족시킬 수 있는 적절성의 원칙이 반영될 수 있도록 해야 한다.

9) 지역성의 원칙

지역성(community)의 원칙은 노인복지서비스는 노인의 생활권역을 중심으로 전개되어야 한다는 것이다. 노인의 생활권역은 '노인이 생활하는 곳' '생활의 장'인 동시에 '노인의 참가의 장'이므로 지역성을 배제해서는 안 된다. 노인의 기초적인 생활권역을 구분하는 기준은 다양하다. 가장 기본적으로 물리적인 것뿐만 아니라 정서적·심리적인 것을 포함하여 지역성을 고려한다. 노인복지서비스 이용이라는 측면에서 보면, 지역적 권역은 큰 지역보다는 작은 지역이 더 좋다. 그러나 서비스 제공체계의 효과성과 효율성을 고려하는 것이 중요하기에 노인들의 수요와 공급이 균형을 이룰 수 있도록 적합한 체계를 고려하여 생활권역을 설정하는 것이 중요하다.

3. 노인복지서비스의 내용

현재 우리나라에서 시행되고 있는 노인복지서비스의 내용은 크게 여섯 가지의 노인복지 관련법에서 규정되고 있다. 즉, 「사회복지사업법」「노인복지법」「국민기초생활보장법」「의료법」「치매관리법」「기초연금법」이다. 우리나라에서 노인복지와 관련된 최초의 법체계는 1970년 1월에 제정된 「사회복지사업법」이다. 이 법은 아동복지, 장애인복지, 여성복지를 포함한 전체 사회복지서비스에 관한 일반법으로 노인복지서비스에 관한 기본적인 가이드라인을 제시하고 있다.

1981년에는 「노인복지법」이 제정되어 증가하는 노인인구에 대한 노인복지서비스 제공을 위한 법적인 토대를 마련하였다. 1999년에는 저소득층을 위한 공공부조의 성격이 강했던 기존의 「생활보호법」을 대체하여 「국민기초생활보장법」이 제정되었고, 2000년 10월에 처음으로 시행되었다. 이 법은 저소득층에게 최저생활을 보장하는 종전의 수준에 그치지 않고 그들의 기초생활에 실질적으로 도움을 주어 스스로의 자활의지와 능력을 키워 줄 수 있는 복지서비스를 제공할 목적으로 만들어졌다.

이 밖에 노인의 의료 및 보건에 관한 복지서비스는 「의료법」에 의해 규정되고 있으나, 특별히 노인복지에 관한 별도의 규정을 제정하지 않아 노인복지서비스와 관

표 6-3 현행 법체계상의 노인복지서비스

법 구분	노인복지서비스 관련 내용	법률 근거
사회복지 사업법	• 노인복지관련서비스 내용과 범위 • 서비스전달 제공의 조건과 자격 • 사회복지시설의 기준과 운영방식기준 • 노인복지서비스 관련 사회복지사들의 자격과 법적 보호 규정 • 재가복지서비스의 범위	「사회복지사업법」
노인 복지법	• 노인실태조사 • 노인복지상담원 • 노인전용주거시설 • 노인일자리전담기관의 설치 · 운영 • 독거노인종합지원센터 • 노인재활요양사업 • 노인복지시설의 설치 · 운영	「노인복지법」
국민기초생활 보장법	• 최저생활보장 급여지급서비스로서 노인복지서비스 관련(생계, 의료, 주거, 자활 급여 등)	「국민기초생활보장법」
의료법	• 노인전문요양원의 의료기관 설치 관련 규정 • 진료서비스 관련 전담인력 규정에 근거	「의료법」
치매 관리법	• 치매관리종합계획의 수립 · 시행 등 • 치매연구사업 등(치매검진, 치매환자의 의료비 · 가족 지원, 중앙 · 광역치매센터 설치, 치매안심병원 지정, 치매상담센터 설치 등)	「치매관리법」
기초 연금법	• 기초연금 수급권자의 범위 • 기초연금액의 산정 • 기초연금의 신청 및 지급 결정 등 • 기초연금 수급자의 사후관리 및 권리보호	「기초연금법」

련한 구체적인 법적 토대는 형성되지 못하고 있다. 「치매관리법」은 치매관리정책을 종합적으로 수립 · 시행함으로써 치매로 인한 개인적 고통과 피해 및 사회적 부담을 줄이고 국민건강증진에 이바지함을 목적으로 2012년 2월 3일에 제정되었다. 「기초연금법」은 노인에게 기초연금을 지급하여 안정적인 소득기반을 제공함으로써 노인의 생활안정을 지원하고 복지를 증진함을 목적으로 제정되었다(〈표 6-3〉 참조).

이 장에서는 노인복지서비스의 여섯 가지 관련법 중에서 가장 핵심이 되는 「노인복지법」에 의한 노인복지서비스를 중심으로 살펴보고자 한다.

1) 「노인복지법」과 노인복지서비스

「노인복지법」은 우리나라에서는 처음으로 노인과 직접적으로 관련하여 제정된 법률이다. 「노인복지법」은 노인들의 건강과 생활보호 및 사회적 활동까지를 포함한 내용과 서비스를 제공하는 주체들의 역할 등에 관한 규정이 포함되어 있다. 저소득 노인들의 생활안정을 보장하기 위하여 65세 이상 노인 중에서 국민기초생활수급자로 등록되어 있거나 소득이 일정 수준에 미달하는 경우 중앙정부 또는 지방자치단체가 기초연금을 지급한다. 단, 다른 연금법에 의해 지원받고 있는 경우는 제외한다(「노인복지법」 제9조 제1항 제2호와 제15조).

「노인복지법」과 관련된 노인복지서비스는 노인복지시설의 설치 · 운영을 중심으로 한다. 「노인복지법」 제31조에 규정된 노인복지시설의 종류로는 노인주거복지시설, 노인의료복지시설, 노인여가복지시설, 재가복지시설, 노인보호전문기관 등이 있다. 이는 이용방법에 따라 생활시설(주거시설)과 이용시설로 구분된다. 생활시설(주거시설)은 요보호대상자를 24시간 일정한 장소에서 보호하는 시설로 노인주거복지시설과 노인의료복지시설이 있고, 이용시설은 재가 혹은 시설 이용자가 통원하며 서비스를 이용할 수 있는 시설로 노인여가복지시설, 재가노인복지시설, 노인보호전문기관, 노인일자리 지원기관 등이 있다. 또한 노인복지시설서비스 외에 노인돌봄 및 지원서비스가 있다. 이를 구체적으로 살펴보면 다음과 같다(보건복지부, 2019b; 〈표 6-4〉 참조).

표 6-4 노인복지시설의 종류(「노인복지법」 제31조)

<table>
<tr><th>종류</th><th>시설</th><th>설치 목적</th><th>입소(이용) 대상자</th><th>설치</th></tr>
<tr><td rowspan="3">노인주거
복지시설</td><td>양로
시설</td><td>노인을 입소시켜 급식과 그 밖에 일상생활에 필요한 편의를 제공</td><td rowspan="2">다음 각 호의 어느 하나에 해당하는 자로서 일상생활에 지장이 없는 자
가. 「국민기초생활보장법」 제2조에 따른 수급권자(이하 "기초수급권자"라 한다)로서 65세 이상의 자
나. 부양의무자로부터 적절한 부양을 받지 못하는 65세 이상의 자
다. 본인 및 본인과 생계를 같이하고 있는 부양의무자의 월소득을 합산한 금액을 가구원 수로 나누어 얻은 1인당 월평균 소득액이 통계청장이 「통계법」 제17조 제3항에 따라 고시하는 전년도의 도시근로자가구 월평균 소득을 전년도의 평균 가구원 수로 나누어 얻은 1인당 월평균 소득액 이하인 자(이하 "실비보호대상자"라 한다)로서 65세 이상의 자
라. 입소자로부터 입소비용의 전부를 수납하여 운영하는 양로시설 또는 노인공동생활가정의 경우는 60세 이상의 자</td><td rowspan="2">시장·
군수·
구청장에
신고</td></tr>
<tr><td>노인
공동
생활
가정</td><td>노인들에게 가정과 같은 주거여건과 급식, 그 밖에 일상생활에 필요한 편의를 제공</td></tr>
<tr><td>노인
복지
주택</td><td>노인에게 주거시설을 분양 또는 임대하여 주거의 편의·생활지도·상담 및 안전관리 등 일상생활에 필요한 편의를 제공</td><td>단독취사 등 독립된 주거생활을 하는 데 지장이 없는 60세 이상의 자</td><td>시장·
군수·
구청장에
신고</td></tr>
<tr><td rowspan="2">노인의료
복지시설</td><td>노인
요양
시설</td><td>치매·중풍 등 노인성 질환 등으로 심신에 상당한 장애가 발생하여 도움을 필요로 하는 노인을 입소시켜 급식·요양과 그 밖에 일상생활에 필요한 편의를 제공</td><td rowspan="2">노인성 질환 등으로 다음 각 호의 어느 하나에 해당하는 자
가. 「노인장기요양보험법」 제15조에 따른 장기요양급여수급자
나. 기초수급권자로서 65세 이상의 자
다. 부양의무자로부터 적절한 부양을 받지 못하는 65세 이상의 자
라. 입소자로부터 입소 비용의 전부를 수납하여 운영하는 노인요양시설 또는 노인요양공동생활가정의 경우는 60세 이상의 자</td><td rowspan="2">시장·
군수·
구청장에
신고</td></tr>
<tr><td>노인
요양
공동
생활
가정</td><td>치매·중풍 등 노인성 질환 등으로 심신에 상당한 장애가 발생하여 도움을 필요로 하는 노인에게 가정과 같은 주거여건과 급식·요양, 그 밖에 일상생활에 필요한 편의를 제공</td></tr>
</table>

노인여가 복지시설	노인 복지관	노인의 교양 · 취미 생활 및 사회참여활동 등에 대한 각종 정보와 서비스를 제공하고, 건강증진 및 질병예방과 소득보장 · 재가복지, 그 밖에 노인의 복지증진에 필요한 서비스를 제공	60세 이상의 자	시장 · 군수 · 구청장에 신고
	경로당	지역노인들이 자율적으로 친목도모 · 취미활동 · 공동작업장 운영 및 각종 정보교환과 기타 여가활동을 할 수 있도록 하는 장소를 제공	65세 이상의 자	시장 · 군수 · 구청장에 신고
	노인 교실	노인들에 대하여 사회활동참여 욕구를 충족시키기 위하여 건전한 취미생활 · 노인건강유지 · 소득보장 및 기타 일상생활과 관련한 학습프로그램을 제공	60세 이상의 자	시장 · 군수 · 구청장에 신고
재가노인 복지시설 서비스	방문 요양 서비스	가정에서 일상생활을 영위하고 있는 노인으로서 신체적 · 정신적 장애로 어려움을 겪고 있는 노인에게 필요한 각종 편의를 제공하여 지역사회 안에서 건전하고 안정된 노후를 영위하도록 하는 서비스	장기요양수급자나 심신이 허약하거나 장애가 있는 65세 이상의 자(이용자로부터 이용비용의 전부를 수납받아 운영하는 시설의 경우에는 60세 이상의 자로 한다)로서 다음 각 호에 해당하는 자 가. 방문요양서비스: 가정에서 보호가 필요한 자 나. 주 · 야간보호서비스: 주간 또는 야간 동안 보호가 필요한 자 다. 단기보호서비스: 단기간의 보호가 필요한 자 라. 방문목욕서비스: 가정에서 목욕이 필요한 자 마. 방문간호서비스: 가정에서 간호가 필요한 자 바. 재가노인지원서비스: 가목부터 라목까지의 서비스 이외의 서비스로서 상담 · 교육 및 각종 서비스가 필요한 자	시장 · 군수 · 구청장에 신고
	주 · 야간 보호 서비스	부득이한 사유로 가족의 보호를 받을 수 없는 심신이 허약한 노인과 장애노인을 주간 또는 야간 동안 보호시설에 입소시켜 필요한 각종 편의를 제공함으로써 이들의 생활안정과 심신기능의 유지 · 향상을 도모하고, 그 가족의 신체적 · 정신적 부담을 덜어 주기 위한 서비스		
	단기 보호 서비스	부득이한 사유로 가족의 보호를 받을 수 없어 일시적으로 보호가 필요한 심신이 허약한 노인과 장애노인을 보호시설에 단기간 입소시켜 보호함으로써 노인 및 노인가정의 복지증진을 도모하기 위한 서비스		
	방문 목욕 서비스	목욕장비를 갖추고 재가노인을 방문하여 목욕을 제공하는 서비스		

	방문 간호 서비스	간호사 등이 의사, 한의사 또는 치과의사의 지시서(이하 "방문간호 지시서"라 한다)에 따라 수급자의 가정 등을 방문하여 간호, 진료의 보조, 요양에 관한 상담 또는 구강위생 등을 제공하는 서비스		
	재가 노인 지원 서비스	그 밖에 재가노인에게 제공하는 서비스로서 상담 · 교육 및 각종 서비스		
노인보호 전문기관	노인 보호 전문 기관	시 · 도지사가 노인보호전문기관을 지정 · 운영, 노인학대 신고, 상담, 보호, 예방 및 홍보, 24시간 신고 · 상담용 긴급전화(1577-1389) 운영	노인학대행위자에 대한 상담 및 교육. 학대받은 노인의 발견 · 상담 · 보호 등 노인학대 예방 및 방지를 위한 홍보	시 · 도지사 지정
노인 일자리 지원기관	노인 일자리 지원 기관	지역사회 등에서 노인일자리의 개발 · 지원, 창업 · 육성 및 노인에 의한 재화의 생산 · 판매 등을 직접 담당하는 노인일자리전담기관 운영	60세 이상의 자	시 · 도 및 시·군·구에 신고
학대피해 노인 전용쉼터	학대피해노인 전용 쉼터	노인학대로 피해를 입은 노인을 일정 기간 보호하고 심신치유 프로그램 제공	학대피해노인이 입소를 희망하는 경우 지역노인보호전문기관의 장의 입소요청에 학대피해노인이 동의하는 경우	시 · 도지사 지정

출처: 보건복지부(2019b), p. 4.

표 6-5 **연도별 노인복지시설 현황** (단위: 개소, 명)

종류	시설	2018년		2017년		2016년		2015년		2014년	
		시설 수	입소정원	시설 수	입소정원	시설 수	입소정원	시설 수	입소정원	시설 수	입소정원
합계		77,400	231,857	76,371	219,476	75,708	212,601	75,029	201,648	73,774	190,162
노인주거 복지시설	소계	390	19,897	404	19,652	425	19,993	427	19,909	443	20,110
	양로시설	238	12,510	252	12,562	265	13,283	265	13,446	272	13,903
	노인공동생활가정	117	998	119	1,092	128	1,062	131	1,087	142	1,173
	노인복지주택	35	6,389	33	5,998	32	5,648	31	5,376	29	5,034
노인의료 복지시설	소계	5,287	177,318	5,242	170,926	5,163	167,899	5,063	160,115	4,841	151,200
	노인요양시설	3,390	160,594	3,261	153,785	3,136	150,025	2,933	141,479	2,707	132,387
	노인요양 공동생활가정	1,897	16,724	1,981	17,141	2,027	17,874	2,130	18,636	2,134	18,813
노인여가 복지시설	소계	68,013	0	67,324	0	66,787	0	66,292	0	65,665	0
	노인복지관	385	0	364	0	350	0	347	0	344	0
	경로당	66,286	0	65,604	0	65,044	0	64,568	0	63,960	0
	노인교실	1,342	0	1,356	0	1,393	0	1,377	0	1,361	0
재가노인 복지시설	소계	3,494	34,642	3,216	28,898	3,168	24,709	3,089	21,624	2,797	18,852
	방문요양서비스	1,051	0	1,001	0	1,009	0	1,021	0	992	0
	주 · 야간 보호서비스	1,312	33,815	1,174	27,934	1,086	23,767	1,007	20,467	913	18,008
	단기보호서비스	73	827	80	964	95	942	112	1,157	96	844
	방문목욕서비스	650	0	609	0	588	0	617	0	588	0
	방문간호서비스	21	0	10	0	0	0	0	0	0	0
	재가노인 지원서비스	387	0	342	0	390	0	332	0	208	0
노인보호 전문기관	노인보호 전문기관	33	0	32	0	29	0	29	0	28	0
노인 일자리 지원기관	노인일자리 지원기관	165	0	153	0	136	0	129	0	0	0
학대피해 노인 전용쉼터	학대피해노인 전용쉼터	18	0	0	0	0	0	0	0	0	0

* 유료노인복지주택 입소정원: '08 및 '07년에는 시 · 군 · 구 조사자료에 의거 입소정원을 표기하였으나, 현실적으로 주택은 1세대에 1명 또는 여러 명이 거주 가능하므로 입소정원이 없음. 따라서 '09년부터는 노인복지주택의 입소정원을 세대수로 표기함('08년 노인복지주택 세대수는 2,596세대, '07년 2,012세대임).

* 재가노인복지시설 현황은 「노인복지법」에 의거하여 설치 · 신고된 시설 현황자료임.

* 노인복지관 현황은 「노인복지법」 제37조에 따른 노인복지관임.

출처: 보건복지부(2019b), p. 4.

(1) 노인주거복지시설

노인주거복지시설로는 **양로시설**, **노인공동생활가정**, **노인복지주택** 등이 있으며, 일상생활에 지장이 없는 노인을 입소대상으로 한다. 2008년 7월 1일부터 양로시설과 노인공동생활가정의 경우 무료, 실비, 유료의 기준은 없어졌으나 기존의 운영기준에 따라 시설의 유형과 입소대상자의 경제력 및 그 부양자의 경제력과 부양 능력에 따라 운영비가 지원된다.

65세 이상 국민기초생활보장 수급노인과 수급노인이 아닌 노인 가운데 부양의무자로부터 적절한 부양을 받지 못하는 노인은 무료입소대상자로 중앙정부와 지방자치단체가 입소 비용을 전액 지원한다. 실비입소대상자는 65세 이상 노인으로 본인과 그 배우자 및 생계를 같이하는 부양의무자의 월소득 합산액을 가구원 수로 나눈 월평균 소득액이 통계청장이 고시하는 당해 연도 평균 가구원 수로 나눈 1인당 월평균 소득액 이하인 노인이 해당된다.

「노인복지법」에서 양로시설은 노인을 입소시켜 급식과 그 밖에 일상생활에 필요한 편의를 제공함을 목적으로 하는 입소정원 10명 이상의 시설이다. 노인공동생활가정은 노인에게 가정과 같은 주거여건과 급식, 그 밖에 일상생활에 필요한 편의를 제공함을 목적으로 하는 입소정원 5명 이상 9명 이하의 시설이다. 노인복지주택은 노인에게 주거시설을 분양 또는 임대하여 주거의 편의 · 생활지도 · 상담 및 안전관리 등 일상생활에 필요한 편의를 제공함을 목적으로 하는 30세대 이상의 시설이다.

(2) 노인의료복지시설

노인의료복지시설로는 **노인요양시설**, **노인요양공동생활가정** 등이 있으며, 치매, 중풍, 기타 **노인성 질환** 등으로 심신의 장애가 있어 다른 사람의 보호를 필요로 하는 노인을 입소시켜 급식 · 요양 및 일상생활에 필요한 편의를 제공하는 시설을 말한다.

노인장기요양보험이 실시된 2008년 8월 1일부터 노인의료복지시설 가운데 노인요양시설(소규모 요양시설 포함)과 노인요양공동생활가정의 입소대상자는 65세 이상 장기요양급여 수급자 가운데 장기요양 1~2등급(인정점수 75점 이상)을 받은 시설급여 대상자 및 65세 미만 국민 가운데 치매, 뇌혈관질환, 파킨슨병 등과 같은 노인성 질병을 가진 자, 장기요양 3~5등급 및 인지지원등급 중 불가피한 사유로 등급판정위원회에서 시설급여 대상자로 판정받은 자, 65세 이상 기초생활수급자와 긴급조치 대상자로서 거주지가 없어서 가정에서 생활이 불가능하거나 부양의무자로부터 적절한 부양을 받지 못하는 자와 이에 해당되지 않은 60세 이상인 자가 해당된다.

「노인복지법」에 따르면, 노인요양시설은 치매 · 중풍 등의 노인성 질환으로 심신에 상당한 장애가 발생하여 도움을 필요로 하는 노인을 입소시켜 급식 · 요양과 그 밖에 일상생활에 필요한 편의를 제공함을 목적으로 하며 입소정원이 10명 이상이다. 노인요양공동생활가정은 치매 · 중풍 등의 노인성 질환으로 심신에 상당한 장애가 발생하여 도움을 필요로 하는 노인에게 가정과 같은 주거여건과 급식 · 요양, 그 밖에 일상생활에 필요한 편의를 제공함을 목적으로 하며 입소정원이 5명 이상 9명 이하이다.

(3) 노인여가복지시설

노인여가복지시설로는 노인복지관, 경로당, 노인교실 등이 있다. 노인주거복지시설과 노인의료복지시설이 신체적 · 정신적 기능 정도에 따라 노인을 입소시켜 급식과 요양 서비스 및 각종 프로그램을 제공하는 주거시설이라면, 노인여가복지시설은 비교적 건강한 노인을 대상으로 노후생활을 보람 있게 보낼 수 있도록 각종 여가와 취미 활동 서비스를 제공하는 이용시설이다. 특히 오늘날 노인의 대부분은 생활수준의 향상, 의료기술의 발달 및 정년퇴직제도의 도입으로 선대의 노인보다 노후에 더 많은 시간을 건강하게 보내기 때문에 노후생활을 보람 있게 보내는 일은 노인 개개인은 물론이고 사회 전체를 위해서도 매우 바람직한 일이다. 노인여가복지시설을 살펴보면 다음과 같다(윤경아, 김형수, 모선희, 유성호, 2012).

① 노인복지관

노인복지관은 '노인의 교양 · 취미 생활 및 사회참여활동 등에 대한 각종 정보와 서비스를 제공하고, 건강증진 및 질병예방과 소득보장, 재가복지 그 밖에 노인의 복지증진에 필요한 서비스를 제공함을 목적으로 하는 시설'로 정의된다(「노인복지법」 제36조). 지역사회에 거주하는 노인들에게 오락 및 여가 프로그램을 포함하여 의료, 보건, 생활상담, 식사 제공, 교양강좌, 취업 상담 및 알선, 재가노인복지사업에 이르기까지 다양하고 전문적인 서비스를 제공하고 있어서 노인복지관은 노인여가복지시설 가운데 노인들의 종합복지센터로서 중추적인 역할을 수행하고 있다.

노인복지관은 시 · 군 · 구별로 지역 실정에 따라 최소 1개소 이상 설치 · 운영하는 것을 원칙으로 한다. 그리고 해당 시 · 군 · 구에 노인복지관이 있으나 접근성이 좋지 않은 지역의 노인을 위하여 노인복지관 분관을 설치할 수 있다. 그리고 농어촌 지역에서는 접근성이 좋지 않은 지역과 거동불편 노인을 직접 찾아가서 서비스를 제공하는 찾아가는 이동복지관을 운영할 수 있다(한국임상사회사업학회, 2017).

② 경로당

경로당은 '지역 노인들이 자율적으로 친목도모, 취미활동, 공동작업장 운영 및 각종 정보교환과 기타 여가활동을 할 수 있도록 하는 장소를 제공함을 목적으로 하는 시설'로 정의된다(「노인복지법」 제36조). 즉, 경로당은 65세 이상 지역사회 노인들의 참여를 통한 소득증진과 친목 및 여가 활동의 제공을 주요 목적으로 하고 있다. 경로당은 노인여가복지시설 중 마을단위마다 설치되어 있어 시설의 접근성이 가장 뛰어나 노인들의 역할 등을 포함한 각종 서비스 전달과 관련하여 매우 중요한 지역사회시설이다.

③ 노인교실

노인교실은 '노인들에 대하여 사회활동참여 욕구를 충족시키기 위하여 건전한 취미생활, 노인건강유지, 소득보장 및 기타 일상생활과 관련한 학습 프로그램을 제공하는 시설'로 정의된다(「노인복지법」 제36조). 「노인복지법」상 노인교실은 여가 · 취미 활동과 학습 프로그램 외에 노인건강유지, 소득보장과 관련된 프로그램을 제공하는 시설로 정의되고 있으나 주로 학습 프로그램의 제공에 국한하여 운영되고 있는 실정이다. 노인교실은 노인대학, 노인학교, 경로대학 등의 명칭을 같은 의미로 사용하고 있다. 노인교실은 운영기준으로 주 1회 이상 교육을 실시할 것과 시설기준으로 사무실, 화장실, 강의실, 휴게실 등을 갖출 것을 규정하고 있다. 노인교실은 대한노인회, 노인종합복지관, 지역종합사회복지관, 종교단체, 사회단체 등 다양한 기관에서 운영하고 있다.

표 6-6 노인여가복지시설 현황 ('18년 12월 말, 단위: 개소, 명)

시·도	65세 이상 노인인구 (2018. 12. 31. 주민등록인구 기준)	합계	노인복지관		경로당	노인교실
			시설 수	종사자 수		
합계	7,650,408	68,013	385	7,051	66,286	1,342
서울	1,410,297	3,885	82	1,511	3,425	378
부산	589,961	2,509	31	374	2,311	167
대구	362,934	1,562	19	201	1,508	35
인천	362,675	1,540	20	281	1,489	31
광주	187,186	1,364	9	220	1,315	40
대전	188,530	837	7	128	817	13
울산	123,919	841	13	170	806	22
세종	29,178	486	1	0	478	7
경기	1,551,801	9,834	59	1,975	9,609	166
강원	289,386	3,226	15	243	3,150	61
충북	261,763	4,154	18	393	4,129	7
충남	372,515	5,816	16	300	5,733	67
전북	358,410	6,795	22	431	6,699	74
전남	413,132	9,092	29	366	9,003	60
경북	529,349	8,131	19	182	7,998	114
경남	523,165	7,483	23	255	7,378	82
제주	96,207	458	2	21	438	18

출처: 보건복지부(2019b), p. 10.

(4) 재가노인복지시설

재가노인복지시설은 1980년대 이후 노인의 서비스 제공과 관련된 정책 방향이 시설보호 중심에서 지역사회보호로 전환됨에 따라 등장한 시설이다. 이는 가능하면 노인과 노인을 부양하는 가족이 필요로 하는 서비스를 현재 살고 있는 가정과 지역사회 내에서 해결하여 안정된 노후생활과 가족의 부양 부담을 경감시키는 것을 목적으로 운영되고 있다. 재가노인복지시설은 2008년부터 시행되고 있는 노인장기요양보험제도에 따라 노인의료복지시설과 함께 향후 가장 활성화될 시설이라고 볼 수 있다. 재가노인복지서비스를 구체적으로 살펴보면 다음과 같다.

① 방문요양서비스

방문요양서비스는 가정에서 일상생활을 영위하고 있는 노인으로서 신체적·정신적 장애로 어려움을 겪고 있는 노인에게 필요한 각종 편의를 제공하며 지역사회 내에서 건전하고 안정된 노후를 영위하도록 요양보호사가 가정을 방문하여 신체활동 및 가사활동 등 필요한 각종 서비스를 제공함을 목적으로 한다. 서비스 내용은 신체활동·가사활동·개인활동·정서 지원 서비스 등이 있다. **신체활동 지원**은 세면 도움, 구강관리, 목욕 도움, 식사 도움, 신체기능 유지 및 증진 등이다. **가사활동 지원**은 취사, 생활필수품 구매, 청소, 세탁, 주변 정리정돈 등이다. **개인활동 지원**은 외출 시 동행, 부축, 일상 업무 대행 등이다. **정서 지원**은 말벗, 격려 및 위로, 생활상담, 의사소통 도움 등이다.

② 주·야간보호서비스

주·야간보호서비스는 부득이한 사유로 가족의 보호를 받을 수 없는 심신이 허약한 노인과 장애노인을 주간 또는 야간 동안 보호시설에 입소시켜 필요한 각종 편의를 제공함으로써 이들의 생활안정과 심신기능의 유지·향상을 도모하고 그 가족의 신체적·정신적 부담을 경감시키는 것을 목적으로 한다. 이 서비스 내용으로는 일상생활 지원, 급식 및 목욕 서비스, 노인 가족에 대한 교육 및 상담서비스 등이 있다.

③ 단기보호서비스

단기보호서비스는 부득이한 사유로 가족의 보호를 받을 수 없어 일시적으로 보호가 필요한 심신이 허약한 노인이나 장애노인을 보호시설에 단기간 입소시켜 보호함으로써 노인 및 노인가정의 복지증진을 도모하기 위하여 서비스를 제공함을 목적으로 한다. 서비스 내용에는 급식, 치료, 그 밖의 일상생활에 필요한 편의를 제공하는 서비스와 노인요양시설 또는 노인요양공동생활가정의 사업에 준하는 서비스가 포함된다.

④ 방문목욕서비스

방문목욕서비스는 목욕 장비를 갖추고 재가노인을 방문하여 목욕서비스를 제공함을 목적으로 한다. 서비스 내용은 목욕 준비, 입욕 시 이동보조, 몸 씻겨 주기, 머리 말려 주기, 옷 갈아입히기 등이며, 목욕 후 주변 정리까지 포함된다.

⑤ 재가노인지원서비스

재가노인지원서비스는 경제적 · 정신적 · 신체적인 이유로 독립적인 일상생활을 영위하기 어려운 노인과 복지사각지대 노인들에게 일상생활 지원(방문요양 제외)을 비롯한 각종 필요서비스를 제공함으로써 지역사회 내에서 건강한 생활을 영위하는데 어려움이 없도록 예방적 복지 실현 및 사회안전망 구축을 목적으로 한다. 서비스 내용은 예방적 사업으로 일상생활 지원(방문요양서비스 내용 제외), 정서 지원, 주거환경 개선 지원, 여가활동 지원, 상담, 지역사회자원 개발 등이 있고, 사회안전망 구축사업으로 연계 지원, 교육 지원, 지역사회 네트워크 지원 등이 있으며, 그 외에 긴급지원사업이 있다(〈표 6-7〉 참조).

표 6-7 재가노인지원서비스 내용

대분류(사업)	중분류(프로그램)	소분류(서비스)	
예방적 사업 (직접서비스)	일상생활 지원	• 무료급식 및 밑반찬 서비스 • 행정지원서비스 • 김장서비스	• 이 · 미용서비스 • 명절 · 생신서비스 • 차량이송서비스 • 장보기서비스
	정서 지원	• 심리지지서비스	
	주거환경 개선 지원	• 도배서비스 • 장판교체서비스 • 정기수리서비스 • 방역서비스	• 보일러수리서비스 • 변기수리서비스 • 편의시설 개 · 보수서비스 • 집수리서비스
	여가활동 지원	• 나들이서비스	• 문화체험서비스
	상담 지원	• 상담서비스	
	지역사회자원 개발	• 후원 · 결연서비스	• 자원연계서비스

사회안전망 구축사업 (간접서비스)	연계 지원	• 안전확인서비스 • 생활교육서비스 • 노노케어서비스 • 보청기, 틀니 제작 의뢰서비스 • 장수사진서비스 • 노인장기요양보험	• 개안수술서비스 • 건강검진서비스 • 의료연계서비스 • 전·월세자금지원서비스 • 노인돌봄기본 • 노인돌봄종합
	교육 지원	• 임종교육 • 보호자교육 • 응급처치교육 • 낙상예방 • 치매예방	• 사기예방 • 대인관계기술 • 자살예방 • 이성교육
	지역사회 네트워크 지원	• 지역재가협의체구성	• 사례관리
긴급지원사업 (긴급서비스)	긴급 지원	• 위기지원서비스 • 무선페이징서비스	• 응급호출서비스 • 화재, 가스유출감시서비스

* 서비스 내용은 각 영역별로 제공할 수 있는 서비스 내용을 예시한 것임.
* 다양한 서비스 제공(자원봉사활동 등)을 위한 각 시설에서 추가로 서비스를 개발하여 제공할 수 있음.
* 공동주택의 경우 「집합건물법」 제5조에서는 각 구분소유자에게 '공동의 이익에 반하는 행위'를 하지 못하도록 규정하고 있으므로 공동주택에 재가노인지원서비스 제공 기관을 설치하기 위해서는 다른 구분소유자의 동의를 얻어야 하며, 동의비율은 관리규약에서 정한 바를 따르되, 규약에 별도로 정함이 없는 경우 관리단집회의 결의 또는 구분소유자 4/5의 서면동의를 얻어야 함.

출처: 보건복지부(2019a)-I, p. 163.

⑥ 방문간호서비스

방문간호서비스는 간호사 등이 의사, 한의사 또는 치과의사의 지시서에 따라 재가노인의 가정 등을 방문하여 간호, 진료의 보조, 요양에 관한 상담 또는 구강위생을 제공함을 목적으로 한다. 서비스 내용으로는 간호 사정 및 진단 등의 **기본간호**, 욕창치료 및 단순 상처치료 등의 간호, 검사 관련 사항, 투약 관련 지도, 환자·가족을 대상으로 **건강관리**에 필요한 **식이요법** 등의 교육·훈련, 상담 등이 있다.

(5) 노인보호전문기관

노인보호전문기관은 급속한 인구노령화와 **핵가족화** 등에 따라 가족 간 갈등 및 노인부양 부담 증대 등으로 노인학대 사례가 계속 증가하여 이를 전문적이고 체계적으로 대처하여 노인권익을 보호하는 한편, 노인학대 예방 및 노인인식 개선 등을 통한 노인의 삶의 질 향상을 도모하고자 하는 데 그 목적이 있다.

2004년 1월 「노인복지법」이 개정되면서 설치된 노인보호전문기관은 「노인복지법」 제39조 제5항에 의거해 노인학대의 예방 및 방지를 위한 홍보, 학대받은 노인의 발견 · 상담 · 보호와 의료기관에의 치료 의뢰 및 노인복지시설에의 입소 의뢰, 노인학대행위자, 노인학대행위자로 신고된 자 및 그 가정 또는 업무 · 고용 등의 관계로 사실상 노인을 보호 · 감독하는 기관이나 시설 등에 대한 조사, 노인학대행위자에 대한 상담 및 교육, 그 밖에 학대받은 노인의 보호를 위하여 필요한 사항의 업무를 수행한다.

(6) 노인일자리 지원기관

노인일자리 지원기관은 지역사회 등에서 노인일자리의 개발 · 지원, 창업 · 육성 및 노인에 의한 재화의 생산 · 판매 등을 직접 담당하는 노인일자리전담기관을 운영하기 위한 목적으로 실시하고 있다. 특히 노인일자리사업은 노인들이 활기차고 건강한 노후생활을 영위할 수 있도록 다양한 일자리 · 사회활동을 지원하여 노인복지 향상에 기여하고 있다(한국임상사회사업학회, 2017).

표 6-8 노인일자리 지원기관 현황 ('18년 12월 말, 단위: 개소, 명)

시 · 도	65세 이상 노인인구 (2018. 12. 31. 주민등록인구 기준)	합계	노인일자리 지원기관	
			시설 수	종사자 수
합계	7,650,408	165	165	1,342
서울	1,410,297	11	11	66
부산	589,961	16	16	134
대구	362,934	9	9	112
인천	362,675	10	10	160
광주	187,186	5	5	30
대전	188,530	5	5	43
울산	123,919	5	5	28
세종	29,178	1	1	5
경기	1,551,801	16	16	190

강원	289,386	13	13	86
충북	261,763	11	11	101
충남	372,515	12	12	81
전북	358,410	13	13	99
전남	413,132	7	7	50
경북	529,349	13	13	82
경남	523,165	11	11	59
제주	96,207	2	2	16

출처: 보건복지부(2019b), p. 12.

(7) 노인돌봄 및 지원서비스

① 독거노인보호사업

독거노인보호사업은 **독거노인**에 대한 생활실태 및 복지 욕구 파악, 정기적인 안전 확인, 보건·복지서비스 연계 및 조정, 생활교육 등을 통해 독거노인에 대한 종합적인 **사회안전망** 구축을 목적으로 한다. 독거노인보호사업은 **노인돌봄기본서비스**(2007년부터 실시), **독거노인 사랑잇기서비스**(2011년부터 실시), **무연고 독거노인 장례지원서비스**(2012년부터 실시)가 있다. 현황조사를 통해 파악된 소득, 건강, 주거, 사회적 접촉 등의 수준을 평가하여 보호 필요가 높은 독거노인을 사업대상자로 선정한다.

구체적인 서비스 대상자 및 제공서비스는 다음과 같다.

첫째, 노인돌봄기본서비스의 서비스 대상자는 주민등록상 거주지와 동거자 유무에 상관없이 실제로 혼자 살고 있는 만 65세 이상 노인으로서 다음의 경우에 해당하는 자이다.

- 일상적 위험에 매우 취약하여 정기적인 안전 확인이 필요한 경우
- 소득, 건강, 주거, 사회적 접촉 등의 수준이 열악하여 노인 관련 보건복지서비스 지원이 필요한 경우
- 안전 확인이 필요한 대상은 아니지만 정기적인 생활 상황 점검 및 사회적 접촉 기회 제공이 필요한 경우

노인돌봄기본서비스의 제공서비스로는 안전 확인, 생활교육, 서비스 연계 등이 있다.

둘째, 독거노인 사랑잇기서비스의 대상자는 노인돌봄기본서비스 예비대상자 중 민간 자원봉사자 연계를 통해 안부 확인 등의 서비스 제공이 필요한 홀로 사는 노인이며, 제공서비스로는 안전 확인, 정서적 지지 등이 있다.

셋째, 무연고 독거노인 장례지원서비스의 대상자는 노인돌봄기본서비스 대상자 중 무연고 사망자이며, 제공서비스로는 장례 의례 지원 등이 있다.

② 독거노인 공동생활홈서비스

독거노인 공동생활홈서비스는 공동생활공간 운영을 통한 독거노인 고독사 · 자살 예방 및 공동체 형성을 목적으로 한다. 대상자는 소득, 건강, 주거, 사회적 접촉 등이 취약한 65세 이상의 독거노인 중 자체 운영기준에 따라 선정된 사람으로, 지역별 독거노인 현황자료를 활용하여 65세 이상 독거노인을 발굴 · 선정한다. 해당 지방자치단체는 행정복지센터 담당자와 협력하여 대상자 발굴 및 통 · 반장 등 지역자원 연계를 통해 참여할 수 있는 여건을 조성한다.

농림축산식품부 및 일부 지방자치단체(농촌 지역 중심)에서는 독거노인의 고독사 예방 및 취약한 주거환경 등의 문제를 해소하기 위해 마을회관, 경로당, 폐교, 빈집 등의 기존 시설을 개 · 보수하거나 건물을 신축하여 독거노인 공동생활홈서비스를 실시하고 있다. 또한 각 지방자치단체가 자율적 · 개별적으로 설치 및 운영함에 따라 각 지역의 특성과 상황에 따른 다양한 형태가 존재한다. 농촌은 주로 지역의 마을회관 등과 같은 공동시설이나 개 · 보수한 유휴시설 또는 신축한 건물에서 독거노인들이 공동으로 생활하고, 도시는 주로 주거지가 없거나 주거환경이 열악한 기초생활수급자 등 저소득 독거노인들이 지역사회 내의 일반 주택(다가구 · 다세대 주택 등)에서 소규모로 모여 살 수 있도록 전세금(임대료)을 지원하고 있다.

제공되는 서비스는 개별 공동생활홈의 유형 및 여건에 따라 탄력적으로 운영 가능하다. 일반적으로 안부 확인 및 각종 보건 · 복지서비스 연계, 밑반찬 배달 및 자원봉사 · 민간 후원 연계(기업 및 단체 연계를 통해 선풍기, TV, 세탁기 등 지원), 건강 · 여가 프로그램 및 일자리 제공 등이며, 노인복지관, 보건소, 치매안심센터, 행정복지센터, 일자리 수행기관, 기업 등과 연계한 맞춤형 프로그램을 제공하고 있다.

③ 노인돌봄종합서비스

노인돌봄종합서비스는 혼자 힘으로 일상생활을 영위하기 어려운 노인에게 가사・활동 지원 또는 주간보호서비스를 제공하고 신체・인지 기능이 약화됨을 방지하여 안정된 노후생활보장 및 가족의 사회경제적 활동기반을 조성함을 목적으로 한다. 서비스대상은 만 65세 이상의 노인(단기가사의 경우 독거노인 또는 고령인 만 75세 이상의 부부 노인 가구) 중 가구소득, 건강상태 등을 고려하여 돌봄서비스가 필요한 대상자를 선정한다. 서비스 유형으로는 **방문서비스**(월 27시간 또는 36시간), **주간보호서비스**(월 27시간 9일, 36시간 12일), **단기가사서비스**(월 24시간), **치매가족 휴가지원서비스**(연 6일 범위 내) 등이 있다.

제공되는 서비스는 다음과 같다. 첫째, 사회서비스 이용 및 이용권 관리에 관한 법률에 따라 시・군・구에 등록한 제공기관에서 서비스를 제공한다. 둘째, 방문서비스를 통하여 식사・세면 도움, 옷 갈아입히기, 신체기능의 유지・증진, 화장실 이용 도움, 외출 동행, 생필품 구매, 청소・세탁 등의 서비스를 제공한다(목욕보조서비스는 보호자가 동의하는 경우에만 가능). 셋째, **심신기능 회복서비스**(여가, 물리치료・작업치료・언어치료 등의 기능훈련), 급식 및 목욕, 노인 가족에 대한 교육 및 상담 등의 주간보호서비스를 제공한다. 넷째, 치매가족 휴가지원서비스의 일환으로 서비스 제공기관에서 일정 기간 동안 치매노인을 보호하는 서비스를 제공한다(〈표 6-9〉 참조). 다섯째, 단기가사서비스로 식사 도움, 옷 갈아입히기, 외출 동행, 취사, 생활필수품 구매, 청소, 세탁 등의 서비스를 제공한다(〈표 6-10〉 참조).

표 6-9 치매가족 휴가지원서비스 개요

구분	내용
서비스 내용	서비스 제공기관에서 일정 기간 동안 치매노인 보호(연간 6일 범위 내에서 사용 가능)
서비스대상자	방문서비스 또는 주간보호서비스 이용자 중 치매노인
소득기준	가구 소득이 기준 중위소득 160% 이하
건강기준	치매노인(최근 24개월 이내에 발급받은 의사진단서 또는 의사소견서로 치매노인임을 확인)
본인부담금	소득수준(5등급)에 따라 본인부담금 차등 적용

출처: 보건복지부(2019a)-II.

표 6-10 단기가사서비스 개요

구분	내용
서비스 내용	• 가사 · 일상생활 및 신변 · 활동 지원(취사, 청소, 세탁, 외출 동행 등) • 서비스 제공기간 및 횟수(2개월 이내 원칙)
서비스대상자	• 만 65세 이상의 독거노인 또는 만 75세 이상인 고령의 부부 노인 가구 ※ 조손가정(1인 이상의 만 18세 미만 아동과 만 65세 이상의 노인 1인 또는 1인 이상의 만 18세 미만 아동과 만 75세 이상의 고령노인부부로 구성된 가구)의 노인으로 시장 · 군수 · 구청장이 인정하는 자인 경우 대상자 선정 가능 ※ 만 65세 이상으로 배우자와 거주하는 노인 중 배우자가 질병으로 입원하거나 수술 등으로 거동이 불편하여 사실상 독거상태로 생활하고 있는 노인의 경우 시장 · 군수 · 구청장의 승인을 통해 대상자로 선정 가능(배우자의 의사진단서 및 소견서 또는 입원확인서, 수술 확인서 중 1개로 이를 확인)
소득기준	• 가구 소득이 기준 중위소득 160% 이하
건강기준	• 골절(관절증, 척추병증 포함) 또는 중증질환 수술자
본인부담금	• 소득수준(5등급)에 따라 본인부담금 차등 적용

* 단기가사서비스는 명시적인 규정이 없는 경우 방문 · 주간보호 서비스 규정을 준용함.
출처: 보건복지부(2019a)－II.

④ 학대피해노인 전용쉼터

학대피해노인 전용쉼터는 학대피해노인에 대한 일정 기간 보호조치 및 심신치유 프로그램 제공을 통한 학대피해노인 보호 강화와 학대행위자 및 그 가족들에 대한 전문상담서비스를 제공함으로써 재학대 발생 예방 및 원가정 회복 지원을 목적으로 한다.

설치 배경으로는 학대피해노인의 일시보호를 수행하고 있는 시 · 도 지정의 양로 · 요양 시설은 전문적인 상담 · 심리치료 프로그램 제공에 한계가 있고, 가족기능 회복 및 학대 재발 방지를 위해 학대행위자 및 그 가족에 대한 전문상담서비스 제공이 필요하기 때문이다. 법적 근거는 「노인복지법」 제39조의 19(학대피해노인 전용쉼터의 설치)이며, 이에 따라 학대피해노인을 일시 보호하고 심신치유 프로그램을 제공하기 위하여 학대피해노인 전용쉼터를 설치 · 운영하고 있다.

사업 개요로는 학대피해노인 전용쉼터를 운영 지원하고, 쉼터의 업무로는 학대

표 6-11 학대피해노인 전용쉼터 현황 ('18년 12월 말 기준, 단위: 명)

시 · 도	65세 이상 노인인구 (2018. 12. 31. 주민등록인구 기준)	합계	시설 수	비고
합계	7,650,408	18	18	
서울	1,410,297	1	1	
부산	589,961	1	1	
대구	362,934	1	1	
인천	362,675	1	1	
광주	187,186	1	1	
대전	188,530	1	1	
울산	123,919	1	1	
세종	29,178	0	0	
경기	1,551,801	2	2	
강원	289,386	1	1	
충북	261,763	1	1	
충남	372,515	1	1	
전북	358,410	1	1	
전남	413,132	1	1	
경북	529,349	2	2	
경남	523,165	1	1	
제주	96,207	1	1	

출처: 보건복지부(2019b), p. 13.

피해노인의 보호와 숙식 제공 등의 쉼터생활 지원, 학대피해노인의 심리적 안정을 위한 전문 심리상담 등 치유 프로그램 제공, 학대피해노인에게 학대로 인한 신체적 · 정신적 치료를 위한 기본적인 의료비 지원, 학대 재발 방지와 원가정 회복을 위하여 노인학대행위자 등에게 전문상담서비스 제공, 그 밖에 쉼터에 입소하거나 쉼터를 이용하는 학대피해노인을 위하여 보건복지부령으로 정하는 사항 등이다.

⑤ 결식 우려 노인 무료급식지원서비스

결식 우려 노인 무료급식지원서비스는 가정형편이 어렵거나 부득이한 사정으로 식사를 거를 우려가 있는 노인들(기초생활수급자 노인, 차상위계층 노인 및 저소득 독거노인)에게는 무료로 식사를 제공하고, 그 이상의 일정한 경제적 능력을 갖춘 노인들에게는 실비로 식사를 제공할 수 있도록 함으로써 노인급식 지원수준을 제고함을 목적으로 한다. 법적 근거는 「노인복지법」 제4조(보건복지증진의 책임)이며, 중점 사업 방향은 경제 침체 등에 따라 결식노인이 발생하지 않도록 하는 특별조치로 정하고 있다.

경로식당 무료급식대상은 가정형편이 어렵거나 부득이한 사정으로 식사를 거를 우려가 있는 60세 이상 노인으로 노인돌봄기본서비스사업을 통해 수요가 파악된 경우 적절하게 서비스를 제공할 수 있도록 무료급식사업 수행단체에 연계 지원을 하고 있다. 거동불편 저소득 재가노인 식사배달 급식대상은 도시근로자 월평균 소득 미만인 가구의 60세 이상 노인으로 거동이 불편하여 경로식당을 이용하지 못하여 식사를 거를 우려가 있는 노인과 기타 독거노인 등 시장 · 군수 · 구청장이 필요하다고 인정되는 자가 대상이 된다(보건복지부, 2019a).

4. 노인복지서비스정책의 과제

1) 노인복지서비스의 적용대상 확대

우리나라의 노인복지 대상자는 주로 소득기준과 중증질환 여부에 근거하여 급여수급자격이 주어진다. 그래서 국민기초생활수급자가 아닌 저소득층 무의탁 노인이나 중산층이면서 일상생활 수행에 어려움을 겪는 노인들과 노인장기요양보험제도권 밖에서 등급을 받지 못한 등급 외 노인, 본인부담금 지불 능력이 부족한 노인, 부양 부담을 느끼면서도 노인부양을 전담하고 있는 가족 등을 위한 서비스는 매우 제한적이다(한국임상사회사업학회, 2017). 따라서 국가적 차원과 지역적 · 사회적 차원에서 서비스대상을 확대하는 것이 필요하다.

2) 노인들의 욕구에 기초한 서비스 제공

우리나라는 급속한 고령화와 더불어 노인들의 복지수요에 대한 욕구가 양적으로나 질적으로 점점 다양하게 증가하고 있다. 이에 노인복지서비스는 노인들의 욕구에 기초하여 계획되고 제공되어야 한다. 또한 노인문제는 단순한 개인 및 가족의 문제만이 아니라 정치 · 경제 · 사회 · 문화적인 요소들이 복합적으로 일어나는 문제이다. 이러한 노인문제의 효과적인 해결방법으로서 지금까지 중앙정부나 지방자치단체에서 일방적이고 획일적인 공급자 중심으로 제공되던 노인복지서비스에서 벗어나 노인 개개인의 욕구와 특성에 맞는 수요자 중심의 노인복지서비스가 제공되어야 할 것이다.

3) 전문인력의 확보

전문인력의 확보는 서비스의 질과 직접적으로 관련되어 있다. 비전문성을 요하는 일상생활 지원서비스는 자원봉사자를 활용할 수 있지만, 욕구 사정, 상담, 의료, 프로그램 계획 · 실행 · 평가 등은 높은 전문성을 필요로 한다. 따라서 노인의 욕구를 충족시키고 문제를 해결하기 위해서는 전문성을 갖춘 담당인력을 확보하는 것이 중요하다. 전문인력이 확보되면 노인들의 욕구에 부합하는 다양하고 전문적인 프로그램을 개발하고 실행할 수 있을 것이다.

4) 노인복지서비스에 대한 정책과 예산 확대

노인복지서비스가 제대로 이루어지려면 중앙정부 및 지방자치단체의 노인복지서비스에 대한 정책과 예산이 뒷받침되어야 하며, 노인들에게 직접적인 서비스가 이루어지고 있는 민간노인복지기관에서의 노력이 함께 이루어져야 할 것이다. 민간기관의 노인복지서비스는 대부분 지역사회를 기반으로 이루어지고 있기 때문에 예산, 프로그램, 전문성 등의 측면에서 해결해야 할 문제를 많이 가지고 있다. 따라서 민간기관의 노인복지서비스에 대한 효과성과 효율성을 높이기 위해서는 중앙정부와 지방자치단체의 노인복지서비스에 대한 정책과 예산 지원이 확대되어야 한다.

5) 지방자치단체와 지역 민간노인복지서비스 기관의 연계와 협력

우리나라는 1995년 지방자치제도가 시행되면서 사회복지예산 지원의 많은 부분이 중앙정부에서 지방정부로 이양되었고, 로컬 거버넌스(Local Governance)로 연계되어 지방자치단체 · 시민단체 · 민간단체의 연계가 중요하게 되었다. 또한 중앙정부 단위의 노인복지사업도 지역자치단체의 지역주민의 욕구를 반영하여 정책을 수립하는 등 노인복지서비스 전달체계에도 많은 변화가 있었다. 이처럼 지방자치제도는 지역사회의 인구고령화에 따른 노인문제 또한 지역에서 찾아서 지역에서 해결해야 한다는 것이다. 그러나 지방자치단체는 재정자립도가 낮아 노인복지서비스에 대한 노인들의 다양한 욕구와 급증하는 복지수요에 적절하게 대처하지 못하고 있다. 따라서 이러한 노인문제를 해결하기 위해서는 지방자치단체와 지역의 민간노인복지서비스 기관의 연계와 협력적인 서비스가 중요하다.

••• 학습과제

1. 변화하는 노인의 욕구를 반영할 수 있는 노인복지서비스의 변화 추이에 대해 이야기하시오.
2. 노인복지서비스의 지역적 불균형 현상과 해결방법에 대해 이야기하시오.
3. 새롭게 추가되어야 할 노인복지서비스에 대해 이야기하시오.

참고문헌

국민건강보험공단(2017). 고령사회를 대비한 노인 의료비 효율적 관리방안.

김상균, 최일섭, 최성재, 조홍식, 김혜란, 이봉주, 구인회, 강상경, 안상훈(2011). 사회복지개론. 서울: 나남출판.

박미석(2005). 우리나라 노인복지서비스 기반 구축을 위한 기초연구: 노후생활준비와 노인복지서비스 요구도를 중심으로. 한국가정관리학회지, 23(4), 1-15

박소영, 유용식, 박광덕, 권자영, 최재일(2016). 고령친화사회의 이해. 인천: 진영사.

보건복지부(2019a). 2019년 노인보건복지사업안내(Ⅰ, Ⅱ).

보건복지부(2019b). 2019 노인복지시설 현황.

성규탁(1992). 사회복지서비스 전달체계의 개념 틀과 분석방법의 예. 서울: 한국사회복지협의회.

신승만(2012). 노인복지서비스 전달체계의 역량·과정과 성과에 관한 연구: 경기도 3개시 민간전달체계의 실태 및 효과성 비교 분석. 한국외국어대학교 대학원 박사학위논문.

윤경아, 김형수, 모선희, 유성호(2012). 현대 노인복지론(4판). 서울: 학지사.

윤철수, 노혁, 도종수, 김정진, 김미숙, 석말숙, 김혜경, 박창남, 성준모(2018). 사회복지개론(3판). 서울: 학지사.

장동일(2008). 사회복지행정론. 서울: 동문사.

조석주, 이상묵(2011). 지방자치단체의 노인복지서비스. 서울: 한국지방행정연구원.

최성재, 장인협(2010). 고령화사회의 노인복지학. 서울: 서울대학교출판문화원.

통계청(2018). 장래인구추계.

한국임상사회사업학회(2017). 노인복지론. 경기: 양서원.

현외성, 조추용, 윤은경, 김양이(2005). 한국노인복지학강론. 서울: 유풍출판사.

Friedlander, W., & Apte, R. (1980). *Introduction to social welfare*. Englewood Cliffs, NJ: Prentice-Hall.

Gates, B. (1980). *Social program administration: The implementation of social policy*. Englewood Cliffs, NJ: Prentice-Hall.

제 7 장

노인상담과 사례관리

학습 목표

1. 노인상담의 의의, 목적을 이해한다.
2. 노인상담의 유형, 기법을 이해한다.
3. 노인과의 효과적인 의사소통기술을 이해한다.
4. 사례관리의 개념을 이해한다.
5. 사례관리의 목적을 이해한다.
6. 사례관리의 과정을 이해한다.

1. 노인상담

1) 노인상담의 의의

노인상담이란 '노인문제에 관한 전문적인 지식과 훈련을 받은 상담자가 노인들이 당면한 제반 문제를 의논하고 그 해결점을 찾을 수 있도록 도와주는 과정'을 의미하며, 노인상담은 노인문제 해결의 기초이자 노인문제 해결에 공통적으로 사용되는 매개적인 방법이라 할 수 있다(서혜경, 정순둘, 최광현, 2006). 노인상담은 단순히 고민에 대한 해결뿐만 아니라 상담을 통해 앞으로 발생할 수 있는 문제를 예방하며, 건강한 노후를 살 수 있도록 해 준다.

노인이 상담을 받는 이유는, 첫째, 개인적인 문제를 해결하기 위해서, 둘째, 중요한 결정을 하는 데 도움을 받기 위해서, 셋째, 그들이 행복하지 못하고 어디로 가야 할지 모르기 때문에, 넷째, 어려운 상황을 다루는 법을 배우기 위해서, 다섯째, 위기를 겪는 동안에 도움과 위로, 지지를 받기 위해서, 여섯째, 공감적이고 지지적인 누군가와 대화를 하기 위해서, 일곱째, 그들 스스로에 대해서 더 잘 알기 위한 것으로 나타났다(McDonald & Haney, 2003).

노인상담의 특징은, 첫째, 도움이 필요한 노인과 가족이 주요 대상이 되고, 둘째, 전문적인 교육과 훈련을 받은 전문가가 주체가 되어야 하며, 셋째, 노인 자신과 가족의 제반 문제를 해결하고 이들의 심리사회적 기능을 증진시키려는 궁극적 목적을 갖고 있고, 넷째, 전문적인 원조관계하에 이루어지는 일련의 구체적이고 실제적인 서비스 과정이라는 것이다(현외성 외, 2001).

노인상담의 중요성은, 첫째, 우리나라는 자신의 문제를 해결하기 위해서 전문가를 찾아가기보다는 스스로 문제를 해결하려는 경향이 강하다. 둘째, 노년인구의 증가와 함께 전문시설 등 공동생활을 하는 노인의 수도 증가하고 있다. 셋째, 노인에 대한 학대가 급증하고 있는 현실을 고려할 때 노인, 가족, 친지 대상의 상담을 강화할 필요가 있다. 넷째, 불행한 노년기를 맞지 않도록 하는 예방 차원과 관련된 상담을 진행할 필요가 있다(정옥분, 김동배, 정순화, 손화희, 2016).

2) 노인상담의 목적

노인상담의 목적은 '성공적인 노화와 즐거움이 있는 노년기의 삶을 위한 것'이다. 또한 내면의 무의식 속에 잠재되었던 가능성을 발견하고 새로운 인생의 통합을 이룰 수 있는 시기임을 느끼게 하며, 노후의 정서적인 안정감을 찾을 수 있도록 하는 데에 있다(이장호, 김영경, 2006). 한편, 노인상담의 목표가 성공적인 노후생활 적응이라고 할 때, 노인상담의 영역은 정서 영역, 경제 영역, 건강 영역, 사회참여 영역이 되어야 한다(〈표 7-1〉 참조).

표 7-1 노인상담의 주요 영역

상담 영역	주요 내용
정서 영역 (고독)	• 배우자 상실, 자녀와의 애정적 교류 단절 • 노인의 가족 내 지위 하락, 가치관 및 생활양식 변화에 따른 세대 간 갈등(예: 고부갈등) • 성격 특성의 변화문제: 우울성향, 완고성, 내향성 및 수동성, 조심성, 친근한 사물이나 사람에 대한 애착 증가, 의존성 증가, 유산을 남기려는 성향 등 • 이성교제 또는 노년기 성생활에 관한 문제 • 정서서비스(예: 말벗 파견)의 문제
경제 영역 (빈곤과 일)	• 은퇴 전후의 재정관리에 관한 문제 • 소득 감소 또는 상실로 인한 생계유지와 경제지원 문제 • 사회보장제도의 정보 제공 • 유산배분의 문제 • 경제활동 지원(취업알선, 직업훈련 등)
건강 영역 (질병과 부양)	• 노년기 건강 유지 및 질병 예방에 관한 상담 • 질병치료 및 의료비 지원 상담 • 노인복지시설, 노인전문 의료시설에 관한 상담 • 가족부양체계 조성 상담 • 부양가족의 부담 경감을 위한 지원 상담
사회참여 영역 (소외와 무위)	• 종교활동, 사회단체 및 비공식모임 참여문제 • 노년기 친구 및 이웃관계 문제 • 가족 내 역할부적응에 관한 문제 • 은퇴 이후의 사회관계 유지 문제 • 법률 및 복지제도에 대한 정보 상담

출처: 권중돈(2016).

3) 노인상담의 유형

(1) 개별상담

개별상담은 내담자의 정서와 인지적인 내면의 세계에 초점을 두고 1:1 방식으로 진행되는 직접적 서비스를 의미한다. 개별상담은 내담자가 환경에 잘 적응하여 정상적인 삶을 영위할 수 있도록 기본적 삶의 과제에 대처할 수 있게 하는 데 초점을 맞춘다. 개별상담은 상담 신청과 접수가 이루어지면 자료수집과정과 사정이 이루어지고, 이를 통해 상담의 목표가 설정되고 계약이 성사된다. 이후 개입이 이루어지고, 정해진 목표에 도달하면 개별상담에 대한 평가와 함께 상담이 종결된다(김희수, 홍성훈, 이은숙, 2009).

(2) 집단상담

집단상담은 15명 내외의 노인을 대상으로 각 노인의 관심사나 대인관계 혹은 행동양식의 변화를 초래하기 위한 활동이다(유성호, 김형수, 모선희, 윤경아, 2015). 집단상담의 목적은 자기의 문제, 감정 및 태도에 관한 통찰력을 개발하고, 보다 바람직한 자기관리와 대인관계적 태도를 터득하는 데 있다. 노인복지 현장에서는 주로 우울감 예방 및 감소, 죽음불안 감소, 자아통합감 증진 등을 목적으로 실시되고 있다.

(3) 전화상담

전화상담은 전화매체를 빌려 음성언어로만 진행되는 일회성 상담의 한 형태로 내담자의 문제를 보다 효율적으로 상담하는 데 용이하다. 또한 전화상담은 상담자의 신분을 밝히지 않고 익명성을 지키면서 상담자와 상담할 수 있다는 장점이 있다. 그러나 전화상담은 면접상담보다 진실성이 덜 확보된다는 단점이 있다(강용규, 이종복, 임옥빈, 류동수, 조당호, 2013). 현재 서울시어르신상담센터에서는 24시간 전화상담(02-723-9988)이 가능하다.

(4) 인터넷상담

최근 노인에 대한 정보화교육이 활발하게 진행되면서 노인의 인터넷 사용률이 점차 증가하고 있는 추세이다. 이에 노인을 대상으로 한 **인터넷상담**도 증가하고 있다. 인터넷상담은 내담자가 자신의 문제를 호소하고 글을 쓰는 과정에서 자신의 문제를 정리하는 시간을 주며, 상담자의 답변이 오기까지 기다리면서 문제에 대한 대안을 생각하고 관심을 지속할 수 있다는 장점이 있다.

4) 노인상담의 기법

노인상담의 기법 중 기본적인 몇 가지를 간략히 제시하면 다음과 같다.

(1) 경청하기

다음은 적극적 경청의 좋은 예이다.

- 평온한 마음을 가져라. 노인을 만나기 전 자신의 마음을 평온하게 하라. 묵상, 기도 등을 통해 내면의 자아를 가라앉혀라.
- 당신의 이야기를 멈추고 노인의 이야기를 방해하지 마라. 당신이 이야기하고 있는 동안에 당신은 들을 수 없다.
- 관심을 보여라. 당신의 목소리 톤이나 신체적 언어로써 당신이 노인의 이야기에 관심을 가지고 있다는 것을 보여 주라.
- 성급하게 결론을 짓지 마라. 노인의 이야기를 모두 들어라. 노인이 자신을 이해하고 있는 것 이상으로 노인을 이해하려고 추측해서는 안 된다.
- 적극적으로 경청하라. 많은 사람은 경청이 깊은 집중력을 요하는 적극적인 과정이라는 것을 알지 못한다. 만약 당신의 마음이 집중되어 있지 않다면, 당신은 들을 수 없다.
- 노인의 감정에 집중하라. 노인이 느끼는 감정에 귀를 기울이고 확인하라.
- 노인이 이야기하는 내용에 집중하라. 노인이 말하는 이야기를 귀를 기울이고 확인하라.
- 적절한 시선접촉을 유지하라. 당신이 듣고 있다는 것을 시선으로 보여 주라. 그러나 시선접촉은 문화에 따라 다르기 때문에 민감한 것임을 인식해야 한다.
- 개방적인 자세를 취하라. 얼굴을 마주하고, 신체적 언어로써 당신이 들을 준비가 되어 있다는 것을 보여 주라. 그러나 이는 문화에 따라 다를 수 있다.
- 개인적인 공간에 민감하라. 들을 준비가 되어 있다는 것을 보여주기 위해 노인과 가까운 공간을 유지하라. 그러나 그 공간은 노인이 편안하게 느낄 수 있는 정도여야 한다.
- 질문을 하지 마라. 질문은 종종 당신이 경청하고 있지 않다는 것을 표현하는 것일 수 있다. 질문은 가급적 피하도록 노력하라.

출처: 손광훈(2009).

(2) 반복하기

내담자: 나는 우리 은영이 아버지가 나중에는 그때 가서 생각하면 된다고 하니까 귀찮기도 하고 그래서 그냥 넘어갔지. 이런 날이 올 줄 누가 알았겠어? 아이들도 지들 살기 바쁘고. 우리가 농사를 지어서 먹을 거는 먹어도 요새 세상이 먹는 거로만 사나? 차도 타야 하고. 세금도 내야 하고. 돌이다 칠순이다 잔치에. 또 애들 결혼식이랑 돌잔치 때마다 왔던 손님들 잔치 부조도 가서 해야 하는 것이고. 늙어서도 돈이 있어야 하는 것이구나 싶어. 뭐 다 그렇게 살겠지. 우리는 집이랑 땅이 있기는 해도 이거를 어떻게 팔 수도 없고. 애들 나눠 주기도 그렇고. 죽을 때까지 가지고는 있어야 하는데 애들은 우리가 어떻게 사는지 사실은 잘 몰라. 지들도 살기 바쁘지 뭐.

상담자: 자녀분들이 어르신이 어떻게 사시는지를 잘 모르는군요.

출처: 박재간 외(2006).

(3) 바꾸어 말하기

내담자: 여기 노인복지관 경로식당 담당자는 정말 일을 못해. 혹시 경로식당 담당자가 어떻게 일을 하는지 알아? 나는 거기 갈 때면 스트레스가 저절로 생겨.

상담자: 제가 듣기에는 할머니가 경로식당 담당자에게 업무적으로 불이익을 받았기 때문에 스트레스가 많다는 것으로 들리는데요.

출처: 금기윤, 김미연, 김은희, 류동수, 이태희(2013).

(4) 요약하기

상담자: 지금까지 할머니께서 말씀하신 것을 제가 서너 가지로 정리해 보겠습니다. 우선 할머니께서는 지금 누군가의 보살핌을 받아야 할 상황에서 마땅히 가 계실 곳이 없는 상황입니다. 그리고 자식 중에서 할머니를 모실 형편이 되는 자식이 없습니다. 그리고 자식들에게 짐만 되는 것 같아 자식들을 생각해서 할머니가 그냥 사라져 버릴까 하는 생각도 듭니다. 한편으로 그동안 자식들을 키우면서 고생했던 생각을 하면 인생을 헛산 것 같은 허전한 생각. 서글픈 생각도 드는 것 같습니다. 이럴 줄 알았으면 자식들 모르게 여생을 즐겁게 보내기 위해 재산이라도 숨겨 놓을 걸 하는 아쉬움도 들고요. 지금까지 할머니께서 하신 말씀을 정리해 보았는데. 맞습니까?

출처: 엄명용, 노충래, 김용석(2015).

(5) 질문하기

- 초점질문: 구체적 사항을 물어 이용자를 특정 사항에 집중하게 하는 질문으로, 예를 들면 "문제가 무엇입니까?" "문제가 생긴 지 얼마나 오래되었습니까?" 등이 있다.
- 해결중심질문: 해결에 초점을 두어 이용자의 생각이 문제보다는 해결 방안 쪽으로 가게 하는 질문으로, 예를 들면 "문제가 다소 좋아지는 때는 언제입니까?" "이러한 예외적인 일이 좀 더 일어나기 위해 어르신께 필요한 것은 무엇입니까?" 등이 있다.
- 순환질문: 이용자에게 문제/문제해결과 관련된 부분들의 상호 연관성을 파악하게 하는 질문으로, 예를 들면 "친구분이 그렇게 하실 때 어르신께서는 무얼 하셨습니까?" "어르신께서 그렇게 하실 때 친구분은 어떤 행동이나 말씀을 하셨습니까?" "그때 어르신께서는 어떻게 느끼셨습니까?" 등이 있다.
- 기적질문: 일단 기적질문을 한 후에는 기적이 일어나면 달라질 점에 초점을 맞춰 이용자에게 미래 지향적 사고를 갖게 하는 질문으로, 예를 들면 "기적처럼 어르신의 문제가 해결되었다면 무엇이 달라지겠습니까?" "어떻게 이러한 일이 좀 더 자주 생길 수 있겠습니까?" 등이 있다.
- 대처질문: 고통스러운 상황에서 생존하기 위해 이용자가 하고 있는 일이 무엇인지에 초점을 맞추게 하는 질문으로, 예를 들면 "지금까지 도움이 된 것은 무엇입니까?" "상황이 나빠지지 않았는데, 그렇게 하기 위해 어떻게 하셨습니까?" 등이 있다.

출처: 유성호 외(2015).

(6) 회상요법

- 자서전의 저술이나 녹음: 자서전적 기록에 포함되는 사건이나 경험 및 사람들은 개인의 삶에서 중요한 의미를 가진다. 또한 이러한 기록에서 누락된 부분에 대해서도 주의를 기울일 필요가 있다. 예를 들어, 어떤 노인이 자신의 자녀들에 대한 내용을 전혀 언급하지 않고 자서전적인 인생 기록을 작성했다면 상담자가 이 문제에 대해 질문하여 자녀들과의 사이가 소원했다는 것을 고백하게 할 수 있다.
- 순례 여행: 자신이 태어나고 아동기나 청소년기 혹은 성년기를 보낸 장소로 여행을 떠남으로써 자신의 삶에 대한 생각을 정리하고 사진을 찍으며 기록을 남길 수 있도록 하는 것이다. 현실적으로 이것이 용이하지 않다면 그러한 장소에 대한 기억을 상기하도록 한다.
- 재회: 동창회나 가족 모임, 종교단체 등의 모임을 통해서 노인들은 자신의 인생에서 중요한 사람들과 함께 자신의 삶을 돌아보는 기회를 가질 수 있다.

- 일생의 사업 정리: 본인이 생각하기에 이 세상에서 자신이 공헌하고 기여했다고 여겨지는 일들을 정리함으로써 노인들은 세상에서 의미 있는 존재였다는 느낌을 갖게 된다. 어떤 노인들의 경우에는 이러한 일생사업의 정리 결과로 책이나 시집의 저술, 음악이나 미술 작품을 발표하게 할 수 있다.
- 스크랩백, 사진첩, 오래된 편지 및 기억할 만한 중요 기사: 사람들이 오랜 시간 동안 소중히 보관해 온 물품들은 대부분 자신의 인생에서 특별하고 즐거움을 주는 의미를 갖는 것들이다. 이러한 것들에 대하여 기억하거나 이야기하는 것은 오랫동안 잊고 있었던 사람들, 사건들 및 즐거운 정서적 경험들을 회상하게 해 준다.

출처: 유경, 유경호, 강연욱, 이주일, 김지현(2014).

5) 노인과의 효과적인 의사소통기술

의사소통장애가 없는 노인과 의사소통장애가 있는 노인에 대한 효과적인 의사소통기술을 간략히 제시하면 다음과 같다.

(1) 의사소통장애가 없는 경우

- 얼굴을 마주 보고 눈높이를 맞추고 이야기한다.
- 가까운 곳에서 말한다.
- 천천히 이야기하되, 너무 높은 소리로 크게 이야기하지 않는다.
- 노인이 알아듣기 쉬운 말로 명확하게 이야기한다.
- 말로만 대화하지 말고 사진, 문자와 같은 비언어적 의사소통 수단을 같이 활용한다.
- 노인의 주장에 반대하거나, 가치관을 고치려 하거나, 고집을 꺾으려 하지 말아야 한다.
- 노인의 신상에 관한 비밀을 철저히 보호해야 한다.
- 노인의 평소 생활 습관이나 심정에 대해서 잘 이해하고 있어야 한다.
- 노인의 청력이 나빠 못 들을 수도 있으므로 이야기를 듣고 있는지 확인한다.
- 노인의 속마음을 알려하기 전에, 먼저 마음의 문을 열고 속마음을 털어 놓는다.
- 노인의 이야기를 귀담아 들어 주고, 이야기에 공감해 주어야 한다.
- 노인에게 말할 기회를 많이 부여하고, 노인의 말을 귀담아 들어야 한다.

- 이야기를 잘하거나 좋은 행동을 할 때, 칭찬하는 것에 인색하지 말아야 한다.
- 표정은 밝게 하고, 자주 웃고, 유머감각을 잃지 말아야 한다.
- 다투거나 말싸움하지 말고, 비교하지 말고, 반말하지 말고, 욕하지 말아야 한다.
- 노인이 이야기를 하다가 계속 흥분하거나 화를 내면 상황이나 말을 전환시키는 것이 좋다.
- 칭찬을 많이 하되 두리뭉실한 칭찬을 하지 말고, 잘한 행동이나 좋은 태도 등 구체적인 것을 두고 칭찬하는 것이 좋다.
- 나쁜 행동을 할 때 위험한 행동이 아니라면 못 본척하는 것이 좋다.
- 대화에 방해가 되는 소음이 있거나 소란한 환경에서는 대화하지 않는 것이 좋다.
- 복잡한 질문은 하나씩 끊어서 묻는 것이 좋다.
- 노인이 질문에 대답하지 않는다고 해도 서두르지 말고 기다리는 것이 좋다.
- 노인과 비슷한 점을 찾아내어 이를 활용하라.
- 자신의 감정을 솔직히 표현하되, 부정적 감정은 가급적 표현하지 않는 것이 좋다.
- 자신의 이야기에 틀린 부분이 있으면 즉시 잘못된 부분을 인정하는 것이 좋다.
- 못하는 것은 못한다고 하되, 시간을 두고 노인을 충분히 납득시키는 것이 좋다.
- 약속한 것이 있으면 반드시 지키고, 지키지 못할 약속은 하지 말아야 한다.

출처: 권중돈(2011).

(2) 의사소통장애가 있는 경우

① 청각장애노인과의 의사소통

- 청각에 장애가 있다고 해서 의사소통이 불가능하다는 생각을 버린다.
- 청각장애노인에게는 몸짓 및 얼굴 표정이 매우 중요하며, 색안경이나 커다란 챙이 있는 모자로 얼굴을 가리는 것은 오해를 살 수 있으니 주의한다.
- 과장된 얼굴 표정과 몸짓을 보이지 않는다.
- 청각장애노인이 오래 이야기할 때는 고개를 끄덕이고 몇 마디 말을 하여 여전히 경청하고 있음을 알린다.
- 청각장애노인의 말을 천천히 이해할 때까지 듣고, 함부로 추측하지 않으며, 모르면 물어본다.
- 적당히 크고 일정한 소리로 약간 느리고 분명하게 간략히 이야기한다.

- 입술 모양을 정확하게 하여 청각장애노인이 입 모양을 볼 수 있도록 한다.
- 말끝을 흐리지 않도록 유의한다.
- 한 문장을 말하고 약간 쉰 후에 다음 문장을 말한다.
- 새로운 주제에 대해 이야기하고자 할 때는 얼마간 시간을 두고 이야기한다.
- 이야기 도중 다른 상황(예: 전화벨이 울린 경우)이 벌어진 경우에는 이에 대해 설명해 준다.
- 말, 글뿐만 아니라 지도, 도표, 그림 등을 이용한다.
- 글로 의사소통을 할 때는 글자를 휘갈겨 쓰지 말고 정자(正字)로 쓴다.
- 글로 의사소통을 할 때는 청각장애노인이 내용을 읽고 있는 동안 그의 표정을 관찰하여 내용을 이해하는지 확인한다.

출처: 이은희(2013).

② 시각장애노인과의 의사소통

- 여러 명이 있는 곳에서 시각장애노인은 자신에게 말하는 것인지 혹은 다른 사람에게 말하는 것인지 확신하지 못하는 경우가 있으므로 이름을 먼저 부르고 이야기를 시작한다.
- 시각장애노인의 바로 앞에 서서 말을 건네는 것이 좋다.
- 시각장애노인과 대화를 시작할 때 자기가 누구인지를 먼저 소개한다.
- 시각장애노인은 만지고, 냄새 맡고, 듣는 것을 통해 상황을 인식한다는 사실을 기억하고 있어야 한다.
- 시각장애노인에게 주변 환경이나 상황을 자세히 설명해 주는 것이 좋다.
- 대화할 때 너무 큰 소리로 이야기하지 않는 것이 좋다.
- 유머를 사용하여 대화 분위기를 편안하게 하는 것이 좋다.

출처: 독거노인종합지원센터(2018).

③ 언어장애노인과의 의사소통

- 언어장애가 있어도 의사소통이 가능하다는 것을 기억해야 한다.
- 청각장애를 함께 지닌 경우 상대방의 대화를 이해하는 데 더욱 시간이 걸림을 인식해야 한다.
- 노인의 얼굴, 특히 눈을 바라보며 대화에 충분한 주의를 기울인다.

• 말하는 것이 힘들어 보일지라도 노인이 말하고자 하는 것을 끝마칠 때까지 기다린다.
• 노인의 말을 완전히 이해할 때까지 귀담아 듣고, 함부로 추측하지 않는다.
• 노인을 빼놓고 다른 사람과 속삭이듯 대화하지 않는다.

출처: 한국보건복지인력개발원(2009).

④ 치매노인과의 의사소통

[치매 초기]

• 간단하고 직접적인 언어로 요점을 설명하고, 구체적으로 표현한다.
• 대상자가 집중력이 높은 시간대를 파악하여 대화한다.
• 유사한 의미의 다른 언어를 이야기해 준다.
• 대상자가 요청하기 전에 구체적인 방법과 정보를 제공한다.
• 대상자가 응답할 시간을 충분히 준다.
• 외래어나 약어는 사용하지 않는다.
• 대화 내용을 요약정리하고, 중요한 내용은 반복한다.
• 치매노인이 과거의 긍정적인 기억이나 사건을 회상하도록 돕는다.
• 치매노인이 감정상태를 표현할 수 있도록 돕는다.
• 치매노인을 돕고자 하는 방법을 표현한다.

[치매 중기]

• 치매노인과 눈을 마주치며 이야기한다.
• 길고 복잡한 문장은 피하고, 대화주제를 갑자기 바꾸지 않는다.
• 치매노인에게 친숙한 물건을 활용한다.
• 의사소통의 내용을 이해하고 있다는 것을 확신시켜 준다.
• 치매노인이 반응할 때까지 기다려 준다.
• 치매노인이 반응하지 않으면 반복하여 질문한다.
• 같은 표현을 반복하기보다 같은 의미를 가진 다른 용어와 좀 더 단순한 표현을 사용한다.
• 치매노인이 자주 사용하는 단어와 문구를 활용한다.
• 치매노인에게 친숙한 활동을 통해 대화를 시도한다.
• 치매노인의 방에 있는 물건마다 이름표를 붙인다.
• 치매노인의 행동을 개인적인 의미로 받아들이지 않는다.

- 치매노인의 말을 경청하고, 치매노인의 말을 반복해서 이야기한다.
- 치매노인을 격려하고 칭찬한다.

[치매 말기]

- 치매노인과 마주 보며 이야기한다.
- 치매노인의 이름을 부르면서 이야기를 시작한다.
- 치매노인이 좋아했던 음악을 함께 듣고 책을 함께 읽는다.
- 편안하고 부드러운 모습으로 이야기한다.
- 낮은 톤으로 다정하고 차분하며 천천히 분명하게 말한다.
- 치매노인이 응답하지 않더라도 계속해서 이야기한다.
- 치매노인이 모든 것을 듣고 있다고 가정한다.
- 신체적 접촉을 적절히 활용하며, 치매노인의 비언어적 메시지를 확인한다.
- 치매노인이 이야기하는 모든 것에 반응한다.
- 치매노인과의 대화가 끝난 뒤에는 항상 마무리 인사를 한다.

출처: 진영란 외(2019).

2. 사례관리

1) 사례관리의 배경

우리나라의 사례관리 실천은 민간 영역에서 1990년대부터 시작되었다. 1992년 사회복지관, 노인복지관, 장애인복지관 등에서 재가복지를 수행하기 위한 방법으로 사례관리를 채택함으로써 사회복지 현장에서 사례관리가 도입되기 시작하였다. 1997년에는 「정신보건법」 시행을 계기로 한국정신보건사회복지학회가 정신보건전문요원 인턴십과정에 사례관리를 정식과목으로 포함시키면서 본격화되기 시작하였다(권진숙, 박지영, 2015). 이후 공동모금회를 비롯한 민간복지재단 그리고 민간복지 현장을 중심으로 프로젝트 혹은 시범사업 형태로 집중적이고 전문적인 실험이 지속되었다. 이러한 움직임은 아동・청소년복지 분야는 물론 노인복지, 장애인복지 등 다양한 복지 영역으로 확산되어 가고 있다(김상곤, 2013).

그동안 공공 영역의 전달체계와 관련하여 기본적인 사회안전망 틀은 구축되었으나, 국민의 복지체감도가 낮아서 복지서비스에 대한 효율적인 전달체계 구축이 필요하다는 문제가 지속적으로 제기되었다. 이에 찾아가는 상담, 맞춤형 서비스 연계, 민관협력 활성화를 통해 지역주민의 복지체감도를 높일 수 있도록 읍·면·동 전달체계 개편이 추진되었다. 특히 2012년 시·군·구 희망복지지원단 설치로 인하여 공공사례관리가 본격적으로 시작되었다. 2014년 이후 공공사례관리 인력의 확충과 함께 읍·면·동 복지 허브화 시범사업은 전국 15개소에서 시작되었고, 2017년 복지허브화 읍·면·동은 2,100개소로 전국적인 확대가 이루어졌다. 이러한 읍·면·동 복지허브화 추진의 지속적인 확대와 함께 공공사례관리는 필수적인 실천방법으로 자리매김을 해 나가고 있다.

사회복지관은 정부의 재정적 지원이 시작되었던 1989년 「주택건설촉진법」 등에 따라 저소득층을 위한 영구임대아파트를 건립하면서 영구임대아파트에 사회복지관 설치를 의무화하는 정책이 추진되었다. 이후 최근까지 약 25년 동안 지역사회복지관의 90%에 달하는 규모가 집중적으로 증가하였다(양난주, 2015). 2001년 한국사회복지관협회는 사회복지관사업을 6대 사업으로 분류하였다. 그러나 2004년부터는 사회복지관의 새로운 환경변화에 능동적으로 대처하기 위해 기능과 역할을 5대 사업으로 다시 분류하였다. 최근에는 5대 사업의 분류체계가 단순한 단위사업을 열거하고 있고, 지역사회를 기반으로 하는 사회복지관의 특성을 제대로 반영하지 못한다는 비판에 대한 대응으로 3대 기능으로 전환하게 되었다. 특히 이러한 3대 기능으로의 전환으로 사례관리기능이 강조되었고, 이러한 결과로 사회복지관의 사례관리는 과거에 비해 중요성이 더욱 강조되고 있다(유정원, 권오균, 2015).

사례관리의 중요성이 더욱 강조되고 민간과 공공에서 중요한 서비스 전달방법으로 그 적용 영역이 더욱 확대되고 있음에도 불구하고 실제 사례관리 실천 현장은 많은 혼란과 어려움을 겪고 있다(정연정, 2014). 사례관리에 대한 공통된 개념이 사람마다 다르고, 각 기관 및 조직의 특성에 따라 사례관리체계에 대한 사회복지사의 인식수준이 다른 현실 때문이다. 이러한 현장의 실천방법을 지원하고 방향을 제시할 수 있는 학계의 연구 동향 역시 사례관리의 이론이나 실제에 대한 충분한 이해와 검토가 이루어지지 못한 채 외국의 사례관리 개념이나 모델의 경험을 일반화하여 소개하고 있는 수준이다(권진숙, 2010). 또한 사례관리의 개념, 체계에 대해서 전문가

들 간에도 아직까지 합의가 이루어지지 못한 것이 문제점으로 제기되고 있다.

2) 사례관리의 개념

우리나라의 사회복지 전달체계에서 거의 보편화되고 있는 접근이 사례관리 실천이라 할 수 있다. 2008년 위기가정 해소를 위한 무한돌봄사업이 경기도에서 전격적으로 시작된 이후 희망복지지원단사업으로 전국화되었을 뿐 아니라 일부 지방자치단체에서는 경기도의 무한돌봄사업과 같이 특화된 사례관리 실천을 열정적으로 시행하고 있다. 또한 기존의 종합사회복지관, 장애인복지관, 노인복지관 등과 같은 이용시설 형태의 사회복지기관과 서비스 이용자들이 거주하는 사회복지시설 등에서도 사례관리는 필수적인 개입실천이 되었다. 그리고 자활센터나 사회적 기업 등과 같은 복지와 경영이 융합된 사회복지 영역에서도 사례관리는 널리 활용되고 있다. 보건복지부가 주관하는 사회복지시설평가나 지방자치단체에서 수행하는 지도점검 등에서도 사례관리와 관련된 사업은 매우 중요한 성과측정의 하나로 인식되고 있는 실정이다. 이에 따라 향후에도 사례관리는 그 중요성이 더욱 커질 것으로 전망된다(이준우, 최희철, 2014).

사례관리라는 용어는 한 가지 합의된 개념으로 단정 짓기 어려운데, 『사회복지대백과사전』에서는 "사례관리란 서비스 전달체계의 요소들을 연결하고 조정하여 개인의 보호를 위한 욕구를 충족시킬 수 있는 포괄적인 프로그램을 확실히 제공할 수 있도록 하기 위한 하나의 기제이다."라고 정의하고 있다(NASW, 1999). Moxley (1989)는 "사례관리는 복합적인 욕구를 가진 사람들의 기능을 향상시키고, 그들의 복지를 위해 공식적 · 비공식적 자원과 활동의 관계망을 조직, 조정, 유지하는 활동"이라고 하였다. 한국사례관리학회(2012)에서는"사례관리는 복합적이고 장기적인 욕구가 있는 이용자와 가족의 사회적 기능 회복을 위해 서비스 운영체계를 확립하고, 이를 기반으로 체계적 사정과 지역사회의 다양한 자원을 활용하여 지속적이고 효과적인 사회복지서비스를 제공하는 통합적 실천방법"이라고 하였다.

이상의 정의를 종합하면, 사례관리는 스스로 문제해결이 어려운 복합적인 서비스 욕구를 지닌 이용자에게 자원을 연계 · 조정 · 옹호하며 직간접적 서비스 지원활동을 통하여 욕구를 최소화하는 개념이라 할 수 있다(이정희, 2016). 이처럼 사례관리에 대한 다양한 정의가 나타나는 이유는 다양한 영역에서 대상자의 욕구, 서비스의 목적, 서비스 제공자의 역할 등에 따라 다양하고 포괄적으로 적용되어 와서 사례관리의 개념을 정의하는 데 있어 하나의 합의된 개념으로 단정 짓기가 어렵기 때문이며, 사례관리의 폭넓은 경계 확장 및 사례관리의 효과를 측정하는 실증적 데이터가 부족한 데서 그 이유를 찾을 수 있다(Vanderplasschen, Rapp, Wolf, & Broekaert, 2004). 또한 사례관리의 정의가 혼재된 측면은 사례관리의 다양한 측면을 하나의 틀로 파악했기 때문이다(O'Connor, 1988).

3) 사례관리의 목적

사례관리의 목적은 복잡하고 다양한 욕구를 가진 이용자를 위해 자원망을 개발 · 강화시켜 가장 효율적인 방법으로 서비스를 제공하는 것이며, 이용자 스스로 그 지지망을 관리하도록 그의 능력을 개발하는 데 있다. 즉, 사례관리는 복합적인 문제를 갖고 있는 이용자의 문제해결을 위해 체계적 · 포괄적 · 지속적으로 이용자를 원조하여 궁극적으로 이용자의 심리 · 사회적 기능 향상과 지역사회 내에서의 재활을 목적으로 한다(최영대, 2014).

(1) 사회복지실천 측면에서의 목적

① 이용자의 잠재력을 최대화한다

- 의미: 이용자의 강점을 강화하여 외부환경에 적응할 수 있도록 이용자의 잠재력을 최대화한다.

② 이용자 및 가족 지원체계 접근 능력을 배양한다

- 의미: 이용자와 그 가족이 사회적 자원을 활용할 수 있는 능력을 습득하도록 한다.

③ 비공식체계의 보호 능력을 최대화한다

- 의미: 가족, 이웃, 친구 등의 비공식적 자원체계가 이용자를 보호할 수 있는 능력을 최대화한다.

④ 공식적 도움체계의 능력을 최대화한다

- 의미: 이용자와 가족의 욕구를 충족시키는 데 있어 사회복지기관, 관공서, 종교기관 등 공식적 도움체계의 능력을 최대화한다.

결과적으로 사례관리의 주요 목적은 가족, 친족, 친구 등의 비공식적 자원체계와 국가 및 공공기관 등의 공식적 자원체계가 보유하고 있는 각종 자원을 통합하는 기능을 하기 위한 것이다(서울복지재단, 2010). 따라서 사례관리자는 이용자가 가지고 있는 강점을 발견하여 이용자와 그 가족의 지원체계가 접근할 수 있는 자원을 연계하며, 이때 공식적 · 비공식적 자원망이 신속하게 연계될 수 있도록 해야 한다.

(2) 서비스 전달체계 측면에서의 목적

① 포괄적인 서비스를 보장한다

- 의미: 특정 시점에서 이용자가 가지고 있는 욕구와 문제를 해결하기 위해 포괄적인 서비스를 조정하여 제공함을 목적으로 한다.

② 서비스의 연속성을 보장한다

- 의미: 시간의 경과에 따라 변화하는 이용자의 욕구를 충족시킬 수 있도록 즉각적이고 포괄적인 서비스를 지속적으로 제공해 주는 등 보호의 연속성을 보장하기 위함이다.

③ 이용자의 접근 가능성 역량을 강화한다

- 의미: 이용자가 다양한 서비스 체계와 협상하는 것을 원조해 줌으로써 서비스를 쉽게 활용할 수 있는 능력을 배양하고자 함이다.

④ 서비스의 책임성을 제고한다

- 의미: 서비스의 단편화로 인한 서비스 접근의 장애들을 극복하고 이용자에 대해 전반적으로 책임을 지는 책임성을 제고하기 위함이다.

⑤ 서비스의 적정성을 확보한다

- 의미: 서비스의 양과 질이 부족하게 제공될 수 있음에 대한 한계를 극복하고, 이용자에 대한 서비스의 양과 질이 적정하게 제공되기 위함이다.

결과적으로 사례관리는 서비스가 이용자의 욕구에 적합하고, 적절한 방법으로 제공될 수 있도록 보장함으로써 서비스 계획의 효율성을 향상시키기 위한 것이다(서울복지재단, 2010). 따라서 사례관리자는 복합적인 욕구 및 문제를 가지고 있는 이용자에게 다양한 서비스를 연계할 수 있도록 하고, 문제가 해결될 때까지 서비스가 지속적으로 제공될 수 있도록 하며, 서비스의 양과 질이 적정하게 제공될 수 있도록 해야 한다.

4) 사례관리의 과정

사례관리의 과정에 대하여 간략히 소개하면 〈표 7-2〉와 같다(현외성 외, 2012). 사례 발견은 사례관리 대상이 되는 복합적인 욕구를 가진 잠재적인 이용자를 얼마나 조기에 발견하는가가 중요한 관건이다. 자발적 방문은 잠재적 이용자가 스스로 사례관리기관을 찾아오거나 전화로 서비스를 신청하는 경우이다. 아웃리치는 사례관리 제공기관이 지역사회에 거주하고 있는 잠재적인 사례관리 대상자를 찾아 나서는 적극적인 사례발굴활동이다.

스크리닝은 잠재된 이용자가 사례관리서비스를 받을 자격이 있는지, 기관에서 제공하는 서비스를 이용할 수 있는 특성을 가지고 있는지를 파악하는 과정이다. 또한 이용자가 기관에서 제공하는 서비스에 적극적으로 참여할 의지가 있는지를 파악하는 것이다(장인협, 우국희, 2001). 스크리닝 기준에 의거해 이용자가 기관의 사례관리 대상자로 적합한지 결정한 후에는 스크리닝 판정결과와 판정사유를 기록한다.

표 7-2 사례관리의 과정

사례관리과정		과업 내용	사례관리자 점검사항
1단계	사례 발견	• 사례관리 대상자 발굴 –자발적 방문 –아웃리치 –공공기관에 의한 의뢰 –타 기관 및 타인 의뢰	• ct를 조기에 발견하였는가? • 공공기관과 민간기관의 연계 · 협력체계가 잘 구축되어 있는가?
	스크리닝	• 스크리닝 구분 –잠재적 사례관리 대상자 –의뢰 대상자 –정보제공 대상자 –서비스 제외 대상자	• ct가 기관의 사례관리 대상자로 적합한가? • ct가 서비스에 적극적으로 참여할 의지가 있는가?
	인테이크	• 사례관리 자료수집 –자료수집 –인테이크의 기술 –인테이크 기록	• ct에 대한 기본적인 정보수집이 잘 이루어졌는가? • 사례관리자의 면접기술은 적절하였는가?
2단계	사정	• 사례관리 사정 –ct의 욕구와 문제 사정 –ct의 능력 사정 –ct의 비공식적 지지체계 사정 –ct의 공식적 지지체계 사정 –사정도구	• ct의 욕구와 문제에 기반한 종합적이고 포괄적인 사정이 이루어졌는가? • ct가 사정과정에 참여할 수 있도록 기회를 제공하였는가? • 객관적으로 판단할 수 있는 사정도구를 활용하였는가?
3단계	개입계획	• 사례관리 개입계획 –ct의 주요 문제(우선순위별) 구성 –사례관리과업 설정 –목표에 따른 개입계획 –타 기관 연계 방안	• 개입계획의 목표가 ct에게 중요한 것인가? • 개입계획의 목표가 새로운 행동의 시작으로 표현되는가? • 개입계획의 목표가 성취 가능한 것인가? • 개입계획의 목표가 구체적이고 명확한가?
	서비스 실행	• 목표별 서비스 실행 –필요성, 적절성, 효과성, 효율성 기준 • 서비스 실행에서의 실천 –계약, 서비스동의서, 서비스 연계, 자원동원, 서비스 수행 시 주체별 역할, 사례관리 기록	• 서비스의 필요성, 적절성, 효과성, 효율성의 정도는 어떠한가? • ct에게 필요하고 유용한 서비스를 연결하였는가? • 서비스 획득과 활용에서의 장애를 극복하고 적절하게 서비스를 배열하고 정리하였는가?

4단계	모니터링 및 평가	• 사례계획의 변화, 개선 필요성 점검 –서비스 전달 및 실행과정 추적 –계획의 적절한 실시 여부 확인 • 목표 달성 여부 확인 –욕구 충족 및 종결 여부 결정 –서비스체계의 효과성, 효율성 종합 판단	• 서비스는 잘 전달되고 있는가? • 새로운 욕구 발생 여부는? • 제공된 서비스에 만족하는가? • 목표는 달성되었는가? • 서비스의 적절성 및 질은?
	종료	• 종결사유 파악과 감정 수용 –ct의 의견 재확인 –ct와 가족, 서비스제공자의 감정수용 –의뢰결정	• 종결사유는 무엇인가?(ct 측면, 사례관리자 측면, 기타 이유로 인한 종결사유는?) • 서비스 지속 및 종결이 필요한가? • 의뢰할 필요가 있는가?

출처: 현외성 외(2012).

인테이크는 복합적이고 다양한 욕구를 가진 이용자를 발견하고, 접수과정을 통해서 이용자의 욕구와 문제를 파악한 후 서비스 제공이 적정한지를 파악하는 과정이다. 이 단계의 목적은 이용자의 문제를 파악하고 계약을 하는 것이다. 인테이크 단계에서 가장 중요한 것은 이용자에 대한 자료를 수집하고 수집된 자료를 정리하는 것이다. 사례관리자는 기관의 사례관리 대상자로 선정되면 이용자에 대한 기본 정보를 수집해야 한다.

사례관리의 사정 단계는 1단계인 접수과정에서 수집된 이용자의 욕구와 자원을 종합적으로 분석하여 이용자가 어떤 유형의 서비스를 필요로 하는가를 결정하는 것으로, 이러한 결정은 서비스의 계획과 개입에 연결되어야 한다(정순둘, 2005). 사례관리자는 이용자가 사정과정에 적극적으로 참여하여 자신의 욕구를 표현하게 하고, 자신의 욕구 중에서 우선순위를 결정할 수 있게 해야 한다.

개입계획은 전 단계에서 작성된 사정결과를 바탕으로 확인된 욕구를 충족시키기 위해 제공될 자원들을 연결시켜 나가는 과정에 대한 서비스 제공자와 서비스 이용자 간의 합의과정이다. 또한 개입계획은 개입목표 설정과 개입의 세부적인 계획이 수립되는 것이다. 즉, 개입계획은 대상자의 특성에 적합한 실천과정을 구체적으로 문서화한 것이라고 할 수 있을 것이다. 다시 말해, 개입계획은 문제해결을 위한 서비스를 결정하는 것이다.

서비스 실행 단계는 이용자에게 필요하고 유용한 서비스를 연결하며, 개입을 통하여 서비스의 획득과 활용에서의 장애를 극복하고, 적절하게 서비스를 배열하고 정리하는 과정이다. 또한 이용자의 욕구를 충족시키기 위한 필요자원을 연계하거나 서비스를 제공하는 단계이다. 서비스 실행은 계획을 구체적인 행동으로 실천하는 단계로, 이를 통해 의도하는 변화를 일으키는 단계이다.

모니터링 및 평가 단계에서는 서비스계획이 적절하게 실시되고 있는지, 이용자에 대한 지원계획의 목표가 달성되었는지, 기존 계획과 서비스의 수정이 필요한지, 서비스계획의 변화를 요하는 이용자의 새로운 욕구가 발생했는지를 점검한다. 또한 사례관리자와 이용자가 초기에 설정한 목표가 어느 정도 달성되었는지를 확인하여 종결 여부를 결정짓는 과정이며, 한편으로는 다음 단계로 진입하기 위한 점검의 의미를 갖는다.

종결 단계는 사례관리과정을 통해서 목표가 달성되었거나 서비스가 이미 이용자의 삶의 질을 향상시켰다고 판단되었을 때 서비스 제공을 종료하는 과정이다. 한편, 사례가 종결되었더라도 사례관리자와 이용자 사이에 의사소통을 통하여 지속적인 관심을 보임으로써 이용자가 다시 서비스를 필요로 하는 경우에 사례관리자에게 접근할 수 있는 통로를 지속적으로 유지하는 것이 좋다.

5) 노인 사례관리의 실제

▶ 내용: 무더위가 시작될 무렵, 기운 없는 모습으로 종합사회복지관 입구를 한참을 서성이던 어르신이 보였다. 어르신에게 다가가 인사를 하자 어르신은 희미한 미소를 지으면서 "잠시 이야기 좀 나눌 수 있을까요?"라며 인사에 답하였다. 복지관 내부가 공사로 시끄러워 어르신과 조용히 이야기를 나눌 수 있는 장소로 옮겼다. 어르신은 망설이다가 힘겹게 이야기를 시작하였다. "내가…… 너무 힘이 들어서…… 이대로 죽을까 생각을 했었어요. …… 그래도 이야기나 한번 해 보자 해서 이렇게 찾아왔어요."

어르신은 아내와 이혼 후, 지금의 아파트로 이사를 와서 혼자 생활을 하고 있었다. 장성한 자녀가 있지만 적은 소득으로 손자녀를 키우며 생활하고 있기 때문에 어르신은 자녀에게 차마 경제적인 부양을 기대할 수 없었다고 한다. 어르신은 한 살 한 살 나이가 들어 감에 따라 만성질환뿐만 아니라 심혈관질환을 앓게 되어 집에서 거리가 있는 분당서울대학교병원을 내원하기 시작하였다. 그러던 중 담당의로부터 전립성 이상 소견을 듣게 되었으며, 수차례의 정밀검사 끝에 올해 5월 전립선암 2기 판정을 받게 되었다. 어르신은 "눈앞이 깜깜했어요. 정말."이라며 암 진단을 받을 당시의 심경을 표현하였다. 당뇨로 혈액순환이 되지 않은 오른쪽 다리의 혈관확장술을 연초에 진행하여 수술비에 대한 부담은 더 크게 다가왔다. '암' 진단으로 인한 심리적인 부담과 '수술비'에 대한 경제적인 부담까지…… 어르신은 '치료를 하지 않고 이대로 죽음을 맞이하자.'라는 생각을 갖게 되었다. 그러던 중 자녀와 손주의 얼굴, 종교적인 신념이 순간적으로 머리에 스쳤고, '혹시 도움을 받을 수 있는 방법이 있는지 상담이나 받아 보자.'라는 생각으로 복지관을 찾아오게 되었다고 한다.

어르신이 암 진단을 받은 뒤, 한 달 가까이 아무런 치료를 받지 않아서 우선적으로 암의 진행 정도와 대략적인 수술비에 대해 파악하기 위해 어르신에게 병원에 다녀올 것을 권하였다. 다행히도 한 달 전과 비교했을 때 큰 차이는 없었다. 그러나 어르신이 앓고 있는 만성질환으로 인해 비용적인 부담이 상대적으로 적은 개복부수술로의 치료는 불가한 상태였으며, 로봇수술만 가능한 상태였다. 870만 원 정도로 예상되는 수술비…… 어르신은 수술비에 대해 사례관리자에게 이야기하며 "내가 수급비 조금씩 모아서 저축한 것이 있어. 그거 해약할 수 있는데…… 그래도 돈이 많이 모자라."라며 미안한 표정을 지어 보였다.

우선적으로 주민센터, 시청 담당 주무관에게 어르신의 상황을 공유하였다. 어르신의 경우 긴급의료지원신청이 가능하다는 주무관의 답변에 따라 어르신과 함께 신청서류를 준비하여 제출하였다. 어르신이 수급비를 조금씩 모아 저축한 통장을 해약하더라도 수술비에 대한 부담은 여전히 크게 남아 있었다. 지푸라기라도 잡는 심정으로 어르신이 내원하는 분당서울대학교병원 사회사업실에 전화하여 어르신의 상황에 대해 이야기하였다. 해당 병원 사회복지사를 통해 분당서울대학교병원의 의료비지원사업에 대해 확인하였으며, 어르신과 함께 신청서류를 준비하였다. 그리고 수술을 위해 병원에 입원하는 날 어르신과 함께 분당서울대학교병원 사회사업실을 방문하여 사회사업실 사회복지사에게 어르신과 상담을 진행할 수 있도록 조정하였으며, 신청서류를 제출하였다. 다행히도 분당서울대학교병원의 긴급의료지원과 후원금 그리고 어르신이 절약하여 조금씩 저축해 온 돈이 모여 마련된 수술비로 어르신은 암 제거 수술을 할 수 있었다.

지금 어르신은 관내 종합사회복지관의 경로식당을 매일 같이 이용하고 있으며, 이웃주민과 함께 마을행사에 참여하며 하루하루를 즐겁게 보내고 계신다. 어르신은 사례관리자를 볼 때면, "치료를 포기하고 죽을 생각을 했었는데, 선생님을 만나고 도움을 받아 내가 새로운 삶을 얻었어요. 정말 고마워요."라고 말씀하신다. 어르신에게 새로운 삶을 준 이 기적과 같은 일을 사례관리자 혼자서 이루었다고 생각하지 않는다. 어르신의 상황에 관심을 갖고 함께 역할을 해 주려고 같이 고민하고 노력한 지역사회 그리고 사례관리자와 함께 본인이 할 수 있는 최대의 역할을 수행하고자 노력했던 어르신이 있었기에 가능했던 기적이라고 생각한다. 사례관리 업무를 수행하며 보다 다양한 위기 상황에 놓여 있고, 보다 다양한 성격을 가진 사람을 만날 것이다. 사례관리자는 마법사가 아니기에 만나는 모든 사람에게 '기적'을 불러일으킬 수는 없다. 그러나 자신의 삶을 위해 노력하는 당사자 그리고 그 당사자를 위해 함께 노력할 준비가 되어 있는 지역사회와 함께라면 그 기적이 마냥 불가능할 것이라고 생각되지는 않는다.

대상자 정보					
성명(가명)	성별	연령	직업	기간	전화/방문 횟수
박노인	남	74세	무직	4개월	30회

사례 개요

상기 당사자는 독거노인가구로, 아내와 이혼 후 홀로 생활하고 있었음. 2015년 12월 정기적으로 내원하던 분당서울대학교병원 담당의로부터 전립선 이상 소견을 확인하였으며, 2016년 5월 전립선암 2기 판정을 받음. 갑작스런 암 진단과 수술비에 대한 부담으로 당사자는 치료를 포기했던 상황이었음

사례관리과정

- 문제점

  2016년 5월 암 진단을 받았으며, 만성질환으로 인해 수술적인 비용 부담이 높은 로봇수술로의 치료가 불가피한 상황이었음. 이에 당사자는 갑작스런 암 진단으로 인한 심리적인 부담과 더불어 거액의 수술비에 대한 경제적인 부담으로 수술적인 치료를 포기하던 상황이었음

- 극복과정

  2016년 5월 암 진단으로 수술적인 치료가 필요한 당사자의 상황에 대해 지역사회와 함께 공유하였으며, 거액의 수술비 마련을 위해 함께 고민함. 그 결과 분당서울대학교병원의 긴급의료지원과 후원금 그리고 당사자가 절약하며 조금씩 저축해 온 돈이 모여 마련된 수술비로 암 제거 수술을 진행함

슈퍼비전과 활용

"포기하고 죽을 생각을 했었는데, 선생님을 만나 새로운 삶을 얻었어요."
당사자가 퇴원하여 사례관리자를 보자마자 꺼낸 말이다. 사례관리 업무를 수년간 진행하면서 맞이한 당자자의 죽음으로 위축감을 느끼고, 이로 인해 소진된 사례관리자에게 큰 힘이 되었던 말이다. 사례관리자가 늘 희망을 주고자 노력했던 당사자 또한 사례관리자에게 희망을 주는 존재라는 생각을 진심으로 할 수 있는 계기가 되었다.

대상자의 변화된 모습

- 대상자의 변화과정

  갑작스런 암 진단으로 인한 심리적인 부담에 거액의 수술비로 인한 경제적인 부담까지 더해져서 당사자는 치료를 포기하고자 하였다. 사례관리자에게 부담에 대해 털어놓은 순간에도 '희망'을 생각하기보다는 마음속 이야기라도 털어놓자는 심정이었다. 당사자는 사례관리자와 함께 수술비 마련을 위해 고민하는 과정에서 지역사회와 접촉을 하며 조금씩 '희망'을 느끼게 되었고, 자신이 할 수 있는 역할을 하고자 노력하였다.

• 사례관리자의 극복과정

사례를 진행하며 거액의 수술비로 인한 부담 또한 크게 와 닿았지만 '나에겐 아무런 희망도 없다.'라고 이야기하는 것만 같은 당사자의 표정이 사례관리자에게 더 큰 부담으로 와 닿았다. 그런 당사자에게 지역사회도 함께 당사자의 상황을 공감하고, 또 함께 해결하기 위해 고민하고 있다는 부분을 보여 주고자 사례개입과정에서 더 많은 역할을 당사자와 나누어 가지며 개입하고자 노력하였다.

• 대상자의 만족도

"너무 힘이 들어서 이대로 죽을까 생각했어요."라는 이야기를 사례관리자에게 꺼냈던 당사자는 이제 "덕분에 새로운 삶을 얻었어요."라는 이야기를 사례관리자에게 한다. '절망'을 표현하던 당사자가 어느 순간부터 '희망'을 표현하는 것. 이는 가장 기적적인 변화라고 생각된다.

출처: 화성시 복지정책과(2016).

••• 학습과제

1. 노인상담의 의의, 목적에 대하여 이야기하시오.
2. 노인상담의 유형, 기법에 대하여 이야기하시오.
3. 노인과의 효과적인 의사소통기술에 대하여 이야기하시오.
4. 사례관리의 개념에 대하여 이야기하시오.
5. 사례관리의 목적에 대하여 이야기하시오.
6. 사례관리의 과정에 대하여 이야기하시오.

참고문헌

강용규, 이종복, 임옥빈, 류동수, 조당호(2013). **노인복지론**. 경기: 공동체.

권중돈(2011). **노인돌봄기본서비스의 실제: 기본교육**. 세종: 보건복지부.

권중돈(2016). **노인복지론(6판)**. 서울: 학지사.

권진숙(2010). 한국 사례관리실천의 혼돈과 대안. **사례관리연구**, 1(1), 1-22.

권진숙, 박지영(2015). **사례관리의 이론과 실제(3판)**. 서울: 학지사.

금기윤, 김미연, 김은희, 류동수, 이태희(2013). **사회복지실천기술론**. 경기: 공동체.

김상곤(2013). 민관 협력을 위한 통합사례관리 운영체계 구축 방안. 사례관리연구, 4(1), 51-87.

김희수, 홍성훈, 이은숙(2009). 노인상담의 이해. 경기: 양서원.

독거노인종합지원센터(2018). 2018년 노인돌봄기본서비스 기본교육. 세종: 보건복지부.

박재간, 손홍숙, 서경석, 박정희, 이호선, 최정윤, 백상창, 손화희, 박충선(2006). 노인상담론. 경기: 공동체.

보건복지부(2000). 치매노인 간호요령(가족용).

서울복지재단(2010). 사회복지관 프로그램 매뉴얼(지역사회보호사업)-사례관리 실천 매뉴얼. 서울: 서울복지재단.

서혜경, 정순둘, 최광현(2006). 노인상담입문: 이론과 실제. 서울: 집문당.

손광훈(2009). 사회복지실천기술론. 경기: 공동체.

양난주(2015). 사회복지관의 역할 정체성을 찾아서: 제도적 맥락에서 본 정체성 확립의 방향. 사회복지정책, 42(2), 245-270.

엄명용, 노충래, 김용석(2015). 사회복지실천기술의 이해(3판). 서울: 학지사.

유경, 유경호, 강연욱, 이주일, 김지현(2014). 노화와 심리. 서울: 학지사.

유성호, 김형수, 모선희, 윤경아(2015). 현대 노인복지론(5판). 서울: 학지사.

유정원, 권오균(2015). 경기도 종합사회복지관 현황 및 역할 재정립 기초연구. 경기복지재단 정책연구보고.

이은희(2013). 新노인복지론. 서울: 학지사.

이장호, 김영경(2006). 노인상담: 경험적 접근. 서울: 시그마프레스.

이정희(2016). 이용자의 경험을 통해 본 사례관리의 의미와 본질: Giorgi 현상학적 연구 접근. 삼육대학교 대학원 박사학위논문.

이준우, 최희철(2014). 사례관리론. 서울: 신정.

이호선(2007). 노인상담. 서울: 학지사.

장인협, 우국희(2001). 케어 · 케이스 매니지먼트. 서울: 서울대학교출판부.

정순둘(2005). 사례관리실천의 이해: 한국적 경험. 서울: 학지사.

정연정(2014). 한국사례관리실천의 딜레마: 상이한 진단과 대안모색. 한국사회복지행정학, 16(1), 55-88.

정옥분, 김동배, 정순화, 손화희(2016). 노인복지론(2판). 서울: 학지사.

진영란, 구재관, 김효신, 박선희, 방성자, 백성희, 이태식, 최태자(2015). 2014년 개정 요양보호사 양성 표준교재. 세종: 보건복지부.

진영란, 백성희, 백일훈, 원선임, 조진희, 최인덕, 최태자(2019). 2019년 요양보호사 양성 표준교재. 세종: 보건복지부.

최영대(2014). **사례관리의 이론과 실제**. 경기: 공동체.

한국보건복지인력개발원(2009). **2009 사회복무요원 복무매뉴얼: 노인복지분야**. 서울: 보건복지부.

한국사례관리학회(2012). **사례관리론**. 서울: 학지사.

현외성, 장필립, 홍태용, 김은자, 조추용, 김혜경, 손덕옥, 남정자, 김용환, 윤은경(2001). **노인케어론**. 서울: 양서원.

현외성, 정재욱, 마은경, 이은정, 문정란, 김용환, 강환세, 박선애, 정민화(2012). **사회복지 사례관리론**. 경기: 공동체.

화성시 복지정책과(2016). **2016 화성시 통합사례관리 성과보고집**.

McDonald, P. A., & Haney, M. (2003). **노인상담연습** [*Counseling the older adult: A training manual in clinical gerontology* (2nd ed.)]. (현외성, 하정미 공역). 서울: 양서원. (원저는 1997년에 출판).

Moxley, D. P. (1989). *The practice of case management*. Thousand Oaks, CA: Sage Publications.

National Association of Social Workers (NASW). (1999). **사회복지대백과사전** [*Encyclopedia of social work* (19th ed.)]. (김만두, 김융일, 박종삼 공역). 서울: 도서출판나눔의집. (원저는 1995년에 출판).

O'Conner, G. (1988). Case management: System and practice. *Social Casework*, *69*(2), 97-106.

Vanderplasschen, W., Rapp, R. C., Wolf, J. R., & Broekaert, E. (2004). The Development and implementation of case management for substance use disorders in North America and Europe. *Psychiatric Service*, *55*(8), 913-922.

제 3 부

노인과 관련한 주요 이슈

제8장 / 노인과 치매
제9장 / 노인과 여가
제10장 / 노인과 성
제11장 / 노인과 죽음
제12장 / 노인학대
제13장 / 고령친화산업

제 8 장

노인과 치매

학습 목표

1. 치매의 개념, 원인, 유형, 증상을 이해한다.
2. 치매의 현황과 실태를 이해한다.
3. 치매의 치료와 관리를 이해한다.
4. 치매정책을 이해한다.

1. 치매의 이해

1) 치매의 개념

치매(dementia)는 단일질환에 의한 진단명이 아니라 특정 증상들의 집합인 증후군(syndrome)을 말하는 의학적 용어이다. 치매의 영문 표현인 'dementia'는 라틴어 'dement'에서 유래되었는데, '없다'라는 의미의 'de'와 '정신'인 'ment'의 합성어로 '정신이 없다' 혹은 '정신이 나갔다'라는 의미를 지닌다(권중돈, 2016). 치매란 인지기능을 담당하는 인간의 뇌 부위가 자연적인 노화 혹은 외상 및 질병 등의 기타 외부적 원인으로 인해 인지적인 기능뿐만 아니라 정서조절 능력과 운동기능에까지 손상을 주는 후천적인 정신장애이다(중앙치매센터 홈페이지).

치매는 다양한 후천적 원인으로 인해 일상생활에 지장을 초래할 정도로 판단, 언어, 기억력 등의 인지기능이 저하되는 상태라고 정의할 수 있다. 다시 말해, 치매란 선천적으로 뇌기능의 발달이 저하되는 상태 혹은 일시적인 기억장애가 아니라 후천적으로 특정한 조건에서 여러 증상이 일어나는 증후군을 말한다. 예전에는 치매를 노망(senility)이라 부르며 노화로 인해 나타나는 당연한 생리적 현상이라 여겼지만, 최근에는 극복해야 할 뇌질환으로서 중요한 사인 중의 하나로 인식되고 있다(김귀환, 2017).

이처럼 치매는 노년기에 나타나는 대표적인 정신장애로서 DSM-IV에서는 치매라고 불렸으나 2013년 5월 개정된 DSM-5[APA, 국내에서는 2015년『정신질환의 진단 및 통계 편람(제5판)』으로 번역됨]에서는 치매가 주요 및 경도 신경인지장애로 병명이 변경되기도 하였다. 치매는 그 자체로 하나의 질환을 의미하는 것이 아니며, 뇌세포가 지속적이고 반복적으로 심하게 손상을 입어 기억력, 추상력, 판단력 등이 쇠퇴하는 병적인 현상으로서 후천적 원인으로 인해 뇌가 손상되어 지적 기능의 황폐화뿐 아니라 인격의 변화, 정서행동적 문제, 사회적 기능장애를 초래하는 복합적인 임상증후군을 의미한다. 따라서 치매는 뇌의 병변에 의해 기억장애, 사고장애, 판단장애, 지남력장애, 계산력장애 등과 같이 인지기능이 감퇴되고, 정서장애, 성격변화, 일상생활 능력의 장애 등이 수반되는 노년기의 기질성 정신장애이다(권중돈, 2016).

따라서 치매를 평가할 때는 병력에 대한 수집뿐 아니라 구체적인 행동에 관한 관찰 내용을 수집하는 것이 매우 중요하다. 즉, 치매로 의심되는 문제행동의 빈도, 문제행동 시 주변 상황, 과거의 문제행동 발생빈도 등에 대한 정보를 얻어내는 것이 중요하다. 일반적으로 정신상태검사(Mental Status Examination: MSE)를 통해 기억력을 평가하며, 사람, 시간, 장소, 상황에 대한 기억을 포함한 인지기능평가와 신경심리학검사를 실시하며 뇌단층 촬영 등을 종합하여 진단한다(김소형, 2018).

2) 치매의 원인 및 유형

치매의 위험인자로는 고령(85세 이상일 경우 65~69세에 비해 14.9배), 여성(남성에 비해 2.85배), 무학(교육연수 7년 이상에 비해 9.2배)이 있으며, 이것이 치매 위험과 높은 관련성을 보였다. 또한 이혼, 사별, 별거, 미혼과 같이 안정된 결혼생활을 유지하지 못하는 사람의 치매 위험률이 2.9배 높았으며, 과거에 10분 이상의 의식장애가 있었던 두부외상이 있는 사람, 규칙적인 운동을 하지 않는 경우에 치매 위험이 높았다. 특히 우울증이 있는 경우 치매 위험률이 3배 이상 높아서 노인의 우울상태에 대한 정밀한 조기평가가 매우 중요함을 알 수 있다(박소영, 유용식, 박광덕, 권자영, 최재일, 2016).

『국제질병분류 제10판(ICD-10)』에 따르면 치매는 '알츠하이머형 치매' '혈관성 치매' 그리고 '기타 질병에 의한 치매' '불분명한 치매'로 구분된다(WHO, 2007). 2018년 대한민국 치매현황자료에 나타난 치매의 유형별 분포를 살펴보면, 알츠하이머형 치매가 전체 치매의 74.5%를 차지하고 있으며, 혈관성 치매가 8.7%, 기타 질병에 의한 치매가 16.8%를 차지하고 있다(중앙치매센터 홈페이지).

치매는 단일질환을 가리키는 말이 아니며, 70여 가지에 이르는 원인질환에 의해 유발되는 임상증후군으로 다양한 원인에 대한 확인이 필요한 질환이다. 주요 원인질환으로는 알츠하이머형(Alzheimer's type), 혈관성(Vascular), 픽병(Pick disease), 헌팅턴병(Huntington's disease), 파킨슨병(Parkinson's disease), 크로이츠펠트-야곱병(Creutzfeldt-Jakob disease), 알코올성 치매 등이 있다. 이 외에도 후천성면역결핍증(AIDS), 두부 외상(head trauma) 등이 있다. 이 가운데 가장 발생빈도가 높은 알츠하이머형과 혈관성 치매, 기타 질병에 의한 치매를 살펴보면 다음과 같다(박소영 외, 2016).

(1) 알츠하이머병

치매 중 가장 발생빈도가 높아 전체 치매 환자의 약 50~80%에 해당한다. **알츠하이머형 치매**는 독일의 의사인 Aloi Alzheimer가 처음 보고한 대표적인 치매 유형이다(권중돈, 2016). 우리나라에는 Ronald Reagan 전 미국 대통령이 앓았다고 해서 널리 알려졌다.

알츠하이머형 치매는 이상단백질이 대뇌피질 속에 쌓여 서서히 뇌의 신경세포가 퇴행되어 가는 **신경질환**이다. 기억력과 언어기능의 장애를 초래할 뿐만 아니라 판단력, 지남력이 상실되고 성격도 변하며 종국에는 독립적인 생활이 어려워진다. 알츠하이머형 치매는 대개 수년에 걸쳐 서서히 진행되는 편이며, 눈에 띄는 증상이 심각하게 발현된 뒤 평균 8~12년 후에 **합병증** 등으로 사망하게 된다.

발병 초기에는 흔히 기억력과 문제해결 능력이 떨어지고, 주위 환경에 기민하게 대처하지 못하게 되며, 병이 진행될수록 행동문제나 정신증상이 자주 발생하고, 평소의 성격과 다른 성격을 보이기도 한다. 예를 들어, 평생 얌전하고 조용하던 사람이 공격적인 행동과 욕을 하는 등 다른 사람처럼 변하기도 한다. 또한 길을 잃고 배회하다가 집을 찾지 못해 가족들을 애타게 만들거나 대화가 불가능해지면서 거동이나 신체적인 건강상태도 악화되어 말기 단계에 이르면 결국 자신을 돌볼 수 있는 능력도 잃어버리고 자리에 눕게 된다.

(2) 혈관성 치매

혈관성 치매는 알츠하이머와 함께 가장 흔하다. 뇌혈관질환인 **뇌출혈**과 **뇌경색**이 치매를 일으킬 수 있다. 혈관성 치매는 뇌 영상 검사결과에서 뇌혈관질환과 현재 보이는 치매증상이 직접적인 관련이 있다는 분명한 증거가 있을 때 진단한다.

혈관성 치매는 알츠하이머에 비해 기억장애가 뚜렷하지 않고, 일상기능이나 언어기능 등 인지장애가 상대적으로 빠른 시기에 나타날 수 있다. 또한 마비나 감각이상이 생긴다. 그리고 어느 순간 갑자기 치매증상이 나타나게 된다. 이후 서서히 좋아졌다가 다시 나빠지는 경과를 보이게 된다. 반면에 알츠하이머형에서는 치매증상이 서서히 점진적으로 악화되는 경향을 보인다.

(3) 기타 질병에 의한 치매

기타 질병에 의한 치매의 대표적 특징을 살펴보면 다음과 같다. **픽병**은 체코의 정신의학자 Amold Pick(1851~1924)이 최초로 보고하였다. 이는 뇌의 **전두엽**에서 발생하며, 주로 40~65세 사이에 나타난다. 주된 증상은 심한 기억장애와 성격 및 행동 장애이다. **헌팅턴병**은 '헌팅턴 무도병'이라고도 하며, 얼굴과 몸의 근육들이 비자발적으로 기이하게 움직이는 질병이다. 주로 30~50세에 발병하는 유전성 질병이며, **약물치료**에 의해 증상 조절이 가능하다. **파킨슨병**은 신경전달물질인 도파민 부족으로 인해 나타나는 운동신경장애이다. 파킨슨병의 증상으로는 신체 떨림, 관절 마비, **언어장애**를 들 수 있다. 보통 50세 이후에 발병하는데, 파킨슨병 환자 중 30~40%가 말기에 치매로 연결된다.

크로이츠펠트-야곱병은 독일의 의학자 Creutzfeldt와 Jakob에 의해 1920년대 초에 최초로 보고되었다. 대부분의 경우 발병 후 2년 이내에 사망하며, 백만 명 중 한 명이 걸릴 정도로 희귀병이다. 이 병은 흔히 **광우병**으로 알려져 있는데, 뇌에 구멍이 뚫려 치명적이며 치매 진행이 아주 빠르게 나타난다. **알코올성 치매**란 지속적인 알코올 섭취로 인해 뇌가 손상되어 나타나는 치매로, 금주할 경우 예방이 가능하며 증상도 호전될 수 있는 가역성 치매이다(권중돈, 2016). 알코올 중독 입원환자의 3% 정도에서 치매가 나타나며, 전반적인 인지기능 저하와 더불어 공격성이 증가하고 무

표 8-1 치매의 원인질환

분류	원인질환
퇴행성 뇌질환	알츠하이머형 치매, 픽병, 루이소체병, 파킨슨병, 진행성 핵상마비 등
뇌혈관 질환	뇌경색, 뇌출혈 등
결핍성 질환	베르니케뇌증, 비타민 B12 결핍증 등
대사성 질환	저산소증, 갑상선 기능저하, 간성뇌병증, 요독증, 윌슨병, 중금속 중독 등
중독성 질환	알코올 중독, 일산화탄소 중독, 약물 중독, 중금속 중독 등
감염성 질환	신경매독, 크로이츠펠트-야콥병, 후천성면역결핍증 등
수두증	정상압 수두증 등
뇌종양	뇌수막종 등
뇌외상	뇌좌상 등

출처: 정경희 외(2010).

관심 · 무감동 등의 성격변화가 나타난다.

3) 치매의 증상

치매의 증상은 크게 인지기능장애 증상과 정신행동 증상의 두 가지로 나누어 볼 수 있다(박소영 외, 2016).

(1) 인지기능장애 증상

첫째, 기억력장애 증상으로, 특히 최근에 있었던 일을 기억하지 못하는 단기기억장애가 특징적이다. 단기기억장애로 새로운 정보를 습득하는 능력을 잃게 되며, 시간이 경과하면서 점차 장기기억력도 저하된다.

둘째, 지남력장애 증상으로 날짜와 계절에 대한 감각이 떨어지는 지남력의 장애를 보인다. 즉, 오늘이 며칠인지, 무슨 요일인지, 무슨 계절인지를 모르게 되고, 자주 날짜를 착각하여 실수를 하게 된다.

셋째, 언어장애 증상이다. 말을 하는데 단어가 떠오르지 않거나, 적절한 단어를 사용하지 못하고 머뭇거리거나 엉뚱한 단어를 사용하기도 하며, 말수가 현저히 줄어들게 된다. 따라서 다른 사람들과의 의사소통에서 어려움이 생긴다.

넷째, 시공간능력장애 증상이다. 시공간 능력이 떨어져 자주 다니던 친숙하고 익숙한 거리에서 길을 잃게 되거나 집을 찾지 못하고 주변을 배회하는 증상이 발생한다. 장애가 심할 경우는 집 안에서조차 방이나 화장실 등을 찾아가지 못하는 증상이 나타나기도 한다. 특히 밤 시간에는 시공간 능력이 더욱 저하되기 때문에 주의가 필요하다.

다섯째, 실행능력장애 증상으로 감각 및 운동 기관이 정상인데도 불구하고 목적성 있는 행동을 못하는 경우를 말한다. 예를 들면, 운동화 끈을 매지 못한다든가 하는 증상에서부터 시작하여 식탁을 차리는 것과 같이 여러 단계를 거쳐야 하는 경우에 더욱 어려움을 느끼게 된다. 또한 도구의 사용법을 잊어버려서 가스레인지나 세탁기, 텔레비전 등을 적절하게 사용하지 못하게 된다. 치매가 진행되면 식사나 옷 입기 등의 일상적이고 단순한 일에서도 장애가 나타난다.

여섯째, 판단력장애 증상이 나타나는데, 환자는 돈관리를 제대로 하지 못하게 되며 때로 필요 없는 물건을 사기도 한다.

일곱째, 행동 및 인격의 변화가 나타난다. 배회, 수면장애, 불안, 초조 증상, 망상 및 환청으로 인한 행동장애, 의심증, 훔치는 행동, 자기중심적 태도, 은둔, 수동적 경향의 증가, 외부에 대한 관심 저하 등을 보인다.

(2) 정신행동 증상

첫째, 치매노인은 자신의 **인지기능** 저하에 대한 반응으로 혹은 이와 상관없는 우울증상이 나타나기도 한다. 이유 없이 주변을 자꾸 서성거리며 한자리에 오래 앉아 있지 못하고, 안절부절못하는 일이 많아지며, 자신의 소지품을 제대로 챙기지 못하다 보니 어디다 두었는지 기억을 하지 못해 다른 사람이 자신의 물건을 훔쳐 간다고 자꾸 의심하는 증상이 나타나기도 한다.

둘째, **수면장애**가 생겨 밤낮이 바뀌어 가족들의 수면을 방해하는 일이 자주 발생한다. 불면증, 낮 동안의 과도한 졸림, 밤과 낮의 역전 등의 수면문제가 많다. 수면장애는 단순히 잠을 안 자는 것이 아니고 배회, 불안, 환각, 공격성 등 다양한 행동문제를 함께 보이는 경우가 많으며, 쉽게 교정되지 않을 수 있어 가족들에게는 큰 부담이 되기도 한다.

셋째, 지각의 장애가 생겨 환시나 **환청**과 같은 **환각**증상을 보이기도 한다. 환각은 외부에서 주어진 자극이 없음에도 자극이 실제로 있다고 느끼는 것이다. 치매에서 나타나는 환각은 실제로는 없는 사물이나 사람을 있다고 지각하는 환시가 가장 흔하고, 다음으로는 실제로는 들리지 않는 소리를 듣는 환청이 흔하다.

넷째, 이 외에도 무감동, 불안, 망상, 착각, 초조, 공격성, **반복행동**, 부적절한 식사

표 8-2 치매에 따른 문제 영역

문제 영역	문제 유형
인지	기억력, 판단력, 지남력 장애
정신	불안, 우울, 조증, 환각 증상, 의심, 망상
언어	공격적인 언어 및 작화, 실어증
행동	흥분, 과격하고 폭력적인 행동, 수면장애, 수집행동, 강박 및 반복 행동
일상생활 수행	옷 입기, 위생관리, 배설 관련, 섭식, 보행 등의 장애 발생

출처: 박소영 외(2016), p. 92.

행동 등 다양한 정신행동 증상을 보이기도 한다.

2. 치매의 현황과 실태

예전에는 치매를 노망이라고 하여 노인이 되면 누구나 겪는 정상적인 **노화과정**의 일부로 간주하였지만, 지금은 치료와 돌봄이 필요한 대표적인 노인기 정신장애로 받아들이고 있다. 인구의 고령화는 필연적으로 **치매환자**의 증가를 가져오게 된다. 전 세계의 65세 이상 노인에서 치매 유병률은 5~10% 정도인데 현재 우리나라에는 75만 명의 치매환자가 있는 것으로 추정되며, 치매로부터 자유롭지 못한 가족은 배우자, 자녀, 손자녀를 포함해서 약 300만 명에 이르는 것으로 나타났다. 치매 유병률이란 65세 이상 전체 노인인구 중 치매환자가 차지하는 비율을 의미하며, 2018년 말 현재 10.16%(추정 치매환자 수는 약 75만 명)이다. 앞으로 우리나라 치매환자의 수는 2020년 약 84만 명, 2030년 약 127만 명, 2050년에는 271만 명으로 증가할 것으로 추정된다(중앙치매센터 홈페이지; [그림 8-1] 참조). 보건복지부에 따르면, 2017년 기준으로 치매관리에 투입된 직간접 비용은 약 14조 원에 이를 것으로 추산되며,

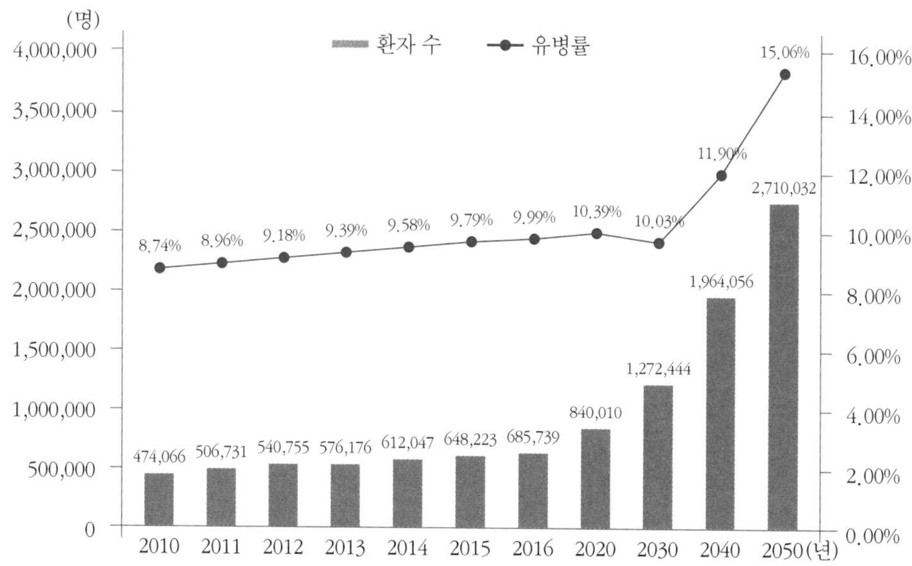

[그림 8-1] 65세 이상 한국 노인의 치매환자 수 추이

출처: 중앙치매센터 홈페이지.

2050년에는 사회적 비용이 100조 원에 다다를 것이란 전망이다(보건복지부, 2019).

우리나라의 치매현황을 살펴보면 〈표 8-3〉과 같다(보건복지부, 중앙치매센터, 2018). 성별 · 연령별 치매현황을 살펴보면, 65세 이상 치매환자 수는 2017년 약 70만 명으로 전체 65세 이상 노인인구의 약 10.0%로 추정되며, 65세 이상 전체 치매환자 가운데 여성 치매환자의 비율이 약 64%로 남성에 비해 더 높다. 치매환자는 초기노령기 구간에서 나이가 많아질수록 급속히 증가하며, 85세 이상 초고령노인 구간에서 가장 많은 비중을 차지하고 있다.

표 8-3 치매환자 수 및 치매 유병률 ('17년 12월 기준, 단위: 명, %)

65세 이상 노인인구 수			7,066,201
65세 이상 치매 유병 현황	치매 유병률		10.0
	전체 치매환자 수		705,473
	성별	남성	254,676
		여성	450,797
연령별		60~64세	19,430
		65~69세	31,427
		70~74세	67,856
		75~79세	179,075
		80~84세	195,704
		85세 이상	231,412

출처: 보건복지부, 중앙치매센터(2018), p. 21.

유형별 · 중증도별 치매현황을 살펴보면, 2017년 기준 치매 유형별 환자 수는 알츠하이머형 치매 74.5%, 기타 유형의 치매 16.8%, 혈관성 치매 8.7% 순으로 나타났다. 치매 중증도의 경우 **치매임상평가척도**(Clinical Dementia Rating: CDR)를 이용한 치매 중증도 분류 CDR이 0.5는 최경도, 1은 경도, 2는 중등도, 3 이상은 중증 치매로 분류하며, 경도, 중등도, 최경도, 중증 순으로 많은 비중을 차지하는 것으로 나타났다(〈표 8-4〉 참조).

표 8-4 유형별·중증도별 치매현황

('17년 12월 기준, 단위: 명)

추정 치매환자 수	유형별			중증도별			
	알츠하이머형	혈관성	기타	최경도	경도	중등도	중증
705,473	525,431	61,778	118,265	122,752	292,066	181,307	109,348

출처: 보건복지부, 중앙치매센터(2018), p. 34.

2017년 치매환자 1인당 연간 관리 비용은 2,074만 원으로 추정되며, 직접의료비가 1,106만 원으로 가장 크게 나타났다. 중증일수록 1인당 연간 관리 비용이 증가하여 최경도에 비해 중증의 관리 비용은 약 2배 이상 높게 나타났다. 65세 이상 치매환자의 전체 진료 건수는 약 573만 건이고, 진료비는 약 2조 3천억 원이며, 치매환자 1인당 진료 건수는 약 8.5건, 1인당 진료비는 344만 원으로 나타났다(보건복지부, 중앙치매센터, 2018). 2017년 치매부양비는 1.9명, 치매의존비는 52.9명으로 나타났다. 즉, 생산가능인구 100명이 돌봐야 하는 치매노인은 1.9명, 치매노인 1명을 돌봐야 하는 생산가능인구는 52.9명으로 나타났다(〈표 8-5〉 참조).

표 8-5 치매부양비와 치매의존비 현황

('17년 12월 기준, 단위: 명)

15~64세 생산가능인구(A)	65세 이상 추정 치매환자 수(B)	생산가능인구 100명당 치매부양비(B/A)	치매의존비(A/B)
37,320,282	705,473	1.9	52.9

출처: 보건복지부, 중앙치매센터(2018), p. 162.

장래 치매부양 부담 추계를 살펴보면, 2017년 치매부양비는 1.9명, 치매의존비는 52.9명, 2030년 치매부양비는 4.0명, 치매의존비는 24.8명, 2060년 치매부양비는 14.8명, 치매의존비는 6.8명으로 치매부양 부담이 점점 심화될 것으로 예측된다. 생산가능인구 100명당 치매부양비는 점차 증가하고, 치매의존비는 점차 감소하는 경향을 보인다(〈표 8-6〉 참조).

이처럼 노인에게 흔한 질병이 되어 버린 치매는 환자 자신의 일상생활을 유지할 수 없을 정도로 삶이 황폐화되고, 이에 따라 가족마저 어려움에 빠지게 만드는 심각한 질병이다. 물론 경우에 따라 치매를 앓고 있다 해도 인지 능력이 다소 떨어지는 것 이외에 건강상태는 양호할 수 있다. 하지만 자녀들은 이러한 노인을 경제적 이유

표 8-6 치매부양비와 치매의존비 추계 ('17년 12월 기준, 단위: 명)

연도	생산가능인구 (15~64세)	65세 이상 치매환자	생산가능인구 100명당 치매부양비	치매의존비
2017	37,320,282	705,473	1.9	52.9
2018	37,573,903	748,946	2.0	50.2
2019	37,505,502	791,228	2.1	47.4
2020	37,265,725	836,834	2.2	44.5
2025	35,756,863	1,083,977	3.0	33.0
2030	33,877,527	1,367,652	4.0	24.8
2035	31,676,747	1,729,608	5.5	18.3
2040	29,431,144	2,176,558	7.4	13.5
2045	27,717,509	2,660,847	9.6	10.4
2050	25,904,596	3,026,592	11.7	8.6
2055	24,421,455	3,230,592	13.2	7.6
2060	22,444,457	3,323,033	14.8	6.8

출처: 보건복지부, 중앙치매센터(2018), p. 170.

등으로 서로 부양하려 하지 않는 경우가 많아 **노인전문병원** 등에서 일시보호를 받는 경우도 있다(조현, 고준기, 2018). 이처럼 치매는 개인의 삶은 물론 인격에까지 영향을 미치는 질병인 것이다.

그럼에도 불구하고 대부분의 사람이 치매에 대해 '치료가 불가능한 병'으로 인식하고 있어 치매의 조기진단에 어려움을 겪고 있다. 치매는 노인이면 당연히 겪는 노화 현상이 아니라 뇌기능의 장애로 인하여 지적 능력이 떨어지는 퇴행성 질환이다(「노인복지법」 제2조). 즉, 조기에 발견하고 그에 따라 적절한 치료가 뒷받침될 경우 어느 수준까지는 관리가 가능한 질병인 것이다. 따라서 치매를 노화에 따른 자연스러운 현상으로 볼 것이 아니라 이를 적절하게 관리할 수 있는 방안을 마련하는 것이 필요하다.

3. 치매의 치료와 관리

치매는 예방이 가능하고, 조기에 발견하여 치료하면 진행을 지연시키거나 증상을 호전시킬 수 있다. 치매의 치료와 관리를 위해서 약물치료와 다양한 재활치료 그리고 가족의 보호 및 돌봄 부담을 줄이는 가족교육과 제도적 지원 등이 필요하다. 대부분의 치매가 만성적으로 진행되는 뇌의 질병이기 때문에 치매치료의 목표 및 방향도 환자의 잔존기능을 최대한 유지시키고 환자와 가족의 삶의 질을 유지시키는 것이다. 이를 위해서는 정신과 전문의, 신경과 전문의를 포함한 의료진과 사회복지학, 간호학, 물리치료 및 작업치료 등 다학제 및 다학문 간의 협력과 협업이 필수적으로 요청된다(박소영 외, 2016).

1) 치매의 비약물적인 치료

치매의 비약물적인 치료로는 지지적 정신치료, 지지적 상담, 행동치료, 인지치료 및 다양한 재활훈련치료 등이 있다. 비약물적 치료는 인지기능의 회복에도 도움을 줄 뿐 아니라 치매로 인해 나타나는 다양한 행동 · 정신장애의 치료에도 효과적이다.

비약물적 치료에는 다양한 치료방법이 활용되는데, 여기에는 인지재활치료, 현실감각훈련(reality orientation), 회상요법(reminiscence therapy), 행동적 개입, 안정요법(validation therapy), 스노즐렌(snoezelen), 음악요법, 미술요법, 원예치료, 향기요법(aromatherapy), 행동수정, 환경조정 등이 있다.

2) 치매의 약물치료

치매의 치료에는 약물이 크게 도움이 된다. 물론 치매는 장기적으로는 악화되는 질병이다. 시간이 지나면서 점차 악화될 수밖에 없다. 하지만 약물치료를 하면 분명히 많은 증상을 호전시킬 수 있다. 치매의 약물치료 방법을 살펴보면 다음과 같다.

- 치매의 약물치료에서 대표적으로 활용되는 약물은 **아세틸콜린분해효소** 억제제이다.
- 알츠하이머병이 진행되면 뇌 속에서 여러 가지 신경전달물질의 변화가 일어나는데, 인지기능과 가장 관련이 있는 **신경전달물질**이 **아세틸콜린**이다. 따라서 치매치료에는 아세틸콜린 계열의 약물들이 가장 효과적인 것으로 알려져 있다. 일반적으로 약물을 사용할 때는 효과와 안전성을 중요하게 고려해야 하며, 부작용이 나타날 수도 있다. 치매치료 약물의 공통적인 부작용으로 설사, 식욕감퇴, 근육 경련 및 수면장애, 오심 등이 나타날 수 있으며, 이런 부작용은 주로 초기에 나타난다.
- 노인들은 신체질환과 관련한 다양한 약물을 복용하고 있는 경우가 대부분이므로 약물 처방 시 반드시 현재 복용하고 있는 약물을 의사에게 설명해야 한다. 또한 치매가 진행될수록 약물을 복용하는 것이 정확하게 준수되기 어려울 수 있다는 점을 고려하고 필요한 대책을 마련해야 한다.

3) 치매환자 주 돌봄제공자를 위한 개입

치매는 비가역적 · 만성적으로 지속되면 점차 시간이 지나면서 대부분 그 정도와 증상이 심해지는 것이 일반적이다. 따라서 치매노인과 함께 살며 돌보아야 하는 가족의 부담은 날로 무거워지게 되므로 가족 구성원들이 효과적으로 대처하고 역할분담이 잘 이루어질 수 있도록 적절한 치매 관련 지역사회 기관의 도움을 받는 것이 필요하다.

따라서 주 돌봄자를 포함한 치매환자 가족을 대상으로 가족교육을 실시해야 한다. 미국의 **국립노화연구소**(National Institute on Aging)에서 제안하는 알츠하이머병 보호자를 위한 교육 내용으로는 가족이 치매 진단을 받았을 때 치매환자와 대화하기, 목욕하기, 옷 입기, 식사하기, 일상생활, 운동, 수면 및 변비 문제, 환각이나 망상과 같은 사고장애 대처하기, 배회증상, 가정에서의 안전, 병원 방문 등이 있다. 이외에도 보호자의 스트레스 관리방법, 가족의 역할분담, 지역사회 활용자원들의 소개 등이 다루어져야 한다.

4. 한국의 치매정책

치매는 인지기능의 장애로 시작하지만 전반적인 일상생활기능과 사회생활기능을 황폐화시키는 노인기 질환으로, 치매가 발병하면 혼자서는 생활할 수 없기 때문에 가족과 사회의 부양 부담이 높아지게 되는 등 단순히 개인이나 치매환자 가족의 문제로 접근하기보다는 사회문제로 접근하여 그 대책과 해결 방안을 모색해야 한다. 우리나라가 당면한 고령사회의 치매문제는 사회문제화되어 국가 차원의 대책이 필요하게 되었다. 이에 정부는 2008년부터 3차에 걸친 '치매종합관리대책'을 내놓고, 2011년「치매관리법」을 공포하여 국가 차원의 치매관리사업을 구축하기 위해 노력하고 있다.

1) 치매정책의 개요

우리나라가 치매를 국가의 중요한 정책 아젠다(agenda)로 인식하게 된 시기는 1990년대 후반 급속한 경제성장 및 생활수준의 향상으로 기대수명이 급격히 늘어나던 때이다. 1994년 한국치매협회가 창립되어 치매 관련 연구사업 지원을 계획함에 따라 사회적 관심이 일기 시작하였고, 1996년 UN 안전보장이사회와 OECD 가입을 계기로 복지수준에 대한 국제비교를 통해 치매에 대한 정책수요가 증가하기 시작하였다(보건복지부, 2015).

이후 1996년 3월 공식적인 치매관리정책으로서 '삶의 질 세계화를 위한 노인 · 장애인복지 종합대책'을 수립하기에 이르렀다. 이 대책은 '치매노인 10년 대책'이라는 세부 정책을 통해 주로 치매관리시설을 구축하는 데 초점이 맞춰져 있었다.

이에 따라 1997년부터 시 · 군 · 구 보건소에 치매상담신고센터 설치 및 치매상담요원 배치, 시설보호가 필요한 치매환자를 위한 치매전문병원 및 요양시설 확충계획을 발표한 바 있다. 1999년에는 '노인복지 중장기 발전계획'을 발표하였고, 고령화사회 대비 노인부양 부담 증가, 경제활동인구 감소 등의 대비책으로 치매정책을 수립하였다(보건복지부, 2017).

이 시기에 발표된 치매정책은 앞서 1996년에 발표된 10년 대책의 내용과 중복 또는 일부 확대된 내용으로 구성되었다. 이후 정부는 2005년 「저출산 · 고령사회기본법」을 제정하고, 저출산 · 고령사회기본계획(이하 저출산 · 고령사회계획)을 5년 단위로 수립 · 시행할 것을 계획하였으며, 2006년, 2010년, 2015년에 총 3차 계획을 수립한 바 있다. 제1차 저출산 · 고령사회계획에서는 치매노인에 대한 종합적 관리 및 지원체계 구축을 위한 정책을 수립하였으며, 제2차 저출산 · 고령사회계획을 통해 제1차 계획의 확대 및 강화에 집중한 정책들이 마련되었다. 마지막으로, 제3차 저출산 · 고령사회계획의 정책은 제1, 2차 계획에서 강조한 치매관리체계, 인프라 구축에서 더 나아가 치매에 대한 대응체계 및 돌봄체계 강화와 연구개발 활성화를 강조하였다(보건복지부, 2012).

한편, 노무현 정부에서는 2007년 9월 21일을 '치매극복의 날'로 선정하고 매년 기념행사를 통해 사회의 부정적 인식을 개선하고자 하였으며, 2008년 본격적으로 '치매와의 전쟁'을 선포하고 제1차 치매관리종합계획을 발표하였다. 2008년부터 2012년까지 추진한 이 계획은 「치매관리법」 제정과 치매 조기검진 및 사후관리 지원사업의 기본틀을 마련하였다는 데 주요한 의의가 있다. 2013년부터 2015년까지 3년 동안 추진했던 제2차 계획은 법적 기반을 토대로 국가적 차원의 치매관리정책의 당위성을 마련했다는 것이 특징적이다(이석민, 원시연, 2012). 특히 우리나라 치매관리 전달체계 시스템을 마련하고, 치매 예방 및 조기발견, 치매환자 돌봄 및 가족 지원 인프라 마련 등 돌봄요양서비스 공급 등의 외연 확대를 중심으로 추진되었다(보건복지부, 2012). 이는 치매의 예방–발견–치료–보호를 위한 체계적 기반 구축과 치매환자와 가족의 삶의 질 향상 및 노년의 불안감 해소, 치매에 대한 올바른 이해와 사회적 관심 제고라는 세 가지 정책 방향에 따른 것이다.

제1차 계획의 보완 차원에서 추진된 제2차 계획의 세부 정책은 치매의 조기발견 및 예방 강화, 맞춤형 치료 및 돌봄 강화, 인프라 확충과 가족 지원 및 사회적 소통 확대 등 치매관리를 위한 전달체계와 인프라 확충으로서 제1차의 추진정책과 다소 중복 또는 일부 개선된 내용으로 수립하였다.

제3차 계획은 2016년부터 2020년까지의 추진계획으로서 기존 공급자 측면이 아닌 서비스 수요자 측면에서 치매환자 가족의 부담을 실질적으로 경감하기 위한 측면을 강화했다는 점에서 기존의 제1, 2차 계획과 구별된다.

그간의 치매관리사업이 주로 치매환자에 대한 돌봄과 복지 서비스 중심이었다

표 8-7 우리나라의 연차별 치매관리종합계획 정책 비교

구분	제1차 치매관리종합계획	제2차 치매관리종합계획	제3차 치매관리종합계획
추진시기	2008~2012년	2013~2015년	2016~2020년
추진비전	노인의 편안하고 인격적인 삶	–	치매환자와 가족이 지역사회에서 편안하고 안전하게 살아갈 수 있는 사회 구현
추진방향	건강증진사업과의 연계 추진	치매의 예방–발견–치료–보호를 위한 체계적 기반 구축	지역사회 중심의 치매 중증도별 치매치료 · 돌봄
	치매 유형별 맞춤관리	치매환자와 가족의 삶의 질 향상 및 노년의 불안감 해소	치매환자의 권리 · 안전 보호와 가족 부담 경감 중심의 지원체계 마련
	종합적 · 체계적 치매관리체계 구축	치매에 대한 올바른 이해 및 사회적 관심 제고	–
추진정책	치매의 조기발견 및 예방 강화	조기발견 및 예방 강화	지역사회 중심의 치매 예방 및 관리
	종합적 · 체계적 치매 치료, 관리	맞춤형 치료, 돌봄 강화	편안하고 안전한 치매환자 진단 · 치료 · 돌봄 서비스 제공
	효과적 치매관리를 위한 인프라 구축	인프라 확충	치매환자 가족의 부양 부담 경감
	치매환자의 부담 경감 및 부정적 인식 개선	가족 지원 및 사회적 소통 확대	연구 · 통계 및 기술을 통한 인프라 확충

출처: 김민경, 서경화(2017), p. 238에서 인용 및 재수정.

면, 제3차 치매관리종합계획에서는 보건의료 분야를 통한 치매환자 맞춤형 치료관리체계 마련, 보건과 복지의 균형 잡힌 지원 방안 모색, 과학적 근거 및 통계에 기반을 둔 정책 설정으로 정책의 효과성을 높이고자 설계된 것이 특징이라 하겠다(보건복지부, 2015). 그에 따라 제3차 계획은 지역사회 중심의 치매예방관리, 편안하고 안전한 치매환자 진단 및 치료 · 돌봄 제공, 치매환자 가족의 부양 부담 경감, 연구 · 통계 및 기술을 통한 인프라 확충이라는 4대 정책과제를 설정하고, 10개 영역의 38개 세부 정책을 수립하였다(장기봉, 2018). 제3차 치매관리종합계획의 주요 세부 정책의 구체적인 내용은 〈표 8-8〉과 같다.

표 8-8 제3차 치매관리종합계획의 주요 정책 내용

추진정책과제	10개 세부 정책
지역사회 중심의 치매 예방 및 관리	• 전 국민 대상 치매예방 실천 지원 • 치매에 대한 부정적 인식 개선 및 치매친화적 환경 조성 • 치매상담센터 중심의 치매발생 3대 고위험(경도인지저하자, 치매진료중단자, 75세 이상 독거노인) 관리 및 치매조기발견 지원
편안하고 안전한 치매환자 진단 · 치료 · 돌봄 서비스 제공	• 지역사회 중심의 치매치료 관리체계 확립 및 전문성 제고 • 치매환자 재가 및 시설 돌봄 지원 • 중증 생애말기 치매환자 권리보호 및 학대 방지 등 지원체계 마련
치매환자 가족의 부양 부담 경감	• 치매환자를 돌보는 가족을 위한 상담교육 자조모임 등 지원 • 치매환자 가족의 간병 부담 경감을 위한 사회적 지원 확대 • 치매환자 가족의 간병 부담 경감을 위한 경제적 지원 확대
연구 · 통계 및 기술을 통한 인프라 확충	• 연구 · 통계 및 기술을 통한 인프라 확충

출처: 김민경, 서경화(2017), p. 239.

문재인 정부는 치매노인과 가족의 고통을 덜어 주고 치매로부터 자유로운 안심사회를 만들어 나가기 위해 그동안의 치매 관련 정책의 부족한 부분을 보완하고, 종합적 치매 지원체계를 구축하기 위해 **치매국가책임제**를 실시하였다. 치매국가책임제는 치매관리 **전달체계** 수립과 **돌봄서비스** 확대, **예방체계** 마련을 주된 내용으로 하고 있다. 치매국가책임제의 주요 내용을 살펴보면 다음과 같다.

- 맞춤형 사례관리: 전국 252개 치매안심센터에서 치매 관련 맞춤형 상담, 1:1 사례관리, 서비스 연계 실시
- 장기요양 확대 검토: 치매노인들이 모두 서비스를 받을 수 있게 장기요양등급을 확대하는 방안 추진
- 치매환자 의료 지원 강화: 치매안심요양병원을 확충하여 가정에서 돌보기 어려운 이상행동 증상이 심한 환자 단기집중치료
- 요양비·의료비 부담 대폭 완화: 치매장기요양비의 본인부담금 경감 혜택 대상을 기존 중위소득 50% 이하에서 확대하는 방안 추진

- 치매예방 및 치매친화적 환경 조성: 지역 노인복지관(전국 350여 개소)을 통해 치매 고위험군 대상 인지활동서비스 제공
- 전 주기 치매 R&D 실시: 치매 예방·진단·치료·돌봄 기술 개발 지원 추진 등

2) 치매정책의 내용

치매정책은 보건복지부–광역지자체–기초지자체 차원에서 **중앙치매센터–광역치매센터–치매안심센터**의 전달체계로 이루어지고 있다. 전국 252개 보건소를 중심으로 치매안심센터를 설치함으로써 치매정책이 국민들에게 보다 가까이 다가갈 수 있는 장이 마련되었다. 치매정책 추진체계를 살펴보면 〈표 8–9〉와 같다(보건복지부, 2019).

표 8–9 치매정책 추진체계

추진주체	역할
보건복지부	• 국가치매관리사업 총괄과 전달체계 수립 및 관리 · 지원 • 광역치매센터 · 치매안심센터 예산 지원 및 지도 · 감독 • 광역치매센터 · 치매안심센터 운영지침 수립 • 성과평가를 통한 사업 질 관리 및 운영 효율화 도모
중앙치매센터	• 국가치매관리사업 기획 및 연구 • 광역치매센터 사업 수행을 위한 기술 지원 • 광역치매센터 · 치매안심센터 성과평가 수행 지원 • 치매안심센터 운영지침 수립 지원 • 치매안심센터 종사자 표준교육과정 및 교재 개발 • 광역치매센터 · 치매안심센터 간 연계 지원
광역지자체 (시 · 도)	• 광역자치단체의 치매관리사업 시행계획 수립 및 시행 • 광역치매센터 설치 및 운영 • 광역치매센터 치매관리사업 지도 및 감독 • 광역치매센터 · 치매안심센터 예산 교부 및 교부집행 · 관리 • 광역치매센터 행정적 · 재정적 관리 및 지원 • 치매안심센터 치매관리사업 지도 및 감독

광역치매센터	• 지역치매관리사업 기획 및 연구 • 치매안심센터 사업 수행을 위한 기술 지원 • 치매안심센터 성과평가 수행 지원, 종사자 교육 및 훈련 • 치매 관련 자원 강화 및 연계체계 마련
기초지자체 (시 · 군 · 구 보건소)	• 치매안심센터의 치매관리사업 시행계획 수립 및 시행 • 치매안심센터 설치 및 운영, 행정적 관리 및 지원
치매안심센터	• 상담 및 등록 · 관리사업 • 치매조기검진 및 예방관리사업 • 치매환자쉼터 운영사업 • 치매가족지원사업 • 치매인식개선 및 교육 · 홍보사업

출처: 보건복지부(2019), p. 4.

(1) 치매안심센터 운영

① 사업 개요

㉠ 목적

치매 예방, 상담, 조기진단, 보건 · 복지 자원 연계 및 교육 등 유기적인 '치매 통합관리서비스' 제공으로 치매 중증화를 억제하고 사회적 비용을 경감하여 궁극적으로는 치매환자와 그 가족, 일반 시민의 삶의 질 향상에 기여

㉡ 치매안심센터 구성 및 기능

- 치매안심센터: 초기상담 및 치매조기검진, 1:1 사례관리, 치매단기쉼터 및 치매카페 운영, 관련 서비스 안내 및 제공기관 연계
- 쉼터: 상담 이후 서비스 연계 전까지 초기 안정화(3~6개월)를 위한 단기이용시설인 치매단기쉼터 설치
- 카페: 치매노인이 쉼터를 이용하는 동안 치매노인 가족이 정보교환, 휴식, 자조모임 등을 할 수 있는 치매카페를 설치하여 정서적 지지 기반 마련

② 사업 내용

㉠ 상담 및 등록 · 관리사업

• 목적

–치매노인 혹은 고위험군, 정상 노인의 삶의 질 증진

–치매환자의 삶의 질 향상과 가족의 부양 부담 경감

–치매 발생 감소 또는 지연

• 주요 내용

–치매 · 치매 고위험군 · 정상군, 가족 등 등록관리

–대상별 맞춤서비스 제공 및 연계, 맞춤형 사례관리

–치매안심통합관리시스템 데이터 입력 및 통계자료 확보

㉡ 치매조기검진 및 예방관리사업

• 목적

–치매조기검진을 실시하고 치매 및 고위험 노인을 조기에 발견 · 관리함으로써 치매를 예방하고 치매환자 및 그 가족들의 삶의 질 제고

–치매조기검진사업을 통해 등록된 노인 및 지역사회의 치매 고위험군을 대상으로 집중검진을 실시하고 치매를 조기에 발견하여 치매 유병률 감소

㉢ 치매환자쉼터 운영사업

• 목적

–치매안심센터에 등록된 치매환자로서, 장기요양서비스를 포함한 국가 지원서비스 신청 대기자, 미신청자를 대상으로 삶의 질 향상과 치매증상 악화를 방지하기 위해 운영

–낮 시간 동안 치매환자를 보호하여 치매환자 및 그 가족의 삶의 질 향상 도모, 가족의 부양 부담 경감

• 배경 및 필요성

–치매환자의 치매 악화를 방지하기 위해서 전문적인 인지건강 프로그램과 돌봄 제공이 필요

–치매환자의 사회적 고립 및 외로움을 예방하기 위해서 가정에서 머물지 않고 쉼터를 방문함으로써 사회적 접촉 및 교류 증진 가능

–치매환자를 돌보는 주 보호자 및 가족의 소진과 부양 부담 스트레스를 줄이고, 휴식을 제공하기 위해 낮 동안 경증 치매환자를 보호해 주는 쉼터 필요

- 주요 내용: 설치 및 운영 인력, 운영 규정, 제공서비스

㉣ 치매가족지원사업

- 목적: 치매환자 가족의 환자 돌봄에 대한 지원을 통하여 환자 가족의 치매에 대한 이해를 높이고 환자 돌봄 부담 경감
- 배경 및 필요성

–주 돌봄자의 심리건강 악화는 노인자살 및 노인학대로 이어질 수 있으며, 치매환자의 시설입소 가능성 고조에 영향을 미침

–치매환자 가족의 심리적 · 사회적 부담이 심각한 수준임에도 불구하고 이들을 지원 · 관리하는 서비스는 전무하여 구축 필요

–치매환자 가족의 치매 관련 교육과 훈련 부족은 치매환자 가족의 간병 부담을 악화시키고 환자의 증상에도 부정적으로 영향을 미침

- 주요 내용: 치매환자 가족의 돌봄 부담 분석, 치매환자 가족 대상 직간접 상담 및 교육 서비스 운영, 치매환자 가족 대상 서비스 연계

㉤ 치매인식개선 및 교육 · 홍보사업

- 목적: 치매인식개선사업을 통해 일반 대중의 치매에 대한 경각심을 고취하고 치매에 대한 편견을 불식시켜 치매와 더불어 살아갈 수 있는 사회적 공감대 형성 및 치매친화적 환경 조성
- 배경 및 필요성

–치매에 대한 부정적인 인식은 치매환자와 그 가족의 사회적 소외감, 박탈감, 무력감을 야기하여 심리적 부담을 증가시키며, 질병관리 역량과 서비스 접근성 저하를 초래하여 인식 개선이 필요

–치매에 대한 부정적 인식을 감소시키고 올바른 이해를 도모하기 위한 홍보 필요

–치매안심센터에서 진행하는 사업을 알리고 개발된 콘텐츠의 활용을 증대시키기 위한 홍보 필요

- 주요 내용: 치매극복 주간행사 등 행사 개최, 치매인식 개선 홍보, 치매안심센터 홈페이지 관리, 사업 기초자료 활용을 위한 조사활동

ⓑ 치매안심마을 운영

- 목적: 치매환자와 가족들의 삶의 질을 높이고 돌봄 부담을 경감하기 위해 지역사회에서 치매에 대한 올바른 이해와 인식 확대 필요
  * 치매안심마을이란 치매환자와 그 가족들이 일상생활을 안전하고 독립적으로 영위하며 원하는 사회활동에 자유롭게 참여하는 마을임
- 운영: 치매안심센터별 치매안심마을 1개소씩 운영
- 주요 내용
  - 치매환자가 자주 접하는 지역사회 필수서비스 공급자들이 치매교육을 받고 치매파트너로 가입하여 치매환자의 일상생활 및 사회활동을 지원
  - 지역사회 치매 인식 개선, 예방실천 강화 및 조기발견 등 치매환자가 안심하고 생활할 수 있는 사회적 분위기 조성

ⓢ 방문형 모델 운영

- 진단검사: 농어촌 지역은 치매진단검사에 대해 민간병원 위탁 병행 허용
- 송영서비스: 치매환자 송영서비스 운영
- 찾아가는 서비스: 보건지소, 경로당 등 기존 인프라시설을 활용하여 찾아가는 진단, 치매쉼터, 가족 지원, 사례관리 인정

ⓞ 치매안심센터 운영실적 분석

- 목적: 치매 조기검진사업 및 등록관리사업과 관련된 제반자료를 DB화하여 사업의 효율성을 높이고 실시간으로 사업 진행 상황을 평가, 분석, 보고함으로써 센터사업의 효과성 향상
- 주요 내용: 치매관리사업 DB 자료 등록 및 분석 · 활용, 실적보고 및 성과평가

(2) 치매검진사업

① 사업 개요

㉠ 목적

- 치매 위험이 높은 만 60세 이상 노인을 대상으로 치매조기검진을 실시하고 치매환자를 조기에 발견 · 관리함으로써 치매노인 및 그 가족들의 삶의 질 제고
- 치매환자의 등록 · 관리를 통해 효과적으로 치매를 치료 · 관리

㉡ 배경 및 필요성

- 치매는 다양한 원인에 의해 발생하며, 조기에 발견하여 적절히 치료할 경우 완치 또는 중증상태로의 진행을 억제시키거나 증상을 개선하는 것이 가능함
- 치매를 적절히 치료 · 관리하고 치매에 동반된 문제증상들을 개선시킬 경우 환자와 그 가족의 고통과 부담을 크게 경감시킬 뿐만 아니라 치매로 인한 사회적 비용 절감

② 사업 내용

검진 대상자 선정, 치매선별검사, 치매진단검사, 치매감별검사, 협약병원 지정 및 협약, 검진 비용 청구 및 지급

(3) 치매치료관리비 지원사업

① 사업 개요

㉠ 목적: 치매를 조기에, 지속적으로 치료 · 관리함으로써 효과적으로 치매증상을 호전시키거나 증상 심화를 방지하여 노후의 삶의 질 제고 및 사회경제적 비용 절감에 기여

- 치매 조기 약물치료 시 8년 후 요양시설 입소율 70% 감소
- 중증 치매환자는 경도 치매환자에 비하여 약 7배의 경제적 부담 발생

㉡ 주요 내용

• 대상: 치매치료제를 복용 중인 치매환자
• 지원내역: 치매치료관리비 보험급여분 중 본인부담금(치매약제비, 약 처방 진료비)
• 지원금액: 사업기간 내 발생한 치매치료관리비 본인부담금[월 3만 원(연 36만 원) 상한 내 실비 지원]
• 지급방식: 치료제 복용 개월 수에 따라 일괄 지급

② 사업 내용

㉠ 지원신청: 해당 지역 주민(주민등록기준) 중 보건소(치매안심센터)에 치매환자로 등록된 자로서 치매치료관리비 지원을 받고자 하는 자

㉡ 대상자 선정기준: 다음 ㉮~㉰의 기준을 모두 충족하는 자

㉮ 연령기준: 만 60세 이상인 자

㉯ 진단기준: 의료기관에서 치매로 진단을 받은 치매환자

㉰ 소득기준: 기준 중위소득 120% 이하인 경우

(4) 광역치매센터 운영

① 사업 개요

㉠ 목적

• 광역시 · 도별로 역량 있는 병원 등에 광역치매센터를 구축하여 지역사회 치매관리사업의 내실 있는 추진을 위한 기반 확보
• 지역사회 내 치매관리서비스 기획 및 자원조사, 전문인력 육성, 인식 개선을 위한 홍보 및 연구 기능 강화

ⓛ 광역치매센터 현황

표 8-10 광역치매센터 현황 ('19년 2월 기준)

시 · 도명	선정기관명	시 · 도명	선정기관명
서울	서울대병원	강원	강원대병원
부산	동아대병원	충북	충북대병원
대구	경북대병원	충남	단국대병원
인천	가천대 길병원	전북	전라북도마음사랑병원
광주	조선대병원	전남	성가롤로병원
대전	충남대병원	경북	동국대경주병원
울산	동강병원	경남	경상대병원
세종	충남대병원	제주	제주대병원
경기	명지병원	총 17개소	

출처: 보건복지부(2019), p. 168.

② 사업 내용

㉠ 치매관리사업 기획

- 「치매관리법」에 따라 광역 지자체별 특성에 맞는 연도별 치매관리사업 시행계획 수립 및 시행 지원
- 국가치매관리사업의 이행 및 협조

ⓛ 교육사업

- 지역 내 치매 치료 · 보호 서비스를 제공하는 전문인력 교육 · 훈련
- 의사, 간호사, 시설종사자 등 직역별 치매 분야 종사인력의 전문성 함양을 위한 이론 · 실기 교육 실시
- 치매전문가 및 케어 코디네이터 양성

ⓒ 치매안심센터 및 요양시설 등 기술 지원

- 치매 특화 병동 · 재가서비스 운영 방안, 전문시설 모델 개발 등 현장 중심의 서비스 콘텐츠 개발 · 지원
- 경로당 치매예방 프로그램 기술 지원(강사 및 담당인력 교육, 프로그램 지원)

ㄹ 자원조사 및 연계체계 마련

- 치매환자가 이용 가능한 시설 · 인프라 등의 조사 및 지역자원 현황에 대한 DB 구축, 안내서 발간통계관리
- 치매 관련 센터 · 요양시설 등 적정 역할 수립 및 자원 간 연계 시스템 구축

ㅁ 치매연구

- 지역정서 및 자원수준 등 지역여건에 맞는 치매예방 · 인지재활 등 프로그램 개발 및 매뉴얼 보급
- 지역 치매환자 현황 및 보건의료 이용 등에 관한 분석 · 조사연구, 전국단위 연구과제의 광역별 참여, 학술연구 지원

ㅂ 치매인식개선 및 홍보사업

- 치매에 대한 부정적 인식 개선 캠페인, 치매극복의 날 행사
- 국가 및 지자체 치매관리사업 홍보 및 각종 안내자료 제작 · 배포

ㅅ 치매안심센터 모니터링

- 지역사회 치매관리사업 추진 현황 파악
- 사업운영방법에 대한 지원

(5) 치매안심병원지정

① 사업 개요

ㄱ 목적

- 치매의 진단과 치료, 요양 등 치매 관련 의료서비스를 전문적이고 체계적으로 제공
- 가정에서 돌보기 어려운 행동 · 심리증상을 보이는 환자를 집중치료할 수 있는 시설을 갖추어 단기입원(6개월 내)치료를 통해 지역사회로 복귀하도록 유도

ㄴ 치매전문병동(치매안심병동) 우선 입원 대상

- 급성으로 치매증상이 악화되어 의학적 평가가 필요한 치매환자

- 행동 · 심리증상이 악화되어 전문적 약물 및 비약물적 치료가 필요한 치매환자
- 섬망(급성혼란상태)이 동반된 치매환자

ⓒ 기능 및 역할
- 환자 증상의 종합적 평가를 근거하여 필요한 정신건강의학과 및 신경과적 치료 제공
- 치매진단 및 정밀검사 외에 인지기능, 행동 · 심리증상, 신경징후, 일상생활 수행 능력에 대한 전문적 · 종합적 평가를 토대로 맞춤형 치료전략 수립
- 행동 · 심리증상 치료 및 문제행동 개선을 위한 전문적인 약물적 · 비약물적 개입
- 입원 후 개인, 집단 및 소집단 형태의 다양한 전문 치료 프로그램 시행, 가족을 위한 치매 관련 정보제공 및 프로그램 시행
- 치매환자의 치료 · 보호 및 관리와 관련된 기관 · 법인 · 단체와의 협력 및 연계

② 사업 내용

- 개인, 집단 및 소집단의 인지치료, 회상요법, 감각치료(음악, 스노즐렌 등), 운동요법, 인정요법 등 제공
- 가족을 위한 프로그램 제공(치매에 대한 정보제공, 가족을 위한 프로그램 등)

(6) 공립요양병원 운영

① 사업 개요

- 목적: 치매환자에 대한 전문적인 집중치료를 제공하여 치매질환의 악화 방지 및 치매환자 가족의 부담 경감을 목표로 공립요양병원에 치매관리법령에 따른 치매전문병동(치매안심병동) 확충을 지원

② 사업 내용

㉠ 기능보강사업

• 목적 및 내용: 공립요양병원에 치매환자 치료를 위한 전문적 시설 · 장비를 보강하여 치매안심병원 지정 · 운영을 위한 치매전문병동(치매안심병동) 설치

• 대상: 공립요양병원이 설치된 광역 및 기초 자치단체(사업선정기관)

• 지원조건: 국비 50%, 지방비 50%

• 지원분야: 시설보강, 장비보강

㉡ 공공보건사업

• 목적

–치매환자 직접치료 외에 치료에 도움을 주거나 치료 후 상태 악화 방지 등 치매환자에 대한 전반적 의료관리 강화

–치매환자 가족에 대한 심리적 · 의료적 지원 등 지역사회 의료 중심 치매 인프라로서의 역할 확대

–치매안심센터 등 지역 내 타 치매 인프라와의 연계를 통한 연속적 · 맞춤형 사례관리 및 치매 인식 개선 기여

• 사업 내용

–퇴원 치매환자 일상생활 복귀 지원

–병원 내 치매환자 가족 지원

–치매친화적 환경 조성

–치매인식개선사업

–치매안심센터 협력의사 위촉 협조

(7) 실종노인의 발생예방 및 찾기사업

① 사업 개요

• 목적: 정당한 사유 없이 사고 또는 치매 등의 사유로 인하여 보호자로부터 이탈된 '실종 노인'의 조속한 발견과 복귀를 지원함으로써 노인을 안전하게 보호하고, 실종노인가정의 복지증진에 이바지함

② 사업 내용

노인 실종예방 인식표 발급사업, 실종노인찾기 지원사업, 실종 및 무연고 노인보호사업

(8) 치매공공후견사업

① 사업 개요

• 목적: 의사결정 능력 부족으로 어려움을 겪고 있는 치매노인에게 성년후견제도를 이용할 수 있도록 지원함으로써 인간으로서의 존엄성 보장

② 사업 내용

치매공공후견사업 수행, 후견심판청구 지원, 공공후견 감독, 개인정보 처리 및 관리(보건복지부, 2019)

••• 학습과제

1. 치매의 원인과 유형에 대해 이야기하시오.
2. 치매노인 가족의 부양 부담에 대한 문제와 해결 방안에 대해 이야기하시오.
3. 새롭게 추가되어야 할 치매정책에 대해 이야기하시오.
4. 향후 우리나라의 치매정책 전망과 발전 방안에 대해 이야기하시오.

참고문헌

권용철, 박종한(1989). 노인용 한국판 Mini-Mental State Examination(MMSE-K)의 표준화 연구. **신경정신의학**, 28(1), 125-135.

권중돈(2016). **노인복지론(6판)**. 서울: 학지사.

김귀환(2017). **노인복지론**. 경기: 정민사.

김민경, 서경화(2017). 국내외 치매관리정책에 대한 비교연구. **국가정책연구**, 31(1), 233-260.

김소형(2018). 치매노인의 정서적 안정과 사회적 행동 증진을 위한 통합예술치료 프로그램 개발 및 효과. 동덕여자대학교 일반대학원 박사학위논문.

박소영, 유용식, 박광덕, 권자영, 최재일(2016). **고령친화사회의 이해**. 인천: 진영사.

보건복지부(2012). **제2차 국가치매관리종합계획**.

보건복지부(2014). **제3차 국가치매관리종합계획**.

보건복지부(2015). **노인복지사업안내**.

보건복지부(2017). **치매 국가책임제 추진계획**.

보건복지부(2019). **2019년 치매정책 사업안내**.

보건복지부, 중앙치매센터(2018). **대한민국 치매현황 2018**.

이석민, 원시연(2012). 노인장기요양보험제도의 사회적 성과에 대한 평가: 이론주도평가의 관점. **한국사회와 행정연구**, 22(4), 301-329.

장기봉(2018). 정부 치매관리정책에 대한 만족도가 치매불안수준에 미치는 영향에 관한 연구. 중앙대학교 행정대학원 석사학위논문.

정경희, 손창균, 이윤경, 선우덕, 이은진, 김기웅, 김찬우, 이태화(2010). **치매질환자 등급판정 도구 개발 연구**. 서울: 국민건강보험공단 한국보건사회연구원.

조현, 고준기(2018). **치매노인과 장기요양보험(2판)**. 서울: 계축문화사.

APA. (2015). **DSM-5 정신질환의 진단 및 통계 편람(제5판)** [*Diagnostic and statistical manual of mental disorders*, 5th edition(DSM-5)]. (권준수, 김재진, 남궁기, 박원명, 신민섭, 유범희, 윤진상, 이상익, 이승환, 이영식, 이헌정, 임효덕 공역). 서울: 학지사. (원저는 2013년에 출판).

WHO. (2007). *International Statistical Classification of Diseases and Related Health Problems 10th Revision(ICD-10)*.

중앙치매센터 홈페이지 https://www.nid.or.kr

제 9 장

노인과 여가

학습 목표

1. 노인 여가활동을 이해한다.
2. 노인 여가활동의 현황 및 실태를 이해한다.
3. 노인 여가복지시설을 이해한다.
4. 노인 여가활동 관련 정책을 이해한다.
5. 노인 여가활동 활성화 방안을 이해한다.

1. 노인 여가활동의 이해

1) 여가 개념의 정의

인간은 누구나 여가에 흥미를 가지고 있고 자신에게 주어진 시간의 2/3를 여가로 소모한다고 알려져 있다. 일련의 학자는 20세기 이전에는 여가가 존재하지 않았다고 주장하기도 하지만, 인간이 생활해 왔던 모든 시대와 환경에는 그것에 상응하는 여가가 존재하였다고 볼 수 있다. 즉, 역사적으로 여가의 개념은 시대의 변화와 생활환경의 변화에 따라 다양하게 이해되어 왔다고 볼 수 있다(Bammel & Burrus-Bammel, 2005).

Merriam Webster 사전에서는 여가를 '한가로움' '직업생활로부터 벗어난 자유' '한가한 시간' '휴양' '기분전환'이라는 뜻으로 해석하고 있다. 여가의 어원은 라틴어 'licere'로, '일이나 직업으로부터 벗어나도록 허용된'이란 뜻을 가지고 있다. 여가(leisure)란 일로부터 해방되어 자유, 휴식, 즐거움 등을 누릴 수 있는 여유 있는 시간을 의미한다(양옥남, 김혜경, 김미숙, 정순둘, 2009).

여가에 관한 법적 정의는 자유시간 동안 행하는 강제되지 아니한 활동을 말하며, 다음 각 호의 활동을 포함한다. 「문화예술진흥법」 제2조 제1항 제1호에 따른 문화예술, 「문화산업진흥 기본법」 제2조에 따른 콘텐츠, 문화콘텐츠, 디지털콘텐츠, 디지털문화콘텐츠, 멀티미디어콘텐츠, 공공문화콘텐츠, 에듀테인먼트, 「관광기본법」 제13조에 따른 국민관광, 「국민체육진흥법」 제2조 제1호 및 제3호에 따른 체육, 생활체육을 포함한다(「국민여가활성화기본법」, 2016. 12. 20.).

Kaplan(1961)은 여가에 대해 다음과 같이 일곱 가지로 설명하고 있다. ① 경제적 활동과 반대되는 것, ② 기대와 즐거움을 가지고 할 수 있는 것, ③ 자발적이며 의무성이 최소화된 것, ④ 심리적으로 자유를 느끼는 것, ⑤ 사회적 · 문화적 가치에 위배되지 않는 것, ⑥ 중요성과 관심의 정도가 다양한 것, ⑦ 가끔 놀이의 요소를 포함하고 있는 것이다. 즉, 여가란 경제적인 소득을 목적으로 하거나 사회적인 의무감으로 하는 것이 아니며, 자발적으로 선택하여 자유와 즐거움을 느낄 수 있는 활동이라고 할 수 있다.

현대적 여가에 대한 개념은 시간 개념, 활동 개념, 주관적 · 심리적 개념으로 구분할 수 있다. 첫째, 시간적 개념의 여가는 잔여시간 개념을 말하는 것으로, 일상생활에서 필수적인 활동시간을 뺀 나머지 자유시간을 의미한다. 둘째, 활동적 개념의 여가는 노동과 가족 및 사회에 대한 의무로부터 해방되어 휴식이나 오락을 행하는 활동 또는 스스로 지적 추구, 자발적 사회참여 및 창조적 능력의 자유로운 실현을 위하여 참여하는 활동을 의미한다. 셋째, 주관적 · 심리적 개념의 여가는 개개인의 전면적 발달을 위하여 스스로 주체성을 가지고 자유롭게 행동하는 심리적 상태를 의미한다(문동규, 2014).

2) 노인여가의 중요성

평균수명의 연장, 퇴직, 자녀의 독립 등으로 인하여 노년기에는 사회적 역할이나 책임에서 벗어나 자유롭게 활용할 수 있는 여가시간이 증가하게 된다. 특히 우리나라의 경우 강제퇴직제도로 인하여 일하고 싶어도 일하지 못하고 강제로 은퇴할 수밖에 없는 상황이므로, 노년기의 여가시간은 자발적 선택이라기보다는 어느 정도 강제적으로 부여된 여가시간의 성격이 강하다(나항진, 2003; 원영희, 2000).

노인들은 일과 사회적 역할로부터 벗어난 상황 속에서 방대한 양의 여가시간을 갖고 있다. 그러나 여가시간을 유익하게 활용하지 못하고 계획성 없이 낭비하는 경우가 많다. 특히 우리나라 노인들은 오랫동안 1차적인 빈곤에서 벗어나기 위하여 오직 노동에만 치중하였기 때문에 여가의 중요성이나 가치에 대하여 너무나 무관심한 태도를 지니고 있는 세대라고 할 수 있다(김요중, 2000).

노인의 여가활동은 노인 자신과 가족뿐만 아니라 사회적으로 다양한 의미가 있다고 할 수 있다. 노인의 여가활동은 개인적으로는 가정 및 사회에서의 역할상실에서 오는 소외감을 해소시키고, 심신의 피로 및 정서의 순화로 심리적인 고통을 완화시킬 수 있다. 사회적으로는 공식적인 역할과 의무에서 벗어난 노인이 사회참여의 기회로 활용하여 자아존중감과 자아실현의 기회가 될 수 있다(김희년, 정미숙, 2004).

노인 여가활동의 양과 질은 노인의 삶의 질에 결정적인 영향을 미친다. 노년의 삶의 질과 관련된 요인들을 중심으로 노인 여가활동의 중요성을 살펴보면 다음과 같다. 첫째, 노인 여가활동은 노인의 건강을 증진시킨다는 점에서 중요하다. 둘째, 노인 여가활동은 삶의 목표를 재설정하게 만든다는 점에서 중요하다. 셋째, 노인 여가활동은 자연스럽게 경제활동으로 유도될 수 있다는 점에서 중요하다(임춘식 외, 2007).

노인의 삶의 질과 여가활동의 관계에 관한 선행연구를 살펴보면, 노인은 은퇴 후 상실된 역할활동의 대체로서 여가활동참여가 요구되고, 여가활동참여는 노인의 삶의 질을 향상시키는 데 효과가 있는 것으로 나타났다(최명옥, 2011). 여가활동이 노인의 삶의 질에 효과적이고, 특히 비스포츠 여가활동에 비해 스포츠 여가활동이 삶의 질 향상에 더 많은 영향을 미치는 것으로 나타났다(조은주, 2009). 노인의 여가활동참여는 지속적이며 참여 경험이 많을수록 삶의 질이 증가하는 경향이 있는 것으로 나타났다(유대우, 2015).

노인의 여가활동을 사회적 · 심리적 · 신체적 특성으로 분류하면 다음과 같다. 첫째, 사회적 특성은 오랫동안 사회적으로 쌓은 경험과 체험을 바탕으로 특정 분야에 대해서는 전문성을 가지고 있지만, 새로운 일에 대한 도전에는 두려움을 가지게 하는 것이다. 따라서 기존에 해 오던 일과 유사한 여가활동을 찾는 것이 바람직하다. 둘째, 심리적 특성은 자신의 역할상실에 대해 긍정적으로 극복할 수 있는 마음을 갖게 하는 것이다. 따라서 심리적 안정을 주는 여가활동을 통하여 보다 안정된 노년을 보낼 수 있어야 한다. 셋째, 신체적 특성은 노화로 인한 건강상 문제로 시각 및 청각 감퇴 등의 건강상태, 불균형적인 영양공급에 따른 의욕을 감퇴시키는 것이다. 따라서 신체적 노화로 인한 여가활동장애를 극복할 수 있어야 한다(백종욱, 김성오, 김미양, 2010).

3) 노인 여가활동 유형

노인 여가활동 유형은 〈표 9-1〉과 같이 한거형, 자기완성형, 근로형, 사교오락형, 사회참여형, 폐쇄형의 여섯 가지로 분류된다(김성순, 1990).

표 9-1 **노인 여가활동 유형**

유형	의미
한거형	비교적 여유 있는 경제력과 시간을 활용하여 독서, 그림, 음악 등의 여가활동을 즐기며 심신의 안녕을 추구하는 형
자기완성형	평소 하고 싶었던 활동을 여가와 연계하여 추진하는 것으로 주로 교양강좌 수강, 토론회 참여 등 인격의 완성을 위해 노력하는 형
근로형	가정 내의 소일, 시간제 일을 통하여 소액의 경제적인 이득과 여가를 동시에 추구하는 형
시교오락형	골프와 같은 스포츠, 낚시 또는 여행과 같은 취미활동을 통하여 사교 또는 오락을 즐기는 형
사회참여형	자원봉사활동과 같은 각종 사회 및 지역사회 활동에 적극적으로 참여하여 자아를 개발하는 형
폐쇄형	하루 종일 소일을 하는 등 건강 또는 경제적인 이유로 가정 내에 있으면서 여가활동을 영위하는 형

참여와 만족 정도에 따른 노인 여가활동 유형은 〈표 9-2〉와 같이 긴장해소형, 기분전환형, 발전추구형, 창조활동형, 쾌락추구형의 다섯 가지로 분류된다(최순남, 2000).

표 9-2 **참여와 만족 정도에 따른 노인 여가활동 유형**

분류	긴장해소형	기분전환형	발전추구형	창조활동형	쾌락추구형
활동	• 홀로 있음 • 조용한 휴식과 수면	• 사교 • 손님 접대 • 경기관람 • 게임과 놀이 • 대화 • 취미활동 • 독서 • TV 시청	• 체조 및 개인 운동 • 학습활동 및 수준 있는 독서 • 미술이나 음악 • 관광 및 여행	• 예술 · 문학 · 음악 • 수준 높은 토의 • 미술 교습 • 악기 배우기	• 성행위 • 충동적 약물사용 • 육체적인 공격적 행동 • 경쟁적 게임 및 운동경기 • 격정적 춤
만족도	매우 낮음	조금 낮음	보통	조금 높음	매우 높음

성격 및 과거 습관에 따른 노인 여가활동 유형은 〈표 9-3〉과 같이 단독충실형, 가족충실형, 우인교류형, 독서형, 사회참여형의 다섯 가지로 분류된다(김태현, 1994).

표 9-3 성격 및 과거 습관에 따른 노인 여가활동 유형

분류	단독충실형	가족충실형	우인교류형	독서형	사회참여형
활동	• 미술감상 • 음악감상 • 서예 • 다도 • 사진촬영	• 정원손질 • 가옥미화 • 가족소풍 • 가족외식	• 친구교제 • 우인회식 • 우애방문	• 독서 • 신문스크랩 • 잡지스크랩	• 봉사활동 • 정치참여 • 동창회참여 • 친목회참여

2. 노인 여가활동 현황 및 실태

1) 여가활동

(1) TV 시청 및 라디오 청취

노인의 TV 시청 및 라디오 청취 현황을 살펴보면, 99.3%의 노인, 즉 거의 모든 노인이 TV 시청 및 라디오 청취를 하고 있는 것으로 나타났다. 1일 TV 시청 및 라디오 청취 시간은 1일 평균 약 3.8시간이고, 5시간 이상 장시간 시청자의 비율이 31.8%로 가장 높았으며, 3시간 21.6%, 2시간 20.9%의 순으로 나타났다(〈표 9-4〉 참조).

표 9-4 노인의 TV 시청 및 라디오 청취 현황 (단위: %, 명, 시간)

특성	TV 시청 및 라디오 청취	1일 평균 시청시간	1일 TV 시청 및 라디오 청취 시간					계
			1시간	2시간	3시간	4시간	5시간 이상	
전체	99.3	3.9	9.0	20.9	21.6	16.7	31.8	100.0 (910,073)

출처: 보건복지부, 한국보건사회연구원(2017).

(2) 여가문화활동 참여율 및 주된 활동

노인의 전체적인 여가문화활동 참여율을 살펴보면, 지난 1년간 85.1%가 여가문화활동을 한 경험이 있는 것으로 나타났다. 다음으로 주된 여가문화활동의 내용을 살펴보면 취미오락활동이 50.5%로 가장 많은 분포를 보였으며, 사회 및 기타 활동 49.1%, 휴식활동 43.5% 등의 분포를 보인다. 세부 항목별로는 사회봉사활동, 가족 및 친지 방문과 같은 그 외 사회활동에 참여하는 비율이 34.9%로 가장 높으며, 다음으로는 산책이 27.5%, 스포츠 참여활동이 16.6%의 순으로 나타났다(〈표 9-5〉 참조).

표 9-5 지난 1년간 여가문화활동 참여율 및 주된 활동 (단위: %, 명)

특성	전체
여가문화활동 참여율	85.1
주된 여가활동	
문화예술관람활동	1.0
영화 보기	0.8
기타	0.2
문화예술참여활동	8.6
악기연주 · 노래교실	5.7
미술활동(그림, 서예 등)	1.6
춤 · 무용	0.5
기타	0.7
스포츠관람활동	0.5
스포츠참여활동	16.6
관광활동	0.4
자동차 드라이브	0.4
기타 관광활동	0.0
취미오락활동	50.5
화투 · 고스톱 등	10.0
등산	6.2
화초 · 텃밭 가꾸기	12.0
독서, 만화책 · 종교서적 보기	8.2
낚시	1.4
바둑 · 장기 · 윷놀이 등	4.3
교양강좌, 노인교실 등	3.0
기타	5.4

휴식활동	43.5
산책	27.5
음악감상	2.6
기타	13.4
사회 및 기타 활동	49.1
종교활동	10.7
그 외 사회활동	34.9
기타 활동	3.9
계	100.0 (8,569)

출처: 보건복지부, 한국보건사회연구원(2017).

노인이 희망하는 여가문화활동에 대해 살펴보면, 휴식활동 70.0%, 취미오락활동 35.8%, 사회 및 기타 활동 29.6%의 순으로 높게 나타났다. 세부 영역별로 살펴보면, TV 시청을 희망하는 비율이 45.6%로 가장 높으며, 다음으로는 그 외 사회활동 19.4%, 기타 관광활동 18.5%, 산책 16.4%의 순으로 나타났다(〈표 9-6〉 참조).

표 9-6 희망하는 여가문화활동

(단위: %, 명)

특성	전체
문화예술관람활동	0.8
영화 보기	0.5
기타	0.3
문화예술참여활동	12.6
악기연주 · 노래교실	8.6
미술활동(그림, 서예 등)	1.9
춤 · 무용	1.2
기타	1.0
스포츠관람활동	0.8
스포츠참여활동	14.5
관광활동	18.8
자동차 드라이브	0.3
기타 관광활동	18.5
취미오락활동	35.8
화투 · 고스톱 등	5.1

등산	5.5
화초 · 텃밭 가꾸기	6.9
독서, 만화책 · 종교서적 보기	5.3
낚시	2.0
바둑 · 장기 · 윷놀이 등	3.3
교양강좌, 노인교실 등	4.0
기타	3.6
휴식활동	70.0
TV 시청	45.6
산책	16.4
음악감상	2.2
기타	5.8
사회 및 기타 활동	29.6
종교활동	7.7
그 외 사회활동	19.4
기타 활동	2.5
계	100.0 (10,073)

출처: 보건복지부, 한국보건사회연구원(2017).

(3) 여행

노인의 여행 경험률 및 여행 횟수를 살펴보면, 지난 1년간 여행을 한 경험이 있다는 응답자는 33.8%이며, 국내외 여행 횟수는 1회가 52.9%로 가장 높은 비율을 보이고 있다(〈표 9-7〉 참조).

표 9-7 노인의 여행 경험률 및 여행 횟수 (단위: %, 명)

특성	여행 경험률	국내외 여행횟수				계
		1회	2회	3회	4회 이상	
전체	33.8	52.9	21.8	9.9	15.4	100.0(3,404)

출처: 보건복지부, 한국보건사회연구원(2017).

2) 사회단체활동

노인의 사회단체활동 참여율을 살펴보면, 동호회활동 참여율은 4.4%, 친목단체활동 참여율은 45.6%, 정치사회단체활동 참여율은 0.4%로 나타났다(〈표 9-8〉 참조).

표 9-8 노인의 사회단체활동 참여율 (단위: %, 명)

특성	동호회	친목단체	정치사회단체	계
전체	4.4	45.6	0.4	50.4(10,073)

출처: 보건복지부, 한국보건사회연구원(2017).

노인의 사회단체활동 참여빈도를 살펴보면, 동호회는 월 1회가 31.1%, 친목단체는 월 1회가 48.1%, 정치사회단체는 월 1회 미만이 40.5%로 가장 많았다(〈표 9-9〉 참조).

표 9-9 노인의 사회단체활동 참여빈도 (단위: %, 명)

구분	주 4회 이상	주 2~3회	주 1회	2주 1회	월 1회	월 1회 미만	계
동호회	14.2	17.1	19.8	7.8	31.1	10.0	100.0(450)
친목단체	1.7	2.7	7.9	17.0	48.1	22.7	100.0(4,597)
정치 · 사회단체	9.5	0.0	4.8	9.5	35.7	40.5	100.0(42)

출처: 보건복지부, 한국보건사회연구원(2017).

3) 평생교육참여와 자원봉사활동

(1) 평생교육

노인의 평생교육참여 현황을 살펴보면, 노인의 12.9%가 평생교육에 참여하고 있었고, 평생교육 참여빈도는 주 2~3회가 49.3%로 가장 많았다. 다음으로는 주 1회

표 9-10 노인의 평생교육 프로그램 참여율 및 교육참여빈도 (단위: %, 명)

특성	평생교육 참여율	주 4회 이상	주 2~3회	주 1회	2주 1회	월 1회	월 1회 미만	계
전체	12.9	11.8	49.3	34.7	2.0	1.1	1.1	100.0(1,300)

출처: 보건복지부, 한국보건사회연구원(2017).

가 34.7%, 주 4회 이상이 11.8%로 노인 중 95.8%가 주 1회 이상 평생교육에 참여하고 있는 것으로 나타났다(〈표 9-10〉 참조).

노인의 평생교육 프로그램 참여 영역별 현황을 살펴보면, 노인 중 41.9%가 건강관리/운동 프로그램에 참여하고 있으며, 34.9%는 문화예술 프로그램, 10.4%는 어학 프로그램에 참여하고 있었다(〈표 9-11〉 참조).

표 9-11 노인의 평생교육 프로그램 참여 영역 (단위: %, 명)

특성	건강관리/운동	문화예술	어학	인문학	정보화	취업/직업	기타	계
전체	41.9	34.9	10.4	3.6	6.7	0.8	1.6	100.0(1,300)

출처: 보건복지부, 한국보건사회연구원(2017).

노인이 평생교육에 참여한 경우 교육받은 기관을 살펴보면, 노인복지관 34.8%, 경로당 19.2%, 시 · 군 · 구민 회관/읍 · 면 · 동 주민센터 13.8%, 공공문화센터 10.5% 등의 순으로 나타났다(〈표 9-12〉 참조).

표 9-12 노인의 평생교육 프로그램 실시 기관 (단위: %, 명)

특성	노인 복지관	경로당	대한 노인회	종교 기관	시 · 군 · 구/읍 · 면 · 동	학교	공공 문화센터	사설문화 센터 · 학원	매체 활용	기타	계
전체	34.8	19.2	2.5	5.7	13.8	1.1	10.5	7.7	2.2	2.5	100.0 (1,300)

출처: 보건복지부, 한국보건사회연구원(2017).

(2) 자원봉사활동

노인의 자원봉사활동 참여 경험을 살펴보면, 노인의 3.9%가 현재 자원봉사를 하고 있었으며, 현재는 하고 있지 않으나 자원봉사 경험이 있는 노인은 11.5%로 나타

표 9-13 노인의 자원봉사 참여 경험 (단위: %, 명)

특성	현재 하고 있음	한 적은 있으나 현재는 하고 있지 않음	평생 한 적이 없음	계
전체	3.9	11.5	84.7	100.0(10,073)

출처: 보건복지부, 한국보건사회연구원(2017).

났다(〈표 9-13〉 참조).

노인의 자원봉사활동 참여빈도를 살펴보면, 월 1회가 23.2%로 가장 많으며, 다음으로 주 1회 22.9%, 주 2~3회 18.7% 등의 순으로 나타났다. 주 1회 이상 자원봉사활동에 참여하는 노인은 52.2%로 나타났다(〈표 9-14〉 참조).

표 9-14 노인의 자원봉사활동 참여빈도

(단위: %, 명)

특성	주 4회 이상	주 2~3회	주 1회	2주 1회	월 1회	월 1회 미만	계
전체	10.6	18.7	22.9	8.3	23.2	16.3	100.0(389)

출처: 보건복지부, 한국보건사회연구원(2017).

자원봉사 참여노인의 활동 연계기관을 살펴보면, 종교기관 29.8%, 지자체 20.8%, 복지기관 17.2%, 경로당 14.1% 등의 순으로 나타났다(〈표 9-15〉 참조).

표 9-15 자원봉사 참여노인의 활동 연계기관

(단위: %, 명)

특성	연계기관 없음	종교기관	경로당	복지기관	지자체	민간단체	기타	계
전체	5.7	29.8	14.1	17.2	20.8	10.8	1.5	100.0(389)

출처: 보건복지부, 한국보건사회연구원(2017).

자원봉사활동 참여노인의 자원봉사활동 참여 영역을 살펴보면, 사회복지가 63.1%로 가장 높으며, 다음으로 환경보호 12.4%, 교통질서 9.3%, 보건의료 5.4% 등의 순으로 나타났다(〈표 9-16〉 참조).

표 9-16 자원봉사활동 참여노인의 자원봉사활동 참여 영역

(단위: %, 명)

특성	사회복지	문화체육	교통질서	환경보호	보건의료	교육활동	기타	계
전체	63.1	3.6	9.3	12.4	5.4	2.9	3.3	100.0(389)

출처: 보건복지부, 한국보건사회연구원(2017).

노인의 자원봉사활동 참여 종류를 살펴보면, 단순 노력 봉사가 77.9%로 가장 높았으며, 다음으로는 취미(교육) 등으로 습득한 지식/기술 활용이 12.3%, 직업경력과 자격증 등의 전문성 활용이 8.7% 등의 순으로 나타났다(〈표 9-17〉 참조).

표 9-17 노인의 자원봉사활동 참여 종류 (단위: %, 명)

특성	단순 노력 봉사	취미(교육) 등으로 습득한 지식/기술 활용	직업경력과 자격증 등의 전문성 활용	기타	계
전체	77.9	12.3	8.7	1.0	100.0(389)

출처: 보건복지부, 한국보건사회연구원(2017).

3. 노인여가복지시설

우리나라의 「노인복지법」 제36조에서는 노인복지관, 경로당, 노인교실을 노인여가복지시설로 규정하고 있다. 2017년 12월 말 기준 노인여가복지시설 현황을 살펴보면 〈표 9-18〉과 같다.

표 9-18 노인여가복지시설 현황 ('17년 12월 말 기준)

종류	시설	시설 수
노인여가복지시설	노인복지관	366
	경로당	65,613
	노인교실	1,371
	계	67,350

출처: 보건복지부(2018).

1) 노인복지관

노인복지관은 노인의 교양·취미생활 및 사회참여활동 등에 대한 각종 정보와 서비스를 제공하고, 건강증진 및 질병예방과 소득보장·재가복지, 그 밖에 노인의 복지증진에 필요한 서비스를 제공함을 목적으로 하는 시설이다.

표 9-19 노인복지관 평생교육 및 취미여가 지원사업

구분	사업 내용
예술교실	서예, 사군자, 인물화(캐리커처)
평생교실	문해, 시와 인문학, 생활영어회화, 영어기초반, 영어첫걸음, 한문교실, 여행중국어, 여행일본어
건강교실	건강체조, 웰빙요가, 실버파워요가, 라인&줌바댄스, 시니어라인&체조, 사교댄스, 우리춤체조, 탁구, 7330체조, 밴드체조
여가교실	힐링합창단, 난타, 민요장구, 오카리나, 우쿨렐레, 하모니카
컴퓨터교실	스마트폰 활용, 스위시왕기초(영상편집), 카페&블로그&사진 편집, 컴퓨터입문반, 스마트폰 사진편집반, 인터넷활용반, 포토디자인
문해교실	문해
신체근력강화교실	신체근력
동아리	힐링 합창, 구구팔팔(우리춤체조), 두드림(난타), 민요장구, 신바람 노래교실, 라인댄스, 아름드리 미술, 도미솔 우쿨렐레, 언제나청춘 하모니카, 서예

출처: 의왕시 아름채노인복지관 홈페이지.

표 9-20 노인복지관 노인일자리 및 노인사회활동 지원사업

구분	유형		세부 내용
노인사회활동	공익활동		노인이 자기만족과 성취감 향상 및 지역사회 공익 증진을 위해 자발적으로 참여하는 봉사활동
	재능나눔활동		재능을 보유한 노인이 자기만족과 성취감 향상, 지역사회 공익 증진을 위해 자발적으로 참여하는 봉사 성격의 각종 활동
노인일자리	사회서비스형		취약계층 지원시설 및 돌봄시설 등 사회적 도움이 필요한 영역에 노인인력을 활용하여 필요한 서비스를 제공하는 일자리
	시장형(취·창업)	시장형 사업단	참여자 인건비 일부를 보충 지원하고 추가 사업 수익으로 서비스를 제공하는 노인일자리
		인력파견형 사업단	수요처의 요구에 의해서 일정 교육을 수료하거나 관련된 업무 능력이 있는 자를 해당 수요처로 연계하여 근로기간에 대한 일정 임금을 지급받을 수 있는 일자리
		시니어 인턴십	만 60세 이상의 노인에게 일할 기회를 제공함으로써 노인의 직업 능력 강화 및 재취업 기회를 촉진
		고령자 친화기업	고령자가 경쟁력을 가질 수 있는 적합한 직종에서 다수의 고령자를 고용하는 기업 설립 지원
		기업 연계형	기업이 필요한 노인일자리를 창출하고 유지하는 데 필요한 직무모델 개발, 설비 구입 및 설치, 4대 보험료 등 간접비용을 지원

출처: 보건복지부(2019).

2) 경로당

경로당은 지역노인들이 자율적으로 친목도모 · 취미활동 · 공동작업장 운영 및 각종 정보교환과 기타 여가활동을 할 수 있도록 하는 장소를 제공함을 목적으로 하는 시설이다.

표 9-21 경로당 활성화 프로그램 분야

대분류	중분류	내용
건강운동	체조 · 댄스교실	노인의 신체적 · 정서적 건강 유지 및 증진을 위한 건강운동 프로그램 지원
	웃음교실	
	요가 · 명상	
	건강운동	
건강관리	건강검진 관련	노인의 신체적 · 정서적 건강 유지 및 증진을 위한 건강검진, 한방치료 등 지원
	한방치료	
	안마교실	
	방문간호	
교육 · 상담	정보화교육	노후생활, 정보통신 등 다양한 교육을 실시함으로써 노인들의 건전하고 건강한 노후생활 영위를 위한 교육 프로그램 제공
	어학교육	
	의식개선교육	
	에너지교육	
	노인상담	
	생활 · 안전교육	
	프로그램발표대회	
여가활동	음악활동	노래교실 등 각종 레크리에이션 활동 등을 통해 노년에 건전한 여가 · 취미 생활을 유지할 수 있는 프로그램 제공
	바둑장기교실	
	문학활동	
	미술활동	
	문화 · 공연활동	
권익 증진	노인성교육	노인의 권익 증진을 위한 성교육, 학대예방교육 등 제공
	소비자피해예방교육	
	노인자살 · 학대예방교육	

사회참여	방문 이 · 미용서비스	경로당 이용 노인들을 중심으로 지역사회 환경정비 및 재활용품 수집, 청소년 안전지킴이 등의 봉사활동 수행
	시설 방문 위문공연	
	자원봉사활동	
공동작업장	공동작업장 운영	경로당을 중심으로 노인들이 지역 특성에 맞는 일거리를 확보하여 공동으로 생산활동에 참여
기타		지역 특성에 알맞는 각종 활동

출처: 보건복지부(2019).

3) 노인교실

노인교실은 노인들의 사회활동참여 욕구를 충족시키기 위하여 건전한 취미생활, 노인 건강유지, 소득보장, 기타 일상생활과 관련한 학습 프로그램을 제공함을 목적으로 하는 시설이다.

표 9-22 노인교실 프로그램

구분	프로그램
교육	• 한글교실 • 영어교실 • 중국어교실
취미	• 고려수지침교실 • 서예교실 • 동양화교실 • 민요교실 • 장구교실 • 노래교실 • 기타교실 • 난타교실
건강	• 체조교실 • 건강관리교실 • 탁구교실 • 요가교실

정보	• 컴퓨터 기초 • 포토샵 • UCC 활용 • 컴퓨터 활용

출처: 손의성, 한정란, 전수경(2018).

4. 노인 여가활동 관련 정책

7대 광역시 모두 기본적으로 경로당 활성화정책이 중심을 이루고 있다. 서울특별시는 개방형 경로당 운영 활성화, 실버농장 운영, 청춘극장 운영, 어르신아카데미 운영 등을 추진하고 있다. 부산광역시는 부산실버영상제 운영, 경로당 내 에코가든 사업, 실버영화관 운영, 부산실버카페 다방 운영 등을 추진하고 있다. 대구광역시는 노인지역봉사지도원 활동 지원, 중장년 전문직 퇴직자 중소기업지원사업 등을 추진하고 있다. 인천광역시는 효문화 정착을 위한 정책 추진, 효도수당 지원 등을 추진하고 있다. 광주광역시는 효 함양 및 효 장려사업, 계층별 맞춤형 평생교육 활성화 등을 추진하고 있다. 대전광역시는 꿈나무지킴이사업, 노인공동작업장 운영 등을 추진하고 있다. 울산광역시는 어르신 영화 보러 가는 날 운영, 실버가요제 개최 등을 추진하고 있다(〈표 9-23〉 참조).

표 9-23 7대 광역시 노인 여가활동 관련 정책 (단위: 백만 원)

구분	세부 사업명	예산	
		2017년	2018년
서울특별시	개방형 경로당 운영 활성화	11,670	11,970
	어르신일자리 및 사회활동 지원사업	89,005	115,735
	실버농장 운영	147	127
	청춘극장 운영	1,112	1,123
	어르신 행복콘서트	30	20
	어르신 생활체육대회	200	148
	도농 일자리 교류사업지원	1	2

	경로당복지파트너	537	588
	노인영화제 개최	37	37
	종묘 · 탑골공원 주변 어르신특화거리	382	385
	실버영화관 운영 지원	150	150
	어르신아카데미 운영	230	180
부산 광역시	경로당광역지원센터 운영	277	281
	노인일자리사업	70,449	85,468
	부산특화 노인일자리사업	500	500
	장노년일자리지원센터 운영	700	700
	부산실버영상제 운영	70	70
	부산형 베이비부머 일자리	800	800
	경로의달 기념행사 및 명랑운동회 개최	30	30
	신노년문화 시니어 영도사업	5	5
	경로당 내 에코가든사업	1	1
	이동 노인복지관 운영	1	1
	실버영화관 및 행복시니어아카데미 운영	8	8
	노후 경로당 환경개선사업	146	120
	실버 노래자랑 · 당구 · 바둑 · 장기대회 개최	5	5
	건전한 여가생활을 위한 문화유적지 탐방 지원	2	2
	어르신 행복일자리 부산실버카페 다방 운영	0	0
	노인협동농장	2	2
	노인체육대회 지원	25	25
	노인교통봉사대 운영 지원	72	79
	노인신문 지원	3	4
	불법광고물 실버정비단 운영	105	108
	선진주차질서도우미	204	271
	중 · 고령자 유아교육 인력풀 구축	1,648	1,694
	퇴직교직원 활용	216	480

대구 광역시	경로당광역지원센터 운영	256	262
	노인지역봉사지도원 활동 지원	192	192
	어르신 행복교실 운영	37	37
	노인대학(금빛학교) 운영	71	68
	노인복지시설 효도관광	10	10
	중장년 전문직 퇴직자 중소기업지원사업	130	117
	중장년 중소기업 취업지원사업	770	770
	어르신 인터넷 과거시험 개최	5	6
	고령층 및 장애인 정보화교육	20	20
	학력인정 성인문해교육 프로그램 대구내일학교	439	439
	시니어 취업교육지원센터 운영	50	50
	어르신학당 운영	3	3
	직업연계 평생학습 운영	95	100
인천 광역시	경로당운영 및 환경개선사업	6,081	6,407
	효문화 정착을 위한 정책 추진	272	282
	노인의 자원봉사활동 참여기반 조성	50	50
	노인여가복지시설 운영 지원	11,913	13,124
	효도수당 지원	2	3
광주 광역시	효 함양 및 효 장려사업	20	20
	경로당 기능보강	600	600
	경로당 활성화	100	100
	경로당 개·보수 및 물품구입	1,098	341
	노인타운 운영 지원	8,593	8,872
	계층별 맞춤형 평생교육 활성화	10	10
	시·도-시·군·구-읍·면·동 연계 국가평생교육진흥 추진체계	324	318

대전 광역시	시니어클럽과 연계한 노인사회활동지원사업	1,368	1,418
	꿈나무지킴이 사업	2,744	2,745
	노인공동작업장 운영	10	10
	출산장려를 위한 시니어교육 및 취업	7	8
	시니어리더십 교육 프로그램 운영	180	180
	경로식당 급식도우미 운영	639	734
	시 노인복지관 청춘카페 운영	–	–
	경로당 의식개선 및 교양강좌 운영	56	57
	경로당 순회 프로그램 운영	166	172
	어르신 재능기부 프로그램	33	33
울산 광역시	장수체육대학 운영	10	10
	실버밴드 운영	45	45
	다양한 노인여가 프로그램 개발 · 보급	6,588	8,416
	시니어교육 지원	8	8
	경로당 순회 프로그램 운영	97	103
	어르신 영화 보러 가는 날 운영	21	21
	실버가요제 개최	36	36
	동구 어르신 복지카드제 운영	6	6
	찾아가는 경로당 맞춤 프로그램 운영	85	85

출처: 대한민국정부(2018).

5. 노인 여가활동의 과제

노년기의 여가시간이 더욱 연장되고 삶의 질에 대한 관심이 점차 높아지고 있는 상황을 고려할 때, 노인의 여가활동을 활성화하는 것은 앞으로 노인복지제도가 해결해야 할 중요한 과제이다. 이러한 과제를 효과적으로 해결하기 위해서는 노인의 여가활동을 활성화할 수 있는 다음과 같은 방안을 마련하여 적극적으로 시행해야 한다(권중돈, 2016).

첫째, 노인 특유의 여가생활 등 노인의 여가와 관련한 기존의 노인문화를 존중하고 노인의 욕구를 정확히 파악한 후 이를 바탕으로 문제점을 개선하는 개입이 필요하다. 즉, 노인의 여가문화가 갖는 의미나 질적 수준을 젊은 세대의 기준으로 판단하는 것은 옳지 않다. 따라서 노인의 눈높이에서 노인에게 실질적으로 필요한 여가활동 프로그램을 개발 및 지원할 필요가 있다.

둘째, 노인이 여가활동을 하기 위해서 필요한 자원을 국가와 가족이 제공해야 한다. 노인이 여가활동에 참여하고 싶어도 생계나 건강상의 문제가 해결되지 않거나 여가활동에 대한 정보가 없다면 노인의 여가활동참여는 매우 제한될 수밖에 없다. 따라서 국가에서는 노인의 소득이 안정적으로 보장되도록 하고, 건강한 노후생활을 할 수 있도록 다각적인 지원을 해야 하며, 이를 바탕으로 노인이 활발한 여가활동을 할 수 있도록 지원할 필요가 있다.

셋째, 노인 여가활동을 전문적으로 지도할 수 있는 인력 양성체계가 필요하다. 현재 노인의 여가활동을 전문적으로 지도할 수 있는 인력 양성이 다양한 방법으로 추진되고 있다. 예를 들어, 노인여가전문가 양성을 위한 실버재활웃음코칭상담사 1급 & 노인재활레크리에이션 1급 자격과정이 요양보호사교육원에서 진행되고 있다. 그러나 이러한 자격과정은 국가자격이 아닌 민간자격으로 노인여가전문가 양성체계로는 한계가 있다. 따라서 향후에는 노인여가전문가 자격과정을 전문적으로 개발 및 운영하고, 자격증도 국가자격증이 되도록 할 필요가 있다.

넷째, 노인 여가복지시설의 개선 및 확충이 대폭 진행되어야 한다. 노인 여가복지시설 중 가장 많은 수를 차지하는 경로당은 지역사회 내 접근성이 높다는 장점을 가지고 있지만, 대부분 협소하고 낙후되어 있기 때문에 경로당 시설의 개선과 확충이 필요하다. 물론 현재 대부분의 지자체에서 경로당 개선 및 확충을 추진하고 있지만, 노인인구에 비해서는 아직도 부족한 실정이다. 따라서 경로당을 획기적으로 개선하고 확충할 필요가 있다.

다섯째, 노인 여가활동을 활성화하기 위해서는 대학과의 연계 및 협조 체계를 구축해야 한다. 노인 여가활동 관련 프로그램은 기존에도 대학의 평생교육원에서 일부 진행되고는 있지만, 아직도 적극 활용되고 있지는 못한 실정이다. 학령인구 감소와 지역사회에 대한 사회공헌이라는 측면에서 대학에서 개발한 전문적인 노인 여가활동 프로그램을 진행하고, 이에 참여하기 위한 대학과의 긴밀한 협력체계가 구축될 필요가 있다.

••• 학습과제

1. 노인의 여가활동은 어떤 의미를 가지고 있는지 이야기하시오.
2. 노인 여가활동의 현황 및 실태에 대하여 이야기하시오.
3. 노인 여가복지시설에 대하여 이야기하시오.
4. 노인 여가활동 관련 정책에 대하여 이야기하시오.
5. 노인 여가활동 활성화 방안에 대하여 이야기하시오.

참고문헌

국민여가활성화기본법(2016. 12. 20.).

권중돈(2016). **노인복지론(6판)**. 서울: 학지사.

김성순(1990). **고령화사회와 복지행정**. 서울: 홍익재.

김요중(2000). **여가 · 레크리에이션 총론**. 서울: 창지사.

김태현(1994). **노년학**. 서울: 교문사.

김희년, 정미숙(2004). 지역사회복지시설 이용노인들의 여가활용실태 및 활성화에 관한 연구. **노인복지연구**, 26, 263-285.

나항진(2003). 서울지역 노인의 여가의식에 관한 연구. **노인복지연구**, 22, 35-53.

대한민국정부(2018). **제3차 저출산 · 고령사회 기본계획: 2018년도 지방자치단체 시행계획(총괄)**.

문동규(2014). **와우! 레크토피아!**. 서울: 에세이퍼블리싱.

백종욱, 김성오, 김미양(2010). 노인들의 여가활동과 삶의 만족도와의 관계. **임상사회사업연구**, 7(1), 37-58.

보건복지부(2018). **2018 주요업무 참고자료**.

보건복지부(2019). **2019년 노인보건복지사업안내(I, II)**.

보건복지부, 한국보건사회연구원(2017). **2017년도 노인실태조사**.

손의성, 한정란, 전수경(2018). **고령사회 인생3모작 설계를 위한 노인교실(노인대학) 교육 프로그램 개발 연구**. 세종: 보건복지부.

양옥남, 김혜경, 김미숙, 정순둘(2009). **노인복지론(2판)**. 경기: 공동체.

원영희(2000). 노인과 여가. 한국노년학회 편저, **노년학의 이해**(pp. 217-235). 서울: 대영문화사.

유대우(2015). 중 · 고령자의 여가문화 활동이 삶의 질에 미치는 영향. 대구한의대학교 대학원 박사학위논문.

임춘식, 김근홍, 김형방, 김형수, 김혜경, 서윤, 안진, 유성호, 이근홍, 이윤로, 이인수, 이해영, 이현기, 이현지, 임병우, 전광현, 조미경, 조추용, 현외성(2007). 노인복지학 개론. 서울: 학현사.

조은주(2009). 노인여가활동과 라이프스타일 및 삶의 질 관계. 경상대학교 대학원 박사학위논문.

최명옥(2011). 노인의 여가문화와 삶의 질의 방향성에 관한 연구: 한국과 미국의 비교연구를 중심으로. 한영신학대학교 대학원 박사학위논문.

최순남(2000). 현대노인복지론. 경기: 한신대학교출판부.

Bammel, G., & Burrus-Bammel, L. L. (2005). 여가와 인간행동 [*Leisure & human beharior* (3rd ed.)]. (하동현, 황성혜 공역). 서울: 백산출판사. (원저는 1995년에 출판).

Kaplan, M. (1961). Toward a theory of leisure for social gerontology. In R. W. Kleemeier (Ed.), *Aging and leisure: A research perspective into the meaningful use of time* (pp. 389-412). New York: Oxford University Press.

의왕시 아름채노인복지관 홈페이지 uwsenior.or.kr

제 10 장

노인과 성

학습 목표

1. 노인의 성을 이해한다.
2. 노인의 성 관련 실태를 이해한다.
3. 노인의 성 관련 프로그램을 이해한다.
4. 노인의 성 관련 정책/제도를 이해한다.
5. 노인의 성 관련 문제해결 방안을 이해한다.

1. 노인의 성에 대한 이해

1) 노인의 성 의미

현대사회에서 과학기술의 발전은 인간의 평균수명을 증가시키고, 그 결과 젊은 세대에 비하여 노인 세대가 상대적으로 점점 늘어나고 있다. 이러한 고령화 현상 속에서 개인주의 확산과 핵가족화 현상은 노인의 외로움과 고독에 대한 문제를 심화시켜 사회적인 문제로 제기되게 하였다. 이제 노인에 대한 관심은 단지 건강하게 오래 사는 것뿐만 아니라 삶의 질 향상 또는 만족스러운 삶이라는 영역으로 넓혀 나가야 한다(오현조, 2013).

우리 사회는 전통적인 가치관이 노인들에 대한 신념을 지배하고 있으며, 그 영향력은 노인의 성에 대한 태도까지 지배하고 있다. 즉, 우리 사회는 전통적인 유교사상의 영향으로 성은 종족보존을 위한 수단으로 여겨져 왔고, 생식기능에 한정된 성관계를 벗어난 감정적 유대 또는 육체적 만족을 위한 성관계는 부도덕한 것으로 취급되어 왔다. 이러한 신념들은 노인의 성을 도외시하거나 부끄러운 일이라고 간과해 버리도록 하였다(이현심, 2014).

노인의 성에 대한 왜곡된 인식은 필연적으로 노인의 성에 대한 바람직하지 못한 편견을 가지게 만들었다. 노인의 성에 대한 우리 사회의 왜곡된 편견을 예로 들면, 일반적으로 노인들은 성적 욕구가 없으며, 성행위를 할 수 없고, 성생활을 하지 않는다는 것, 여성의 경우 폐경과 함께 성행위는 막을 내린다는 것, 성행위는 인체에 해롭기 때문에 노인에게 불필요하고 자제하는 것이 바람직하다는 것이 있다(조추용, 2012).

그러나 이러한 노인의 성에 대한 편견은 2002년 노인들의 성과 사랑을 솔직하고 적나라하게 표현한 〈죽어도 좋아〉라는 영화로 인하여 변화의 계기를 맞게 되었다. 또한 남성 노인을 대상으로 하는 '박카스 아줌마'의 성매매행위가 사회적 문제로 제기되면서 노인의 성을 사회문제로 인식하게 되었으며, 노인의 성범죄와 성병에 감염된 노인의 증가로 인하여 노인들의 성에 대한 관심이 증가하게 되었다(황은희, 신수진, 2012).

우리 사회에서 노인의 성을 중요하게 다루어야 하는 이유는 노년기의 성행위는 성장호르몬의 분비를 촉진시켜 노화를 방지하고 노후생활에 활력을 주며, 성적인 만족은 노인에게 정신적 및 심리적 안정감을 유지하게 하여 노년기의 삶의 질을 높이기 때문이다. 또한 노인의 성 관련 문제인 성병 및 성매매 관련 문제의 해결은 노인의 성에 대한 긍정적 인식 제고 및 세대 간 통합의 가능성을 높이기 때문이다.

2) 노인의 성 지식

노인의 성에 대한 지식은 〈표 10-1〉을 통하여 살펴볼 수 있다. 정답은 모두 '맞다'이고, 정답은 1점, 오답 및 '모르겠다'는 0점으로 계산한다.

표 10-1 노인의 성 지식 문항

성 지식 질문	맞다	틀리다	모르겠다
1. 노인의 성 활동은 건강에 해롭다.*	1	2	3
2. 65세 이상의 남성들은 젊은 남성들보다 발기되는 데 시간이 더 오래 걸린다.	1	2	3
3. 65세 이상의 남성들은 젊은 남성들에 비해 성 극치감 정도가 줄었다고 느낀다.	1	2	3
4. 노인이 발기되었을 때 음경의 강직도는 젊은 남성들보다 못하다.	1	2	3
5. 65세 이상의 여성들은 젊은 여성들에 비해 질 윤활액 분비가 줄어든다.	1	2	3
6. 여성 노인은 젊은 여성들에 비해 적절히 질 윤활이 되는 데 시간이 더 걸린다.	1	2	3
7. 여성 노인은 질의 탄력이 감소하고 질 윤활액이 줄어 성교 시 통증을 경험한다.	1	2	3
8. 성생활은 평생 하는 것이다.	1	2	3
9. 65세 이상 노인들은 성행위 시 심장마비가 올 가능성이 증가한다.*	1	2	3
10. 대부분의 65세 이상 남성은 성교를 할 수 없다.*	1	2	3
11. 젊어서 왕성하게 성생활을 했던 사람은 나이가 들어서도 비교적 왕성하게 성생활을 한다.	1	2	3
12. 노인들의 성행위는 노인들의 신체 건강에 유익하다는 증거가 있다.	1	2	3
13. 성 활동은 노인들에게 심리적으로 유익하다.	1	2	3
14. 대부분의 여성 노인은 성적으로 반응이 없다.*	1	2	3
15. 성충동은 65세 이상 남성들의 연령대에서 증가한다.	1	2	3
16. 약물 복용으로 사람의 성충동은 변할 수 있다.	1	2	3
17. 폐경 후의 여성은 생리학적으로 성 활동 욕구가 왕성해진다.*	1	2	3

18. 기본적으로 65세 이상에서 성적인 변화란 성에 대한 관심이 줄어들기보다는 성 반응시간이 느려지는 것이다.	1	2	3
19. 남성 노인은 사정욕구가 줄기 때문에 젊은 남성보다 발기가 더 오래 지속된다.	1	2	3
20. 남녀 노인들은 자극을 위하여 둘 다 젊은 파트너가 필요하기 때문에 서로 성 파트너 역할을 할 수 없다.*	1	2	3
21. 노인부부의 성생활 빈도에서 가장 일반적인 결정인자는 성관계 시 남편이 아내에게 흥미가 있는가 없는가이다.	1	2	3
22. 수면제, 안정제, 알코올은 노인들의 성적 욕구를 낮추고 성 반응을 방해한다.	1	2	3
※ 23~35는 생략			

* 역코딩 문항이므로 낮은 점수가 가장 높은 성 지식을 가지고 있는 것으로 계산되어야 한다.

2. 노인의 성 관련 실태

1) 노인의 성생활

(1) 노인 성생활 실태

대구광역시의 남성 노인을 대상으로 조사한 연구에 따르면, 응답자의 8.2%는 성 관련 질병을 앓은 적이 있고, 현재 성생활을 유지하고 있는 경우가 28.6%이었다. 성생활 대상자는 배우자가 72.4%로 대다수를 차지하였고, 14.5%는 직업여성이 대상이었다. 성생활 대상자 연령층은 60대가 약 70%로 대다수이고, 성관계 횟수는 한 달에 한 번이 가장 많았다. 성생활이 이루어지는 장소는 본인의 집이 82.7%이었고, 전체의 약 55%는 성생활에 만족하였다(김한곤, 2018).

전국 16개 노인종합복지관 이용 노인을 대상으로 조사한 연구에서는 유배우자 집단과 무배우자 집단으로 구분하여 성관계 횟수를 살펴보았다. 유배우자 집단의 경우 성관계 횟수는 1개월에 1~2회가 남성은 38.4%, 여성은 32.1%로 나타났다. 무배우자 집단의 경우 성관계 횟수는 '안 했다'가 남성은 53.0%, 여성은 84.1%로 나타났다. 즉, 남성보다 여성이 성관계를 하지 않고 있는 경우가 더 많았다(손덕순, 박영란, 2014).

부산광역시 거주 노인을 대상으로 조사한 연구에 따르면, 평소 노인들의 성적 욕구 해결방법은 '아예 그런 생각을 안 하려고 애쓴다' 48.0%, '배우자(동거자)와 성관계를 갖는다' 34.5% 순으로 나타났다. 지난 1년간 성관계 대상자는 배우자(동거자)

가 89.6%로 가장 높게 나타났다. 성관계 만족도는 모두 3개 문항으로 각각 4점 척도이고, 성관계 횟수 2.58점, 성관계 후 만족 2.58점, 만족스런 성관계 2.55점으로 나타났다(주경미, 장수지, 허정윤, 2012)

부산광역시 거주 노인을 대상으로 조사한 연구에 따르면, 성생활을 하는 노인은 전체 500명 중 62.4%였으나 성생활을 하지 않고 있는 노인은 37.6%에 불과하였다. 현재의 성 만족도는 '보통이다' 56.7%, '만족한다' 16.3% 순으로 나타났다. 이성친구를 사귀는 목적에 대해서는 '대화할 상대를 찾기 위해' 50.9%, '취미생활을 함께하기 위해' 29.55% 순으로 나타났다(한국소비자원, 2012).

충청도 거주 노인을 대상으로 조사한 연구에 따르면, '성생활의 중요성은 중요하다' 35.4%, '보통' 23.3% 등의 순으로 나타났고, 성생활 경험 만족도는 '보통' 44.2%, '만족' 35.4% 등의 순으로 나타났다. 성생활을 하고 있는 경우는 68.9%로 나타났고, 성 파트너는 대부분 배우자인 경우가 85.2%로 나타났다. 성관계 빈도는 한 달에 2~3회가 45.1%로 가장 높게 나타났고, 성생활을 하지 않는 이유는 '아무런 욕구가 없어서'가 59.4%로 나타났다(최금봉, 2008).

(2) 유배우자 노인의 성생활 경험

서울특별시에 거주하는 유배우자 노인들의 성생활 경험에 관한 연구의 주요 결과는 〈표 10-2〉와 같다(이현심, 2014).

표 10-2 유배우자 노인의 성생활 경험 주요 결과

의미	내용
성적 욕구를 느낌	"지나가다가 곱게 생긴 여자를 보면 마음이 끌리고 한번 자 봤으면 하는 생각이 울컥 올라오지…… 집에 있는 마누라는 퉁퉁거리고 뭐 잘 안 해 주니까…… 어떻게 해서라도 하고 싶은데 그것이 그려……."
성적 욕구를 해소	"아내하고 하긴 하는데…… 좋다…… 그런데 가끔 딴생각도 나고…… 맨날 똑같은 사람이잖나…… 수십 년을 했는데……."
성생활에 변화를 느낌	"즐기는 편인데…… 그렇게 옛날만큼은 아니지…… 신체적으로 조금은 만족감이 감소했지만…… 아직까지는 좋아…… 좋은 편이지."
성생활 태도	"하고 나서…… 나도 아직은 괜찮구나…… 남자로서 자존심도 세우고 내 존재를 확인하는 것이지…… 어떨 때는 좀 기분이 날아가는 것 같아."

성생활은 삶에 영향을 줌	“좋은 영향을 주지…… 인생의 날개를 달아 주는 것이나 마찬가지지…… 그것이 없으면 인생의 재미가 없지…… 그럼…… 그것이 남자의 자존심을 높여 주지.”
성생활의 의미	“젊을 때는 부부간의 사랑으로 하는 것이고…… 지금은 그냥 측은하게 생각하면서 그냥 해 주는 거지…… 재미는 없고…… 영감하고 교감하는 통로라고 생각해.”
성생활의 만족도	“영감이 하자는 대로 하는데 어떨 때는 많이 아파서…… 하기 싫은데 영감이 하도 조르니까 어쩔 수 없이 하지. 그런데 뭐 만족하겠어. 그저 그렇지.”
성생활 제한 요소	“이제 나이가 점점 들어 가니까 성기능도 약화되고 마누라도 아프다고 하고…… 옛날처럼 잘 되지 않아…… 마음대로 되질 않아…… 이제 서서히 문을 닫는다고 할까.”

2) 노인 성 문제

(1) 황혼이혼

2017년 전체 이혼 건수는 전년에 비해 1.2% 감소한 반면, 65세 이상 남녀의 이혼 건수는 각각 12.8%, 17.8% 증가한 것으로 나타났다. 이것은 ‘황혼이혼’이라 불리는 노인층의 이혼이 급증한 것을 통해 알 수 있다. 한편, 2017년 65세 이상 남녀의 재혼

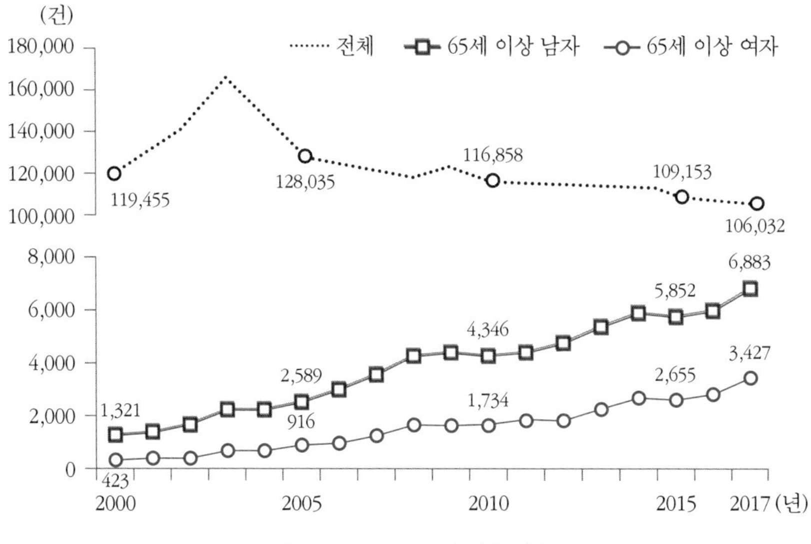

[그림 10-1] 고령자 이혼 건수

출처: 보건복지부(2018).

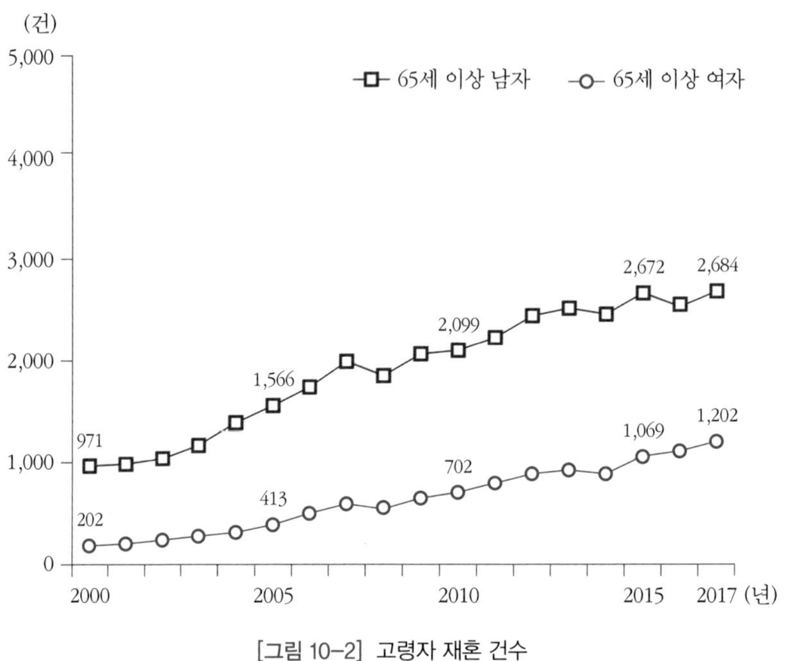

[그림 10-2] 고령자 재혼 건수

출처: 보건복지부(2018).

표 10-3 65세 이상 이혼 및 재혼 추이(2000~2017년)

(단위: 건, %)

연도	이혼			재혼							
				남자				여자			
	전체	65세 이상		전체	65세 이상			전체	65세 이상		
		남자	여자			사별 후	이혼 후			사별 후	이혼 후
2000	119,455	1,321	423	43,370	971	607	364	48,132	202	109	93
2005	128,035	2,589	916	59,662	1,566	687	879	66,587	413	171	242
2007	124,072	3,581	1,412	57,144	1,992	800	1,192	61,883	606	245	361
2010	116,858	4,346	1,734	53,043	2,099	624	1,475	57,451	702	186	516
2015	109,153	5,852	2,655	46,388	2,672	501	2,171	52,747	1,069	184	885
2016	107,328	6,101	2,910	43,286	2,568	436	2,132	48,899	1,109	184	925
2017	106,032	6,883	3,427	41,712	2,684	461	2,223	47,374	1,202	173	1,029
증감	−1.2	12.8	17.8	−3.6	4.5	5.7	4.3	−3.1	8.4	−6.0	11.2

출처: 보건복지부(2018).

건수는 각각 2,684건과 1,202건으로, 전체 남녀 재혼 건수는 전년보다 모두 감소한 반면, 65세 이상 남녀의 재혼 건수는 각각 4.5%, 8.4% 증가한 것으로 나타났다(보건복지부, 2018; 〈표 10-3〉 참조).

(2) 노인 성병 환자 증가

연령대별 성병 환자 수를 살펴보면 지난 5년간 30대가 전체의 26.4%(65만 명)를 차지해 가장 높은 비율을 차지하였다. 이어 20대가 25.4%(62만 명), 40대 22.5%(51만 명), 50대 15.3%(37만 명), 60대 6.2%(15만 명), 70대 2.4%(6만 명) 순이었다. 노인 성병 환자는 60대의 경우 2014년 2만 3,483명에서 2018년 3만 7,322명으로 증가하였고, 70대의 경우 2014년 1만 13명에서 2018년 1만 3,872명으로 증가하였으며, 80대 이상의 경우 2014년 2,016명에서 2018년 3,229명으로 증가한 것으로 나타났다(〈표 10-4〉 참조).

표 10-4 성병 환자 수

(단위: 명)

연도	0~9세	10~19세	20~29세	30~39세	40~49세	50~59세	60~69세	70~79세	80세 이상
2014	791	9,522	93,378	106,215	88,140	62,128	23,483	10,013	2,016
2015	670	9,978	104,906	116,585	95,574	67,642	26,196	10,692	2,093
2016	630	11,159	122,939	130,811	105,505	76,048	30,632	11,748	2,356
2017	560	12,548	146,378	143,950	115,157	83,572	35,399	13,038	2,897
2018	515	12,699	155,020	148,460	114,719	85,557	37,322	13,872	3,229
계	3,166	55,906	622,621	646,021	519,095	374,947	153,032	59,363	12,591

출처: 보건의료빅데이터개방시스템 국민관심질병통계 검색자료(2014~2018).

(3) 노인 성범죄

노인 성범죄 건수를 살펴보면, 지난 5년간 강제추행이 전체의 83.5%(5,689건)을 차지해 가장 높은 비율을 차지하였다. 이어서 강간이 12.2%(832건), 기타 강간·강제추행이 2.2%(156건), 유사강간이 1.9%(130건) 순이었다. 성범죄 유형별로 살펴보면, 강간의 경우 2014년 135건에서 2018년 214건으로 증가하였고, 강제추행의 경우 822건에서 2018년 1,366건으로 증가하였으며, 유사강간은 2014년 18건에서 2018년 36건으로 증가한 것으로 나타났다(〈표 10-5〉 참조).

표 10-5 노인 성범죄 발생 추이

(단위: 건)

연도	강간	유사강간	강제추행	기타 강간 · 강제추행 등
2014	135	18	822	54
2015	136	21	996	33
2016	168	27	1,126	26
2017	179	28	1,379	25
2018	214	36	1,366	18
계	832	130	5,689	156

출처: 경찰청(2014, 2015, 2016, 2017, 2018).

(4) 성매매 여성의 분류와 유형

노인 대상 성매매 여성의 전업/겸업 및 접근 유형을 간략히 정리하면 〈표 10-6〉과 같다.

표 10-6 전업/겸업 및 접근 유형에 따른 유형

의미		내용
신체접촉 유도형	손을 사용한 접촉 유도	“손을 이렇게 갔다가 쑥 넣어. 그러잖아 그러면 남자들이 꼼짝을 못해. 그러니까 주머니 이런 데다가 넣는 것도. 그것도 그런 게 그렇게 하면 돈을 안 줘. ×× 값을 받을라면 아주 바지 속에 넣어야 돼. 그러면 기분이 좋아지고, 그러면 다 하고 돈을 달라고 그러는 거야. (얼마나요?) 나는 만 원 받어. 저기는 5천 원도 받고, 뭐 다양해. 지가 좋은 대로 받는 거지. 그러다가 바로 ○○하러 가거나.”
	구강을 사용한 접촉 유도	“그거는 난 둥(?) 거저 주는 거 없어요. 만지면 돈 주는 거다. 미리 말하면 안 하는 거니까. 미리 말을 해요. 내가 이렇게 만져 줄 테니까 해라. (남자들 반응은요?) 남자들이 길 건너에서는 안 그러는데 여기서는 다 알아요. 손으로 하는 거는 돈 안 주고. 입으로 해야 돈 주는 거지. (그럼 얼마나?) 5천 원도 주고 만 원도 주는데, 만 원 달라고 해요. 안 주고 도망가는 새끼들도 많아요. (여관에서 하는 건가요?) 여관요? 아니 구석에서 해요. 저기 뒤에 가면 딱 안 보이게 되어 있는 데가 있어서 거기서. (기분은 어떠세요?) 그거가 좋겠어? 힘들지. 그러니까 돈을 받지. 좋아서 하는 년이 있나. 이빨이 여기가 없잖아. 그러니까 힘이 더 들지.”

성교 유도형	단순 성 접촉	"밑구멍으로 돈 버는 거야. 지금은 내가 나이가 제일 많을 걸? (네. 그럼 어떤 식으로?) 나는 입으로 하는 거가 구역질이 나와. 그러니까 나는 그런 거를 안 해. 그게 있으면 만 원을 더 받더라고. 그래도 나는 그거 더러워서 안 해. 그냥 ○○하고 끝나는 거지. (나이 때문에 힘드신 점은요?) 내가 나이가 있기는 한데. 여기 다른 여자들도 물이 안 나오는 거 같아. 바르고 하는 거지. 안 바르면 못해. 그러니까 뭐 콘돔 이런 거는 아예 안 쓰지. 아주 못 쓰지."
	키스 포함 여부	"남자들이 늙어도 키스를 하자고 해. 그러면 그거는 아무하고나 잘 안 하잖아. 그러면 키스하는 데 얼마 이렇게 불러. (그냥 입만 맞추고 그러는 게 아니구요?) 그럼. 혓바닥이 막 들어와. (돈을 받고 하세요, 아니면 나중에 받으세요?) 돈 받고 하자고도 하고, 나중에 한꺼번에 받는다고도 하고. 사람마다 좀 달라. (성교도?) 응. 돈 받고 하는 거니까."
	구강성교 포함 여부	"할아버지들이 그게 안 돼요. 그러니까 먼저 해 달라고도 해요. (뭐를요?) 입으로 그거를 뽑아 달라고 그래요. 그러면 그거 돈 달라고 해요. 그러면 그거는 5천 원이다. 아, 그거가 알았다. 그러면 '중국 여자가 모르는 게 없다.' 그러면서 줘요. (잠자리 비용은 따로 하고요?) 따로 해요. 치사한 놈들은 깎아요. 5천 원만 깎아 달라 이러면서."
	외부 여행 포함 여부	"나가면 더 받지. 여기서 하는 거보다 나가면 하루 일당이잖아. 그러니까 나가는 거야. (주로 어디로 가세요?) 그냥 가자는 곳으로 가는 거야. (그럼 거기서 잠자리도 하고요?) 그거 하자고 나가자는 거야. 할아버지들이 그냥 얼굴 본다고 나가나? (얼마나 더?) 대중없어. 5만 원 받을 때도 있고. 더 받는 여자도 있고. 그런데 잘 없어. 좀 젊은 여자들이 있지. (선생님도 젊으시잖아요?) 젊은데. 그래도 이쁜 여자들이 있으면 그 여자들이 나가지. 나도 나가. 나가기는."
	기타 범죄목적형: 사기 및 치기	"여기가 종로니까 밤에 술 취한 사람들이 많아. 그러면 여자들이 둘씩 이렇게 짝을 지어서 있다가 한 사람한테 가서 이렇게 팔을 잡고 도와주는 척하잖아. 아니면 자러 가자 그런다고. 그러면 남자들이 좋다고 그렇잖아. 돈이 얼마다 그래. 그러면 지갑을 만지면 그때 가지고 도망가. 아니면 한 여자가 그 남자를 붙들고 있으면 다른 여자가 쓱 꺼내 가는 거지. (그 남자는 모르나요?) 모르지. 술이 진창인데 뭘 알아, 몰라. 다 빼 가도 몰라. (보신 건가요, 아니면 직접?) 본 거지. 여기는 많아. 나는 안 해. 저기 저 여자하고 있지. 그 여자들은 해."

전업형	조직 소속형	"여기 아줌마들이 다 같은 게 아니야. 여기야 뭐 별일이 다 있어. 술 처먹고 지랄하는 놈, ××값 먹고 튀는 놈, 뭐 패는 놈들, 하여간 별 놈 다 있잖아? 그러니까 그런 놈들하고는 여자들이 안 되니까. 이놈들이 오는 거야. (친아들이요?) 무슨 친아들? 주먹 쓰는 애들이 오는 거야. 걔네들이 봐 주는 거야. 그러면 얼마씩 모아서 돈을 줘. 그러면 안전하니까. 여기 할아버지들도 그거를 다 알아. (아들들이 무섭지는 않나요?) 좀 그런 거는 있는데, 다른 남자들이 더 지랄을 하니까."
	개인 영업형	"그냥 혼자 하는 거야. 여기도 얼마 못할 거야. 아들들이 여기 싹쓸기 시작하잖아. 이러면 나도 못하지. (귓속말로) 쟤들이 무서운 애들이야. (원래 목소리로) 그러니까. (작은 소리로) 조심해야 돼. 그래도 지금은 혼자 하는 거야. 그게 속편해. (다른 분들은요?) 다른 아줌마들도 다 혼자 하는 거지. 뭐, 하여간 아직까지는 그래. 저기 저 여자들 봐. 많지. 저기 저 여자도. 아닌 것 같지? (단속은 없나요?) 단속이 있지. (그러면) 걸리면 한 20만 원 내야지. (걸린 적 있으세요?) 그럼."
겸업형	겸업형	"나? 여기? 여기서 이거 하지. 이게 내가 하는 일이잖아. 여기서 포차하고 있다 보면 아저씨들이 한 잔 하고 여자 생각이 나면 가자고 그러는 거지. (영업 중이시잖아요?) 한 한 시나 두 시 되면 가는 거지. 마지막에 있는 손님들이 있으면 가는 거야. (무척 피곤하시겠어요?) 그것도 장사다. (얼마나 자주요?) 그거는 뭐 한 달이다 하면, 어떤가? 정해져 있지 않아. 두 번도 있고 세 번도 있고."

출처: 이호선(2012).

(5) 박카스 아줌마 대상 성구매자 남성의 체험

박카스 아줌마 대상 성구매자 남성의 체험을 간략히 정리하면 〈표 10-7〉과 같다.

표 10-7 박카스 아줌마 대상 성구매자 남성의 체험

의미	내용
대상이 없어 선택한 불가피한 성구매	"나는 이런 거 저런 거 다 아니어도 돼. 그게 왜냐면 나는 아예 없어. 상대가 없어졌어. 누가 있어야 들썩이지. 그게 할라면 누가 있어야 그게 되는데, 나는 없잖아. 그러니까 어쩔 수가 없어. 남자가 어쩔 수 없는 상황이 있는데, 여자들은 그거를 몰라. 그러니까 저 있는 남자들이 지천인데 다 있어도 오지만서도 나는 없으니까 어쩔 수 없어. 나는 여기 오는 거야. 그래서."

성생활에 대한 굳은 신념	"남자는 싫어도 자꾸 써야 돼. 여자들은 써도 물이 마르지? 남자들은 자꾸 쓰면 계속 쓸 수 있어. 그런데 안 쓴다! 완전 꼬부라져. 내가 아는 사람 중에 안쪽(부인)이 40대부터 안 해 준 거야. 그러니까 이 양반이 착했어. 40 이후부터 아예 안 한 거야. 50 되기도 전에 완전히 없어. 안서! 또 다른 사람은 말야. 80이 넘었거든. 매일 했대. 그 양반은 아직도 팔팔해. 지금도 몸도 엄청 꽂꽂해. 남자가 그게 돼야 돼. 안 하잖아! 없어지는 거야."
고독감 해소	"나도 처음에는 호기심이었죠. 뭐 친구가 뭐 그렇지요. 적적하니까, 아무래도. (아내하고는요?) 애 엄마가 있는데 우리는 뭐 소 닭 보듯 그렇게 살아요. 말을 안 하고 사니까. (그렇게 지내신 지 얼마나 되셨어요?) 한 7~8년 넘었어요. 뭐 말을 안 하는데 접촉이나 뭐 대화나 그런 거가 없잖아요. 이런데 나오면 말이나 하고 얘기나 하고 그러는 거죠. 그러다 마음 맞으면 가는 거고…… 좀 그럴 때도 있는데 같이 있으면 또 여기 아저씨들하고 있는 거는 다르니까. 말동무나 하는 거요, 뭐"
강한 성적 욕구	"나는 3~4일에 한 번은 그게 있어야 돼요. 그거는 아주 젊어서부터 그랬는데. 그런데 아내가 그게 약해요. 나를 받아 낼 수가 없다니까 나도 방법이 없어요. 어떻게 해 볼래도 안 돼요. 나는 매일 아침 아직도 서요. 아주 그러면 그걸 봐주고 그래야 하는데 그 사람은 그게 안 돼요. 받아 내지를 못한다는데 뭐. 내가 좀 세니까. 아직도 한 번 하면 두 시간씩 하고 그래요. …… 보통 여자들은 나를 못 받아 내요"

출처: 이호선(2013).

3. 노인의 성 관련 프로그램

노인의 성 관련 프로그램을 연구한 자료에서 발췌한 내용은 〈표 10-8〉, 〈표 10-9〉와 같다.

표 10-8 여성 노인의 성생활 증진을 위한 집단상담 프로그램

회기	영역	제목	목표	활동 내용	준비물
1	신뢰감 형성	자기소개	• 신뢰감 형성 • 집단상담 개념, 목적, 진행방법 이해하기 • 자기이해 • 집단활동 목표 설정	• 프로그램 목적, 형태, 규칙, 진행양식 등 소개 • 참가한 내담자들의 별칭 짓기, 별칭을 지은 이유 • 프로그램을 통해 이루고 싶은 각자의 목표 설정	• 서약서 • 매직펜 • 크레파스 • 명찰
2	노인의 성 이해하기	노인기 성에 대한 편견 없애기	• 남성 노인의 성 이해하기 • 여성 노인의 성 이해하기	• 노인기 성에 대한 편견을 없애고 이해를 돕는 영화를 자녀 세대와 함께 감상(〈죽어도 좋아!〉)	• TV • VIF • 명찰
3	생리적 성 이해하기	건강한 신체, 건강한 성생활	• 생리적 성 개념 이해하기 • 남녀 간 신체적 차이 이해하기 • 건강한 성 인식	• 건강한 성생활에 영향을 주는 요인 • 비뇨기질환이 성생활에 미치는 영향	• 유인물 • 필기도구 • 명찰
4	사회적 성 이해하기	잃어버린 나를 찾아서	• 여성의 성 정체성 점검 • 남성/여성의 고정관념 새롭게 인식하기	• 여성에게 순종과 희생을 강요하는 사회적 역할문제와 성역할 • 나의 성 정체성에 대한 점검	• A4 용지 • 필기도구 • 명찰
5	정신적 성 이해하기	신체적 · 심리적 매력 찾기	• 여성 노인으로서 당당한 신체적 매력 찾기 • 심리적 매력을 찾아 부부 간 긍정적 유대 강화	• 서로 바라보며 신체적 매력, 심리적 매력을 찾아보고 정직하게 이야기해 주기	• 유인물 • 도화지 • 크레파스 • 명찰
6	젠더 커뮤니케이션	부부 커뮤니케이션	• 부부의 성적 관계를 악화시키는 커뮤니케이션 방식의 이해를 통해 나를 점검해 보기	• 부부의 성적 관계를 악화시키는 커뮤니케이션 방식의 이해를 통해 나를 점검해 보는 활동 • 소통 능력, 공감해 주기, 자기 노출하기	• 명찰
7		용서하기	• 젠더커뮤니케이션 • 정서적 유대관계 개선	• 상대방의 감정 돌아보기 • 상대방 입장이 되어 느껴 보기, 측은한 마음 갖기 • 갈등이나 상처 경험으로 나타나는 부정적 감정을 극복하고 자기회복, 긍정적 부부관계 촉진하기(정서적 유대관계 개선)	• 유인물 • 필기도구 • 명찰

8	마무리	마음 전달하기	• 섹슈얼리티 관계에서 친밀성 증진 • 충족감 느끼기 • 자존감 향상	• 프로그램에서 다룬 내용, 도움이 된 것, 상대방에 대한 생각/감정/행동의 변화에 대해 생각해 보기, 자기에게 보내는 편지, 서로를 격려하기	• 편지지 • 평가서 • 필기도구 • 수료증

출처: 백유미, 김재철(2012).

표 10-9 노년기 성교육 프로그램

회기	과정	주제	목표	내용
준비	OT	마음 열기	• 교육 프로그램 내용을 소개한다. • 참석자 소개 및 참여 동기, 희망사항을 발표하도록 한다. • 사전검사를 실시한다. • 라포(rapport) 형성 게임을 실시한다.	• 프로그램 소개 • 자기소개 • 별칭 짓기
1	노년기 성의 현주소	성에 대한 개인의 인식	• 노년기의 성에 대하여 개념과 범위를 바르게 이해하도록 한다. • 노년기 성에 대한 개인의 생각이나 의견을 자유롭게 이야기한다.	• 자유논의 및 성에 대한 일반적 지식교육 • 타인의 성생활 및 경험이나 인식을 이해
2		대중문화 속의 노년기 성	• 대중문화 속에 표현된 노년기 성에 대하여 바르게 이해하도록 한다. • 사회문화의 한 부분으로서 노년기의 성을 이해하도록 한다.	• 대중문화 속의 노년의 이미지 • 대중문화 속의 노년기 성 • 광고 속의 성 • 왜곡된 성문화
3	노년기 성에 대한 편견 깨기	사회가 인식하는 노년기 성	• 노년기 성생활의 중요성에 대하여 이해하도록 한다. • 노년기 성문화에 대해 자유롭게 이야기하도록 한다. • 노년기 성에 대한 올바른 인식을 갖도록 한다.	• 노년기 성의 중요성 • 노년기 성 문제 • 노년기 성 태도
4		노년기 성에 대한 편견 깨기	• 노년기 성에 대한 사회적 편견을 이해한다. • 우리나라 노년기 성의 현실에 대해 올바르게 이해하도록 한다. • 노년기 성생활과 자아존중감의 관계를 이해하도록 한다.	• 노년기 성의 실태 • 노년기 성의 현실 • 노년기 성생활과 자아존중감

5	노년기 성의 재인식	노년기 성에 대한 과학적 지식	• 성기능 변화에 대해 올바른 성 건강법에 대하여 알도록 한다. • 노년기 성에 대한 올바른 지식을 갖도록 한다. • 성병의 종류 및 원인과 치료법을 알도록 한다.	• 성과 호르몬 • 성별 • 성 건강법
6		노년기 성과 사회윤리	• 올바른 성 윤리에 대해 알도록 한다. • 노인 성범죄 유형 및 실태에 대해 알도록 한다. • 성범죄 관련 처벌법에 대해 알도록 한다.	• 성 윤리 • 성범죄 • 올바른 성 태도
7	노년기 부부생활과 이성교제	노년기 부부생활	• 올바른 노년기 부부생활에 대하여 알도록 한다. • 배우자와의 생활이 노년기 삶에 중요함을 알도록 한다.	• 올바른 부부생활 • 행복한 부부생활 • 건강과 부부생활
8		노년기 이성교제 및 재혼	• 노년기 이성교제 및 재혼에 대하여 올바른 인식을 갖도록 한다.	• 노인과 이성교제 • 노혼의 실태 • 친교법
9	노년기 성 가치의 재정립	노년기 성에 대한 인식 전환	• 노년기 성에 대한 인식변화를 확인한다. • 성 지식과 태도변화를 확인한다. • 프로그램 만족도 평가 및 사후검사	• 얼마나 알았나요? • 참여 소감

출처: 임장남(2008).

4. 노인의 성 관련 정책 및 제도

평균수명의 연장, 베이비부머의 노년층 진입 등으로 노인인구는 매년 급속히 증가하고 있으며, 이와 더불어 노인 성 관련 질병 및 노인 대상 성범죄 등이 급증하고 있는 반면, 노인의 성에 대한 관심과 교육은 매우 제한적이며 전문인력도 부족한 실정이다. 이에 2013년부터 경기 북부 10개 시 · 군에서는 노인 성교육 및 성상담, 노인 성 전문 인프라 구축, 사업 캠페인 및 홍보, 노인 성문화 축제 등 노인성인식개선사업을 시행해 오고 있다(〈표 10-10〉, 〈표 10-11〉 및 〈표 10-12〉 참조).

표 10-10 노인성인식개선사업 현황

사업목적	• 노년층에 대한 성교육 · 성상담 등을 통해 바람직한 성문화 정립 및 성(性) 인식 개선
관할시군	• 경기 북부 10개 시 · 군 ※ '18년부터 31개 시 · 군 확대 추진
수행기관	• 노인복지관, 대한노인회지회 등(10개소) ※ 거점센터: 경기도노인복지관협회
수행인력	• 소정의 교육과정을 이수한 성교육사(91명) 및 성상담사(92명)(프리랜서)
수행방법	• 수행기관의 요청에 의해 성교육사 및 성상담사들이 노인시설을 직접 방문하여 성교육 및 성상담 수행
사업내용	① 찾아가는 노인 성교육(핵심사업) ② 찾아가는 노인 성 전문상담 ③ 노인 성문화 축제 개최 ④ 사업 캠페인 및 홍보 ⑤ 노인 성교육사 · 성상담사 양성 ⑥ 노인 성교육사 · 성상담사 보수교육 ⑦ 노인 성교육사 자조모임 ⑧ 노인 성교육 현장평가 ⑨ 사례 토의 · 수퍼비전 ⑩ 사업백서 발간 ⑪ 교육 · 상담 교안 제작 등 ※ ⑤~⑪ 사업은 거점센터가 수행
주요실적 ('16년)	• 찾아가는 성교육(305회, 7,430명) • 찾아가는 성 전문상담(427회, 2,477명) • 노인 성문화 축제 개최(1회, 약 900명) • 노인성인식개선사업 백서 발간(1,000부)

출처: 홍동기(2017. 10. 18.).

표 10-11 노인성인식개선사업 추진 실적(2013~2016년)

구분	사업 추진 실적	비고
2013년	• 노인, 성, 상담 등 전문가 자문위원 구성 및 운영: 2회 • 노인 성전문가 양성: 성교육사 54명, 성상담사 51명 • 노인 성상담 · 성교육 매뉴얼(동영상 포함) 개발: 2013년 8~12월 • 노인대학, 경로당 등 집합 · 순회 성교육: 176회(80개소), 6,699명 • 노인복지관 등에서 성상담사 배치를 통한 성상담 실시: 29개 기관(519명) • 노인 성문화 축제 개최(12. 17.): 500명/성 관련 체험, 축하공연, 특강 등	도(道) 자체사업 (최초 실시)
2014년	• 성 전문기관, 노인복지관 등 유관기관과의 네트워크 구축: 1회(10. 20.) • 노인 성교육사 · 성상담사 보수교육: 교육사 27명, 상담사 15명 • 노인 성교육사 자조모임: 8회기(경기 남 · 북부로 진행) • 성상담사 사례토의 및 수퍼비전: 9명(11. 5.) • 노인 성전문가 활동: 성교육사 54명, 성상담사 51명 • 노인 성상담센터 협약식 및 간담회: 21개소, 28명 활동 • 노인대학, 경로당 등 집합 · 순회 성교육: 425회(255개소), 13,618명 • 노인복지관 등에서 성상담사 배치를 통한 성상담 실시: 24개 기관(439명)	도 자체사업
2015년	• 노인 성교육 · 성상담 전문인력 인프라 관리 –성교육사(37명), 성상담사(41명), 성상담센터 운영(21개소) –성교육사 자조모임 운영 및 보수교육 실시 • 성교육 및 성상담 사업 홍보: 233개소/18,465명 • 성교육 및 성상담: 찾아가는 성교육(250회, 10,956명), 성상담(305건) • 노인 성문화 축제 개최(9. 22.): 1,200명/인형극, 축하공연, 노인 성권리 선언 등 • 성 상담센터 협약식 및 간담회: 21개소 협약 • 유관기관 전문가 대상 노인 성교육: 연 2회, 58명 • 노인관련기관(6개 기관) 네트워크 구축: 1회(12. 8.)	도 자체사업
2016년	• 성교육 및 성상담: 찾아가는 성교육(305회/7,430명), 성상담(427회/2,477명) • 사업 캠페인 실시(300회), 홍보물품 제작 및 배포(25종/27,752개) • 노인 성교육 및 성상담 등 만족도 조사: 55회(965명) • 노인 성교육사 · 성상담사 보수교육 1회, 자조모임 1회, 현장평가 1회 • 노인 성(性)인식개선사업 백서 발간 및 배포: 1,000부(3월) • 유관기관(도–경기도노인복지관협회–시 · 군) 간담회 실시: 총 4회 • 사업수행기관(노인복지관 등) 실무자 간담회: 총 3회 • 노인 성(性)문화 축제 개최(10. 25.): 남양주시(약 900명)	시 · 군 보조사업

출처: 홍동기(2017. 10. 18.).

표 10-12 노인성인식개선사업 세부 내용

사업 구분		세부 내용
1. 노인 성교육 및 성상담	노인 성교육사 파견	• 경로당, 노인복지관, 노인대학, 노인일자리기관 이용 노인 등을 대상으로 노인 성교육사를 파견하여 노인의 성에 대한 올바른 정보 제공 및 인식 기회 마련
	집단 프로그램	• 부부, 홀몸, 여성 또는 남성 어르신이 집단으로 프로그램에 참여하여 성 문제 해결
	개별 노인 성상담	• 노인 성상담사가 소속된 기관(노인복지관 또는 전문상담기관)에서 개인 성상담 진행
	노인 성상담 지원	• 노인 성상담센터를 통해 부부 또는 이성 문제, 성상담을 지원
2. 노인 성(性) 전문 인프라 구축	사업설명회	• 성교육사, 성상담사를 대상으로 성인식개선사업 사업설명회 실시
	성교육사 · 성상담사 보수교육	• 활동하고 있는 성교육사, 성상담사들을 대상으로 보수교육을 진행하여 노인의 성에 대한 전문성 확보
	성교육사 자조모임	• 노인 성교육사를 대상으로 성교육 매뉴얼 학습 및 교육준비, 자조모임일지 작성 등 자조모임 구성
	성교육사 현장평가	• 노인 성교육사 활동에 대한 점검 및 협회와 성교육사 간의 의견 교류
	성상담사 사례회의 및 수퍼비전	• 성상담 사례 공유 및 전문 수퍼바이저의 수퍼비전 제공
	성교육사, 성상담사 양성 (2017년 미시행)	• 노인복지 및 상담 분야 종사자 중 노인 성교육 · 성상담에 관심 있는 자를 대상으로 모집 홍보 및 선발 • 교육과정을 이수한 성교육사, 성상담사를 대상으로 수료식 진행
	유관기관 전문가 대상 노인 성교육	• 노인복지관 및 사회복지 관련 실무자를 대상으로 본 사업에 대한 홍보 및 성에 대한 정보를 제공함으로써 현장에서 어르신의 성에 대한 문제해결 기회 마련
	유관기관 네트워크 구축	• 유관기관과 연계하여 본 사업의 활성화를 위한 협력체계 구축
	자문위원 구성 및 운영	• 노인성(性)인식개선사업 발전 방향 자문
	백서 제작 (2017년 미시행)	• 노인성인식개선사업에 대한 홍보 및 정책제언을 통해 사업의 중요성을 대내외적으로 알림
3. 사업 캠페인 및 홍보	사업 캠페인	• 지역 홍보매체 등을 활용한 캠페인 실시
	홍보물품 제작	• 홍보물품 제작 · 배포를 통한 사업 홍보
	홍보지 및 리플릿 배포	• 홍보지 및 리플릿을 제작하여 어르신들이 이용하는 기관에 배포함으로써 사업 홍보 및 성에 대한 올바른 정보 제공
	지역행사 홍보부스 운영	• 도내 지역행사참여를 통한 사업 홍보
4. 노인 성문화 축제	노인 성문화 축제	• 60세 이상 경기도민을 대상으로 성교육 인형극, 건강 · 성(性) · 자기관리 체험부스 등을 통해 사업 홍보 및 성에 대한 올바른 인식 제공

출처: 홍동기(2017. 10. 18.).

5. 노인의 성 관련 과제

이상에서 본 바와 같이 우리나라 노인들은 성에 관한 공식적인 교육의 기회가 주어지지 않았던 세대로서 노인의 성병 감염, 성폭력, 성매매 증가 등과 같은 성 관련 문제들이 증가하고 있다. 이러한 노인의 성 문제 및 성생활은 노년기 삶의 질과 노후생활 적응에도 중요한 영향을 미친다. 따라서 노인의 성생활 및 성 문제를 해결하기 위한 방안을 제시하면 다음과 같다.

첫째, 노인의 성생활 및 성 문제의 가장 핵심적인 원인은 성에 대한 올바른 지식이 부족한 것에 기인한다고 볼 수 있다. 우리나라 노인은 성에 대한 전문적이고 체계적인 교육을 받지 못한 세대이며, 성교육의 필요성에 대한 인식도 매우 낮은 형편이다. 따라서 사회복지 현장에서는 이용자를 대상으로 전문적인 노인 성교육을 실시하는 것이 필요하다. 또한 노인복지 현장의 사회복지사를 대상으로 전문적인 노인 성교육을 이수하는 것이 필요하다.

둘째, 노인들이 노화에 따른 성기능장애, 노년기 재혼, 이성교제 등에 관하여 마음 편하게 상담할 수 있는 전문상담기관을 확대 설치하여야 한다. 특히 노인들이 여가활동을 많이 하고 있는 노인복지관이나 종합사회복지관에서 노인의 성에 관한 교육과 상담이 전문적으로 이루어질 필요가 있고, 노인들이 생활하고 있는 시설에서도 노인의 성에 관한 교육 및 상담이 체계적으로 이루어질 필요가 있다.

셋째, 노인의 성에 관한 중앙정부 및 지방정부 차원의 종합적인 대책이 마련되어 추진될 필요가 있다. 물론 2018년 경기도에서 노인성인식개선사업이 미약하나마 추진되었지만, 서울시 및 기타 지역에서는 노인의 성과 관련된 어떠한 정책 및 제도도 실시되고 있지 못하다. 이에 지금도 노인의 성생활 및 성 문제가 해결되고 있지 않다는 문제가 있다. 따라서 보건복지부 및 서울시 차원의 노인의 성 문제 해결을 위한 종합적인 대책이 필요하다.

넷째, 노인의 성에 관한 전문적이고 체계적인 연구가 추진될 필요가 있다. 현재 노인의 성과 관련된 연구들은 노인의 성생활 실태, 노인의 성과 관련된 문제 실태 등의 수준에 머물러 있는 상황이다. 따라서 향후에는 노인의 성에 대한 다학문적인 접근이 이루어질 필요가 있다. 즉, 간호학적 측면에서 노인의 성과 관련된 케어, 사회복지학 측면에서 노인의 성과 관련된 실천, 범죄학적 측면에서 노인 성범죄와 관련된 해결이 필요하다.

다섯째, 황혼이혼이 증가하고 있는 현 시점에서 노인의 배우자 만족도는 다른 연령에 비해 상당히 낮게 나타나므로 이에 대한 대책이 필요하다. 특히 가부장적인 문화로 인하여 할아버지에 대한 할머니의 불만이 많은 상황이다. 따라서 노인부부 간 결혼 만족도를 향상시킬 수 있는 다양한 프로그램을 개발하여 실시할 필요가 있다. 특히 노인부부가 함께하는 여가 및 취미 프로그램, 상호 존중하는 대화 및 관계향상 프로그램이 필요하다.

••• 학습과제

1. 노인에게 성은 어떤 의미를 가지고 있는지 이야기하시오.
2. 노인의 성생활, 성 문제의 현황 및 실태에 대하여 이야기하시오.
3. 노인의 성 관련 프로그램에 대하여 이야기하시오.
4. 노인의 성 관련 정책 및 제도에 대하여 이야기하시오.
5. 노인의 성 관련 문제해결 방안에 대하여 이야기하시오.

참고문헌

경찰청(2014). 경찰범죄통계.

경찰청(2015). 경찰범죄통계.

경찰청(2016). 경찰범죄통계.

경찰청(2017). 경찰범죄통계.

경찰청(2018). 경찰범죄통계.

김대숙, 홍(손)귀령(2016). 지역사회 노인의 성(sexuality)과 성생활 경험. 노인간호학회지, 18(3), 128-137.

김한곤(2018). 남성노인 성생활 실태 및 만족도: 대구지역을 중심으로. 한국콘텐츠학회논문지, 18(6), 314-323.

보건복지부(2018). 고령자통계.

보건의료빅데이터개방시스템 국민관심질병통계 검색자료(2014~2018).

백유미, 김재철(2012). 노인기 여성의 성생활 증진을 위한 인간중심적 집단상담 프로그램의 개발 및 효과. 노인복지연구, 57, 137-160.

손덕순, 박영란(2014). 성인지적 관점에서 바라본 노인의 성에 관한 탐색적 연구. 노인복지연구, 63, 229-256.

오현조(2013). 노인의 성생활이 노화인지도와 생활만족도에 미치는 영향. 교류분석상담연구, 3(1), 73-95.

이현심(2014). 유배우자 노인의 성생활 현상에 관한 비교. 한국지역사회복지학, 51, 103-125.

이호선(2012). 노인을 대상으로 하는 성매매 여성 연구 2: 박카스 아줌마 실태조사 2. 한국노년학, 32(2), 501-512.

이호선(2013). 박카스아줌마 대상 성구매자 남성 노인의 성구매 동기. 한국기독교상담학회지, 24(2), 215-239.

임장남(2008). 노년기 성교육 프로그램 개발과 효과성 연구. 서울기독대학교 대학원 박사학위논문.

조추용(2012). 황혼동거에 나타난 사랑과 생활. 노인복지연구, 58, 29-59.

주경미, 장수지, 허정윤(2012). 부산지역 노인의 성생활 및 가치관 분석. 부산: 부산여성가족개발원.

최금봉(2008). 노인의 성생활 실태와 자아통합감 연구. 노인간호학회지, 10(2), 109-120.

한국소비자원(2012). 지방 노인의 안전한 성생활 실태조사.

홍동기(2017. 10. 18.). 경기도 노인성인식개선사업 지원 조례안 검토결과 보고.

황은희, 신수진(2012). 지역사회 거주 노인의 성생활과 삶의 만족도 간 관계. 성인간호학회지, 24(2), 183-190.

제 11 장

노인과 죽음

학습 목표

1. 노인자살의 개념, 현황 및 특성, 이론을 이해한다.
2. 노인자살 예방 프로그램을 이해한다.
3. 노인자살에 대한 대책을 이해한다.
4. 죽음의 의미, 죽음의 단계를 이해한다.
5. 죽음준비 프로그램을 이해한다.

1. 노인자살

1) 노인자살의 개념

인구구조의 고령화는 노인에 대한 부양 부담 증가, 노인의 빈곤 및 질병, 노인의 외로움과 고독, 사회보장비 지출의 증가 등 다양한 형태의 많은 문제를 발생시키고 있고, 특히 노인문제 중 노인 소외와 고독으로 인한 노인자살은 이미 매우 심각한 수준에 이르고 있다. **노인자살**이란 65세 이상의 노인층에서 나타나는 자살생각, 자살시도, 자살행위에 이르는 연속적인 개념으로 볼 수 있다.

전체 노인 중에서 자살의 위험이 높다는 것을 나타내는 징후를 살펴보면, 자살위험이 있는 노인들은 죽음을 앞두고 어떤 도움을 받기 위하여 본인 스스로 의뢰를 하지 않는 경향이 있고, 치료에 대해 저항하는 경향이 있다. 또한 약물 및 알코올을 빈번하게 사용하는 경향이 있고, 절망의 수준을 감추고 문제의 심각성을 최소화하는 경향이 있으며, 사회체계에 의해 발견되기 어려운 것과 같은 특성을 가지고 있다.

노인 **자살시도**는 다른 연령층에 비하여 상대적으로 취약한 특성을 가지고 있는데, 예를 들면 노인은 타 연령층에 비해 신체적으로 허약하여 자살시도 후 생존의 어려움이 있고, 다른 사람으로부터 고립되어 있는 독거노인 수가 많아 자살시도 후 늦게 발견되어 생존 가능성이 더 낮은 경향이 있다. 또한 죽고 싶은 의도를 강하게 반영하는 치명적인 자살수단을 사용하거나 신중히 계획하여 자살을 시도하는 경향이 높다(이지전, 2007).

노인자살은 다른 연령대의 자살과 구분되는 특징이 있다.

첫째, 노인은 다른 연령층에 비해 자살위험도가 높은 집단이다. 세계보건기구의 통계에 따르면 대부분의 나라에서 노인의 자살률이 젊은 성인의 자살률에 비해 높고, 우리나라에서도 노인의 자살에 의한 사망률이 높게 나타나고 있다(통계청, 2010; Schmutte, O'Connell, Weiland, Lawless, & Davidson, 2009). 이것은 노인이 다른 연령층에 비해 신체적으로 허약하기 때문에 자살시도 후 생존 가능성이 낮음을 의미한다.

둘째, 노인의 자살은 더욱 치명적이고 확고하게 이루어지는 경향이 있는데, 젊은 집단에서 자살시도가 생명의 종식이라는 치명적 자살로 이어지는 비율이 200:1인

반면, 노인의 자살은 4:1에 이른다(Miniño, Arias, Kochanek, Murphy, & Smith, 2002). 이러한 경향은 노인이 자살방법을 선택할 때 다른 연령층에 비해 확실하게 생을 마감할 수 있는 수단을 선택하려는 것으로 인해 자살시도 후 생존 가능성이 낮음을 의미한다.

셋째, 노인은 좀 더 치밀하게 자살을 계획하고 주변 사람에게 이를 알리지 않는 경향이 강하다(배진희, 엄기욱, 2009; Conwell, 1997; Draper & Anstey, 1996; Szanto, Priberson, & Reynolds, 2001). 노인의 경우, 오랫동안 자살의 결과와 장단점을 신중하게 생각하기 때문에 자살시도 자체가 합리적이라고 판단하며 자살을 치밀하게 계획한다(Lange, 2003). 이러한 경향은 노인이 자살시도 후 신속히 발견되지 않아 생존 가능성이 낮음을 의미한다.

넷째, 노인자살은 단일 요인이 아닌 복합적 요인들에 의해 발생한다(Conwell, 2001; Blow, Brockmann, & Barry, 2004). 노인은 다른 연령층보다 빈곤, 질병, 고독감, 소외, 상실 등의 복합적 문제를 더 많이 경험하면서 자살을 당면한 생활문제에 대한 일종의 대안으로 여기기 때문에, 노인자살에 대한 접근은 다른 연령층의 자살과는 다른 관점에서 접근할 필요가 있으며, 무엇보다 자살위험군에 속한 노인을 조기에 발견하여 개입하는 것이 필요하다(권중돈, 김유진, 엄태영, 2011).

2) 노인자살 현황 및 특성

2012년부터 2016년까지 노인자살 현황을 살펴보면, 2016년 자살률은 전년 대비 감소하였다. 특히 70대가 가장 많이 감소하였다. 70대와 80대 이상 연령층에서는 자살률이 각각 전년 대비 8.5명, 5.6명 감소하였다. 노인자살 현황 변화 추이를 살펴보면 전반적으로 감소하는 추세를 확인할 수 있다. 70대와 80대 이상 연령층에서는 2015년에 전년 대비 상승하였으나 이후 다시 감소하였다. 60대는 2012년부터 매년 자살률이 감소하고 있다(〈표 11-1〉 참조).

OECD 가입 국가의 65세 이상 노인 자살률을 살펴보면, 한국(58.6명)의 자살률이 가장 높았으며, 다음으로는 슬로베니아(38.7명), 헝가리(33.5명) 순으로 나타났다. 2011년부터 2015년까지 한국 노인의 자살률이 가장 높았고, 슬로베니아와 헝가리는 2012년을 제외하고는 두 번째와 세 번째로 높은 노인 자살률을 기록한 것으로 나

표 11-1 2012~2016년 노인자살 현황 변화 추이: 자살자 수, 자살률 (단위: 명, 인구 10만 명당 명, %)

구분	2012년		2013년		2014년		2015년		2016년	
	자살자 수	자살률	자살자 수	자살률	자살자 수	자살률	자살자 수	자살률	자살자 수	자살률
60대	1,790	42.4	1,768	40.7	1,699	37.5	1,778	36.9	1,783	34.6
70대	2,080	73.1	2,004	66.9	1,775	57.6	1,957	62.5	1,715	54.0
80대 이상	1,084	104.5	1,057	94.7	949	78.6	1,098	83.7	1,111	78.1

출처: 통계청(2012, 2013, 2014, 2015, 2016).

표 11-2 2011~2016년 OECD 가입 국가 노인 자살률 추이: 자살률 (단위: 인구 10만 명당 명, %)

구분	2011년	2012년	2013년	2014년	2015년	순위
대한민국	79.7	69.8	64.2	55.5	58.6	1
네덜란드	10.6	11.6	12.8	11.8	13.6	22
노르웨이	12.1	9.9	11.2	12.0	14.0	21
덴마크	15.7	18.4	18.3	17.2	16.1	16
독일	21.7	20.9	22.0	22.1	22.0	13
라트비아	31.0	25.8	21.8	23.2	24.9	5
스웨덴	14.7	16.2	17.9	16.4	16.6	15
스페인	13.2	13.7	14.5	14.3	13.6	22
슬로베니아	44.0	38.4	38.2	34.6	38.7	2
아이슬란드	10.1	12.2	30.7	22.8	11.0	29
영국	5.7	5.7	6.6	6.6	7.0	32
일본	27.1	25.7	25.9	23.8	22.8	10
체코	18.9	21.7	19.4	20.7	19.8	14
폴란드	15.9	16.5	16.8	15.6	14.5	19
헝가리	37.5	40.3	34.7	31.2	33.5	3
OECD 평균	19.4	20.2	20.6	20.1	22.0	–

출처: WHO (2017)를 활용하여 중앙자살예방센터에서 산출한 자료임.

타났다. 한국의 노인 자살률은 2011년부터 감소하는 추세였으나 2015년에는 전년 대비 증가하여 앞으로의 추이를 지켜볼 필요가 있다(〈표 11-2〉 참조).

〈표 11-3〉은 2016년 노인자살 수단별 현황을 비교한 것이다. 60대, 70대, 80대

이상 모두에서 목맴이 가장 높게 나타났다. 구체적으로 살펴보면, 60대의 경우 목맴(55.5%), 추락(12.3%), 농약음독(9.3%) 등의 순으로 나타났다. 70대의 경우 목맴(48.3%), 추락(13.1%), 기타 화학물질(6.4%) 등의 순으로 나타났다. 80대 이상의 경우도 70대와 마찬가지로 목맴(48.5%), 추락(14.9%), 기타 화학물질(5.7%) 등의 순으로 나타났다.

표 11-3 2016년 노인자살 수단별 현황 비교: 자살자 수, 백분율

(단위: 명, %)

구분	약물 중독	가스 중독	농약 음독	기타 화학물질	목맴	익사	분신	둔기/예기	추락	자동차/기차	기타	전체
60대	33	33	165	66	990	55	11	32	220	2	7	1,783
	1.9	1.9	9.3	3.7	55.5	3.1	0.6	1.8	12.3	0.1	0.4	100.0
70대	38	38	79	110	829	44	9	14	224	5	5	1,715
	2.2	2.2	4.6	6.4	48.3	2.6	0.5	0.8	13.1	0.3	0.3	100.0
80대 이상	26	26	28	63	539	41	1	9	166	2	2	1,111
	2.3	2.3	2.5	5.7	48.5	3.7	0.1	0.8	14.9	0.2	0.2	100.0

출처: 통계청(2016).

〈표 11-4〉는 2016년 노인자살 월별 현황을 비교한 것이다. 60대, 70대, 80대 이상 모두에서 9월과 10월에 자살이 가장 많이 발생하는 것으로 나타났다. 구체적으로 살펴보면, 60대의 경우 9월(10.1%), 3월(9.9%), 5월(9.6%) 등의 순으로 나타났다. 70대의 경우는 9월(9.9%), 5월(9.7%), 3월(9.2%)과 8월(9.2%) 등의 순으로 나타났다. 80대 이상의 경우는 10월(11.3%), 6월(10.5%), 9월(9.6%) 등의 순으로 나타났다.

표 11-4 2016년 노인자살 월별 현황 비교: 자살자 수, 백분율

(단위: 명, %)

구분	1월	2월	3월	4월	5월	6월	7월	8월	9월	10월	11월	12월
60대	126	108	177	151	171	150	147	148	180	166	131	128
	7.1	6.1	9.9	8.5	9.6	8.4	8.2	8.3	10.1	9.3	7.3	7.2
70대	99	125	158	149	167	144	144	158	169	154	135	113
	5.8	7.3	9.2	8.7	9.7	8.4	8.4	9.2	9.9	9.0	7.9	6.6
80대 이상	69	66	101	92	96	117	93	99	107	126	83	62
	6.2	5.9	9.1	8.3	8.6	10.5	8.4	8.9	9.6	11.3	7.5	5.6

출처: 통계청(2016).

〈표 11-5〉는 2016년 노인자살 동기별 현황을 비교한 것이다. 61세 이상의 경우 육체질병문제로 인한 자살 사망자 비율이 46.0%로 가장 높았으며, 그다음으로 정신질병문제로 인한 자살 사망자 비율이 33.6%로 나타났으며, 마지막으로 경제생활문제로 인한 자살 사망자 비율은 8.7%로 나타났다.

표 11-5 2016년 노인자살 동기별 현황 비교: 자살자 수, 백분율 (단위: 명, %)

구분	가정문제	경제생활문제	남녀문제	사별문제	육체질병문제	정신질병문제	직장문제	학대·폭력	기타	미상	전체
61세 이상	325	377	30	62	1,991	1,456	39	0	28	20	4,328
	7.5	8.7	0.7	1.4	46.0	33.6	0.9	0.0	0.6	0.5	100.0

출처: 경찰청(2016).

3) 노인자살이론

(1) 도피이론

도피이론(escape theory)은 인간의 자살을 인간의 외적 환경과 심리·정신적 요인, 인지적 요인 등으로 설명하는 특징이 있다(신민섭, 1993). 도피이론은 스트레스를 일으키는 외적 환경이 심리·정신적 문제를 일으키고 이러한 상황이 지속될 경우 인지적 위기 상황을 유발하여 자살로 이어진다는 일련의 경로로 자살을 설명하기 때문에, 다양한 변인이 어떤 경로를 거쳐 자살로 이어지는지 그 과정을 보여 주는 데 유용한 모델이다(Dean & Range, 1999).

도피이론에서는 자살을 '자기로부터의 도피', 즉 '자기와 관련된 고통스러운 감정과 생각으로부터 도피하기 위한 수단'으로 정의하며, 보통 6단계의 과정을 겪는다고 설명한다. 즉, 기준 이하로 만드는 스트레스 사건의 단계, 이 사건의 원인을 자기 탓으로 여기는 단계, 이로 인해 자신에게 민감해져 지나치게 자기를 인식하는 단계, 불안이나 우울 같은 부정적인 정서상태 단계, 인지적 몰락 단계, 자살 단계를 거치게 된다는 것이다(Baumeister, 1990; [그림 11-1] 참조).

도피이론은 외부 환경이 개인의 심리·정신적 요인과 같은 내적 특성에 영향을 미치고, 이것이 인지적 특성이나 외현적 태도에 영향을 미치며, 결국 자살로 연결된다는 설명을 가능하게 하지만, 외적 생활사건, 심리·정신적 요인, 인지적 요인을

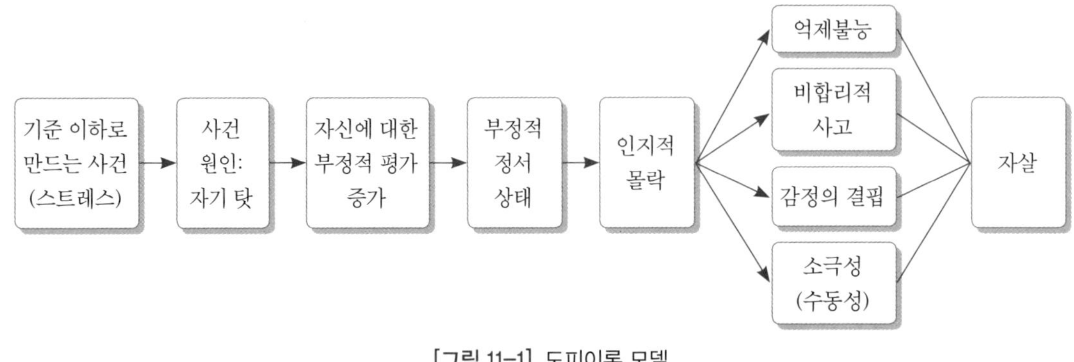

[그림 11-1] 도피이론 모델

출처: Baumeister (1990).

거쳐 자살로 이어지는 간접적 경로나 각 변인 간의 직접 경로만을 설명하고 있어 변인들 간의 복잡한 직간접관계에 대한 설명이 부족하다는 한계가 있다(박재숙, 2010).

(2) 사회통합이론

사회통합이론(social integration theory)은 자살의 유형을 사회통합의 정도와 규범의 구속력이라는 기준에 따라 네 가지로 구분하였다. 첫째, 개인주의 또는 개인의 낮은 사회통합으로 인해 발생하는 이기적 자살, 둘째, 사회통합 정도가 너무 강할 때 발생하는 이타적 자살, 셋째, 규제의 정도가 너무 작아서 규범적 규제력이 개인의 행위를 통제하지 못할 때 발생하는 아노미적 자살, 넷째, 규범의 개인에 대한 규제 정도가 너무 클 때 발생하는 숙명론적 자살이 그것이다(김정진, 박지영, 조홍식, 2008).

노인자살은 이기적 자살과 아노미적 자살로 이해될 수 있다. 즉, 노인이 평생 의미를 두었던 일터를 떠나고 역할을 상실하고 사회적 관계망이 축소되면 이것이 소외감과 외로움으로 이어지고, 이러한 개인의 사회적 고립이 자살의 원인으로 작동한다. 한편, 노인은 급격한 생활상의 변화, 역할에 대한 명확한 규범의 부재, 암축적인 사회변화로 인한 혼란을 경험하게 되고, 이로 인해 노인자살이 발생하게 된다(이소정 외, 2009).

이기적 자살과 아노미적 자살은 개인이 속한 사회 집단의 통합 정도와 반비례하여 발생한다는 공통점이 있는데, 노인들은 정년과 더불어 각종 역할을 상실하고, 가족 및 동료와의 관계망이 점차 축소되며, 신체 능력 혹은 수입 등의 상실로 주어진 사회 집단으로의 통합이 점차 약화된다. 따라서 가족 지지나 부양, 지역사회활동 등과 같은 요인들은 사회통합이론의 관점에서 설명되는 노인자살 관련 요인이라 할 수 있다(양순미, 임춘식, 2006).

(3) 스트레스-취약성 모델

스트레스-취약성 모델(stress-vulnerability model)에 따르면, 조현병 환자는 이러한 장애에 대한 유전적 요인과 출생 전후의 신체적 · 심리적 요인을 취약성으로 지니고 있으며, 생의 과정에서 스트레스를 경험하게 될 경우 스트레스와 취약성이 상호작용하여 일정한 수준을 넘게 되면 조현병이 발병된다. 이 모델은 정신장애 발생에 영향을 미치는 개인적 요인과 환경적 요인을 통합할 수 있는 이론적 토대를 제공하고 있다(Zubin & Spring, 1977).

이 모델은 개인의 특성과 환경과의 상호작용을 강조하는 모델이다. 취약성은 뇌신경계의 이상이 있는 개인이 환경과의 상호작용을 통하여 특정한 심리장애에 취약한 행동 · 정서 · 인지적 특성을 형성하게 되는 것을 의미하는데, 스트레스는 스트레스 유발 상황 중에서도 일정 기간 이상 지속되고, 문제가 심각하며, 예측이 불가능하고, 사건이 우발적으로 발생해야 한다는 조건을 갖춘 것을 말한다(이지전, 이상욱, 신혜령, 고수경, 박경수, 2006).

이 모델에 따르면, 이상행동의 발생은 개인이 갖고 있는 취약성과 개인이 경험하는 스트레스의 상호작용에 의해 결정된다. 취약성은 특정한 심리장애에 취약한 행동 · 정서 · 인지적 특성을 의미하는데, 취약성은 개인에 따라 고도의 취약성을 지닌 개인에서 취약성이 거의 없는 낮은 수준의 취약성을 보이는 개인까지 그 수준에서 연속성을 가정할 수 있다(김효창, 손영미, 2006).

그러나 스트레스 유발 상황이 모두 스트레스원이 되는 것은 아니다. 스트레스원이 되기 위해서는, 첫째, 스트레스 유발 상황이 일정 기간 이상 지속되고, 둘째, 문제가 심각하여야 하며, 셋째, 예측이 불가능하고, 넷째, 통제 불가능하다고 지각하여야 하며, 다섯째, 자신감이 결여되어 있고, 마지막으로, 사건이 우발적으로 발생하여야 한다. 지금까지 알려진 스트레스원으로는 주요 생활변화, 외상적 사건 등이 있다(김효창, 2006).

(4) 생태체계이론

생태체계적 관점은 사회복지실천 분야에서 가장 영향력 있고 포괄적인 시각으로, 인간이 어떻게 환경과 끊임없이 상호작용하는지에 대한 설명을 통해 사회복지실천에서 이론적 근거를 뒷받침해 주고 있다(김동배, 이희연, 2003). **생태체계이론**(eco-system theory)에서는 인간이 그 주위의 인접한 환경을 중심으로 한 구조화된 체계인 생태체계 속에서 끊임없이 상호작용을 주고받으며 발달한다고 이해한다(김태현, 김동배, 김애순, 김미혜, 이영진, 1998).

노인에게 생태체계적 관점을 적용하면 노인의 개인적 특성과 그가 속한 가족, 집단, 지역사회로부터 받는 영향들까지 모두 고려한다는 것을 의미한다. 생태체계적 관점으로 노인을 이해하면 문제를 사정할 때 노인 개개인과 관련된 다양한 체계와 접촉하여 정보를 얻어 낼 수 있고, 문제에 대한 총체적인 이해가 가능하며, 나아가 보다 정확하고 깊이 있는 사정과 평가가 가능해져 개입전략의 근거를 마련할 수 있다(송영달, 손지아, 박순미, 2010).

생태체계적 관점에 입각하여 다양한 환경체계를 세분화하여 제시한 모델들은 학자들마다 약간의 차이가 있다. 아동학대의 원인을 설명할 때 환경체계를 개체발생적 체계, 미시체계, 외체계, 거시체계로 나누어 제시하기도 하며(Belsky, 1980), 가정폭력의 원인을 규명하기 위하여 미시수준에는 개인적 수준의 변수를, 중간수준에는 가족체계 내에서 기능하는 것을, 거시수준에는 지역사회와 사회 내에서 일어나는 현상을 포함시켰다(Kemp, 1998).

생태체계이론은 노인자살에 영향을 미치는 변인들을 고찰할 때 매우 유용하게 활용될 수 있는데, 노인자살에 영향을 미치는 변인으로 개인, 가족, 지역사회 등으로부터 받는 영향을 고려하게 함으로써 통합적 관점에서 노인자살을 이해하고 체계단위로 접근할 수 있도록 해 주는 유용성을 가지고 있다. 생태체계이론에서는 노인자살에 대해 미시체계, 중간체계, 외체계로 구분하여 설명한다.

4) 노인자살 예방을 위한 프로그램

노인자살 예방을 위한 프로그램은 다양하게 현장에서 실시되고 있는데, 특히 서울복지재단에서 추진하여 사회복지 우수 프로그램 공모전에서 수상한 노인자살 예방 프로그램을 제시하면 〈표 11-6〉과 같다.

표 11-6 지역사회자원을 활용한 노인자살예방통합지원 프로그램 '행복찾기'

프로그램	수행방법	시행 시기	수행인력	참여인원	시행 횟수 (시간)
개별상담	• 상담이 필요하거나, 상담을 요청할 시 개별적인 심리 · 정서적 문제 상담(강점 발견을 통한 문제해결 능력 증진)—총 24명	연간	전문상담 자원봉사자 1명 사회복지사 2명	24명 (1차 12명, 2차 12명)	1, 2차 개별 선택적
사례관리	• 회기 종료 후 사례관리 대상자 편입 (대상자 발생 시)	연간	사회복지사 2명	24명	수시
우울증 예방 프로그램	• 스트레스 관리 —나의 스트레스 해소방법, 소외/외로움 풀기, 불안/분노 조절, 성공적인 스트레스 조절 등 • 자존감 향상 —자기 자신을 스스로 인정하고 긍정적인 자아 발견을 도와 자기존중감 증대	연간	심리상담 전문가 1명 사회복지사 2명	24명 (1차 12명, 2차 12명)	1차 2회 (회기별 2시간) 2차 2회 (회기별 2시간)
대인관계 증진 프로그램	• 대화기술훈련 —들어 보기/말하기 훈련 • 인간관계 증진 —집단 성원 상호관계를 통하여 친밀한 관계 형성	연간	심리상담 전문가 1명 사회복지사 2명	24명 (1차 12명, 2차 12명)	1차 2회 (회기별 2시간) 2차 2회 (회기별 2시간)
취미/여가/문화활동 프로그램	• 취미/여가/문화 활동 프로그램 진행 —도예체험 —공연관람(연극/영화/마당놀이) —한국민속촌 나들이	연간	사회복지사 2명 자원봉사자 2명	24명 (1차 12명, 2차 12명)	1차 3회 (회기별 8시간) 2차 2회 (회기별 8시간)
노인심성훈련 프로그램	노인심성훈련 프로그램 진행 • 만남의 장 —OT, 관계 형성(남이섬 나들이) • 활동의 장 —스트레스 다루기 —외로움 훌훌 털기 —관심 갖기(칭찬합시다) • 결실의 장 —수료식/평가회(수호천사)	연간	전문상담 자원봉사자 1명 사회복지사 2명	24명 (1차 12명, 2차 12명)	1차 2회 (회기별 2시간) 2차 2회 (회기별 2시간)
경제적 지원 프로그램	• 노원구 일자리사업 추진기관과 연계하여 우선적으로 취업기회 제공 • 후원자 개발을 통해 1:1 결연 후원	연간	사회복지사 2명	24명 (1차 12명, 2차 12명)	연 2회 (서비스 필요시)

신체적 지원 프로그램	• 지역사회 병원과 연계하여 종합검진 실시(병원 또는 보건소) – 서비스 필요대상자로 제한 (1회기 2명, 2회기 2명)	연간	사회복지사 1명	필요인원 (1차, 2차)	연 2회 (서비스 필요시)
심리적·정서적 지원 프로그램	• 지역의 신경정신과 의사와 연계한 전문가 상담 실시 • 노원구 정신보건센터와 연계한 정신건강 교육 실시	연간	정신과 의사 1명 사회복지사 1명	필요인원 (1차, 2차)	상담 수시 교육 연 2회
자원봉사 체험활동 P/G	• 지역의 생활시설과 연계/의뢰 • 자원봉사활동을 통해 행복한 나의 모습 발견과 미래 모습 찾기	연간	사회복지사 2명	24명 (1차 12명, 2차 12명)	연 2회 각 6시간
'더불어 살아가기'	• 자조모임 조직 – 자조모임 형성(행복찾기 1, 2기)	연간	사회복지사 1명	24명 (1차 12명, 2차 12명)	자조모임 연 2회 각 2시간 캠프 연 1회

출처: 서울복지재단(2007).

5) 노인자살에 대한 대책

최근 노인의 자살문제가 TV, 신문 등에 지속적으로 기사화되면서 이 문제가 사회적인 이슈로 부각되고 있는 상황이다. 노인자살문제의 심각성을 인식한 정부와 지자체 등 공공 영역과 함께 민간사회복지기관에서도 노인자살을 예방·해결할 수 있는 프로그램 및 서비스를 제공하고 있다. 그러나 다양한 공공 및 민간 영역의 노력에도 불구하고 우리나라의 노인자살문제는 쉽게 해결되지 않고 있다. 이에 노인자살에 대한 대책을 몇 가지 제시하고자 한다.

첫째, 노인자살의 감소 및 예방을 위한 현실적인 경제적 지원대책이 필요하다. 현재 노인자살은 대부분 빈곤한 가정에서 발생하는 경우가 많다. 이는 노인자살을 발생시키는 요인으로 빈곤이 중요한 영향을 미치고 있음을 의미한다. 따라서 노인의 경제적 지원을 위한 법 제정 및 개정이 이루어져야 하며, 노인일자리사업의 활성화를 통한 현실적인 경제적 지원이 이루어질 수 있도록 해야 한다.

둘째, 노인자살을 예방하기 위한 노인자살예방센터가 점차 증가하고 있는 상황이지만, 노인자살이 급증하고 있는 것에 비해 상대적으로 매우 부족한 형편이다. 지역사회 정신건강증진센터가 전국적으로 광범위하게 분포하고 있지만, 노인자살에 특화된 전문인력은 부족한 실정이다. 따라서 장기적으로는 노인자살예방센터 등과 같은 전문상담기관의 확충이 필요하며, 단기적으로는 노인종합복지관에 노인자살을 전담할 인력을 교육 및 배치하는 것이 필요하다.

셋째, 지역사회 중심의 노인자살 예방을 위한 네트워크를 구축하고 강화하는 전략이 필요하다. 생애주기적 관점에서 중장년층의 노후준비를 위한 사회적인 대처, 노인의 보호 및 케어 기능을 수행하는 전문 인력 및 기관의 확충이 필요하다. 특히 최근 커뮤니티 케어가 문재인 정부의 핵심적인 복지정책으로 제기되고 있는데, 이러한 영역에서 노인자살이 예방될 수 있도록 시스템이 구축될 필요가 있다.

넷째, 노인자살 위험군에 대한 사정도구가 국가적 차원에서 개발될 필요가 있다. 노인자살은 타 연령층에 비해 계획적이며 성공률이 높기 때문에 이를 사전에 예방하기 위해서는 노인자살의 고위험군을 사전에 사정하여 신속히 개입할 필요가 있다. 따라서 사회복지, 정신보건 등 관련 분야의 학계 및 실무자 중심으로 노인자살 사정도구를 개발하여 현장에서 적용 및 활용할 수 있도록 해야 한다.

다섯째, 노인자살을 예방하기 위해서는 노인의 사회적 지지망 확대 및 체계적인 관리가 필요하다. 노인에 대한 정기적인 실태조사, 노인 자조모임 확대, 기업과 노인 간 사랑 잇기 등의 프로그램이 필요하다. 이러한 프로그램은 노인 대상 자살 예방 프로그램의 개발 및 활용이 중요하다는 것을 의미하며, 향후 사회적 지지망 확대를 위한 구체적인 프로그램 개발, 사회복지실천 그리고 관련 연구들이 필요하다.

여섯째, 노인의 자살을 감소시키기 위해서 우울감을 감소시키는 접근이 필요하다. 우울감을 감소시키기 위해서는 봉사활동, 체험활동, 문화활동 등을 통한 우울증 예방 프로그램, 우울증 진단을 위한 심리검사서비스, 우울증 진료비 지원사업, 우울증 해소를 위한 개별 · 집단 · 방문 상담 등의 프로그램이 필요하다. 이와 같이 우울감을 감소시키는 다양한 실천을 통해 노인자살을 예방 및 감소시킬 수 있을 것이다.

2. 죽음불안

1) 죽음의 의미

인간은 누구나 죽는 것을 인정하지만, 나에게만은 결코 죽음이 적용되지 않는다는 잘못된 믿음을 가지고 있다. 이러한 의식은 인간으로 하여금 죽음을 극복하기 위해 삶에서 죽음의 그림자를 없애거나 죽음을 연장하게 한다(이동옥, 2007). 그러나 죽음은 어느 누구도 피해 갈 수 없는 인간의 성장 · 발달의 최종 단계로, 이를 '삶'과 분리해서 생각할 수 없으며 죽음에 대한 인식과 수용은 개인의 성장 · 발달에 중요한 의미를 갖는다(최외선, 박인전, 2007).

죽음은 인간의 삶에서 여러 가지 질병이나 사고 또는 노화의 영향을 받는다. 질병이나 사고에 의한 죽음은 연령이 많고 적음에 상관없이 경험할 수 있는 것이지만, 질병이나 사고에 의하지 않을 경우에는 모든 사람이 노화로 인한 죽음을 경험해야 한다. 또한 대부분의 사람이 사고보다는 질병이나 노화에 의해 사망하기 때문에 죽음은 젊은 사람들보다는 노인과 관련성이 더 많다(윤가현, 오미성, 권혜란, 2007).

노인은 죽음을 건강, 질병, 끝, 편안함, 슬픔, 두려움, 아픔, 허무감, 정리, 이별, 내세, 자연 등의 개념으로 인식하고 있다(오현숙, 2003). 죽음에 대한 세계관과 관련해서는 조상/자손의 세계, 이승/저승의 세계, 전생/이생의 세계 등으로 여기고 있다(조명옥, 1997). 죽음의 의미에 대해서는 '삶의 소멸' '삶으로부터의 행복' '삶의 연장'의 세 가지로 구분하여 '죽음의 끝' '허무한 삶으로부터의 해방' '영원한 삶'으로 여기고 있다(이지영, 이가옥, 2004).

노인들은 나이 듦으로 인해 주변의 친구나 친척이 죽어 갈 때, 아픔이나 몸의 변화를 느낄 때, 역할상실을 경험할 때 죽음을 지각하며, 그 과정에서 건강에 관심을 보이고 마음을 비우거나 일상의 모든 것에 감사한다(이지영, 이가옥, 2004). 이런 의미에서 나이 듦은 죽음을 삶으로 끌어들여 사고할 수 있는 지혜와 직관을 제공해 준다. 그러나 죽음은 우리의 삶에서 사랑하는 사람을 빼앗아 가고, 삶의 리듬을 깨는 위협적인 요소이다(Woodward, 1996).

2) 죽음에 대한 태도

(1) 죽음불안의 개념

죽음불안이라는 개념은 넓은 의미에서 죽음에 대한 공포, 죽음의 혐오, 죽음의 기피, 죽음의 수용 등 학자에 따라 다양하게 정의되고 있다(서혜경, 1987). 그러나 좁은 의미에서 죽음불안은 존재의 정지에서 오는 두려움과 죽어 가는 과정에서 오는 두려움을 명백하게 구분하여 규정하지 않고 있다. 즉, 죽음불안이라는 것은 죽음이라는 사건과 죽어 가는 과정에 대한 인간의 공포, 혐오감, 부정 등의 심리적 과정이라 할 수 있다(신은영, 유시순, 2005).

죽음불안(death fear 또는 death anxiety로 표현)은 일상적인 삶 가운데 경험하는 마지막 단계 또는 순간에 대한 두려운 정서나 생각 등을 이른다. 그 정서는 불안, 공포, 걱정, 불편함을 포함하며, 그러한 정서의 경험은 본질적인 것으로 해석된다(Belsky, 1999). 즉, 죽음불안은 죽음의 의미를 고통스러운 생물학적 변화와 결부시켜서 죽음이 자기 존재의 가치 있는 종결이 됨을 인식하지 못함으로써 죽음과 대변할 용기가 없는 마음상태인 것이다.

죽음불안의 구성요소는 다음과 같다. 첫째, 죽어 가는 과정에 대한 불안은 신체적으로 경험하게 되는 고통, 사회로부터의 격리, 소외, 수치심 등에 대한 불안이다. 둘째, 죽음 자체에 대한 불안은 자아의 상실, 정체감의 상실에 대한 불안이다. 셋째, 사후결과에 대한 불안은 개인이 처리하지 못한 계획, 사업이나 재산에 대한 염려 등에 대한 불안이다. 마지막으로, 타인의 죽어 가는 과정에 대한 불안은 사랑하는 사람과의 이별 등에 대한 불안이다(Michael, 1979).

(2) 죽음의 단계

Kübler-Ross는 죽음에 대한 적응 단계를 다음과 같이 설명하였다. 첫째, 자신이 큰 병에 걸렸다는 소식을 들었을 때 '아니야, 그럴 리 없어.'라고 부정한다. 둘째, '다른 사람은 다 멀쩡한데 왜 나만 이렇게 되나!'라는 말로 분노를 표출한다. 셋째, 더 이상 상황이 나아지지 않을 것이라는 걸 깨닫고 상황을 미루려 한다. 넷째, 결국 협상도 되지 않는다는 것을 깨달으면 극심한 우울증세가 나타난다. 다섯째, 모든 감정이 지나가면 이젠 피할 수 없는 것이라며 받아들이게 된다(〈표 11-7〉 참조).

표 11-7 Kübler-Ross의 죽음에 대한 적응 단계

단계	반응
부정 · 고립 단계	• 죽음을 거부하고 부정하며 고립상태에 빠져드는 단계 • '아니야, 그럴 리 없어.' 등으로 죽음이라는 현실을 거부하며 오진이라 생각하고 다른 병원을 찾아다님 • 부정을 통해 죽음과 관련한 심각한 감정으로부터 자신을 보호하려 함 • 이 단계의 마지막에는 사랑하는 사람이나 전문가에게 죽음에 관해 조금씩 표현하려는 징조를 보임
분노 단계	• 죽음을 더 이상 부정할 수 없게 되고 감정은 분노와 원망으로 변함 • '왜 하필 내가 죽어야 하니?'라고 하면서 주위 사람이나 신에게 원망, 시기, 질투, 화, 분노의 감정을 표현함 • 분노는 임종과정의 자연스러운 반응이므로, 주위 사람은 환자의 표현을 비판하지 말고 감정을 표출하도록 도와주어야 함
협상 · 타협 단계	• 절박하게 다가온 죽음을 초인적 능력이나 의학 또는 신과의 타협을 통하여 잠시 동안 연기하려고 함 • '내가 죽어 가고 있구나. 그러나…….'라고 하며 선행을 전제조건으로 신과 생명을 타협하며, 의사의 지시를 잘 따르고 열심히 기도한다면 신이 죽음을 연기해 줄 것이라고 믿음
우울 단계	• 체념, 절망과 비탄의 감정상태에 빠져드는 시기로서 죽음을 더 이상 부정하지 않고 우울상태로 접어들게 됨 • 가족, 친지와 이별하기 위하여 사전에 자신을 분리할 준비를 함 • 과거나 현재의 상실에 대해 우울해하며, 미래의 상실에 대한 예비적 우울감을 경험함 • 이 두 가지 우울은 필요불가결한 것이며, 이 단계를 거쳐야 체념하고 평온하게 죽음을 맞이할 수 있음
수용 단계	• 우울감도 분노감도 느끼지 않으며, 거의 아무런 감정도 갖지 않게 됨 • 행복의 단계는 아니며, 아무 감정이 없는 단계에서 침착함과 평온함을 보이고 '이제 떠날 시간이다.'라는 태도를 보임 • 대부분의 환자가 병원보다 집에서 임종하기를 원함

출처: 권중돈(2016).

3) 죽음준비 프로그램

동작노인종합복지관의 죽음준비 프로그램 내용을 살펴보면 〈표 11-8〉과 같다. 첫째, 꽃그림 그리기와 손 석고 만들기로 흥미를 유발하였다. 둘째, 죽음에 대한 실질적

표 11-8 죽음준비 프로그램의 주요 내용: 동작노인종합복지관

회기	교육 영역	프로그램명	세부 활동
1	시범운영을 통한 흥미 유발	• 꽃그림 그리기	• 웰빙&웰다잉에 대한 의미 • 전체 프로그램 설명 • 꽃그림 그리기 • 의견 나누기
2		• 나의 흔적 남기기	• 웰빙&웰다잉에 대한 의미 • 전체 프로그램 설명 • 나의 흔적 남기기–손 석고 만들기
3	죽음에 대한 실질적 체험과 정보제공	• 마음 열기/죽음준비의 필요성	• 프로그램 일정표 배부 • 죽음교육의 필요성
4		• 나의 버킷리스트	• 나의 버킷리스트 • 의견 나누기
5		• 장수사진 촬영	• 야외에서 장수사진 촬영
6		• 존엄한 죽음/사전의료의향서	• 장례의 종류 설명 • 사전의료의향서 작성 • 의견 나누기
7	남은 삶에 대한 의지 확보	• 용서와 화해, 감사의 비누 만들기	• 용서와 화해, 감사의 비누 만들기
8		• 가족에게 보내는 영상편지	• 가족에게 보내는 영상편지 촬영
9		• 나의 묘비명 쓰기	• 나는 어떻게 기억되길 바라는가 • 추억의 부채 만들기
10		• 버릴 것, 바라는 것 • 수료식	• 버릴 것, 바라는 것 주문 외우기 • 수료식 및 소감발표 • 만남 노래 및 허그

출처: 강금희(2010).

인 체험과 정보제공을 목표로 죽음준비의 필요성, 나의 버킷리스트, 장수사진 촬영, 존엄한 죽음 등의 프로그램을 진행하였다. 셋째, 남은 삶에 대한 의지 확보를 목표로 용서와 화해, 감사의 비누 만들기, 가족에게 보내는 영상편지 촬영, 나의 묘비명 쓰기 등의 프로그램을 진행하였다.

••• 학습과제

1. 노인자살의 개념, 현황, 특성 및 이론에 대하여 이야기하시오.
2. 노인자살 예방 프로그램에 대하여 이야기하시오.
3. 노인자살의 대책에 대하여 이야기하시오.
4. 죽음의 의미, 죽음의 단계에 대하여 이야기하시오.
5. 죽음준비 프로그램에 대하여 이야기하시오.

참고문헌

강금희(2010). 노년기 죽음준비 프로그램 효과성에 관한 연구. 한국인간복지실천연구, 제5호, 44-58.

경찰청(2016). 2016년 내부자료.

권중돈(2016). 노인복지론. 서울: 학지사.

권중돈, 김유진, 엄태영(2011). 독거노인의 자살위험 영향요인에 관한 연구: 고독감의 영향 및 무망감의 매개효과 검증을 중심으로. 보건사회연구, 32(1), 89-114.

김동배, 이희연(2003). 사회복지실천의 생태체계 패러다임과 연구방법론에 대한 고찰(I). 연세사회복지연구, 9, 27-58.

김정진, 박지영, 조홍식(2008). 노인자살 예방을 위한 실천적 정책 수립방안을 위한 연구. 서울: 한국자살예방협회.

김태현, 김동배, 김애순, 김미혜, 이영진(1998). 노년기 삶의 질 향상에 관한 연구. 한국노년학, 28(3), 425-442.

김효창(2006). 성인 자살의 특성과 자살 유형에 관한 연구. 한국심리학회지: 사회문제, 12(1), 15-33.

김효창, 손영미(2006). 노인 자살의 특성과 자살 유형에 관한 연구. 한국심리학회지: 사회문제, 12(2), 1-19.

박순영(2013). 시설 노인과 재가 노인의 죽음에 대한 태도 및 심폐소생술금지(DNR)에 관한 인식 비교. 경희대학교 대학원 석사학위논문.

박재숙(2010). 학교위험요인이 청소년 자살생각에 미치는 영향: Baumeister의 도피이론(Escape Theory) 모형의 검증을 통해. 경북대학교 대학원 박사학위논문.

배진희, 엄기욱(2009). 노인의 자살시도에 영향을 미치는 요인. **한국노년학**, 19(4), 1427-1444.

서울노인복지센터(2006). **죽음준비 프로그램 사(死)는 기쁨 결과 보고서**.

서울복지재단(2007). **2007년 사회복지 우수프로그램 사례집**.

서혜경(1987). 한미노인의 죽음에 대한 태도연구. **한국노년학**, 7, 39-60.

송영달, 손지아, 박순미(2010). 독거노인의 자살생각에 영향을 미치는 생태체계적 요인분석. **한국노년학**, 31(2), 643-660.

신민섭(1993). 자살기제에 대한 실증적 연구: 자기 도피 척도의 타당화. 연세대학교 대학원 박사학위논문.

신은영, 유시순(2005). 노인의 건강신념에 따른 죽음불안. **노인복지연구**, 29, 309-330.

양순미, 임춘식(2006). 농촌노인들의 자살생각에 미치는 우울의 효과. **노인복지연구**, 32, 377-396.

오현숙(2003). 노인의 죽음개념 비교. **한국노년학연구**, 12, 137-154.

윤가현, 오미성, 권혜란(2007). 죽음의 불안과 노화과정. **한국노년학연구**, 16, 157-171.

이동옥(2007). 삶의 과정으로서 죽음에 관한 고찰. **여성건강: 다학제적 접근**, 8(1), 87-109.

이소정, 정경희, 강은정, 강상경, 이수형, 김영아(2009). **노인자살의 사회경제적 배경 및 정책적 대응방안 모색**. 서울: 한국보건사회연구원.

이인례(2007). 노인의 죽음에 대한 태도 및 호스피스에 대한 인식. 동국대학교 불교대학원 석사학위논문.

이지영, 이가옥(2004). 노인의 죽음에 대한 인식. **한국노년학**, 24(2), 193-215.

이지전(2007). 노인자살에 대한 이해 시작하기. **국가인권위원회 사회권 포럼자료집 II**, 170-185.

이지전, 이상욱, 신혜령, 고수경, 박경수(2006). **노인자살 예측모형 개발 및 예방대책 연구**. 충북: 한국보건복지인력개발원.

장경순(2003). 시설노인의 죽음에 대한 태도에 관한 연구. 중앙대학교 사회복지학과 석사학위논문.

조명옥(1997). 노인이 인식한 죽음의 의미와 준비에 관한 문화기술적 탐색 사례연구. **한국노년학**, 17(3), 1-35.

최영순, 최정규, 태윤희, 김지윤, 김정덕(2014). **호스피스 완화의료 활성화 방안**. 강원: 건강보험정책연구원.

최외선, 박인전(2007). 노인의 죽음불안과 별-파도 그림 반응특성에 관한 탐색적 연구. **한국가정관리학회지**, 25(5), 15-29.

통계청(2010). **2010 인구주택총조사**.

통계청(2012, 2013, 2014, 2015, 2016). **2012~2016년 사망원인통계**.

홍창형(2017). 노인자살예방사업의 이론과 실제. 서울: 중앙자살예방센터.

Baumeister, R. (1990). Suicide as escape from self. *Psychological Review, 97*(1), 90-113.

Belsky, J. (1980). Child maltreatment: An ecological integration. *American Psychologist, 35*(4), 320-335.

Belsky, J. (1999). *The psychology of aging: Theory, research, and interventions.* Monterey, CA: Brooks/Cole.

Blow, F., Brockmann, L., & Barry, K. (2004). Role of alcohol in later-life suicide. *Alcoholism: Clinical and Experimental Research, 28*(5), 48-56.

Conwell, Y. (1997). Management of suicidal behavior in the elderly. *The Psychiatric Clinics of North America, 20*(3), 667-683.

Conwell, Y. (2001). Suicide in later life: A review and recommendations for prevention. *Suicide and Life-Threatening Behavior, 31*, 32-47.

Dean, P., & Range, L. (1999). Testing the escape theory of suicide in an Outpatient clinical population. *Cognitive Therapy and Research, 23*(6), 561-572.

Draper, B., & Anstey, K. (1996). Psychosocial stressors, physical illness and the spectrum of depression in elderly inpatients. *Australian & New Zealand Journal of Psychiatry, 30*, 567-572.

Kemp, A. (1998). *Abuse in the family: An introduction*. CA: Brooks/Cole.

Lange, H. (2003). Elder suicide: A selective guide to resources. *Reference Services Review, 31*(2), 175-184.

Michael, A. (1979). *Facting the facts-social and psychological aspects of dying*. New York: Hemisphere Publishing Corporation.

Miniño, A. M., Arias, E., Kochanek, K. D., Murphy, S. L., & Smith, B. L. (2002). Deaths: final data for 2000. *National Vital Statistics Reports: From the Centers for Disease Control and Prevention, National Center for Health Statistics, National Vital Statistics System, 50*(15), 1-119.

Schmutte, T., O'Connell, M., Weiland, M., Lawless, S., & Davidson, L. (2009). Stemming the tide of suicide in older white men: A call to action. *American Journal of Men's Health, 3*(3), 189-200.

Szanto, K., Priberson, G., & Reynolds, C. (2001). Suicide in the elderly. *Clinical Neuroscience Research, 1*(5), 366-376.

WHO. (2017). *Mortality data base*.

Woodward, K. (1996). *Rejected body*. New York, London: Routledge.

Zubin, J., & Spring, B. (1977). Vulnerability: A new view of schizophrenia. *Journal of Abnormal Psychology, 86*(2), 103-126.

제 12 장

노인학대

학습 목표

1. 노인학대의 개념과 원인을 이해한다.
2. 우리나라의 노인학대 현황을 파악한다.
3. 노인학대문제를 예방하고 해결하기 위한 방안들을 살펴본다.

1. 노인학대의 개념과 원인

노인에 대한 태도는 시대에 따라 변화되어 왔다. 근대 이전 인간의 평균 기대수명은 지금보다 훨씬 낮았고, 노인에 대한 관심은 적었다. 그러나 종교와 문화 그리고 그 시대의 이데올로기는 노인에 대한 사회적 태도를 형성하는 데 기여하였는데(Johnson, 2005), 실제 성경, 코란 등에서는 노인들을 존경의 대상이며 지혜롭고 존귀한 존재로 묘사하였다. 이러한 노인에 대한 태도는 사회 전반에 영향을 주어 가부장적 사회에서는 부의 계승을 합법화하는 기제가 되었다. 즉, 근대 이전의 남성 노인들은 지역공동체에서 주어진 지위와 권력을 누렸고, 여성 노인들의 삶은 어떤 남성과 결혼하느냐에 따라 달라졌다. 오늘날에도 자원이 풍부하고 주택, 음식, 의료서비스, 여가 등과 같은 여건들이 여유로운 사람들이 상대적으로 낮은 사회경제적 지위에 있는 사람들보다 훨씬 더 천천히 노화되어 가는 것으로 알려져 있다(Johnson, 2005).

역사적으로 노화와 노인에 대한 이러한 긍정적 관점은 다음의 두 가지 사건으로 변화를 맞게 된다. 먼저, 1440년대로 추정되는 **인쇄기(printing press)의 도입**이다. 과거 노인들은 지역사회의 지식 전수자(knowledge keeper)로서 많은 존경을 받았다. 그러나 인쇄술의 발달로 역사적 사실과 정보들은 쉽게 보존되고 재생산되었다. 다음으로, **산업혁명**(Industrial Revolution, 1760~1840)은 농장의 많은 젊은이를 도시의 제조업 공장으로 몰리게 하였다. 노인들은 공장에서 일하는 젊은이들을 이끌어 줄 지식이 없었으며, 노동 시장에 참여하지 못하여 경제적인 어려움에 처하게 되었다. 동시에 의학 분야는 계속 발전하여 기대수명이 연장되었다. 사회적으로 노인인구가 늘어나고, 이들의 지식과 지혜의 가치가 떨어지면서부터 노인에 대해 부정적인 용어들과 노인문제들이 부각되기 시작하였다.

노인학대에 대한 관심은 영국에서 최초로 시작되었는데(박영수, 조용섭, 2014; 서인균, 이연실, 2015; Baker, 1975), 1980년대 이후 세계적으로 노인학대문제가 사회문제화되었다. 특히 우리나라의 경우는 급속한 경제성장 및 노인인구 증가와 함께 1980년대 말부터 노인학대에 대한 논의가 시작되었고, 1990년대 후반부터 관련 분야의 연구조사와 함께 논문이 나오기 시작하였다. 2002년 12월에는 사회복지공동모금회의 지원으로 '노인학대상담센터'가 설립되었고, 2004년 1월 「노인복지법」의 개정으로 노인학대 방지를 위한 법적인 장치가 마련되었다.

1) 노인학대의 개념과 유형

노인학대를 정의하는 기준은 나라별 · 학자별로 다양하여 통일된 정의를 내리기 어렵다. 즉, 노인학대를 단순히 누군가가 의도적으로 노인에게 위해를 가하는 소극적이고 협의의 개념으로 보는 관점이 있는가 하면, 노인의 인권보호를 전제로 하는 적극적이고 광의의 개념으로 보는 관점도 있는 것처럼 노인학대에 대한 정의는 매우 다양하다(권중돈, 2016).

노인학대를 어떻게 정의할 것인가에 따라 노인학대에 포함되는 하위 유형이 달라질 수 있는데, 권중돈(2016)은 노인학대에 관한 국내외 기존 연구들을 통해 노인학대의 하위 유형을 〈표 12-1〉과 같이 제시하였다.

표 12-1 노인학대의 개념과 유형

학대 유형	개념	학대행위의 예시
신체적 학대 (physical abuse)	신체의 상해, 손상, 고통, 장애를 유발할 수 있는 물리적 힘에 의한 폭력적 행위	때리기, 치기, 밀기, 차기, 화상, 신체의 구속, 상처나 멍, 타박상, 골절, 탈구 등을 가하는 것
정서적 · 심리적 학대 (emotional/ psychological abuse)	정신적 또는 정서적인 고통을 주는 것	모멸, 겁주기, 자존심에 상처 입히기, 위협, 협박, 굴욕, 어린애 취급하기, 의도적인 무시, 멸시, 비웃기, 대답 안 하기, 고립시키기, 짓궂게 굴기, 감정적으로 상처 입히기 등
언어적 학대 (verbal abuse)	언어로 정신적인 고통을 주는 것(정서적 학대에 포함)	욕설, 모욕, 협박, 질책, 비난, 놀림, 악의적인 놀림 등
성적 학대 (sexual abuse)	노인의 동의가 없는 모든 형태의 성적 접촉 또는 강제적으로 성행위를 하는 것	노인의 동의 없이 옷을 벗기거나 기타 성적 행위를 하는 것

재정적 · 물질적 착취 (financial/material exploitation)		자금, 재산, 자원의 불법적 사용 또는 부당한 착취, 오용 및 필요한 생활비 등을 주지 않는 것	재산이나 돈의 악용, 훔치기, 경제적으로 의존하기, 함부로 사용, 무단으로 사용, 허가 없이 또는 속이고 자기 명의로 변경하는 것, 무단으로 신용카드나 소유물을 사용하는 것, 연금 등의 현금을 주지 않거나, 가로채서 사용하거나, 노인 소유의 부동산을 무단으로 처리하는 것, 경제적으로 곤란한 노인에게 생활비, 용돈 등을 주지 않는 것
방임	적극적 방임 (active neglect)	의도적으로 서비스나 수발을 제공하지 않는 것 또는 보호의무의 거부, 불이행	일상생활에 필요한 것(식사, 약, 접촉, 목욕 등) 주지 않기, 생활자원 주지 않기, 신체적인 수발이 필요한 사람 수발 안 하기, 보호가 필요한 사람 보호 안 하기, 의도적으로 필요한 보건 · 복지 · 의료 서비스의 이용을 거부하거나, 노인에게 필요한 의치 또는 안경을 빼앗거나, 복용해야 할 약을 복용시키지 않기
	소극적 방임 (passive neglect)	비의도적으로 서비스나 수발을 제공하지 않는 것 또는 보호의무의 거부, 불이행	노인을 혼자 있게 하기, 고립시키기, 존재조차 잊어버리기, 수발자가 비의도적으로 적절한 보호를 하지 않거나 방치한 결과 신체적 · 정신적 고통이나 건강의 악화가 일어난 것을 말함. 예컨대, 수발자의 쇠약 또는 체력 부족, 역량 부족, 지식 부족으로 적절한 수발과 보호가 이루어지지 않았거나, 보건 · 복지 · 의료 서비스에 대한 인식 부족으로 서비스를 이용하지 않아서 케어가 제공되지 않은 경우도 여기에 해당됨
자기 방임	적극적 자기방임 (active self-neglect)	본래 자기가 해야 할 신변의 청결, 건강관리, 가사 등을 본인이 할 수 있는 능력이 있어도 스스로 포기하여 하지 않은 결과, 심신의 건강상 문제가 생기는 것	스스로 의식적으로 식사와 수분을 섭취하지 않거나, 질병으로 인한 식사 제한을 지키지 않거나, 필요한 치료와 약 복용을 중지한 결과 건강상태가 악화된 경우 등도 여기에 포함됨

	소극적 자기방임 (passive self-neglect)	기본적인 일상생활을 본인의 체력 · 지식 · 기능 부족 또는 어떤 사정으로 인해 본인도 모르는 사이에 못하게 된 결과 신체적 · 심리적 기능에 문제가 발생하는 것	자신의 체력, 지식, 능력의 부족 또는 기타의 사정으로 자신도 모르게 신변의 청결, 건강관리, 가사 등을 수행하지 못함으로써 심신의 건강상 문제가 일어나는 것
유기(abandonment)		비독립적 노인을 격리하거나 방치하는 행위	공공장소나 시설 등에 버리고 연락두절, 집에서 내쫓기, 격리, 감금, 외부와의 교류 차단

출처: www.elderabuse.or.kr; www.ageconcern.org.uk; www.castle.net; www.geoc.ities.com: 권중돈(2016)에서 재인용.

미국의 「노인법(Older American Act)」에서는 노인학대에 포함되는 개념으로 학대(abuse), 방임(neglect), 착취(exploitation)의 세 가지 개념을 정의하고 있으며, 연방노인청(Administration in Aging)에서는 노인학대를 신체적 학대, 심리적 학대, 성적 학대, 재정적 착취 및 방임으로 분류하고 있다(이해영, 2015).

2004년 개정된 「노인복지법」(제1조의 2)에는 노인학대를 "노인에 대하여 신체적 · 정신적 · 성적 폭력 및 경제적 착취 또는 가혹행위를 하거나 유기 또는 방임하는 것을 말한다."라고 정의하고 있다.

2) 노인학대의 원인[1)]

노인학대는 매우 복잡한 여러 요인에 의해 발생하며 사회문화적 요인도 작용하여 그 원인을 명확히 제시하기는 어렵지만, 이미진과 김혜련(2016)이 제시한 노인학대에 대한 이론적 틀인 스트레스이론, 사회교환이론, 사회학습이론, 심리병리학적 관점을 통해 노인학대의 원인을 살펴보고자 한다.

(1) 스트레스이론

스트레스이론(stress theory)에서는 노인을 부양하는 성인 자녀나 배우자 등이 스

1) 이 부분은 이미진과 김혜련(2016)의 연구에서 발췌하였다.

트레스를 받아서 노인에게 신체적 · 정서적 학대를 행한다고 본다. 특히 치매노인을 수발하는 경우 스트레스가 가중되어 허약한 노인을 부양하는 데서 오는 부담과 다른 가족 구성원이나 지역사회로부터 적절한 지원을 받지 못하는 부양자가 학대 행위자가 된다고 본다. 스트레스이론에 기반하여 노인학대를 설명하는 가설을 스트레스 부양자가설(stressed caregiver hypothesis)이라고 하고, 상황 모델(situational model)이라 부르기도 한다.

이 이론은 Lazarus와 Folkman(1984)의 **스트레스 대응 모델**(stress-coping model)을 기본으로 하는데, 개인이 경험하는 스트레스 요인(stressor), 자원(resources), 인식(appraisals)의 세 가지 요인 간의 관계로 노인학대를 설명한다. 즉, 스트레스 요인은 신체적 · 정신적으로 의존적인 노인의 부양 욕구를 충족시켜야 하는 환경적 요구이고, 자원은 개인적 자원(신체적 건강, 심리적 대응기술)이나 환경적 자원(사회적 지지, 공적서비스)이 포함되며, 인식은 스트레스 요인과 자원에 대한 개인의 평가 또는 인지를 의미한다.

개인에 따라 자신이 가진 자원으로 노인부양이라는 스트레스 요인에 대해 잘 대처해 나갈 수 있는지 평가하여 노인부양을 긍정적으로 또는 부정적으로 인지할 수 있다는 것이다. 자신이 가진 자원이 노인부양을 위해 부족하다고 생각하고, 이로 인해 스트레스가 야기되면 노인학대가 일어날 수 있다.

그러나 스트레스를 느끼는 모든 사람이 노인학대의 가해자가 되지는 않는다는 점에서 이 이론은 논란의 여지가 있다.

(2) 사회교환이론

사회교환이론(social exchange theory)에서는 사회적 행동 또는 대인관계가 지속적으로 이루어지기 위해서는 투자되는 비용과 이득이 균형을 이루어야 하는데 노인부양으로 인한 비용이 이득을 초과함으로써 이를 보상하기 위한 차원에서 노인학대가 발생한다고 설명한다. 여기서의 이익과 비용은 경제적 측면만을 의미하지 않고, 신체적 또는 심리적 차원으로 확장된 개념이다. 따라서 노인학대가 발생하는 것은 노인을 부양하는 신체적 · 물질적 · 심리적 비용이 부양으로 인한 보상보다 크기 때문으로 설명할 수 있다.

또한 사회교환이론에서 나온 의존가설(dependency hypothesis)은 피해노인의 의존성 또는 학대행위자의 의존성으로 학대행위를 설명하는 가설로, 처음에는 피해노인의 의존성으로 노인학대를 설명하였으나 최근에는 부양자의 의존성에 보다 초점을 맞추는 경향이 있고, 더 나아가 피해노인과 학대행위자가 상호의존관계에 있다고 보는 관점도 나오고 있다. 즉, 학대행위자는 주거와 경제적인 측면에서 노인에게 의존적 상태에 있는 반면, 노인은 건강상의 이유로 일상적인 활동에서 학대행위자에게 의존하며, 이러한 상호의존적인 환경에서 학대가 발생하고 가족이라는 이유로 학대행위자를 분리시키지 못하는 상황이 지속된다.

(3) 사회학습이론

사회학습이론(social learning theory)에서는 학대가 학습을 통해 형성된 행동이라고 보고, 학습된 폭력가설(learned violence hypothesis)의 이론적 기초를 제공한다. 개인은 다른 사람의 행동을 관찰하고 모방하면서 새로운 행동을 학습하게 되는데, 아동기에 부모로부터 학대를 받고 자란 성인이 커서 그들의 노부모를 학대하는 역학대를 하게 된다는 것이다(한동희, 김정옥, 1994; 한은주, 김태현, 2000).

그러나 이 이론은 많은 노인학대행위자가 노인부양 스트레스로 학대를 시작하게 된다는 점에서 설득력이 부족하고, 아동학대 피해자의 경우 노인을 학대하기보다는 자신의 자녀를 학대하는 가해자가 된다는 주장도 있다(Payne, 2002). 최근 국내 연구에서는 학대행위자의 폭력에 대한 학습, 목격이 노인학대와 관련이 있는 것으로 분석되고 있고, 학대피해노인만을 조사한 국내 양적 조사에서는 아동기 학대 경험이 있거나 학대 목격 경험이 있는 행위자의 경우 신체적 학대와 경제적 학대를 행할 가능성이 높은 것으로 나타났다(배진희, 정미순, 2008).

(4) 심리병리학적 관점

심리병리학적 관점은 학대행위자의 알코올 중독이나 약물 남용, 정신질환, 반사회성 성격장애 등에 의해 노인학대가 발생한다고 보는 관점이다. 예를 들어, 알코올 중독자의 경우 분노를 조절하고 행동을 통제할 수 있는 능력이 떨어지기 때문에 노인에게 폭력적이고 학대적인 행위를 할 수 있다는 것이다. 서구에서는 약물 의존성의 결과로 경제적 학대, 즉 노인에게 돈을 갈취하여 약물을 구입하는 경향이 있다는 보고가 있다.

한편, 정신질환자나 지적장애인의 경우 부모가 노년기에 들어서면 이들이 가족 부양자로서의 역할을 담당하게 되는데, 이들 스스로 의존적 욕구가 높아 노인부양이라는 스트레스 상황에 대한 대처 능력이 부족해 방임이 많이 발생하게 되고, 학대 문제를 제대로 인지하지 못하는 경우도 많다.

또 다른 연구에서는 학대피해노인의 병리학적 요인이 학대와 연관이 있는 것으로 분석하고 있다. 캐나다의 연구에 따르면 학대 사례의 20%가 피해노인의 알코올 또는 다른 약물 남용과 연관이 있는 것으로 보고되었다(Bradshaw & Spencer, 1999; Gordon & Brill, 2001).

2. 노인학대 현황

2004년 「노인복지법」의 개정으로 법적 근거를 마련한 노인보호전문기관은 노인의 인권보호와 노인학대 예방에 주력해 오고 있다. 현재 전국 17개 광역시 · 도에 1개의 중앙노인보호전문기관과 31개의 지역노인보호전문기관이 운영되고 있다. 최근 발표된 「2018 노인학대 현황보고서 가이드북」(보건복지부, 중앙노인보호전문기관, 2019)에는 2014년부터 2018년까지 5년 동안의 노인학대 현황이 제시되어 있는데, 주요 내용은 다음과 같다.

1) 노인학대 전체 신고사례 건수

노인학대 전체 신고사례 건수는 노인학대로 판정된 학대 사례와 노인학대가 의심되었으나 사례판정 이후 일반 사례로 판정된 사례를 합한 것을 의미한다. 2018년 노인학대 전체 신고사례 건수는 15,482건으로 2014년의 10,569건 대비 약 46.5% 증가한 것으로 나타났다([그림 12-1] 참조). 이 중 학대 사례, 즉 신고접수 시 노인학대가 의심되어 현장조사를 실시한 후 사례판정 결과 학대 사례(응급, 비응급, 잠재적 사례)로 판단된 사례는 전체 사례의 30~40% 수준(2018년에는 전체 15,482건 중 5,188건이 학대 사례로 판명됨)으로 확인되었다. 또한 학대 사례 중 재학대 사례가 계속해서 증가하고 있어, 2018년 학대 사례(5,188건) 대비 재학대 사례(488건) 비율은 약 9.4%

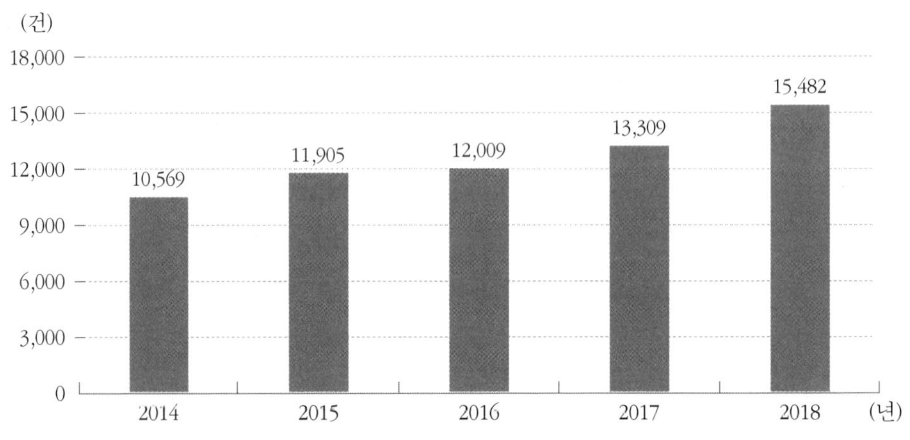

[그림 12-1] 연도별 전체 신고사례 건수 추이

출처: 보건복지부, 중앙노인보호전문기관(2019).

로 2014년 5.9%보다 증가한 것을 확인할 수 있다.

2) 신고자 유형

「노인복지법」 제39조 제6항에는 노인학대 신고의무자를 "노인학대 신고의무를 가진 자로 의료인 및 의료기관의 장, 방문요양과 돌봄이나 안전확인 등의 서비스 종사자, 노인복지시설 종사자 및 노인복지상담원, 장애인복지시설(장애노인) 관련 종사자, 가정폭력 시설 관련 종사자, 사회복지전담공무원, 사회복지관, 부랑인 및 노숙인보호시설 관련 종사자, 재가장기요양기관 종사자, 구급대 대원, 건강가정지원센터 종사자, 다문화가족지원센터 종사자, 성폭력피해상담소 및 성폭력피해자보호시설 종사자, 응급구조사, 의료기사, 국민건강보험공단 소속 요양직 직원, 지역보건의료기관의 장과 종사자, 노인복지시설 설치 및 관리 업무 담당 공무원 등의 직군"으로 제시하였다.

2018년 신고의무자에 의한 신고 건수는 2014년 709건에서 2018년 767건으로 약 8.2% 정도 증가하였고, 2018년 비신고의무자에 의한 신고 비율은 85.2%로 나타났다. 학대피해노인 본인과 타인이 신고한 비율은 각각 7.5%와 3.0%로 그 비율이 계속 줄고 있다([그림 12-2] 참조).

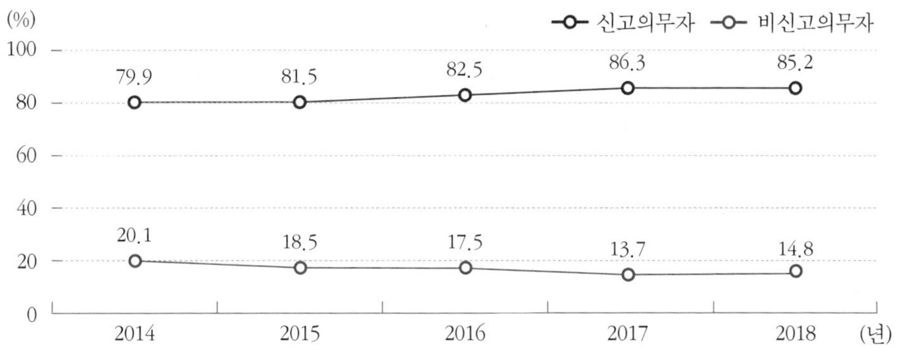

[그림 12-2] 연도별 신고자 유형별 신고 비율

출처: 보건복지부, 중앙노인보호전문기관(2019).

3) 학대 발생장소

학대가 발생한 장소에 대한 자료를 살펴보면 가정 내 학대가 2018년 4,616건(89.0%)으로 가장 높은 비율을 나타내고 있고, 생활시설 내 학대는 380건(7.3%)으로 나타났다. 지난 5년간 학대 발생장소에 대한 현황을 보면 가정 내 학대가 계속 가장 많은 비율을 차지하고 있고, 병원과 공공장소에서의 학대 발생은 줄어들고 있는 것을 확인할 수 있다(〈표 12-2〉 참조).

표 12-2 연도별 학대 발생장소

(단위: 건, %)

구분	2014년	2015년	2016년	2017년	2018년
가정 내	2,983	3,276	3,799	4,129	4,616
	84.5	85.8	88.8	89.3	89.0
생활시설	246[주1)]	206[주2)]	238[주2)]	327[주2)]	380[주2)]
	7.0	5.4	5.6	7.1	7.3
이용시설	44	57	16	16	41
	1.2	1.5	0.4	0.3	0.8
병원	100	88	24	27	65
	2.8	2.3	0.6	0.6	1.3
공공장소	74	80	94	58	42
	2.1	2.1	2.2	1.3	0.8

기타	85	111	109	65	44
	2.4	2.9	2.5	1.4	0.8
계	3,532	3,818	4,280	4,622	5,188
	100	100	100	100	100

주1: 학대행위자가 가족 구성원인 경우를 포함한 수치임. 동 경우를 가정 내 학대로 포함할 경우 190건임(5.4%).
주2: 학대행위자가 가족 구성원인 경우를 가정 내 학대에 포함한 수치임(2015~2018년).
출처: 보건복지부, 중앙노인보호전문기관(2019).

4) 연도별 학대피해노인 가구 형태

연도별 학대피해노인 가구 형태를 살펴보면, 노인단독가구는 2016년부터 감소하는 경향을 보이고 있는 데 반해 노인부부가구와 자녀동거가구는 학대피해가 꾸준히 증가하고 있는 것을 확인할 수 있다(〈표 12-3〉 참조).

표 12-3 연도별 학대피해노인 가구 형태 (단위: 건, %)

구분	2014년	2015년	2016년	2017년	2018년
노인단독	1,172	1,318	1,140	1,007	999
	33.2	34.5	26.6	21.8	19.3
노인부부	701	808	1,023	1,216	1,512
	19.8	21.2	23.9	26.3	29.1
자녀동거	932	1,021	1,328	1,536	1,738
	26.4	26.7	31.0	33.2	33.5
손자녀동거	123	139	154	178	187
	3.5	3.6	3.6	3.9	3.6
자녀 · 손자녀동거	244	185	234	245	252
	6.9	4.8	5.5	5.3	4.9
기타	360	347	401	440	500
	10.2	9.1	9.4	9.5	9.6
계	3,532	3,818	4,280	4,622	5,188
	100	100	100	100	100

출처: 보건복지부, 중앙노인보호전문기관(2019).

5) 학대행위자와 학대피해노인의 관계

최근 5년간 학대행위자는 학대피해노인의 '아들'이 가장 높은 비율을 보이고 있고, 그 뒤로 배우자, 기관, 딸의 순서로 학대행위자 비율이 높은 것으로 나타났다. 특히 '배우자'는 그 비율이 2014년 15.2%에서 2018년 27.5%로 크게 증가한 것을 확인할 수 있다([그림 12-3] 참조).

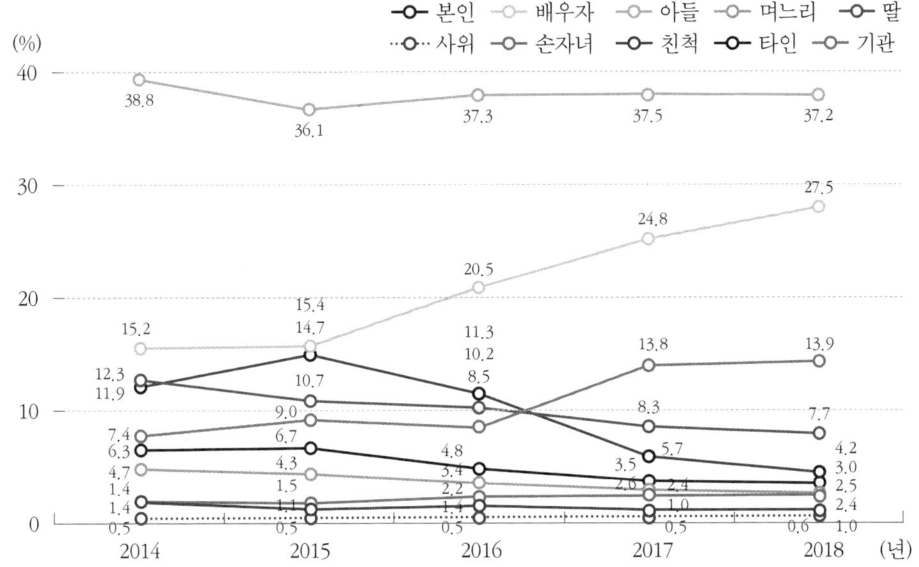

[그림 12-3] 연도별 학대행위자와 학대피해노인의 관계

출처: 보건복지부, 중앙노인보호전문기관(2019).

6) 학대 유형별 건수

2018년 학대 유형 건수를 살펴보면, 정서적 학대 3,508건(42.9%), 신체적 학대 3,046건(37.3%), 방임 718건(8.8%), 경제적 학대 381건(4.7%), 자기방임 240건(2.9%)의 순으로 나타났다([그림 12-4] 참조).

이 밖에도 2018년 기준으로 학대피해노인 중 여성 노인이 3,835명(73.9%), 남성 노인이 1,353명(26.1%)으로 나타났고, 연령대는 최근 5년간 70대가 45% 내외로 가장 많은 비율을 차지하고 있다.

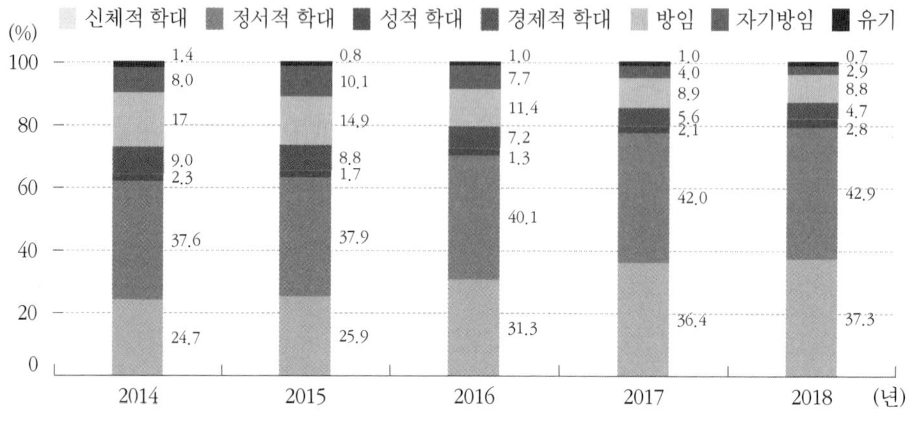

[그림 12-4] 연도별 학대 유형 비율

출처: 보건복지부, 중앙노인보호전문기관(2019).

학대행위자는 2018년 기준으로 남성이 4,008명(70.8%), 여성이 1,657명(29.2%)이고, 연령대는 70세 이상이 1,701명(30.0%)로 가장 많았으며, 50대 1,414명(25.0%), 40대 1,253명(22.1%)의 순으로 나타났다.

전체 학대행위자 5,665명 중 766명(13.5%)이 장애를 가지고 있는 것으로 나타났고, 이 중 신체장애가 26.6%(204명), 정신장애가 73.4%(562건)를 차지하였다. 특히 정신장애 중 조현병이 239명(31.2%)으로 가장 많았으며, 우울장애가 177명(23.1%)으로 그 뒤를 이었다. 전체 학대행위자 중 949명(16.8%)은 알코올 등의 중독이 있었으며, 유형별로 보면 알코올사용장애가 887명(15.7%), 도박 중독은 32명(0.6%), 약물사용장애가 30명(0.5%)의 순이었다.

학대행위자 중 국민기초생활보장 수급자는 591명(10.4%)으로 나타났고, 교육수준은 고졸이 2,217명(39.1%)으로 가장 높은 비율을 차지하였으며, 직업 유형은 무직이 3,371명(59.5%)으로 가장 많았다. 최초 학대가 발생한 시점부터 현재까지의 지속기간인 학대 지속기간은 5년 이상이 1,738건(33.5%), 1년 이상 5년 미만이 1,696건(32.7%), 1개월 이상 1년 미만이 934건(18.0%)의 순으로 나타났다. 이는 오랜 기간 학대가 지속되고 있다는 것을 보여 주는 것으로, 학대 상황이 더 악화될 수 있어 문제의 심각성이 매우 크다고 할 수 있다.

3. 노인학대의 예방 및 과제

앞서 제시한 바와 같이 노인학대에 대한 다양한 연구가 이루어지고 있고, 노인학대에 대한 법적 · 제도적 장치가 마련되어 노인학대에 대한 예방과 상담 그리고 처벌 등이 가능해졌다. 그러나 보건복지부와 중앙노인보호전문기관에서 조사한 노인학대 현황의 주요 내용을 살펴보면 여전히 노인학대문제에 대한 사회적 관심과 협력이 요구된다고 볼 수 있다. 또한 노인학대가 여러 복합적이고 역동적인 요인으로 인해 발생하기 때문에 피학대노인 측면, 학대행위자 측면, 피해자와 학대행위자의 상호작용 측면, 가정환경 요인 측면, 사회문화 요인 측면 등에 대한 다면적 접근을 통해 문제를 조명하고, 원인에 대한 분석과 종합적 개입계획 그리고 대책을 강구하는 것이 필요하다(권중돈, 2016).

1) 개인 차원의 예방 및 대책

노인 개인 차원의 예방 및 대책을 위해서는 노인 스스로 의존성을 줄이고 자립생활이 가능할 수 있도록 다양한 사회적 지원과 함께 사회활동에 적극적으로 참여하려는 개인적 노력이 필수적이다. 또한 노인학대에 대한 교육을 통해 학대를 정확히 인식하고 학대를 은폐하기보다는 외부에 알려 적극적인 도움을 요청하는 것이 중요하다는 새로운 인식의 전환이 필요하다(권중돈, 2016). 앞서 제시한 「2018 노인학대 현황보고서 가이드북」에 나타난 바와 같이 노인학대가 '가정'에서 '아들'에 의해 이루어지는 경우가 다수라는 점은 아직도 드러나지 않은 많은 학대피해자가 있을 것으로 예상되어지는 부분이다. 그리고 이것은 단순히 학대피해 사실에 대한 은폐에 머무는 것이 아니라 재학대 및 학대 지속기간을 늘리는 데에도 영향을 줄 수 있으므로 노인 스스로 자신의 인권에 대한 민감성을 가지고 다양한 교육 프로그램과 사회활동 프로그램에 적극적으로 참여하는 것이 매우 중요하다.

또한 이 땅의 모든 사람은 지위와 연령을 불문하고 인간답게 살아갈 권리가 있다는 점을 인식할 수 있는 연령대별 인권교육 프로그램의 개발과 도입을 통해 궁극적으로 전 연령대에 대한 인권의식을 함양하는 것이 학대 예방의 첫걸음이 될 것이다.

2) 가족 차원의 예방 및 대책

가족은 다양한 교육 프로그램을 통해 노년기의 심리사회적 특성을 이해할 수 있는 기회를 가지고, 자신도 노년기를 맞이할 수 있다는 점을 인식함과 동시에 건강한 노년기를 준비할 수 있어야 할 것이다. 또한 앞서 스트레스이론에서 언급했듯이 부양자의 다양한 스트레스 상황이 노인학대의 원인이 될 수 있다는 점을 고려하여 가족부양자에 대한 지속적인 사회적 관심과 지원이 필요하다. 특히 심리적 스트레스에 대한 상담 및 개입 프로그램뿐 아니라 다양한 가족지원서비스를 개발하여 연계하는 것이 필요하다. 또한 학대행위자의 약 60%가 직업이 없는 상황임을 고려해 볼 때, 이들이 직업을 가지고 경제적으로 자립할 수 있는 직업 교육과 훈련 그리고 연계에 대한 사회적 지원을 다각적으로 모색할 필요가 있다.

3) 사회적 차원의 예방 및 대책

노인학대문제에 대해 사회적 차원에서 적극적으로 대응하기 위해서는 학대에 대한 일반인의 의식 개선이 선행되어야 한다. 이를 위해 의료, 복지 등 노인 관련 분야 전문가에 대한 교육과 홍보가 지속적으로 요구되며, 신문・방송 등의 다양한 매체를 통한 사회교육과 사회이슈화 작업이 필요하다(권중돈, 2016). 다행히 앞서 살펴본 「2018 노인학대 현황보고서 가이드북」에서 신고 건수 비율이 큰 폭으로 증가한 데에는 노인보호전문기관의 활발한 교육 및 홍보 활동, 신고경로 확대, 특히 통합된 긴급신고전화(110, 112, 129)에 의해 노인학대 신고가 가능해진 영향이 크다. 이에 더하여 노인돌봄서비스 생활관리사, 노인일자리사업, 희망복지지원단 등 지역사회 네트워크의 적극적 활용으로 보다 다양한 사례가 노인보호전문기관으로 접수되고 있다. 이러한 적극적인 교육과 홍보 그리고 지역사회 네트워크는 노인학대 예방 및 대책에 있어 매우 중요한 역할을 하게 될 것이다.

또한 노인학대피해자 및 학대행위자에 대한 치료 및 보호 서비스를 위한 사례별 개입계획과 시행을 위해 다양한 전문가로 구성된 팀 접근이 요구되며, 이를 위해 유관기관 간 협력이 매우 중요하다는 점을 인식하여 지역사회 차원에서 노인학대 예방을 위한 대책을 논의할 수 있는 위원회를 구성하여 운영할 필요가 있다. 아울러 자기방임 유형의 경우 학대피해노인 스스로가 본인을 의도적·비의도적으로 돌보지 않는 것으로 보통 혼자 사는 노인단독가구에서 많이 나타나는데, 연도별 자기방임 유형 건수는 감소하는 경향을 보이고 있으나 여전히 적지 않은 실정이다. 따라서 노인단독가구의 자기방임 유형에 대한 해결을 위해 독거노인 돌봄서비스 제공 및 지역사회자원과 연계하여 노인단독가구의 학대 발생 예방을 위한 지속적인 관심과 지원이 필요할 것이다.

●●● 학습과제

1. 노인학대의 유형을 제시하고 각 유형에 대해 설명하시오.
2. 노인학대의 원인을 제시하는 다양한 이론에 대해 설명하시오.
3. 중앙노인보호전문기관 홈페이지를 방문하여 노인학대 현황에 대한 자료를 찾고, 학대예방을 위한 다양한 활동에 대해 조사하시오.

참고문헌

권중돈(2016). **노인복지론(6판)**. 서울: 학지사.

박영수, 조용섭(2014). 노인학대의 실태분석과 대응방안에 관한 연구. **한국경찰연구**, 13(3), 109-136.

배진희, 정미순(2008). 노인이 인식한 가해자 특성이 노인학대에 미치는 영향. **한국노년학**, 28(3), 443-457.

보건복지부, 중앙노인보호전문기관(2019). **2018 노인학대 현황보고서 가이드북**.

서인균, 이연실(2015). 노인의 학대경험과 자살생각 간의 관계에 대한 우울의 매개효과: 독거노인과 비독거노인 비교연구. **노인복지연구**, 68, 7-35.

이미진, 김혜련(2016). 노인보호전문기관의 노인학대사례 유형별 비교. **한국노인복지학회 2016년도 춘계학술대회 자료집**, 271-296.

이해영(2015). **노인복지론(개정3판)**. 서울: 창지사.

한동희, 김정옥(1994). 노인학대에 관한 이론적 고찰. **대한가정학회지**, 32(4), 45-56.

한은주, 김태현(2000). 노인학대의 원인에 대한 생태학적 연구. 한국노년학, 20(2), 71-89.

Baker, A. (1975). Granny battering. *Modern Geriatrics*, *5*(8), 20-24.

Bradshaw, D., & Spencer, C. (1999). The role of alcohol in elder abuse cases. In J. Pritchard (Ed.), *Elder abuse work: Best practice in Britain and Canada* (pp. 332-353). London: Jessica Kingsley Publications.

Gordon, R., & Brill, D. (2001). The abuse and neglect of the elderly. *International Journal of Law and Psychiatry*, *24*(2/3), 183-197.

Lazarus, R. S., & Folkman, S. (1984). *Stress, appraised, and coping*. New York: Springer.

Johnson, M. L. (2005). The social construction of old age as a problem. In M. L. Johnson (Ed.), *The Cambridge handbook of age and ageing* (pp. 563-571). Cambridge, MA: Cambridge University Press.

Payne, B. K. (2002). An integrated understanding of elder abuse and neglect. *Journal of Criminal Justice*, *30*(6), 535-547.

제 13 장

고령친화산업

학습 목표

1. 고령친화산업의 개념과 필요성을 이해한다.
2. 고령친화산업의 등장 배경을 이해한다.
3. 고령친화산업의 특성을 이해한다.
4. 고령친화산업의 유형을 이해한다.

1. 고령친화산업의 이해

1) 고령친화산업의 개념

우리 사회에 '고령친화산업'이란 용어가 등장한 것은 2005년 2월 고령화 및 미래사회위원회가 '고령친화산업 활성화 전략'에 관한 연구에서 고령친화산업이란 단어를 사용한 이후부터이며, 이후 널리 보편화되기 시작하였다(고승한 외, 2007). 우리나라에서는 1980년대 중반부터 근래까지 실버산업(silver industry)이란 용어로 통용되어 왔다.

실버(silver)란 '은빛'이란 의미로, 노인들의 흰 머리카락을 가리키며 노인에 대한 상징적 용어로 사용되고 있다. 실버산업은 늙었다는 말과 어두운 이미지를 싫어하는 노인들의 심리를 겨냥하여 '백발'을 은백의 기품에 비유한 일본식 상술이 만들어 낸 용어이다(김혜정 외, 2010). 우리나라의 노인복지 정책 및 서비스는 일본의 영향을 많이 받았기 때문에 일본에서 사용된 실버산업이란 용어를 우리나라에서도 그대로 사용하게 된 것이다.

2005년 2월 이후 등장한 고령친화라는 개념은 '노인이 편리하면 모든 사람도 편리하다.'라는 취지로 편리성과 안정성에 입각하여 노인의 선호를 우선적으로 고려하는 의미이다(고승한 외, 2007). 따라서 고령친화산업은 고령친화와 산업의 합성어로, 기존의 실버산업을 대체하는 용어로서 사용하게 되었다. 우리나라는 지금까지 노인과 관련된 산업에 일반적으로 실버산업이라는 용어를 사용하였으나, 앞으로는 고령친화산업이란 용어로 활용되는 것이 바람직하다고 본다.

고령친화산업의 정의를 학문적 측면과 실천적 측면에서 살펴보면 다음과 같다(김혜정 외, 2010).

① 민간기업에서 노인 및 노후준비를 하는 예비노인들을 대상으로 하여 그들의 욕구에 부합하는 제품과 사회서비스를 판매 또는 공급하는 활동이다.

② 퇴직한 노인들을 대상으로 생활의 안정과 보호, 편의를 위해 민간기업이 제품 및 다양한 서비스를 제공하는 산업이다.

③ 노인들의 신체적 · 정신적 · 사회적 기능을 증진하거나 유지시키고, 노인들의 편안하고 활발한 사회활동을 위하여 민간기업이 본인들의 영리를 위해 제품이나 사회서비스를 공급하는 활동이다.

④ 노인복지 분야와 기업 분야에서 노인복지서비스의 일부분이 자유로운 시장경제 속에서 수요와 공급이 이루어지는 것이다.

⑤ 제공 대상자를 연령으로 구분한 것으로, 고령친화산업은 고령층, 즉 대략 60세 이상을 대상으로 민간기업이 자유로운 시장경제체제에 입각하여 제품이나 사회서비스를 제공하는 산업이다.

이러한 정의들을 보면, 첫째, 고령친화산업은 노인층을 대상으로 하고 있으며, 보다 넓게는 노후준비를 하는 예비노인층을 대상으로 하고 있다는 점, 둘째, 노인들에게 제공하는 서비스는 그들의 욕구나 문제를 해결하기 위해 다양하게 개발될 수 있다는 점을 알 수 있다. 즉, 고령친화산업은 노인들이 본인의 노후를 스스로 살아갈 수 있도록 하거나 또는 가족 · 친척 · 이웃 등으로부터 경제적 지원을 받는 것을 기본으로 하고 있다는 생각에서 노인복지적 의미를 가지는 한편, 관리 · 운영자의 측면에서는 영리를 목적으로 한다는 점에서 경제활동으로서의 의미도 가지고 있다고 본다(김혜정 외, 2010).

「고령친화산업진흥법」 제2조에 따르면, 고령친화산업은 "고령친화제품 등을 연구 · 개발 · 제조 · 건축 · 제공 · 유통 또는 판매하는 산업"으로 정의되고 있다. 또한 2005년 '고령화 및 미래사회위원회'는 고령친화산업을 '고령자의 생물학적 노화 및 사회경제적 능력 저하로 발생할 수요를 충족시키기 위한 산업'으로 인식하였다. 이와 더불어 보건복지부에서는 고령친화산업을 '노인(또는 중 · 장년층)을 대상으로 민간의 자율적인 시장경쟁 논리에 의해 건강 · 편익 · 안전을 도모하기 위한 제품과 서비스를 제공하는 산업'으로 인식하였다(고승한, 2012).

이와 같이 고령친화산업은 '고령자들과 노후준비를 하는 예비노인층을 대상으로 민간의 기업에서 고령자들의 욕구를 충족하고 불편하고 어려운 문제를 해결하기 위해 제품이나 다양한 사회서비스를 지속적으로 공급하는 산업'이라고 할 수 있다.

따라서 고령친화산업은 학자들마다 다르게 정의되고 있지만, 실버산업과 동일한 개념으로 사용되고 있으며, 공급주체의 주류가 민간기업이나 개인이며, 시장경제의 메커니즘에 의하여 수요와 공급이 이루어지는 경제활동이라고 할 수 있다. 물론 우리나라에서 고령친화산업은 이 산업이 민간 시장에서 활발하게 진전되기 이전에 정부 주도로 계획, 육성, 발전되는 측면이 강하다는 것이다(현외성 외, 2011).

2) 고령친화산업의 필요성

고령친화산업은 이미 선진국에서는 고령화의 속도에 견주어 매우 급속한 발전을 보이고 있으며, 고령화가 심각한 국가 및 개발도상국가를 중심으로 고령친화산업이 국가 및 지역의 경제발전과 미래의 성장 동력에 대한 잠재력이 있음을 알고 있기에 그에 맞는 정책과 제도를 준비하고 있다.

많은 학자가 고령친화산업에 대한 필요성을 이야기하였지만, 인구사회학적인 특성과 사회 · 문화 · 경제적인 측면에서의 필요성을 살펴보면 다음과 같다(고승한, 2012; 고승한 외, 2007; 김혜정 외, 2010).

첫째, 세계 총인구 중 65세 이상 고령자의 비중은 2005년 7.4%에서 2050년에는 16.1%로 늘어날 것으로 전망되고 있다. 특히 선진국은 2050년에 전체 인구의 1/4이 65세 이상 고령자가 될 것이다. 우리나라도 2050년에는 일본처럼 세계에서 가장 고령화가 심각한 나라가 될 것으로 예상하고 있다. 그리하여 우리 사회에서 65세 이상의 노인 1명을 부양하는 데 필요한 생산가능인구는 2000년 9.9명에서 2020년 4.7명 그리고 2050년에는 1.5명 수준으로 낮아질 것으로 예상되고 있다. 이러한 고령화 추세가 어느 한 지역, 한 국가만의 문제가 아니라 전 세계적인 현상이라는 것을 인식하고 있기 때문에 민관에서는 고령친화산업에 대한 산업으로서의 경제적인 성장 잠재력을 알고 있다.

둘째, 고령친화산업이 빠른 속도로 발전하게 된 데는 현대사회의 발전과 함께 전통적인 가족문화, 가족 구조 및 형태, 부양에 대한 인식, 경로효친의 문화, 핵가족화 등 사회문화적인 인식에 많은 변화가 있었다는 것이다. 이러한 변화를 모두 개인과 가족의 책임으로 떠넘기는 것은 한계가 있다. 따라서 정부나 지방자치단체에서도 노인복지서비스 차원에서 고령친화산업에 대한 필요성을 인식하게 되었다.

셋째, 고령화사회로 접어듦에 따라 사회경제적으로 어려움에 처한 노인들도 많겠지만, 경제적인 안정과 부를 소유하고 있는 노인들도 많기 때문에 이러한 노인들의 소비 성향에 맞추어 새로운 고령친화산업이 더 발전하게 될 것이다. 왜냐하면 과거와는 달리 베이비붐 세대와 많은 노인이 편안하고 안정된 노후생활을 준비하기 위해서 퇴직제도 및 개인연금에 가입하는 등 노후생활에 대한 준비를 하고 그에 대한 관심도 높기 때문이다. 앞으로는 노후생활을 위해 경제적인 분야(재테크, 퇴직연금, 부동산, 금융자산)에 대한 노인들의 관심이 높게 나타날 것이고, 이와 함께 건강, 의료, 생활, 주택, 여가 분야 등에서 다양한 고령친화서비스산업이 더욱 발전하게 될 것이다.

넷째, 현대의 노인들은 과거의 전통적인 노인들과는 전혀 다른 다양한 라이프 스타일을 가지고 생활하고 있다. 전통사회의 노인들은 자녀의 교육과 보호를 위해 모든 것을 투자하고, 본인의 재산도 자녀에게 모두 상속하고, 노년에는 자녀에게 의존하여 부양을 받으며 생활하는 것이 관례였다. 또한 노인들은 내향적이고 수동적이며, 보수적인 가치관을 가지고 있고, 소비를 잘 하지 않고 근검절약하며 생활하였다. 그러나 현대 및 미래의 노인들은 행복한 노후생활을 위해 자녀에게 의존하지 않으며, 본인의 재산은 본인을 위해 사용하고, 여가생활과 문화생활을 즐기면서 편안한 노후생활을 보내려는 생각과 태도를 가지고 있다.

따라서 노인들은 자녀에게 의존하지 않고 독립적인 생활을 하면서 본인이 하고 싶은 일을 하며 노후생활을 행복하고 건강하게 보내려는 욕구를 가지고 있기 때문에 경제적 소비생활에 대한 관심이 더욱 높게 나타날 것이다. 이와 함께 집에서만 생활하던 전통적인 노인들과는 달리 고독과 소외감을 줄이고 삶의 질을 향상시키기 위해 적극적으로 사회활동에 참여하게 될 것이다.

다섯째, 인구고령화에 따른 노인인구의 증가로 의료적인 서비스 수요가 더욱 증가할 것이다. 노화에 따른 다양한 만성질환(고혈압, 관절염, 신경통, 당뇨병, 골다공증, 위 · 십이지장 궤양, 위염, 협심증, 심근경색, 백내장, 뇌졸중 등)으로 인하여 치료를 요하는 노인환자가 증가할 것이다. 이처럼 노인들은 만성질환을 가지고 있고, 또한 만성질환이 올 확률이 높기 때문에 노인들의 질병 예방 및 치료 그리고 수발, 부양 및 요양보호를 위한 보건의료서비스산업의 발전이 요구되며 동시에 번창할 잠재력을 지니고 있다.

여섯째, 현재 우리나라의 고령친화산업 시장은 작고 시작 단계에 있지만, 이러한 필요성에 의거하여 다양한 노인복지서비스 공급을 통해 영리를 추구하고자 하는 민간기업들이 점점 증가하고 있는 추세이다. 이와 더불어 개정된「노인복지법」에 근거하여 재가노인복지시설, 노인여가복지시설, 노인의료복지시설, 노인주거복지시설 등과 관련된 사업들이 더욱 발전할 것으로 사료된다. 이런 측면에서 발전된 노인복지서비스산업은 바로 고령친화산업으로서의 성격을 갖게 된다.

2. 고령친화산업의 등장 배경

고령친화산업은 어느 날 갑자기 등장한 것이 아니다. 고령친화산업은 고령자들의 노후생활과 관련된 분야에서 새롭게 변화되는 사회환경과 고령인구의 증가 등 다양한 요인에 따라 발생하게 되었다. 고령친화산업은 고령자의 인구가 늘어나고 고령자들의 경제적인 소비가 이루어질 수 있는 환경이 조성되어야 활성화될 수 있다. 미국이나 일본 등 선진국의 사례를 보면 소득 1만 달러 수준에서 산업화되기 시작하였으며, 2만 달러 수준에서 비약적으로 발전하였다. 우리나라는 인구고령화 속도가 매우 빠르게 진행되고, 국민의 생활수준도 많이 향상되었다.

고령친화산업은 크게 두 가지 관점에서 성장·발전해 오고 있다. 하나는 고령친화산업이 순수한 이론적·학문적 연구에 의해 등장한 것이고, 다른 하나는 현실적·경제적 관심에서 고령친화산업이 미래의 유망산업으로 인식되면서 발전해 온 것이다. 전자의 경우는 노인복지 분야를 비롯하여 보건·의료학, 인구학, 노년학, 특히 노인과 관련된 생활, 주거, 심리, 경영 및 경제학, 여가학 등에서 노후생활에 관심을 가지는 과정에서 고령친화산업이 등장할 수 있는 토대가 마련되었고, 후자의 경우는 고령친화산업이 현대사회의 욕구에 부응한 새로운 블루오션 산업으로 떠오르면서 발전하게 되었다(현외성 외, 2011).

고령친화산업 발전의 배경 요인으로 노인인구의 증가와 의식변화, 여성의 사회진출 확대, 보편주의의 진전, 정상화(normalization)의 확대, 재가복지서비스의 증가, 보건·의료복지의 연계관계 심화, 민영화 확대 등에 의한 복지 관련 수요와 공급 패턴의 변화를 지적하고 있으며(원융희, 윤기열, 2001), 고령화사회 도래와 노인의 경제적 능력의 향상, 핵가족화와 노인단독세대의 증가를 들고 있다(박차상, 정상양, 김옥희, 엄기욱, 이경남, 2012).

고령친화산업은 고령화와 노인문제, 노인장기요양보험제도 도입에 따른 노인복지시스템의 변화, 부양의식의 변화, 경제력 있는 노인의 증가, 노인의 복지 욕구 증대, 노인복지 정책 및 서비스의 변화가 노인복지서비스 공급주체의 다양화, 세대 간 불평등의 심화와 세대 간 소득재분배의 필요성 증대로 이어지며 등장하게 되었다(정윤모, 2007). 또한 인구구조의 변화, 인구고령화와 소비지출 형태의 변화, 보건 및 의료의 발달, 노인장기요양보험제도의 도입 등을 등장 원인으로 보기도 한다(최동선, 한상근, 정윤경, 김나라, 2007).

이들의 견해를 종합해 볼 때 고령친화산업의 등장 배경은, 첫째, 고령인구의 증가, 둘째, 고령자의 경제력 증진, 셋째, 사회복지정책 변화에 따른 노인복지서비스 공급주체의 다양화, 넷째, 노후생활의 양질화 현상으로 구분할 수 있다. 이를 구체적으로 살펴보면 다음과 같다.

1) 고령인구의 증가

고령인구가 증가하면서 노인 자신과 노인을 부양하는 가족의 욕구와 특성에 맞는 다양한 서비스 및 생활용품이 요구되고 있다. 이러한 서비스 및 생활용품이 노인들의 양적이고 질적인 부분에서 욕구에 부합하는 새로운 산업으로 발전하게 된 것이다. 노인인구가 증가하면서 빈곤노인이나 국민기초생활수급자 노인도 증가하지만, 보다 많은 노인은 일반 노인들로서 그들이 필요로 하는 각종 상품과 서비스가 요청되었던 것이다. 결국 이러한 요구는 업체들의 생산을 증대시켜 고령친화산업을 발전하게 하였다(현외성 외, 2011).

한편, 요보호대상 노인인구도 증가하고 있다. 급속한 고령화 진행에 따른 노인인구의 증가로 중풍, 치매 등 장기요양서비스를 필요로 하는 고령자의 수가 급격하게 증가하였다. 전체 65세 이상 노인 가운데 대표적 노인질환인 치매의 경우 2010년 47만 명, 2015년 64만 명, 2020년 84만 명, 2030년에는 127만 명으로 급증할 것으로 전망된다(중앙치매센터 홈페이지).

요양을 필요로 하는 이러한 노인들의 증가는 요양서비스 지출 비용의 증가로 이어져 노인을 부양하는 가족의 부양 비용 증가와 부양을 위한 생산인구의 조세 및 사회보장 비용의 증가로 세대 간의 갈등을 야기할 수 있으며, 본인이나 가족에게 만성

질환 노인에 대한 요양 부담도 사회적 위험으로 잠재하고 있어 향후 사회적 위기를 초래할 가능성이 있다.

이러한 배경하에 2008년 7월부터 시행되고 있는 노인장기요양보험제도는 사회적 책임에 대한 부분을 강조함으로써 국민의 편안한 노후생활과 불안감소, 노인복지 인프라 확충에 따른 지역경제의 활성화, **노인요양보호사** 등의 고용창출효과 그리고 이 제도를 토대로 하는 새로운 고령친화산업의 발전을 이끌 것이다(최동선 외, 2007).

2) 고령자의 경제력 증진

고령자의 경제력 증진은 국민소득의 증대와 **사회보장제도**의 성숙으로 노인의 경제력이 강화되는 현상이다. 독거노인 및 저소득층 노인들이 생활하는 데 어려움이 있을 경우에 정부에서는 이들 노인을 위한 **공공부조**(국민기초생활보장제도), 기초연금 등 여러 가지 노인복지서비스를 제공하는 사회보장제도를 시행하고 있다.

또한 노인들은 편안한 노후생활을 위하여 젊은 시절에 연금이나 **퇴직보험** 등을 준비하기도 한다. 따라서 노인들이 퇴직 후 충분하지는 못하지만 일반적인 생활을 유지할 수 있는 정도의 **기초연금**이나 **퇴직금** 등을 수령하여 노후생활을 할 수 있도록 하는 것이 일반적이다. 이처럼 노인들이 어느 정도의 경제력을 가지고 있으면 본인에게 필요한 서비스나 편안한 노후생활을 위해 서비스나 상품을 요구하는 것이 당연한 논리이다. 노인들이 필요로 하는 것이 있으면 그에 부합하는 공급이 자연스럽게 이루어져 고령친화산업이 등장하게 되었다(현외성 외, 2011).

이런 경제력 있는 노인들이 향후 고령친화산업의 발전에 주도적 역할을 할 것으로 예상되고 있다. 또한 이들은 자녀들과 함께 살기보다는 혼자 독립해서 살아가거나 배우자와 함께 사는 **통크족**(TONK) 노인[1]들로, 이러한 노인들이 점점 늘어나고 있다. 예전에 노인들은 자녀와 함께 살면서 집안에서 소일거리를 하거나 손자 · 손녀들을 돌보며 노후를 보냈는데, 요즘의 노인들은 배우자 또는 친구 · 동료와 함께 남은 인생을 즐기면서 보내겠다고 한다. 통크족 노인들은 사회활동을 포함하여 모든

1) 통크족(TONK) 노인: 자녀에게 부양받기를 거부하고 부부끼리 독립적으로 생활하는 노인 세대.

활동에 적극적이다. 따라서 이러한 욕구를 충족시켜 줄 수 있는 다양한 상품 및 서비스가 요구된다.

3) 노인복지서비스 공급주체의 다양화

선진국에서는 노인의 욕구나 문제가 다양화되고 물질적인 것보다는 비물질적인 것으로 발전하게 됨에 따라 국가 재정에 의한 서비스만으로는 이러한 욕구나 문제를 해결할 수 없게 되었다(이원형, 2002).

특히 노인들의 경제력과 결부하여 욕구가 다양해짐에 따라 노인들의 취향과 수준에 부합하는 서비스나 상품이 요구되기 때문에 중앙정부나 지방자치단체에서 시행되는 일반적인 노인복지서비스로는 노인들의 욕구를 충족시킬 수 없어서 본인의 욕구와 의지대로 시장경제에서 구매할 수밖에 없게 되었다. 즉, 국가가 국민의 공통적 욕구나 문제를 만족시키는 데 민간부문의 영리단체가 개인에게 필요한 서비스를 공급하도록 할 수밖에 없게 되었다. 이는 영리를 추구하는 단체나 개인도 넓은 의미에서 사회복지서비스 공급주체로 등장하게 되었음을 의미한다.

우리나라의 노인복지에서는 저소득층 노인에 대한 경제적 욕구나 문제 해결이 시급한 과제이지만 경제적 문제를 제외한 다양한 욕구가 저소득층 노인을 포함한 중산층 이상의 노인들에게 공통적으로 나타나고 있으며, 이들의 욕구나 문제 해결을 위한 서비스 욕구도 무시할 수 없을 정도로 점점 더 증가하고 있는 점에 유의해야 한다. 따라서 중산층 이상 노인의 다양한 비경제적(비화폐적 · 비물질적) 욕구 충족을 위해 반드시 영리적 민간공급체계도 점진적으로 확대되어야 할 것이다(김혜정 외, 2010).

4) 노후생활의 양질화 현상

국민의 경제적 수준 향상으로 중산층 이상의 경제적 소득이 있는 노인의 수가 증가함에 따라 이들의 욕구에 적합한 유료 노인복지서비스 개발이 필요하게 되었다. 저소득층 노인이나 국가적 도움을 받아야 하는 기본 이하의 생활을 하는 노인들은 정부나 지방자치단체에서 기본적인 생활을 유지할 수 있는 서비스를 무료로 제공하고, 경제적 소득이 있는 중 · 상류층의 노인들에게는 본인의 욕구에 따라 자유롭게 선택할 수 있는 다양한 노인복지서비스와 프로그램이 개발되어 제공되어야 한다.

선진 복지국가의 경우에는 대체로 이러한 요인이 이미 1970년대 후반 이후 고령친화산업이 활발히 발달하게 된 배경이 되었다. 우리나라의 경우는 1990년대에 들어오면서 고령친화산업에 대한 관심이 높아지고 있다. 이처럼 고령친화산업에 대한 관심과 수요는 많이 증가하였지만 시장에서 이루어지고 있는 고령친화산업에 대한 경기 현황은 아직도 매우 낮은 수준이다. 이는 아직까지 당사자인 노인과 가족 그리고 국민의 고령친화산업에 대한 인식이 부족하고, 정부의 고령친화산업에 대한 정책 및 예산 지원이 미흡하며, 낮은 수익률로 인해 민간기업의 참여가 저조한 것 등으로 인해 고령친화산업이 낮은 성장률을 보이고 있는 것이다. 그러나 현재는 큰 경제적인 이익은 없지만 미래의 성장 잠재력을 보고 고령친화산업에 지속적으로 관심을 가지고 투자 및 생산성 향상을 위해 노력하는 민간기업들이 증가하고 있다.

표 13-1 고령친화산업의 등장 배경

배경	내용
고령인구의 증가	노인서비스나 노인용 소비재 수요 등 청 · 장년층과 차별화된 노인대상 수요가 증가함
노인계층의 경제력 향상	노후준비가 충분히 된 공적연금 수급 노인, 즉 경제적으로 여유 있는 노인계층이 증가함. 이는 노인 구매력의 향상을 의미함
노인복지서비스 공급주체의 다양화	노인들의 욕구가 다양해짐에 이러한 욕구를 충족시켜 줄 수 있는 공공서비스 및 다양한 민간서비스 기업 · 기관이 나타남
노후생활의 양질화	저소득층 노인들은 중앙정부나 지방자치단체로부터 기본적인 생활을 유지할 수 있는 서비스를 무료로 제공받고, 경제적 소득이 있는 중 · 상류층의 노인들에게는 본인의 욕구에 따라 자유롭게 선택할 수 있는 다양한 노인복지 서비스와 프로그램이 개발되어 제공됨

출처: 박소영, 유용식, 박광덕, 권자영, 최재일(2016).

3. 고령친화산업의 특성

고령친화산업은 대부분 노인들을 대상으로 수요와 공급이 이루어지고 있으며, 사회적·문화적·경제적 특성을 포함하고 있다. 아울러 노인의 가족, 이웃, 친척, 지역사회뿐만 아니라 정부나 지방자치단체에서 이루어지는 노인복지서비스나 노인복지 프로그램, 민간기업에서 제공하는 상품이나 서비스 산업 등으로 크게 구분할 수 있다.

고령친화산업의 주요 특성을 살펴보면 다음과 같다(고승한, 2012; 김혜정 외, 2010).

첫째, 고령친화산업은 민간 시장에서 단순히 상품이나 서비스를 생산·판매하는 특성만 있는 것이 아니라 고령층을 대상으로 양질의 상품과 서비스를 제공하여 고령 소비층의 복지증진에 기여하는 **공익성**과 **수익성**을 함께 가지고 있다.

둘째, 고령친화산업은 대기업보다는 중소기업에 적합한 산업적 특성을 지니고 있다. 왜냐하면 고령자들이 다양한 욕구와 서로 다른 개인적 특성을 지니고 있기에 표준화 및 규격화된 상품이나 서비스 생산으로는 경제적인 수익 창출에 어려움이 있기 때문이다. 따라서 고령층의 다양한 욕구와 특성을 고려하여 세심하고 적절하게 대응해야 하기 때문에 **대량생산**과 **대량소비**가 이루어지는 대기업보다는 중소기업에 더 적합한 산업구조를 가지고 있다.

셋째, 고령층은 건강한 노인에서부터 요양과 치료를 필요로 하는 노인에 이르기까지 소비 대상층이 다양하다. 고령친화산업 가운데 특히 보건의료 분야는 다양한 질병과 요양, 간병, 치료, 보호 등의 의료서비스를 요구하기 때문에 의료서비스의 자격을 갖춘 전문인력과 돌봄 노동력이 많이 필요하다. 그렇기 때문에 고령친화산업은 일률적이고 획일적인 산업이라기보다는 노인의 욕구와 특성을 고려한, 사람의 손길을 많이 필요로 하는 **노동집약적**인 특성을 가지고 있다.

넷째, 고령층은 특정 국가나 **사회문화적** 특성을 반영하고 있다. 예컨대, 우리나라 노인들은 선진국의 노인들과는 달리 가족과 함께 생활하기를 원하는 욕구가 매우 높다. 그래서 노인 개인보다는 가족 구성원들의 의견을 잘 수렴하여야 하고, 지역사회에 따라 노인에 대한 관습과 문화에 차이가 있기 때문에 이러한 특성들을 고려하여 상품이나 서비스를 개발하여야 한다. 그러므로 고령친화산업의 안정적인 발전을 위해서는 노인들이 생활하는 지역사회의 문화, 관습, 특성 그리고 가족의 특성 또한 고려하여야 할 것이다.

다섯째, 고령친화산업의 주 대상자는 노인들인데, 이들은 보수적인 성향과 근검 절약의 정신이 강하기 때문에 새로운 서비스나 상품을 요구하기보다는 기존에 사용하던 서비스나 상품을 그대로 유지하려는 특성을 지니고 있다. 즉, 자주 새로운 것으로 교체하려는 욕구가 적다는 것이다. 다시 말해, 노인들은 하나의 상품이나 서비스를 구매하여 사용하면 완전히 사용이 불가능해지기 전까지는 새로운 상품이나 서비스에 관심을 보이지 않는 경향이 있다. 따라서 고령친화산업이 발전하려면 농촌보다는 어느 정도 노인인구가 집중되어 있는 도시 지역 혹은 도시근교 지역이 적합하다.

여섯째, 노인들은 신체적 기능을 보완하는 첨단제품보다는 기능적으로 고장이 적고 단순하여 쉽게 사용할 수 있는 제품을 선호한다. 고령화과정에서 신체적 · 사회적 · 심리적 변화를 전반적으로 경험하며 실제 필요한 상품 및 서비스임에도 불구하고 정서적 · 심리적 저항으로 인해 제품을 소비하지 않는 경향이 있다.

일곱째, 고령친화산업의 대상인 노인은 특성상 한 지역에서 오랫동안 생활하기 때문에 이동이 거의 없고, 지역적인 특성과 문화에 적합한 서비스를 요구하며, 서비스에 대한 변화도 매우 적다. 이러한 특성으로 인하여 고령친화산업은 지역의 특성, 문화, 관습 등을 고려한 지역과 밀접한 특성을 가지고 있다(황진수 외, 2011).

표 13-2 고령친화산업의 특성

배경	내용
공익성과 수익성의 결부	자유로운 경쟁원리에 입각한 수익성을 기본으로 하고 있으나 고령자에게 친밀감, 편안함, 안정성도 함께 제공
중소형 기업에 적합	수요의 다양화 · 세분화 · 다변화 등으로 중소형 기업에 적합
강한 연계성	복지 · 보건 · 의료 서비스 연계, 기관 · 시설 · 상품 · 서비스와의 연계
강한 지역성	이동성이 적은 고령자 대상, 지역의 문화적 특성 고려
노동집약적	특정 전문자격을 갖춘 사람의 노동력이 많이 필요
도시형 산업	노인인구가 일정 규모 이상 되는 도시 및 근교 도시에 적합

출처: 원융희, 윤기열(2001).

4. 고령친화산업의 유형

우리나라의 고령친화산업은 아직까지 통일된 분류체계를 확실히 갖추고 있지 않지만 참여정부 시기 설립된 고령화 및 미래사회위원회가 제1차(2005), 제2차(2006)에 걸쳐 그 유형을 총 14개 부문의 34개 품목으로 분류하고 있다(〈표 13-3〉 참조).

우리나라의 고령친화산업은 가까운 일본처럼 활성화되어 있지 않고 초보적인 수준에 있다. 그 이유를 살펴보면, 고령친화제품에 대한 인식 부족, 관계 법령 및 제도 미비 등으로 내수기반과 공급기반이 모두 취약하며, 소득이 낮은 고령자가 보험 지

표 13-3 고령친화산업 전략품목

구분		34개 전략품목
제1차: 8대 산업 (19개 품목)	요양산업	재가요양서비스
	기기산업	재택/원격진단/진료 및 휴대형 다기능 건강정보 시스템, 한방의료기기, 간호 지원 및 실내외 이동 지원 시스템
	정보산업	홈케어, 정보통신보조기기, 노인용 콘텐츠 개발
	여가산업	고령친화휴양단지
	금융산업	역모기지 연금
	주택산업	고령자용 주택개조, 고령자용 임대주택 공급
	한방산업	한방보건관광, 항노화 한방기능성식품, 노인용 한방화장품, 노인성질환 한약제제 개발
	농업	고령친화 귀농교육, 전원형 고령친화 농업테마타운, 은퇴농장
제2차: 6대 산업 (15개 품목)	교통산업	저상버스, 고령자 감응 첨단신호기, 형광표지판
	식품산업	특수의료용도식품, 건강기능식품
	의약품산업	신경계용약, 순환계용약, 대사성 의약품
	장묘산업	화장 및 납골 용품, 웰다잉 준비 및 체험교실, 개장 및 이장 서비스
	의류산업	건강보조 스마트웨어, 건강개선용 레저스포츠웨어, 체형보정용 이너웨어
	교육산업	일자리 교육 및 훈련

출처: 고령화 및 미래사회위원회(2005).

원 없이 고가의 고령친화제품을 구입하기에는 어려움이 있는 것 등을 들 수 있다. 또한 고령친화산업이 중소기업적 특징을 갖고 있으나 아직은 관련 중소기업의 참여가 부진하며, 이에 따라 R&D 투자 및 전문인력이 부족한 실정이다. 더욱이 고령친화제품 시장이 협소한 데다 대부분의 업체가 영세하여 기술 투자가 어렵고, 국외시장의 정보도 부족하여 국제경쟁력 확보 및 수출산업화가 어려우며, 국산화율이 낮아 주로 일본산 제품을 중심으로 시장이 형성되어 있고, 최근에는 저가의 중국산 제품이 국내 시장을 주도하고 있는 실정이다(이병희, 강기우, 2007).

그러나 노인인구 증가와 요양서비스의 필요성이 높아짐에 따라 의료기기 분야와 복지용구 분야, 금융 · 주거 · 여가 분야가 성장할 것으로 예상되고 있다. 정부는 고령친화산업의 시장 규모가 2002년에 12조 원(명목 GDP 대비 1.9% 수준), 2010년에 43조 원, 2020년에는 148조 원에 달할 것으로 예상하고 있어 성장 가능성이 매우 크다고 할 수 있다.

고령친화산업의 유형이 다양하지만 그중 많은 비중을 차지하는 주거, 의료 · 요양서비스, 금융 · 보험, 여가 · 정보, 생활, 복지용품 분야를 중심으로 살펴보고자 한다(박소영 외, 2016).

1) 주거 관련 분야

고령자가 노후에도 신체적 · 정신적인 안정감을 갖는 것은 주택 및 주거환경의 영향을 받는다고 할 수 있다. 현재 우리나라에서는 핵가족화와 함께 노인부부와 독거노인이 증가하고 있어 이러한 노인들이 안전하고 편안하게 살 수 있는 주거공간에 많은 관심을 갖고 있다. 고령자의 주거 사정은 소득, 건강, 지역, 교육 수준에 따라 주거환경에 대한 선호도가 다양하게 나타나고 있다. 따라서 고령자가 안심하고 거주할 수 있는 노인주택이 미래에 각광을 받을 것으로 예상된다.

우리나라의 고령친화산업은 실버타운 또는 유료노인복지시설로 불리는 주거 관련 분야를 중심으로 발전해 왔는데, 우리나라 최초의 유료 노인복지시설인 유당마을을 필두로 하여 삼성, 현대 등 대기업과 콘도 · 레저업계 및 금융기관, 사회복지법인, 종교단체 그리고 개인과 민간기업도 주거 관련 고령친화산업 분야에 활발히 참여하고 있다.

[그림 13-1] 우리나라 최초의 유료노인복지시설인 유당마을

출처: 유당마을 제공.

최근 들어 노인주거복지시설의 설치 경향을 보면 설치 지역이 서울 등 수도권 지역에 밀집되어 있고 대형화 · 고급화되는 반면, 개인이 설치 · 운영하는 시설은 소형화되는 양극화 현상을 보이고 있으며, 이용 비용도 천차만별이다.

이와 같은 주거 관련 고령친화산업의 발전은 노인장기요양보험제도 실시 이후에도 계층 간 위화감을 조성하고 소득수준에 따른 복지 불평등이라는 문제를 일으킬 소지를 가지고 있다(황진수 외, 2011). 그러나 노인주거시설의 민간부문 활성화를 저해하는 요인으로 각종 규제에 의한 노인주거시설이 턱없이 부족한 실정이어서 규제완화 및 다양한 혜택을 통한 활성화가 필요하다.

2) 의료 · 요양서비스 분야

고령이 될수록 만성질환이 더 심해지고 노쇠 현상으로 인해 일상생활 수행 능력이 약화되지만, 노인들이 가족으로부터 직접 보호를 받기 어려운 사회경제적 여건으로 인하여 노인들에 대한 보건의료서비스가 증가하고 있다. 따라서 고령친화산업 분야에서 보건의료에 대한 서비스 수요가 증가하여 보건의료 분야의 성장이 예상되며, 「노인장기요양보험법」 시행으로 요양서비스 분야에서 인력과 복지용구가 늘어날 것으로 예상되어 고령친화산업 분야에서 의료 · 요양서비스 분야가 가장 주목받는 분야로 성장할 것으로 보이며, 그 수요가 매년 증가할 것으로 예상된다.

「노인복지법」에 의한 의료복지시설은 노인요양시설, 노인요양공동생활가정, 노인전문병원으로 분류되는데, 향후 복지 다원화로 인해 요양시설에 대한 민간참여가 확대될 것으로 전망된다. 그러나 현재 의료 · 요양서비스 분야는 복지서비스 등으로 장기적인 요양서비스를 받을 요양시설의 부족과 규제 등으로 인하여 인프라가 부족한 실정이며, 서울 · 경기 등 수도권 중심으로 개설되어 지역 불균형 현상이 초래되고 있고, 인력 측면으로는 전문성을 요구하는 인력 양성 등에서 문제점을 노출하고 있다.

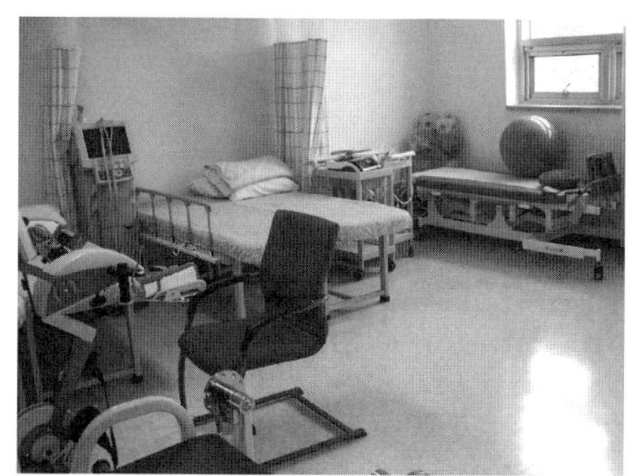

[그림 13-2] 노인요양시설 및 노인전문병원

3) 금융 · 보험 분야

금융 · 보험 분야에서는 인구고령화에 따른 사회경제적 변화로 인한 노후대책의 리스크를 줄이기 위한 방안으로 건강 리스크, 재무 리스크, 금융 리스크에 많은 관심을 가지고 있다. 이제 보험 · 금융은 노후를 영위하는 데 필수적인 항목으로 자리매김을 하고 있다. 그러나 우리나라는 개인연금과 퇴직신탁 · 보험을 제외하고는 금융상품에 대한 이용도가 낮으며, 금융상품 리스크에 대한 불안감과 경제적 손실을 우려하여 활성화되지 못하고 있는 실정이다. 따라서 고령친화 금융산업이 활성화되기 위해서는 민간 주도의 각종 보험제도에 대한 정부의 세제 지원과 안전장치를 마련하여 안심하고 금융 · 보험 분야를 활용할 수 있도록 해야 한다.

표 13-4 노후 관련 금융상품 내용

금융기관	상품 종류	내용
은행	노후생활연금신탁	• 노후생활비용 준비를 위한 목적
생명보험	보장성보험	• 사망, 상해, 입원 등 각종 위험보장에 중점을 둔 보험 • 최근에는 평생보험도 상품으로 시장에 나옴
	연금보험	• 노후생활자금 준비를 위한 생애보험도 포함됨
	저축성보험	• 주로 단기간에 목돈을 마련하기 위한 것으로 위험보장도 겸함
손해 · 상해 보험	특종보험	• 특정한 경우(여행 중의 사고)의 상해에 대비한 보험(해외여행보험, 가정생활보험 등), 운전자보험 및 생활사고 대비보험

출처: 현외성 외(2011).

4) 여가 · 정보 분야

노인여가시설로는 **노인복지관, 경로당, 노인교실** 등이 있다. 이들 시설은 민간이 운영하는 경우도 있지만 대부분 공공에서 비용을 지원하고 있으며, 정부가 비용을 지원하는 시설의 주된 이용 대상은 일반 노인이 아니라 저소득층 노인으로 한정되어 있고, 노인인구 증가에 비하여 이용할 수 있는 여가시설과 프로그램이 부족한 형편이다.

또한 노인여가에 대한 관광상품, 취미 및 교육 프로그램들이 한정되어 있어 노후에 여가를 즐길 수 있는 폭이 좁아 노인들은 주로 집에서 TV 시청이나 라디오 청취 등으로 시간을 보내는 것으로 나타났다. 그러나 고령자들은 경제적인 이유로 여가활동에서 개성이 뚜렷한 소비 특성을 가지고 있어 여가 분야를 활성화시키는 것이 중요하며, 그 수요도 증가할 것으로 예상되므로 여가 프로그램의 기획, 프로그램 개발 · 운영 등을 담당하는 여가 관련 전문가를 양성하는 것이 시급하다.

정보사회로 발달해 감에 따라 현대사회에서는 **정보화교육**이 중요하다. 생활의 필수적인 한 부분으로 자리 잡고 있는 오늘날의 정보화교육은 앞으로 살아가는 데 매우 중요한 요소 중 하나이다. 그러나 고령층의 정보화 능력은 젊은 세대와 격차가 심하므로 노인들의 일자리 창출, **커뮤니케이션**, 정보 지식 습득을 위해서는 정보화교

[그림 13-3] 노인 여가활동 및 정보화교육

육이 필수적이다.

노인의 정보화사업에 대한 낮은 인식, 관련 콘텐츠 부족, 콘텐츠 개발 관련 전문인력 부족, 노인성 질환을 가지고 있는 노인들에 대한 정보통신보조기기 개발 부족 등으로 노인들의 정보화 능력이 떨어지고 있는 것이 문제이다. 이를 해소하기 위하여 우리나라에서는 중앙정부 및 지방자치단체, 노인복지기관, 비영리단체 및 기관을 통하여 정보화교육을 실시하고 있다. 정보 분야의 활성화를 위하여 앞으로 컴퓨터 등 정보기기의 보급과 교육이 확대되어야 하며, 노인 관련 콘텐츠를 개발하여 보급하고 인터넷을 통한 e-헬스(e-health) 정보의 제공을 확대하여야 한다(이원웅, 고재욱, 2010).

5) 생활 관련 분야(재가복지서비스사업)

우리나라는 노인들을 위한 재가복지서비스가 중산층 이상의 일반 노인들을 위해서는 활발하게 개발되지 못하고 있고, 대부분 국민기초생활보장수급 대상 노인이나 저소득층 노인을 대상으로 하여 돌봄사업, 주 · 야간보호사업, 단기보호사업 그리고 가정방문간호사업 등이 시행되고 있다. 그리고 2008년부터 노인장기요양보험제도의 시행으로 인해 방문요양, 방문목욕, 가사 도움 등의 재가복지서비스사업이 많이 활성화되었다. 선진 복지국가의 경우 재가노인을 위한 각종 유료 복지서비스가 많이 개발되어 실천 중에 있다.

우리나라의 노인들도 생의 마지막을 요양원이나 병원에서 보내기보다는 자기가

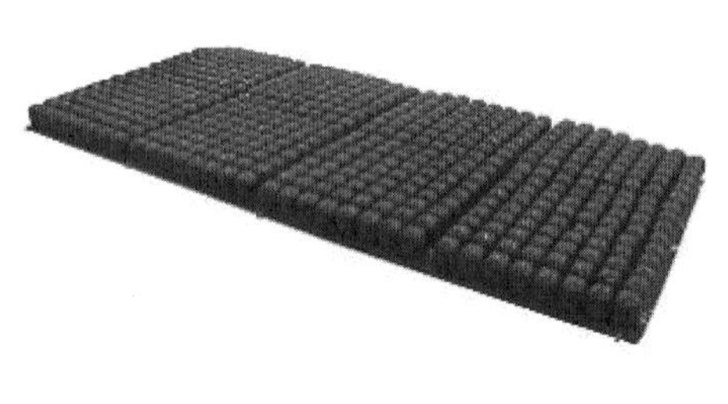

[그림 13-4] 노인 생활 관련 용품-목욕차량 및 욕창예방 매트리스

출처: 제천 재가노인지원센터 제공.

살던 집에서 죽을 때까지 살다가 생을 마감하고 싶어 한다. 이에 따라 재가복지서비스사업은 방문의료, 목욕, 식사배달, 요양서비스 등의 분야에서 다양한 서비스가 개발되고 있다.

6) 복지용품 분야

복지용품 분야는 의존적인 노인들의 정신적·신체적 기능을 유지 또는 향상시킴으로써 그들의 일상생활을 지원해 주는 제품 및 서비스를 제공하는 분야로 점점 수요가 증가하고 있는 분야이다.

재활보조기구로 보조기, 자세 변환기, 목발, 보행보조기, 전자안내장치 등이 있고, 의료기기로 휠체어, 스쿠터, 보청기, 침대, 혈압계, 체온계, 혈당계, 온열기, 리프트 등이 있으며, 이 외에도 고령자들을 위한 **문화콘텐츠** 및 고령친화제품 등 매우 다양한 복지용품이 필요하다.

우리나라의 복지용품사업은 아직은 초기 상태에 있기 때문에 일반적인 용품에 비해 가격이 비싸고 인식이 부족한 상태이다. 그러나 이러한 복지용품사업은 노인장기요양보험제도가 점점 확대 시행되어 복지용품에 대한 수요가 급증함에 따라 앞으로 크게 발전할 수 있는 고령친화산업 분야라고 판단된다.

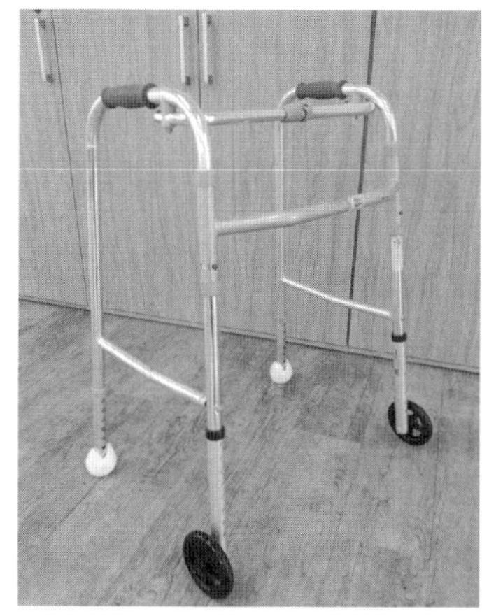

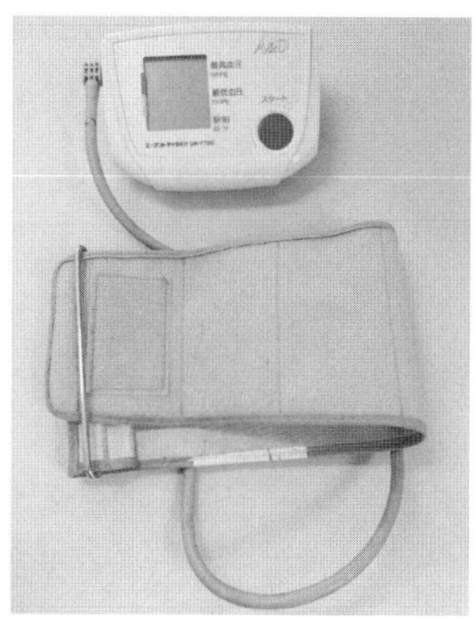

[그림 13-5] 노인의 복지용품-보행보조기, 목욕의자, 혈압계
출처: 제천 재가노인지원센터 제공.

5. 고령친화산업의 활성화 방향

고령친화산업의 활성화 방향은 국가의 경제성장에 기여, 노인들의 삶의 질 향상, 노인들의 구매 욕구 충족, 고령친화산업의 정책 개발, 민간기업의 참여를 유도하는 방향으로 이루어져야 한다. 먼저, 경제적 관점에서 본다면 신산업 분야인 고령친화산업은 여러 분야의 모태산업과 연결되므로 고령친화산업뿐만 아니라 기존 모태산업의 발전에도 기여하게 된다. 예컨대, 노인층 소비자들에게 가장 많이 팔리는 품목 중 하나인 기능성 의류의 경우 고령친화산업이 발전하게 되면 **모태산업**인 의류산업이 함께 성장하게 된다. 결과적으로 고령친화산업의 활성화를 통해 모태산업이 더 확대되면 새로운 고용 창출로 일자리가 늘어나고 국가경제에도 긍정적인 영향을 미칠 수 있다.

다음으로 노인들의 삶의 질 향상 측면에서 보면, 고령친화산업은 노인들의 라이프 스타일을 유지하며 자존감을 높일 수 있게 해 준다. 노인들은 노화가 진행되면서 신체적 · 심리적으로 위축될 뿐 아니라 이것이 사회적 노화로까지 이어지면서 사회활동이 급격히 줄어들게 된다. 하지만 고령친화산업이 발전하면서 노인들의 일상생활상의 제약과 불편을 줄여 줄 수 있는 **생활용품**이나 도구가 발달되어 생활하기에 편안한 환경이 조성되면 노인들의 삶의 질 향상에 도움이 될 것이다.

또한 고령친화산업은 생활주기에 필요한 노인의 구매 욕구를 충족시킬 수 있어야 한다. 노화가 진행되면서 그 시점의 생활주기에 맞는 보조기기나 제품이 필요해지고, 이에 따른 소비 욕구가 발생하게 된다. 이러한 욕구는 보조기기를 사용함으로써 일상적인 생활을 스스로 수행할 수 있도록 도움을 주고 있다(김수영, 이의훈, 정승진, 장수지, 신주영, 2016).

고령친화산업을 통해 노년층의 자기결정 기회가 확대됨으로써 자아존중감과 판단력이 좋아진다. 노화가 진행되면 노인들은 의사결정 기회가 줄어들게 되어 수동적인 경향을 보일 수밖에 없다. 하지만 고령친화산업이 발달하게 되면 노인들에게 적합한 용품이 다양해지고 노인들의 선택 폭도 넓어져 기호에 맞는 제품을 직접 구매하기 위한 본인의 의사결정 및 자기결정력이 높아지므로 이들의 삶의 질이 향상될 수 있다.

우리나라의 고령친화산업은 근래 들어 빠르게 성장하고 있다. 현재 노인들의 경제력이나 전통적인 생활양식을 고려하면 고령친화 시장의 급성장을 기대하기는 어렵지만, 2010년 이후부터는 많은 발전이 이루어지고 있다. 즉, 노인층의 소득수준 향상과 중산층의 급증으로 노인복지에 대한 수요가 증대하게 될 것이고, 민간기업에서는 노인들의 수요에 맞는 다양한 고령친화상품을 개발하여 수요와 공급이 활성화됨으로써 고령친화산업이 본격적으로 대두될 것이라고 예상된다.

이처럼 고령친화산업의 발전은 우리나라의 노인복지증진과 노인복지정책 개발에도 많은 영향을 미치게 될 것이다. 따라서 노인들의 욕구에 부응하는 다양한 고령친화산업정책을 서둘러 개발하고 도입해야 한다. 노인들이 노후생활을 보다 편안하게 보낼 수 있도록 하기 위해서 국가나 민간기업은 고령친화산업의 여러 분야 중 어느 한 분야에만 관심을 가지기보다는 다양한 분야가 균형 있게 발달하도록 정책적인 배려와 지원을 해야 할 것이다.

고령친화산업에서 민간기업이 건전하게 발전하기 위해서는 정부의 개입을 최소화해야 하며, 필요시에는 고령친화산업에 대한 재정적 지원과 세제상의 혜택도 부여하여 고령친화산업을 활성화시킴으로써 노인복지증진에 기여하도록 유도하는 것이 바람직하다(김혜정 외, 2010). 기업도 고령친화산업에서 이윤을 추구하기보다는 기업의 사회적 책임과 사회적 환원이라는 보다 넓은 측면으로 접근해야 할 것이다(박소영 외, 2016).

6. 고령친화산업의 과제

1) 고령친화산업 연관 산업체 및 육성품목에 대한 기초 연구 및 조사

현재 고령친화산업의 산업분류나 연관된 세부 산업군이 명확하지 않은 상태이므로 연관 산업 분야와 육성품목에 대한 기초연구 및 국가경쟁력과 산업의 강점을 토대로 한 단계별 고령친화품목의 개발계획을 수립하여야 한다. 기초연구를 기반으로 연관 산업체 조사를 하여 우리나라 고령친화산업의 세부 산업별 기업체 데이터베이스를 구축하여야 할 것이다. 또한 고령친화산업이 국가 성장의 동력산업으로 정착할 수 있도록 주요 전략품목을 중심으로 산업의 단계적 확대 방안, 서비스 비용 부담, 수요시장 분석 등 다양한 기초 연구 및 조사가 이루어져야 할 것이다.

2) 고령친화산업 기반 확충을 위한 산학 연관 네트워크

고령친화산업을 확충하기 위해서는 관련 산업들과의 네트워크를 확산하는 선제적 노력이 필요하다. 고령친화산업이 중소기업에 적합하다는 특성을 가지고 있는 점을 고려하여 산업체 간에 연계체계를 구축하고 합리적 네트워크를 형성하는 것은 고령친화산업체 간의 시너지효과 및 발전에 많은 도움이 될 것이다. 이와 함께 기존 부처와 기구 또는 고령친화산업 기업 및 단체와의 유기적인 네트워크 구축도 필요하다.

3) 정책적 · 제도적 인프라 형성

고령친화산업의 발전을 위한 정책적 · 제도적 인프라 형성을 위해서는 먼저 고령친화산업 분야의 현황과 문제를 파악하고 이러한 문제를 해결하기 위한 대안과 활성화를 위한 정책 및 제도가 마련되어야 한다. 고령친화산업의 활성화를 위해서 정부는 고령친화산업을 전담하는 부서 설립, 인력 지원 등 행정적인 지원, 고령친화산업 자금의 저리 융자, 시설부지 확보에 대한 정책적 지원, 부가가치세 면제와 같은 세제상의 혜택 부여 등 특별한 지원조치를 해야 한다. 또한 지역 및 권역별 산업기반과 특화자원 등의 특성을 고려하여 권역별로 특화된 산업클러스터 조성을 통해 고령친화산업 촉진 및 고령친화산업과 연관된 융합기술 R&D 및 인식 개선을 위한 활발한 홍보사업이 함께 이루어져야 할 것이다.

4) 고령친화산업 육성을 주도할 지원센터 설치

고령친화산업 기반 확충과 사업화를 지원할 전문고령친화산업 지원센터를 지역별로 설치해야 할 것이다. 고령친화산업 지원센터에서는 연관 산업체 발굴, 정책개발, 고령친화산업 상담 및 안내, 산업기관 확산과 기술 및 정보 교류, 고령친화산업 창업 및 인큐베이팅 지원, 고령친화산업 R&D 및 사업화 지원 등 다양한 역할을 수행하도록 지원해야 할 것이다.

5) 고령친화산업 활성화를 위한 전문인력 양성

고령친화산업의 전문인력 양성을 위해서 대학, 관련 연구소·기관 또는 단체 등을 고령친화산업 전문인력 양성기관으로 지정하여 필요한 교육 및 훈련을 실시하고, 고령친화산업의 기술 개발 및 서비스 개선을 위한 연구개발을 장려하며, 고령친화산업의 국제경쟁력 강화 등을 위한 지원시책, 학계·연구기관 및 산업체 간의 협동연구 등을 활성화해야 한다(함창모, 2012).

6) 고령친화산업에 대한 적절한 규제 장치 마련

고령친화산업은 영리성과 복지성이라는 두 가지 특성을 동시에 지니고 있다. 고령친화 상품이나 서비스를 생산·공급하는 민간기업체는 영리를 목적으로 하는 조직이므로 상품이나 서비스의 질, 가격 등을 포함한 유통과정에 규제가 없을 경우 노인 소비자 사기사건이나 악덕상술 등과 같은 피해 사례가 속출할 가능성이 많다. 따라서 노인복지용품, 노인복지서비스에 대한 표준규격제도를 도입하고, 노인복지서비스 윤리강령, 고령친화우수제품 지정제도와 같은 고령친화산업에 대한 전반적인 지도·감독을 위한 장치를 엄격히 시행해야 한다(권중돈, 2016).

••• 학습과제

1. 고령친화산업이 발달하게 된 배경에 대해 이야기하시오.
2. 고령친화산업이 저소득층 노인들에게도 잘 활용될 수 있는 방안에 대해 이야기하시오.
3. 새롭게 추가되어야 할 고령친화산업 분야에 대해 이야기하시오.
4. 향후 우리나라의 고령친화산업의 전망과 발전 방안에 대해 이야기하시오.

참고문헌

고령화 및 미래사회위원회(2005). **고령친화산업 활성화 전략**.

고승한(2012). 고령친화산업의 사회경제적 의미와 제주의 향후 과제. **제주발전포럼, 41**, 58-68.

고승한, 강병익, 고태호, 김향자, 배종면, 이견직, 조비룡(2007). **고령사회를 대비한 제주지역의 연구 인프라 구축방안 연구**. 제주: 제주발전연구원.

고승한, 현인숙(2011). **제주지역 백세인 생활실태조사**. 제주: 제주특별자치도, 제주발전연구원.

권중돈(2016). **노인복지론(6판)**. 서울: 학지사.

김수영, 이의훈, 정승진, 장수지, 신주영(2016). **실버산업의 이해(2판)**. 서울: 학지사.

김욱, 김정현, 박현식, 조성희(2013). **노인복지론**. 경기: 양서원.

김혜정, 박용억, 박태석, 백종욱, 여미영, 윤상목, 임효석, 정원길, 조선녀(2010). **고령친화산업론**. 서울: 계축문화사.

박소영, 유용식, 박광덕, 권자영, 최재일(2016). **고령친화사회의 이해**. 인천: 진영사.

박차상, 정상양, 김옥희, 엄기욱, 이경남(2012). **한국노인복지론(4판)**. 서울: 학지사.

원석조(2010). **노인복지론**. 경기: 공동체.

원융희, 윤기열(2001). **실버서비스 산업의 이해**. 서울: 백산출판사.

이병희, 강기우(2007). **고령친화산업의 현황과 과제**. 서울: 한국은행 조사국 산업지역팀.

이원웅, 고재욱(2010). **고령친화산업복지론**. 서울: 한진.

이원형(2002). 노인정책의 새로운 방향: 시혜성 복지정책에서 실버산업 촉진 정책으로. 이원형의원실 정책보고서.

정윤모(2007). 고령친화산업의 활성화를 위한 사회복지체계의 역할에 관한 연구. **사회복지정책, 28**(1), 45-66.

조경훈(2017). **고령친화산업론**. 경기: 양서원.

최동선, 한상근, 정윤경, 김나라(2007). 고령친화산업의 직업연구: 요양 · 용품 · 여가 · 장묘 분야를 중심으로. 서울: 한국직업능력개발원.

함창모(2012). 미래 성장산업으로서의 고령친화산업 선점에 적극 대응하자. 충북 Focus, 66, 1-25.

황진수, 정길홍, 김귀자, 김종식, 김창진, 김태식, 문정애, 박동수, 양경희, 이강인, 이경구, 이승부, 이은혜, 이종모, 이혜진, 조경훈, 최홍권, 홍성모(2011). 노인복지론. 경기: 공동체.

현외성, 김상희, 윤은경, 장유미, 강환세, 마은경, 김용환, 조윤득(2011). 고령친화산업론. 경기: 정민사.

중앙치매센터 홈페이지 https://www.nid.or.kr

찾아보기

인명

내용

저자 소개

유용식(Yoo Yong Shik)
숭실대학교 대학원 사회복지학 박사
전 충청북도사회복지협의회 복지부장 역임
현 세명대학교 사회복지학과 교수

〈주요 저서 및 논문〉
현대사회복지개론(2판, 공저, 신정, 2019)
사회복지실천론(공저, 동문사, 2018)
사회문제론(공저, 정민사, 2016)
노인의 자살생각에 영향을 미치는 개인적 요인(2019)
노인의 성지식과 성태도가 성생활만족도에 미치는 영향(2017)
사별한 노인이 인식하는 좋은 죽음에 관한 현상학적 연구(2017) 외 다수

권오균(Kwon Oh Gyun)
숭실대학교 대학원 사회복지학 박사
전 문경대학교 사회복지학과 교수
현 장안대학교 사회복지학과 교수

〈주요 연구 및 논문〉
2019년 의왕시 노인복지 중장기 계획 수립(2019)
노인의 성생활, 성문제 실태와 해결방안에 관한 연구(2018)
노인의 여가활동 참여에 영향을 미치는 요인: 2014년 노인 실태조사를 활용하여(2017)
독거노인돌봄기본서비스사업 개선방안 연구(2016) 외 다수

김나영(Kim Na Young)

서울여자대학교 대학원 사회복지학 박사

전 서울여자대학교 사회복지연구센터 연구원

현 대원대학교 사회복지학과 교수

〈주요 저서 및 논문〉

사회복지조사론(공저, 창지사, 2019)

휴먼서비스조직 돌봄서비스제공자의 심리적 임파워먼트 척도 개발 및 타당화 연구: 요양보호사를 중심으로(2016) 외 다수

노인복지론
Social Welfare for the Elderly

2020년 3월 10일 1판 1쇄 인쇄
2020년 3월 20일 1판 1쇄 발행

지은이 • 유용식 · 권오균 · 김나영
펴낸이 • 김진환
펴낸곳 • (주)학지사
04031 서울특별시 마포구 양화로 15길 20 마인드월드빌딩
대표전화 • 02-330-5114 팩스 • 02-324-2345
등록번호 • 제313-2006-000265호

홈페이지 • http://www.hakjisa.co.kr
페이스북 • https://www.facebook.com/hakjisa

ISBN 978-89-997-2079-6 93330

정가 19,000원

저자와의 협약으로 인지는 생략합니다.
파본은 구입처에서 교환해 드립니다.

이 도서의 국립중앙도서관 출판시도서목록(CIP)은 서지정보유통지원시스템 홈페이지(http://seoji.nl.go.kr)와 국가자료공동목록시스템(http://www.nl.go.kr/kolisnet)에서 이용하실 수 있습니다.
(CIP 제어번호: CIP2020008360)